ACCESO GRATIS *a la Lectura en la Nube*

Para visualizar el libro electrónico en la nube de lectura envíe junto a su nombre y apellidos una fotografía del código de barras situado en la contraportada del libro y otra del ticket de compra a la dirección:

ebooktirant@tirant.com

En un máximo de 72 horas laborales le enviaremos el código de acceso con sus instrucciones.

EL CONSEJO GENERAL DEL PODER JUDICIAL: PODER, BLOQUEO Y REFORMA EN LA DIVERSIDAD EUROPEA

Procedimiento de selección de originales, ver página web:
www.tirant.net/index.php/editorial/procedimiento-de-seleccion-de-originales

EL CONSEJO GENERAL DEL PODER JUDICIAL: PODER, BLOQUEO Y REFORMA EN LA DIVERSIDAD EUROPEA

Rodrigo Miguel Barrio

tirant lo blanch
Valencia, 2025

En caso de erratas y actualizaciones, la Editorial Tirant lo Blanch publicará la pertinente corrección en la página web www.tirant.com.

© TIRANT LO BLANCH
EDITA: TIRANT LO BLANCH
C/ Artes Gráficas, 14 - 46010 - Valencia
TELFS.: 96/361 00 48 - 50
FAX: 96/369 41 51
Email: tlb@tirant.com
www.tirant.com
Librería virtual: www.tirant.es
DEPÓSITO LEGAL: V-3396-2025
ISBN: 979-13-7010-493-1

Si tiene alguna queja o sugerencia, envíenos un mail a: *atencioncliente@tirant.com*. En caso de no ser atendida su sugerencia, por favor, lea en *www.tirant.net/index.php/empresa/politicas-de-empresa* nuestro procedimiento de quejas.

Responsabilidad Social Corporativa: http://www.tirant.net/Docs/RSCTirant.pdf

"El gobernante ideal es aquel que no siente deseo de gobernar"

Platón (427 a.C. – 347 a.C.)

Índice

Prólogo

VICENTE GUILARTE GUTIÉRREZ
Catedrático de Derecho Civil

La monografía que prologo resulta al día de hoy imprescindible pues aborda el análisis, en todas sus facetas, del real acaecer de un órgano que ha generado en los últimos años, hasta su tardía renovación, uno de los conflictos políticos más acusados en el devenir de nuestro Estado democrático en este Siglo XXI.

Con tal perspectiva indicaré que el objeto estudiado –el CGPJ— resulta de gran interés pero, a la vez, lo efímero de las confrontaciones partidistas, pronto superadas por nuevas tensiones, hace que pueda desvanecerse la relevancia del profundo estudio de las causas y consecuencias que afloraron en el 7° CGPJ hasta acceder a una renovación que se prolongó once años en lugar del quinquenio constitucionalmente previsto. Tan es así que el actual CGPJ ya plantea problemas específicos derivados de una indisimulada composición paritaria propiciada por los dos grandes partidos que conforman el parlamento español y que, lo digo como experiencia propia, no estaba tan acusadamente marcada en el a mi juicio admirable pero denostado CGPJ precedente. Sirvan en todo caso estas líneas para poner en valor su funcionamiento, en la medida en que pudimos actuarlo, a pesar de los múltiples desvaríos normativos con los que "la política" nos agasajó. El mal estuvo en ellos y en su incapacidad para superar sus cuitas y atender al interés general, de lo que no fuimos responsables.

La monografía sobre el Consejo aborda sin duda todos los antecedentes necesarios para buscar soluciones futuras ante un conflicto de momento larvado –el modelo de renovación en que los dos grandes partidos, y los Vocales por ellos designados, siguen sin acuerdo alguno— pero que, en cualquier momento, en función de conveniencias partidistas de unos y otros, puede de nuevo estallar. Por ello resulta muy oportuno sentar las bases documentadas y comparadas sobre las que, en su caso, debatir el modelo y su funcionalidad: la monografía plantea y da soluciones para todo posibilitando un debate fundado, ante la discrepancia, en el contraste de pareceres debidamente documentados.

Como cuestión previa apuntaré que resulta de gran interés, en su capítulo inicial, el análisis de lo que se denominan como "los nuevos actores constitucionales: el CGPJ y el TC" pues actualiza, a la vista de la concreta composición de uno y otro órgano, su funcionalidad en el marco constitucional. Todo ello se nos presenta como especialmente oportuno pues si el debate político afectó, hasta su renovación, al CGPJ, hoy se ha desplazado intensamente hacia el Tribunal Constitucional.

Justificando las líneas que siguen diré que si bien, habitualmente, la función del prologuista debe vincularse propiamente con la de amable hermeneuta de lo prologado, el hecho de haber ocupado interinamente la Presidencia durante el último año del anterior CGPJ –lo cual, sin duda, causaliza el que agradezco pero arriesgado encargo cursado— me permite desnaturalizar aquella condición acercándome a la de impertinente pensador, en la acepción procesal del adjetivo. Lo hago aportando mi criterio al debate básicamente a propósito de los dos grandes puntos de conflicto como son el método de elección de los miembros de los Altos Tribunales y el origen parlamentario o corporativo de los vocales del CGPJ. Temas que la obra examina en profundidad y en los que se centra su autor.

Antes de hacerlo es obligado ensalzar el análisis completo y certero del derecho comparado del que tan necesitados estábamos desde una perspectiva técnica pues no es extraño escuchar a gacetilleros y tertulianos, ignorantes a menudo asintomáticos –lo son sin aparentarlo— su entendimiento del equivalente Consejo italiano, francés o armenio. Lo hacen frecuentemente apoyados en que "lo ha dicho el Greco". Institución de cuya naturaleza igualmente carecen de conocimiento alguno. Ya era hora de tener una base documentada de los diversos Consejos tal y como con detalle la obra analiza.

Por otro lado, se extiende el autor en la descripción de los servicios y funcionalidades del CGPJ, que necesariamente todo exégeta debe tener presente a la hora de opinar sobre el órgano, pues en el CGPJ se hace algo más, y muy bien, que "nombrar". Baste mencionar el eficiente e imprescindible servicio de relaciones internacionales.

Entrando en el examen de la conflictividad que la obra plantea y a la que, con valentía, siempre ofrece soluciones, comparto con su autor el hecho de que el problema de los nombramientos discrecionales para los políticamente apetecibles Altos Tribunales es el que más dudas presenta en orden a su bondad. Y resulta fácilmente constatable que en él sigue estando presente la incidencia asociativo/política, incluso más que nunca, como lo evidencia el que hasta para la políticamente poco relevante Sala 1ª del Tribunal Supremo se han elegido a dos miembros de cada una de las asociaciones adscritas ideológicamente a los dos partidos mayoritarios. A estos efectos ser "vitorino", del Foro o no asociado es garantía de inanidad y causa de demérito.

En orden a los nombramientos de los cargos judiciales el autor, junto con algún elemento corrector, opta como criterio primordial, pues evita la discrecionalidad, por el de la antigüedad en la carrera que ya resulta de aplicación en los restantes concursos judiciales. Opción tan objetiva como la del sorteo entre el círculo de los elegibles pero que, como ésta, implica a mi juicio la dramática renuncia a la elección conforme a los principios de mérito y capacidad que deben presidir el llamamiento a la Alta Magistratura. Frente a sus ventajas me atrevo a expresar que no se tiene en cuenta que quien en su juventud careciera de aptitudes para más altos designios jurisdiccionales difícilmente suplirá la carencia, incluso la acrecentará, con el paso del tiempo. En definitiva, no concibo la longevidad como criterio de selección preferente pues entonces el sistema, como los ejércitos en campaña, avanza al paso del más lento. Advertiré finalmente que propiciaría la constante renovación de nuestras Salas ante la pronta y fatal jubilación de sus miembros.

En todo caso lo cierto es que hoy en día los actores principales de la organización jurisdiccional están cómodos con la aplicación del estricto principio democrático: para ser llamado hay que obtener una mayoría cualificada de votos si bien con la actual composición paritaria del CGPJ, en la práctica, la mayoría se confunde con la unanimidad pues tan solo hay dos votos reales y a *priori* radicalmente divergentes. Y he comparado a menudo el sistema democrático de elección de la Alta Magistratura con el de designación de un Presidente de Comunidad de Propietarios: hay que tener más vecinos amigos que el oponente. No se pregunta a los copropietarios por las habilidades del designado, que no tienen que justificar/motivar, de igual manera que no se pregunta a los Vocales las razones de su voto individual. Frente a la gerontocracia del orden jurisdiccional que el autor propone y frente al principio democrático vigente, he abogado, sin éxito alguno pues no interesa a los principales beneficiarios del sistema, por la efectiva aplicación de los principios de mérito y capacidad para el llamamiento al Alto Tribunal.

Y para los cargos gubernativos –incluidas las irreductibles Presidencias de Sala— la designación, ésta si democrática, entre los "gobernados" como ya ocurre con los muy apreciados Jueces-Decanos.

Quiero también resaltar alguna relativa discrepancia con las referencias al Presidencialismo, mantra de críticos que alcanzó generalizada aceptación, que se dice imperó en el anterior Consejo. Y rescato que fue ejemplar e inusual en nuestro entorno la dimisión del anterior Presidente. Reitero también mi ya manifestada preferencia por un sistema como el ya derogado, con una Comisión Permanente reducida, mucho más ágil que el actual en que de nuevo tenemos a los veinte vocales con teórica dedicación exclusiva. Lo afirmé y justifiqué reiteradamente y no es ya momento de renegar de mi convicción.

Finalmente, el otro gran tema que la monografía también analiza es el del modelo de designación de los Vocales que ha sido objeto de debate persistente y de una lucha partidista en la que nos vimos todos envueltos y donde hasta los mas legos han opinado sin pudor. El autor ofrece hasta ocho soluciones, todas muy documentadas, aunque alguna de difícil implantación –supresión de vocales no judiciales—pues implica alteraciones constitucionales.

No me atrevo a opinar: es el autor quien nos ofrece los pros y contras de cada opción. Sin embargo, sí que reiteraré mi idea de que el modelo sería relativamente intranscendente y la "política" se mostraría ya inapetente, si se lograra objetivar los nombramientos sometiéndolos a los principios reales de mérito y capacidad configurando Comisiones de Selección especializadas que bajo el control del CGPJ resultaran totalmente ajenas a la contaminación política: opción tan razonable como rechazada. Este planteamiento debiera conjugarse con un diseño de carrera judicial, el *cursus honorum*, que permitiera conocer con algo mas de precisión los méritos y habilidades necesarias para acceder a la cúpula de la carrera judicial.

En fin, estamos ante un trabajo imprescindible pues hace posible disponer de todos los datos que, desde una perspectiva técnica y objetiva, permitan tener opinión, y en su caso, decisión para abordar la conflictividad que, a buen seguro, "la política" nos va a seguir proporcionando cuando convenga a su particular interés a menudo en contradicción con la independencia judicial que en sus vacíos discursos predican.

Junio de 2025

Abreviaturas

APDO:	APARTADO
Art.:	artículo
BOE:	Boletín Oficial del Estado
CE:	Constitución Española
DLey/DLeyes:	Decreto-ley/Decretos-leyes
Esp.:	especialmente
CGPJ:	Consejo General del Poder Judicial
EM:	Exposición de Motivos
FJ:	Fundamento jurídico
Ibidem:	citado anteriormente
Ídem:	lo mismo, citado anteriormente
KRS:	Krajowa Rada Sądownictwa
LO:	Ley Orgánica
LOPJ:	Ley Orgánica del Poder Judicial
LO 1980:	Ley Orgánica 1/1980, de 10 de enero, del Consejo General del Poder Judicial
n.:	número
op. cit.:	*opere citato*
pp.:	páginas
RECJ:	Red Europea de Consejos Judiciales
Res.:	Resolución
s.:	Siglo

S.:	Sentencia
TC:	Tribunal Constitucional
TEDH:	Tribunal Europeo de Derechos Humanos
TS:	Tribunal Supremo
TSJ:	Tribunal Superior de Justicia
TJUE:	Tribunal de Justicia de la Unión Europea
UE:	Unión Europea
Vol.:	Volumen

Introducción

La separación de poderes constituye uno de los pilares fundamentales de los sistemas democráticos modernos, permitiendo una distinción efectiva entre las funciones del poder judicial, el legislativo y el ejecutivo. Esta idea, perfeccionada por Montesquieu, se configura como un mecanismo esencial para evitar la concentración de poder en una sola instancia, garantizando así un sistema equilibrado en el que ningún sujeto acumule la totalidad de las potestades del Estado. Este principio estructural es la base sobre la que se erige nuestro modelo de gobernanza, cuyo objetivo es prevenir los abusos y mantener la independencia y la armonía entre las diversas fuerzas que conforman el Estado. Dentro de este esquema, resulta particularmente relevante la protección del poder judicial frente a las posibles injerencias del poder ejecutivo, cuya capacidad de influencia sobre los otros poderes puede, en algunos casos, comprometer la autonomía de estos últimos. En este contexto, surge la preocupación central que motiva este análisis: la falta de independencia de la judicatura, evidenciada en el diseño actual del Consejo General del Poder Judicial.

El CGPJ es una institución de relevancia capital dentro del diseño constitucional español, ya que representa el principio de independencia judicial y actúa como un contrapeso indispensable en el esquema de pesos y contrapesos del Estado[1]. Si bien es cierto, y a pesar de situarse en el centro del debate político, gran parte de

---

1 Determina CUESTA MARTÍNEZ, A. "La degradación institucional del Consejo General del Poder Judicial". *Temas para el debate*, n. 337-338, 2023, pp. 24-27, esp. p. 24, en tal cuestión que es innegable su utilidad en el sistema de pesos y contrapesos, siempre y cuando el órgano lleve a cabo una actividad enfocada al servicio de la ciudadanía y respetando los derechos y libertades públicas.

la ciudadanía desconoce su real funcionamiento y objetivo[2], convirtiéndole en una fácil arma arrojadiza en el debate. Su existencia responde a la necesidad de contar con un órgano que asegure la separación del poder judicial de las restantes ramas del poder público. No obstante, en la práctica, el Consejo ha demostrado una notable incapacidad para defender eficazmente la independencia de la judicatura frente a injerencias externas e internas. Esta situación se deriva, en parte, de la configuración limitada de sus competencias, que incluyen funciones como el nombramiento de jueces y magistrados, la formación profesional de los integrantes de la carrera judicial, la acción disciplinaria, y la emisión de informes sobre anteproyectos legislativos. Para el ejercicio de estas competencias, el CGPJ se organiza en comisiones y órganos técnicos, como la Comisión Permanente y la Escuela Judicial.

La controversia principal en torno al CGPJ radica en su modelo de nombramiento de vocales. Ni el sistema en el que los vocales judiciales son designados por sus propios pares ni aquel en el que su elección recae en las Cámaras legislativas ha demostrado ser una solución adecuada, pues ambos han facilitado la incursión de influencias ideológicas contrarias a los principios fundacionales del Consejo. En su diseño actual, el CGPJ se ha convertido en un espacio de intenso debate político, donde su neutralidad e independencia son cuestionadas de forma recurrente. La reforma introducida por la Ley Orgánica del Poder Judicial (LOPJ) en 1985, que pretendía democratizar el órgano, no solo no logró dicho objetivo, sino que derivó en una politización excesiva. Los nombramientos de los vocales quedaron, en gran medida, subordinados a los acuerdos entre partidos políticos, generando la percepción de que los vocales actúan más en representación de intereses partidistas que en

---

[2] GONZÁLEZ VEGA, I. "Las consecuencias para el sistema judicial del bloqueo en la renovación del Consejo General del Poder Judicial". *Temas para el debate*, n. 337-338, 2023, pp. 32-34, esp. p. 32.

defensa de los valores y competencias que deberían caracterizar al Consejo. Esta problemática ha sido objeto de críticas tanto internas como internacionales, destacándose entre ellas las de instituciones como el Consejo de Europa y la Comisión de Venecia, que han advertido que el nombramiento parlamentario de la totalidad de los vocales compromete la separación de poderes al introducir una influencia política indebida sobre el órgano de gobierno judicial. Estas críticas se han intensificado en contextos de bloqueo institucional, como el vivido entre el 4 de diciembre de 2018 y el 25 de julio de 2024, durante el cual la falta de acuerdos entre las principales fuerzas políticas impidió la renovación del CGPJ durante más de cinco años.

El impacto del actual sistema de nombramientos sobre la percepción pública de la justicia es significativo, afectando no solo la confianza ciudadana en el órgano, sino también la credibilidad y la percepción de idoneidad de los vocales. Este sistema, en el que el mérito y la capacidad han quedado relegados frente a dinámicas políticas, también repercute negativamente en las funciones del Consejo, especialmente en los nombramientos discrecionales, como los correspondientes a los magistrados del Tribunal Supremo. Esta situación convierte al CGPJ en un espacio de interés estratégico para los partidos políticos, quienes buscan ejercer un control indirecto sobre estas designaciones.

Ante esta decadencia del CGPJ, resulta imprescindible un análisis exhaustivo de su configuración y un replanteamiento profundo de su modelo. Desde el ámbito europeo, se han formulado propuestas para abordar esta crisis sistémica, destacándose el denominado "euro-modelo", en el que los vocales judiciales son elegidos exclusivamente por sus pares. Este modelo, que difiere del español, se propone como una alternativa para garantizar una mayor independencia judicial y reducir la politización del órgano. En este sentido, las recomendaciones internacionales subrayan la urgencia de una reforma que permita superar las deficiencias del sistema actual y evitar la perpetuación de situaciones de bloqueo institucional.

La presente investigación se centra en el análisis del Consejo General del Poder Judicial español y en la comparación con figuras homólogas en el entorno europeo. La finalidad de este estudio no se limita a diagnosticar las dificultades que enfrenta el órgano, sino que también busca proponer soluciones reformistas que permitan superar su actual politización y reforzar su autonomía. Esta reflexión abarca no solo el modelo de designación de los vocales judiciales, objeto de múltiples debates doctrinales, sino también el de los juristas de reconocida competencia, para cuya modificación sería necesario superar las restricciones constitucionales vigentes. En definitiva, el propósito de este trabajo es contribuir al fortalecimiento de un Consejo verdaderamente independiente, en el que la justicia se erija como el único criterio rector de su funcionamiento.

Es urgente abordar la problemática que afecta al Consejo General del Poder Judicial mediante una respuesta jurídica que no solo atienda a las deficiencias intrínsecas de su diseño y funcionamiento, sino también al uso espurio que los partidos políticos han hecho de esta institución. La instrumentalización partidista e ideológica de un órgano de naturaleza constitucional no es un fenómeno reciente, ya que, desde su primera etapa, el Consejo ha estado marcado por la influencia ideológica que ha persistido en sus sucesivos mandatos. Sin embargo, el modelo parlamentario de designación de los vocales parece haber intensificado esta percepción, más desde una dimensión emocional que estrictamente real, debido a la vinculación mediática del proceso de designación con bloques ideológicos, habitualmente identificados como "conservador" y "progresista". Esta narrativa, amplificada por los medios de comunicación, contribuye a consolidar la imagen de un órgano politizado, a pesar de los controles previos que rigen el proceso.

Es imprescindible, en primer lugar, realizar un examen teórico del principio de separación de poderes, situándolo en su contexto histórico y conceptual. Esta tarea permitirá no solo comprender el marco constitucional español, sino también valorar el papel del CGPJ como órgano diseñado para actuar como contrapeso entre los diferentes poderes del Estado. A continuación, resulta necesario identificar las deficiencias asociadas al diseño y funcionamiento del Consejo, particularmente en lo que respecta a la politización. Entre los problemas más acuciantes se encuentran la competencia en nombramientos discrecionales y el modelo de designación de los vocales, cuestiones que generan una significativa intromisión externa en el órgano. Un tercer eje de análisis debe centrarse en el denominado "euro-modelo" y en los sistemas existentes en los Estados miembros de la Unión Europea, cuya comparación puede ofrecer claves útiles para la reforma del modelo español. Finalmente, el objetivo principal de este estudio es la formulación de propuestas normativas y estructurales que permitan superar las crisis recurrentes del Consejo, ya sea de manera total o parcial. Estas propuestas se orientarán, fundamentalmente, hacia una reforma del sistema de nombramiento de los vocales, tanto de origen judicial como aquellos juristas de reconocida competencia.

El presente trabajo se estructura en cuatro capítulos que abordan, de manera progresiva, las diferentes dimensiones del tema objeto de análisis, desde sus fundamentos teóricos hasta las propuestas de reforma. En el primer capítulo se estudia el principio de separación de poderes, comenzando con una aproximación conceptual que resalta su relevancia jurídica y explora su desarrollo histórico. Este análisis recorre las primeras nociones de balance político en la democracia ateniense y la República romana, pasando por el parlamentarismo inglés y los hitos históricos que consolidaron el gobierno basado en la supremacía de la ley, como la Carta Magna de 1215. La formalización teórica de este principio alcanza su apogeo en la Ilustración, con autores como Montesquieu, Locke, Jefferson y Madison, quienes establecieron las bases de la división funcional del poder en los regímenes constitucionales modernos. El capítulo también examina la implementación práctica de este principio en documentos clave como la Constitución de los Estados Unidos, ejemplo paradigmático de un sistema de pesos y contrapesos, así como en las constituciones europeas, como la francesa de la Revolución y la española de Cádiz en 1812. Por último, se reflexiona sobre los desafíos contemporáneos que enfrenta este principio en el siglo XXI, como la emergencia de instituciones que no encajan en las divisiones clásicas, entre ellas el CGPJ, el Tribunal Constitucional y los partidos políticos, planteando la necesidad de reconfigurar el equilibrio de poderes en un contexto marcado por la pluralización institucional y la creciente complejidad de los sistemas jurídicos.

El segundo capítulo se centra en un análisis exhaustivo del CGPJ como institución. Este análisis aborda su estructura, competencias y modelo de designación de vocales, partiendo de una reflexión inicial sobre su legitimidad y relevancia en el marco constitucional español. Se revisa la evolución histórica del Consejo, considerando los antecedentes de su diseño actual y su papel en la consolidación del Poder Judicial en España. Posteriormente, se examinan de manera crítica sus competencias, comenzando con la perspectiva de la Ley Orgánica 1/1980 y su posterior desarrollo. Este análisis incluye un estudio detallado de funciones como los nombramientos discrecionales, los cuales se proponen eliminar, la elaboración de reglamentos, la acción disciplinaria, la emisión de informes sobre anteproyectos legislativos, la defensa de la independencia judicial, y cuestiones internacionales, como la publicación de sentencias, la formación judicial y las relaciones internacionales. También se considera la supervisión y control de datos, un aspecto cada vez más relevante en un contexto de transformación digital y creciente transparencia.

La politización del CGPJ, particularmente visible en el modelo de nombramiento de los vocales, constituye una de las críticas más significativas que enfrenta la institución. La percepción de que los nombramientos responden más a acuerdos partidistas que a criterios de mérito y capacidad socava no solo la legitimidad del Consejo, sino también la confianza pública en la justicia. Esta problemática se agrava en contextos de bloqueo institucional prolongado, como el experimentado entre 2018 y 2024, que evidencian la necesidad de una reforma urgente. En este contexto, las recomendaciones europeas, como las provenientes de la Comisión de Venecia, resultan especialmente relevantes, ya que promueven modelos en los que los vocales judiciales sean elegidos por sus propios pares, reduciendo la influencia política en el órgano.

El propósito de este trabajo, por tanto, no se limita a diagnosticar los problemas del CGPJ, sino que busca proponer soluciones viables y efectivas para garantizar su independencia y fortalecer su legitimidad. Solo mediante una reforma estructural que aborde tanto el modelo de designación de los vocales como las competencias del órgano será posible recuperar su papel como garante de la separación de poderes y como pilar fundamental de un Estado democrático de derecho.

El quinto apartado del capítulo se consagra a un exhaustivo análisis del modelo español de elección de vocales del Consejo General del Poder Judicial, una cuestión que ha generado amplias críticas tanto en el ámbito interno como en el internacional. La designación de los vocales, encomendada a las Cortes Generales mediante una mayoría cualificada, ha sido acusada de fomentar la politización del Consejo y de crear una percepción pública según la cual los miembros del órgano estarían subordinados a intereses partidistas. A pesar de las reformas legislativas que han tenido lugar desde la promulgación de la Ley Orgánica 1/1980, primera norma que reguló el CGPJ, hasta las modificaciones posteriores, el problema de la politización no ha sido resuelto de manera satisfactoria. Estas reformas, orientadas principalmente al diseño del modelo parlamentario de elección, han transformado el sistema actual, pero han dejado intacta la percepción de interferencia política, lo que refuerza la necesidad de cambios profundos destinados a garantizar la independencia del Consejo. Asimismo, se aborda críticamente el impacto de los prolongados bloqueos institucionales, prestando especial atención al ocurrido durante el mandato de 2013-2018, cuya duración efectiva se extendió casi seis años más allá de lo previsto, poniendo de manifiesto los graves problemas estructurales que afectan al funcionamiento del órgano.

El Capítulo III adopta una perspectiva comparativa para analizar los modelos de gobierno judicial en Europa, con el objetivo de evaluar las distintas prácticas empleadas por los países del entorno y valorar su aplicabilidad al caso español. Este análisis comienza con una aproximación general a los sistemas existentes, enmarcada en las directrices de la Red Europea de Consejos de Justicia, que proporciona una base conceptual común para examinar los estándares europeos. Se identifican tres modelos clásicos de elección de vocales en los Consejos de la Judicatura, y se profundiza en el llamado euro-modelo, que encuentra su inspiración en el sistema italiano y ha sido promovido por instituciones europeas en calidad de asegurar la independencia judicial. El euro-modelo, entendido casi como un requisito normativo en el contexto europeo, se evalúa no solo desde el prisma de sus competencias, sino también en términos de su composición y del sistema de elección de sus miembros. Este enfoque permite situar el modelo español en un marco comparativo que destaca tanto sus carencias como sus potenciales áreas de mejora.

El análisis continúa con el estudio de los Consejos Judiciales específicos de los Estados miembros de la Unión Europea, incluyendo países como Bélgica, Bulgaria, Croacia, Dinamarca, Francia, Italia, Polonia y Portugal, entre otros. Este recorrido ofrece una visión comprensiva de las diversas configuraciones institucionales existentes, abarcando desde sistemas cercanos al modelo de *Court Service* hasta aquellos que gozan de mayor autonomía y competencias amplias, verdaderamente identificables como Consejos de la Judicatura. Aunque los contextos políticos que han dado lugar a estos órganos son muy diversos, existe un denominador común: su adopción como mecanismo para garantizar la separación de poderes. Se destacan, en particular, los Consejos surgidos durante la tercera ola democratizadora, como en España y Portugal, y los que emergieron de la cuarta ola[3], representada por las repúblicas exsoviéticas. Los parámetros de estudio incluyen la antigüedad de los órganos, su finalidad, composición, método de elección de los vocales, duración de los mandatos y competencias, siempre en comparación con el euro-modelo y las recomendaciones emanadas de Bruselas.

En la parte final del capítulo, se plantea una reflexión crítica sobre la posibilidad de unificar los sistemas judiciales europeos bajo un modelo común, denominado hipotéticamente euro-modelo. Este esfuerzo de convergencia judicial buscaría alinear los principios fundamentales de los Consejos Judiciales de los Estados miembros con las directrices de la RECJ y otros organismos internacionales. Sin embargo, se examinan las objeciones a esta uniformidad, destacando cómo las particularidades históricas, culturales y jurídicas de cada país constituyen un obstáculo significativo para la adopción de un modelo único. La diversidad inherente a los sistemas europeos, lejos de ser un defecto, refleja la riqueza de sus tradiciones jurídicas y la adaptación de sus estructuras a las necesidades específicas de cada Estado.

El cuarto y último capítulo culmina el análisis con una propuesta crítica y reflexiva sobre la reforma del modelo de designación de los vocales del CGPJ. Se presentan siete propuestas orientadas a limitar la influencia política en el Consejo y a facilitar una designación más ágil y legítima de sus miembros. Estas propuestas, elaboradas desde una perspectiva de *lege ferenda*, abarcan soluciones que van desde la facilitación del acuerdo entre los grupos parlamentarios hasta modelos que otorgan a los jueces la capacidad de elegir directamente a sus representantes o que incorporan elementos aleatorios en el proceso de designación. Cada propuesta se evalúa en función de su viabilidad práctica, su impacto en la independencia judicial y su capacidad para

---

3 Casal Oubiña, D. "La política de los jueces: el gobierno del poder judicial en los sistemas políticos. Un estudio del modelo de Consejos", *Gobierno y Gestión pública*, vol. 10, n. 2, 2024, pp. 32-49, esp. p. 33.

resolver los bloqueos institucionales que han caracterizado al CGPJ en las últimas décadas. El capítulo concluye rechazando la idea de buscar un modelo unificado a nivel europeo, señalando que la diversidad de criterios, tradiciones jurídicas y necesidades de los Estados miembros hace inviable tal pretensión. En su lugar, se aboga por un enfoque adaptado a las particularidades nacionales, que permita fortalecer las garantías de independencia judicial en un marco de pluralidad institucional y respeto a las idiosincrasias de cada sistema jurídico.

El texto examina, en primer lugar, la viabilidad de reducir las mayorías parlamentarias necesarias para la elección de los vocales del CGPJ. La actual exigencia de una mayoría cualificada, aunque diseñada para garantizar consensos amplios, ha derivado en la práctica en un estancamiento político que entorpece y retrasa las renovaciones periódicas del órgano. Si bien la disminución de este umbral podría agilizar los procesos de designación, también comporta el riesgo de concentrar el poder en mayorías parlamentarias simples, con el consiguiente menoscabo del equilibrio institucional y la posible vulneración de la independencia judicial.

A continuación, se profundiza en la posibilidad de revitalizar el mecanismo de renovaciones parciales del Consejo, ampliando y perfeccionando su regulación actual para introducir mayor flexibilidad en la gestión de los mandatos. Asimismo, se analizan otras propuestas relevantes, como la elección de los vocales judiciales por sus propios pares, la eliminación de los vocales de carácter no judicial o la elección directa de la totalidad de los vocales por los propios jueces. También se valora un modelo mixto que combine la designación de vocales por las Cámaras legislativas y los jueces de manera conjunta, así como la implementación de un sistema meritocrático que justifique objetivamente la idoneidad de los candidatos. Por último, se considera un sistema de sorteo, una solución heterodoxa que, al eliminar las influencias externas, podría mitigar los riesgos de politización y asegurar la neutralidad del proceso. El análisis incluye un examen riguroso de los posibles beneficios y riesgos inherentes a cada modelo, prestando especial atención a las implicaciones de aquellos más alejados de las prácticas convencionales.

La investigación en la que se sustenta este trabajo adopta una metodología cualitativa, multidisciplinar y analítico-comparativa, concebida para proporcionar una visión integral del CGPJ y de su rol en el marco del principio de separación de poderes. Este enfoque se estructura en tres grandes fases.

En la primera fase, se establece un sólido marco teórico mediante el análisis doctrinal y bibliográfico, explorando el principio de separación de poderes como fundamento esencial del CGPJ. Este análisis abarca una revisión de textos clásicos de la filosofía política —como los de Polibio, Locke, Montesquieu y Madison— y tratados jurídicos, junto con estudios contemporáneos que abordan la evolución histórica y los retos actuales de dicho principio. También se contextualiza históricamente el gobierno judicial mediante el estudio de documentos constitucionales fundamentales, como la Constitución de los Estados Unidos, las Constituciones revolucionarias francesas, el Estatuto de Bayona y la Constitución de Cádiz de 1812.

La segunda fase se orienta al análisis normativo e histórico del CGPJ y de su marco regulatorio, considerando tanto la legislación nacional como las experiencias prácticas en Europa en relación con la independencia judicial y los Consejos de la Judicatura. Este apartado permite identificar los elementos críticos del sistema español y situarlos en un contexto comparado.

En la tercera fase, se realiza un análisis comparativo exhaustivo de los modelos de Consejos Judiciales existentes en Europa, utilizando para ello informes, directrices y resoluciones de organismos internacionales como la Red Europea de Consejos de Justicia. Se examinan de manera detallada los modelos de países representativos como Francia, Italia, Polonia y Portugal, identificando patrones, divergencias y buenas prácticas que podrían servir como referencia para la reforma del modelo español. Para garantizar la consistencia del análisis, se aplican criterios homogéneos de evaluación, incluyendo la composición de los órganos, los mecanismos de elección de los vocales y las competencias asignadas a cada Consejo Judicial.

Finalmente, la cuarta fase aplica una metodología de *lege ferenda* para elaborar propuestas normativas dirigidas a corregir las principales deficiencias del modelo actual del CGPJ. Este enfoque combina un análisis crítico del marco legislativo español, con especial atención a las sucesivas reformas de la LOPJ, y una evaluación prospectiva de las posibles alternativas. Estas propuestas buscan delinear un modelo ideal de elección de los vocales, especialmente aquellos de carácter judicial, que fortalezca la independencia del Consejo y, en última instancia, del poder judicial en su conjunto.

El CGPJ constituye un elemento clave en el sistema democrático español, al configurarse como un mecanismo esencial para equilibrar los poderes del Estado dentro de un modelo de *checks and balances*. Su adecuada configuración y funcionamiento no solo garantizan la independencia judicial, sino que también refuerzan la legitimidad de todo el sistema democrático. Este trabajo se erige como una invitación a repensar críticamente el CGPJ desde una perspectiva constructiva, con el convencimiento de que solo a través de instituciones sólidas, despolitizadas y plenamente comprometidas con los valores constitucionales se podrá recuperar y consolidar la confianza de la ciudadanía en la justicia, piedra angular de cualquier Estado de Derecho.

Capítulo I
El principio de separación de poderes: origen, evolución y desafíos

"Para que no se pueda abusar del Poder, es preciso que el Poder detenga al Poder"
Charles de Montesquieu

1. APROXIMACIÓN CONCEPTUAL: FUNDAMENTO Y RELEVANCIA JURÍDICA

La formulación de la división de poderes encuentra su principal desarrollo en la obra de Montesquieu, a través de la cual las diferentes funciones estatales se distribuyen y separan entre órganos independientes, debidamente equilibrados entre sí, ofreciendo estabilidad democrática. De esta manera, los poderes legislativo, ejecutivo y judicial se asignan de forma diferenciada con el propósito de garantizar una forma de gobierno basada en la democracia representativa. El objetivo principal de esta división radica en evitar que una sola persona concentre en sí misma todos los poderes del Estado. Montesquieu, en su obra El espíritu de las leyes, ya advertía del peligro de no establecer límites al poder humano, pues quien lo detenta puede abusar de él. Por ello, planteó la necesidad de una balanza donde el poder detenga al poder[4].

---

4 El espíritu de las Leyes, 1748, Libro XI, Capítulo IV:
"La democracia y la aristocracia no son estados libres por su naturaleza. La libertad política solo se encuentra en los gobiernos moderados. Pero no siempre está presente en los estados moderados. Solo existe

Así, la noción clásica de la división de poderes se funda en la existencia de tres ramas del gobierno, ampliamente conocidas y estudiadas: el poder legislativo, responsable de promulgar las leyes y representado por el parlamento; el poder ejecutivo, responsable de aplicar las leyes y encabezado por el Jefe de Estado o el Gobierno de la Nación; y el poder judicial, que interpreta las leyes y resuelve las disputas entre los ciudadanos, representado por tribunales independientes e imparciales. Este esquema pretende garantizar que ninguna de las ramas prevalezca sobre las otras ni ejerza una influencia desmedida sobre ellas. Empero, ello no implica que exista una tajante separación entre los poderes, sino una interrelación que asegura un sistema de control y equilibrio. Este diseño tiene como finalidad prevenir la tiranía, asegurando que cada rama sostenga y limite a las demás, manteniendo el statu quo de la democracia representativa, protegiendo la libertad individual y promoviendo un modelo de justicia igualitaria y basado en la legalidad.

Y aun cuando este modelo tiende a asociarse comúnmente con la obra de Montesquieu, o incluso con Locke, es necesario retroceder en el tiempo para comprender los orígenes reales de la idea de dividir el poder. De esta forma, si bien la separación equilibrada de las funciones estatales encuentra su máximo desarrollo teórico en la obra del célebre filósofo y jurista francés, su "embrión" o germen se va desarrollando en épocas anteriores. En estas, y pese a ser modelos de justicia alejados del contexto de la Ilustración, ya se observaban nociones similares que influyeron en la evolución

---

cuando no se abusa del poder: pero es una experiencia eterna que todo hombre que tiene poder está inclinado a abusar de él; llega hasta que encuentra límites. ¡Quién lo diría! Incluso la virtud necesita límites. Para que no se pueda abusar del poder, es necesario que, por la disposición de las cosas, el poder detenga al poder. Una constitución puede ser tal que nadie se verá obligado a hacer las cosas a las que la ley no lo obliga, y a no hacer las que la ley le permite".

del modelo francés, basadas en la diversidad de funciones estatales y en la descentralización del poder entre distintos órganos.

Si bien es cierto, este concepto ha venido desarrollándose de forma dispar con el transcurso del tiempo. Su efectividad deriva de la función que desempeñe la Constitución de cada país[5]. En el s. XVIII, las tendencias relacionadas con el principio de separación de poderes tenían su base en los modelos constitucionales existentes entonces vigentes, especialmente en la Constitución de Inglaterra. De ahí que las interpretaciones iniciales fueren sufriendo modificaciones. Véase que el modelo propugnado por Locke es dispar de aquellas ideas expuestas por Montesquieu, evidenciándose en lo que respecta a la falta de independencia plena del poder judicial para el primero. Reino Unido, históricamente, ha optado por un modelo de división funcional del poder que prioriza la eficiencia de su Constitución[6], en contraste con los desarrollos continentales europeos o las implementaciones posteriores en Estados Unidos.

El desarrollo que ha venido acaeciendo de estos modelos muestra un rechazo progresivo a la concepción más purista de la separación de poderes. Actualmente, y en aras de una correcta viabilidad de los modelos de gobierno existentes, se tiende hacia un sistema en el que los tres poderes ostentan amplias relaciones en el ejercicio de sus funciones, siendo la división de poderes un mero principio regulador, dentro de todas las excepciones que acontecen en su aplicación efectiva.

---

5 FERNÁNDEZ DÍAZ, A. "Sobre la División de Poderes: una reconsideración en el contexto actual", *Revista Española de Control Externo*, vol. 21, n. 63, 2019, pp. 27-58, esp. p. 34.

6 BAHEHOT, W. *The English Constitution*. Londres, Crossman, 1963, p. 65.

2. LA GÉNESIS DE LA SEPARACIÓN DE PODERES EN LA ANTIGÜEDAD

Aun cuando se parte de un concepto de separación de poderes de carácter contemporáneo, e inclusive se tiende a limitar su extensión histórica a la época de la ilustración, especialmente en la Inglaterra de Locke y la Francia de Montesquieu, no es menos cierto que ambos autores parten de nociones clásicas, desarrolladas especialmente en el mundo heleno, y más concretamente, por los filósofos atenienses.

2.1 La democracia ateniense: protoideas de balance político

La separación de poderes tiene sus primeras manifestaciones en las primigenias ideas de la antigua democracia ateniense, cuya influencia es innegable en el desarrollo histórico de los sistemas políticos y jurídicos. Aunque Nieva Fenoll[7] señala la notable influencia del derecho egipcio en figuras como el legislador Solón, la justicia griega se caracteriza por un conjunto de principios autónomos, diferenciándose de otras sociedades coetáneas en las que predominaba la figura del juez único. Este sistema, con un marcado énfasis en la participación ciudadana, incorporaba la figura del jurado y una normativa jurídica dispersa y fragmentada que reflejaba la diversidad de la *polis*. En Atenas, los tribunales de justicia (*dikasteria*) tenían una composición formada por ciudadanos comunes, seleccionados anualmente por sorteo, y un cuerpo de magistrados principales (*archai*). Este modelo, aun ampliamente complejo, mostró ser óptimo, eficiente y funcional, permitiendo una justicia pacífica[8], a pesar de la

7 NIEVA FENOLL, J. *El origen de la justicia.* Valencia, Tirant lo Blanch, 2023, p. 252

8 Idea expuesta por HERMAN, G. *Morality and Behaviour in Democratic Athens.* Cambridge, Cambridge University Press, 2006, pp. 206-215,

existencia de un amplio número de conflictos en la ciudadanía[9], pero a su vez fomentó un notable cumplimiento de las normas, sostenido por un fuerte sentido de solidaridad comunitaria[10]. La internalización de las normas conllevaba un control social de tipo informal, existiendo así mecanismos de resolución privada de conflictos como el arbitraje y los tribunales familiares.

La estructura del sistema descansaba en una dispersión del poder político en diferentes magistraturas, evitando su concentración en un único individuo. Aunque carecía de la especialización funcional que caracteriza a los sistemas modernos, esta dispersión era crucial para prevenir la tiranía y garantizar una representación amplia de las distintas regiones en las instituciones. Además, permitía la participación política de todos los varones ciudadanos, independientemente de su posición económica. Sin embargo, la escasa remuneración de los cargos públicos limitaba la participación de quienes residían fuera de la urbe, especialmente aquellos que dependían del trabajo en el campo, lo que introducía ciertas desigualdades en el acceso a la vida política, legislativa y judicial de la *polis*[11].

En La política, Aristóteles analiza el concepto de soberanía, dividiéndolo en tres elementos esenciales: (1) el que delibera, (2) el que manda y (3) el que juzga. Al ser inconcebible la representación política entre gobernador y gobernado, la de-

---

contradicha por otros autores, quienes entienden que la sociedad ateniense era violenta (Cohen, D. *Law, Violence, and Community in Classical Athens.* Cambridge, Cambridge University Press, 1995, p. 119).

9 Lanni, A. "Las normas sociales en las cortes de la antigua Atenas". *Revista jurídica de Buenos Aires,* n. 94, 2017, pp. 61-102, esp. p. 65.

10 Herman, G. *Morality and Behaviour in Democratic Athens.* Op. Cit., pp. 392-396.

11 Cuestión ampliamente criticada por la sociedad ateniense. Véase la expresión expuesta por Tucídides, "Oración Fúnebre de Pericles", *Historia de la Guerra del Peloponeso,* II, 40: "pues somos los únicos que consideramos no hombre pacífico, sino inútil, al que nada participa en ella".

mocracia ateniense carece de este elemento, cuestión que no aparece hasta la Constitución de los Estados Unidos de América, y su posicionamiento difiere de nuestro modelo actual, pero sirve como sustento. El modelo de la democracia ateniense se sustenta en tres poderes, que sirven de equilibro entre ellos ante los posibles abusos de poderes de uno sobre el otro[12]. A pesar de sus diferencias con los modelos contemporáneos, el sistema ateniense estableció un equilibrio rudimentario entre las funciones deliberativa, ejecutiva y judicial, anticipándose a la noción de separación de poderes como mecanismo para evitar abusos y garantizar la estabilidad política. Esta estructura, aunque incipiente y limitada por su contexto histórico, constituye un antecedente significativo que serviría de sustento para las elaboraciones posteriores en el pensamiento político y jurídico.

El primero de ellos, de carácter judicial, era ejercido por la *Heliea*, el Tribunal Supremo de la Antigua Atenas, compuesto por 6000 miembros o jurados/jueces (*heliastas* o *dikastas*). Su designación se realizaba en la *Ekklesía* -y es por ello que en numerosas ocasiones este es el término que se utiliza para su denominación-, la principal asamblea de la Grecia clásica, instaurada por Solón en el año 594 a.C. La elección de los mismos se llevaba a cabo a través de un sistema de sorteo anual entre ciudadanos mayores de 30 años[13], no siendo obligatorio ejercer el cargo público de *heliasta*. Del total de los designados, se repartían en diez clases de 500 ciudadanos cada una., quedando, los 1000 jurados restantes en reserva. Este órgano se encargaba de resolver las disputas entre los

---

12 Para ello, y como peligroso método, se creó la figura del ostracismo, a través la cual la asamblea de ciudadanos podía decidir exiliar a una persona hasta 10 años si entendían que estaba acumulando excesivo poder y prestigio y podía romper los contrapesos de la democracia.

13 Se excluían del sorteo los menores de 30 años, las mujeres, aquellos que tuvieren deudas con el Tesoro, los privados de sus derechos civiles (concretamente quieres fueren castigados con la *atimia*) y quienes sufriesen defectos intelectuales o corporales.

ciudadanos, quienes igualmente ostentaban la acusación pública. Al no existir una policía que investigara los delitos[14], ni un fiscal que presentara los cargos[15], es el ciudadano de a pie quien tiene que llevar a cabo la acusación. Nace así la figura de quienes dedicaban su oficio a tal tarea, denominados sicofantas, quienes cobraban una cuantía económica por parte del interesado en denunciar y así mismo una indemnización si el denunciado era condenado[16].

Para cada proceso se designaba a un número limitado de heliastas. El número de ellos asignado a cada asunto variaba en función de la complejidad y naturaleza del asunto: en los litigios de carácter privado, el tribunal estaba compuesto por un mínimo de 201 jurados, mientras que en los casos públicos más trascendentales este número oscilaba entre 501 y 1501. Este diseño respondía a la lógica de una justicia popular, donde la amplia participación

---

14 En tal cuestión véase Hunter, V.J. *Policing Athens: Social Control in the Attic Lawsuits, 420-320 B.C.* Princeton, Princeton University Press, 1994.

15 Lanni, A. "Las normas sociales en las cortes de la antigua Atenas". Op. Cit. p. 63.

16 En la Antigua Atenas, la denuncia era un deber de la ciudadanía. Al carecerse de un Ministerio Público o Fiscal, sus labores eran llevadas a cabo por los sicofantas, quienes ostentaron un alto poder en la ciudadanía. Su actuación sobrepasó el deber, derivando en abusos a través de acusaciones falsas a ciudadanos notables, para extorsionarlos a cambio de evitar un juicio adverso. Su riqueza en Atenas provocó su expansión a otras democracias griegas, convirtiéndose en una poderosa figura para limitar la participación ciudadana en la política, e incluso para derrocar gobiernos populares. Ante esta situación, se establecieron multas de 1000 dracmas a los acusadores que no lograren mantener la acusación, pero al necesitarse un juicio posterior para su condena, y existir tales ámbitos proteccionistas a su figura en aras de la persecución pública de crímenes, esto no afectó a su impunidad. Sobre las comedias existentes acerca de esta figura, véase al dramaturgo Aristófanes y su obra "Las avispas", representada el 422 a. C. en las Leneas. Sobre un análisis acerca de estos acusadores voluntarios y sus consecuencias, véase: Christ, M.R. *The Litigious Athenian.* Baltimore, Johns Hopkins University Press, 1998.

ciudadana buscaba garantizar la legitimidad de las decisiones. Ante la carencia de normas procedimentales que determinen los actos procesales a seguir por los litigantes, así como por el órgano judicial, se otorgaba a los heliastas una considerable libertad interpretativa, especialmente ante el limitado corpus legislativo vigente[17]. Si bien es cierto, esto no quita de la existencia de un procedimiento específico en cuanto a su actuar, el cual se amoldaba a la naturaleza civil o penal del delito e inclusive a la cuantía en disputa. No es objeto del presente trabajo entrar en un análisis del procedimiento llevado a cabo en los tribunales griegos para la resolución de conflictos, y por tanto únicamente se realizará una escasa alusión al mismo como método de acercamiento. La sistemática procesal mantenía una estructura básica dividida en dos fases: una escrita y otra predominantemente oral.

Las actuaciones daban inicio a través de la presentación de un documento inicial que podía asimilarse a la demanda en los términos actuales, seguido de una contestación por escrito[18]. Estos documentos permitían a las partes establecer sus posiciones y reclamaciones. Igualmente, y si hubiere algún medio probatorio, como testigos o documentos, se procedía a su presentación y determinación de los mismos. En ese momento daban comienzo los actos procesales de carácter oral. La *Heliea* ejercía durante todos los días laborables, excepto en supuestos tasados, como por ejemplo durante las reuniones de la *Ekklesía* o en los tres

---

17 Manifiesta CHRIST, M.R. *The Litigious Athenian.* Op. Cit., pp. 193-196 que los jueces obviaban la ley escrita en favor de la justicia y del interés de la ciudad. En la misma línea, Lanni, A. *Law and Justice in the Courts of Classical Athens.* Cambridge, Cambridge University Press, 2006, p. 175, pone de relieve que los jueces o jurados no aplicaban la ley, sino que sus resoluciones tendrían a ser equitativas en detrimento de la norma. Parece ser que, y de la lectura de Cohen, D. *Law, Violence, and Community in Classical Athens.* Op. Cit., p. 183, el veredicto tenía base en valores extraños, ajenos a la ley y a la concepción actual del Estado de Derecho.

18 NIEVA FENOLL, J. *El origen de la justicia.* Op. Cit., p. 254.

últimos días del mes. Todas las actuaciones se llevaban a cabo en el exterior, existiendo un específico lugar para los ciudadanos que se acercaban como público, así como para los jurados y los litigantes. Este tribunal de Atenas estaba presidido por el *Hegemon* (líder o gobernante), quien desempeñaba funciones clave como la convocatoria de las partes, la realización de actos preliminares y la asignación del caso a una cámara determinada mediante sorteo. Durante el juicio, el *Hegemon* introducía las principales cuestiones identificadas en la fase preliminar y otorgaba la palabra a los litigantes. Una de las características más definitorias de la justicia griega era la ausencia de la figura del abogado, profesional que vería su verdadero germen en la península itálica. La defensa de cada asunto recaía en los propios interesados, quienes exponían sus argumentos ante los jurados sin la intervención o intermediación de representantes profesionales.

En tierras atenienses, y en general helénicas, la justicia popular se basaba en un principio de autosuficiencia, planteado amplias dificultades para quienes no dominaren el arte de la oratoria. Para paliar esta desventaja, surgió la figura del logógrafo, un redactor profesional de discursos legales. Los logógrafos elaboraban los alegatos que los litigantes memorizaban y pronunciaban durante el juicio. Un ejemplo célebre de esta práctica es Antifonte de Atenas, destacado orador, filósofo y matemático, considerado el primero en recibir remuneración por la redacción de discursos legales en representación de terceros[19]. Este fenómeno marcó un antecedente que posteriormente evolucionaría hacia la figura del abogado profesional en la península itálica, alejándose del ideal de autosuficiencia que caracterizó al sistema judicial ateniense.

La audiencia en los tribunales de la antigua Atenas estaba estrictamente limitada por el tiempo asignado a cada litigante para

---

19 AMIANO, M. *Historia.* Madrid: Akal, 2022, p. 812.

presentar su defensa, dependiendo de la naturaleza del caso. En los procesos civiles, el tiempo variaba en función de la cuantía económica objeto del litigio, mientras que en los procesos penales no superaba las tres horas por cada litigante. Este tiempo era medido mediante el uso de una clepsidra, o reloj de agua, que representaba una forma rudimentaria pero efectiva de garantizar la igualdad temporal. Aunque era posible presentar alegatos por escrito para su lectura ante el tribunal, esta práctica no era común en la mayoría de los casos. Manifiesta Nieva Fenoll[20], citando a Demóstenes, que, al no estar el pueblo griego alejado de las antiguas ordalías, la tortura a los testigos podía suceder en el juicio, siendo utilizada con el propósito de obtener una "verdad" sobre los hechos acaecidos. Esto refleja una dimensión emocional y sensorial en el desarrollo de los procesos judiciales, donde los alegatos y las impresiones de los jurados desempeñaban un papel crucial. Dada la falta de formación jurídica entre los heliastas —exceptuando a los integrantes del Consejo de Areópago, sobre los cuales se hará referencia más adelante—, las decisiones se basaban frecuentemente en consideraciones sociales y morales, más que en un conocimiento riguroso de la ley.

Para proceder a la resolución, se llevaba a cabo una votación, que sucedía tras la deliberación de los jurados. Durante el juicio, los heliastas tenían incluso la libertad de intervenir verbalmente, llegando a expresar sus opiniones a viva voz. La votación se realizaba de forma pública y transparente, pero a la vez garantizando la privacidad del voto. En los procesos penales, cada heliasta recibía dos fichas: una representaba la culpabilidad y la otra, la inocencia del acusado. Estas fichas debían ser depositadas en ánforas distintas: una de cobre para los votos válidos y otra de madera para desechar la ficha que no se seleccionaba. En caso de empate, el acusado era absuelto gracias al llamado "voto de Atenea". En los procesos civiles, el procedimiento era ligeramen-

---

20 NIEVA FENOLL, J. El origen de la justicia. Op. Cit., p. 255.

te diferente, pues existía un ánfora para cada parte litigante, y los jurados debían depositar su ficha en la que representaba al litigante cuya pretensión consideraban más razonable.

En este sistema, la función del tribunal no residía exclusivamente en garantizar el cumplimiento de la ley escrita, sino también en hacer efectivas normas sociales informales o incluso extralegales, mediante incentivos o sanciones de naturaleza social[21]. Sus resoluciones eran automáticamente ejecutables, siendo un órgano de primera y única instancia. Con las reformas introducidas por Solón, se creó la posibilidad de apelar las decisiones de la *Heliea*, consolidando un sistema judicial más estructurado, y por tanto, más garantista para los intereses de los litigantes. Volviendo a las resoluciones del órgano, las sanciones adoptadas podían varias ampliamente, desde multas económicas hasta castigos corporales en los casos penales más graves. Entre las penas más severas se encontraban la muerte, el encarcelamiento, la privación de derechos civiles y políticos, la confiscación de bienes y el exilio. Estas medidas reflejan el carácter integral de la justicia ateniense, que abarcaba tanto aspectos legales como sociales, consolidando un sistema único en su tiempo y de notable influencia en el desarrollo posterior de los sistemas jurídicos.

El Consejo del Areópago, cuya denominación proviene de la colina homónima vinculada a Ares, desempeñó un papel fundamental en la vida política y jurídica de Atenas entre los años 480 a.C. y 425 d.C. Este órgano, envuelto en un halo mítico al considerarse el lugar donde los dioses habrían juzgado a Ares, detentó en sus orígenes amplias competencias, si bien su evolución histórica lo transformó hacia un modelo progresivamente más democrático. Inicialmente, el Consejo estaba subordinado al rey y compuesto exclusivamente por los *eupátridas* (la antigua nobleza griega), quienes consolidaron su influencia hasta dominar la

---

21 LANNI, A. "Las normas sociales en las cortes de la antigua Atenas". Op. Cit., pp. 80-89.

gobernanza. Empero, las ya citadas reformas de Solón dieron una forma distinta al órgano, con una nueva estructura. Sus miembros comenzaron a ser seleccionados entre los arcontes mediante nombramientos vitalicios, representando principalmente a las clases más acomodadas de la *polis*. Su función se enfocaba en el control de los magistrados, interpretación de las leyes y el ejercicio de la función jurisdiccional. Por el contrario, las reformas políticas promovidas por Clístenes, enfocadas en el fortalecimiento de las instituciones, redujeron significativamente su poder político.

Este proceso culminó con la transferencia progresiva de sus funciones judiciales a la *Heliea*, que se consolidó como el principal tribunal ateniense tras las Guerras Médicas. Nieva Fenoll describe que, tras esta transformación, las competencias del Areópago quedaron restringidas a cuestiones específicas, como los juicios por homicidio, la imposición de castigos corporales, delitos de carácter religioso y otros asuntos penales de relevancia[22] y asuntos religiosos y la imposición de castigos corporales. Paralelamente se constituyó, derivado de las prerrogativas del Areópago, el Tribunal de los Efetas, compuesto por 51 miembros, que asumió competencias en función de la naturaleza del delito y la persona acusada. Este tribunal adaptaba su denominación al lugar donde se constituía para llevar a cabo sus actuaciones, como el Pritaneo[23], Delfinio[24], Paladio[25] o Freatis[26].

---

22 NIEVA FENOLL, J. *El origen de la justicia.* Op. Cit., p. 254.

23 Conocimiento de asuntos de muerte de seres humanos, valorando las circunstancias, el objeto o el animal que ha podido ser utilizado para ello.

24 Juzgaban delitos de homicidio en los cuales ha podido hacerse uso de medidas eximentes de la responsabilidad penal.

25 Juzgaban muertes de carácter involuntario, así como los delitos cometidos por esclavos y los metecos (extranjeros que residían en las ciudades-Estado).

26 Juzgaban a los exiliados que habían cometido un delito de homicidio durante su exilio. Para ello, al situarse Freatis en El Pireo, se hacía subirse al acusado a una embarcación como símbolo de exilio.

La verdadera separación de poderes se produjo de manera gradual. En sus inicios, el Areópago ostentaba una verdadera potestad jurisdiccional, pero igualmente sus funciones de carácter asambleario se entremezclaban con estas, recayendo en la *Heliea* la competencia para juzgar a los arcontes o gobernadores y titulares de cargos públicos. Con la reforma de Efialtes y Pericles se produjo un desmantelamiento de sus competencias judiciales, que fueron transferidas en su mayoría a la *Heliea*, con la notable excepción de los casos de homicidio e incendios provocados[27]. Esta cuestión se remarcó con la atribución al órgano judicial de competencia en materia de ejecución y control de las decisiones que se tomaban en la Asamblea Ateniense (*Ekklesia*), especialmente la acción legal *Grafé paranomon*[28]. La jurisdicción de la Heliea se extendía más

---

27 Discurso judicial de Demóstenes, Sobre la Corona, 330 a.C.

28 La acción *Grafé paranomon* o "acusación de ilegalidad", era un procedimiento legal ateniense introducido alrededor del año 415 a.C., diseñado para evitar la legislación o aplicación de leyes. Una vez que la persona que lo impugnaba anunciaba su intención, la norma quedaba suspendido hasta la resolución del asunto. Su finalidad radicaba en, al no existir un procedimiento para la derogación de una ley, permitir crear un instrumento para evitar la promulgación de nuevos cuerpos legales contradictorios con la normativa vigente. Se puede decir que era un mecanismo o forma de control sobre decisiones políticas y legislativas. Su accionamiento recaía en cualquier ciudadano ateniense que quisiera llegar a juicio a quien propusiera el decreto, así como a su norma propuesta. El acusador registraba formalmente la acusación y se celebraba juicio público en la Heliea, examinándose la legalidad de la propuesta y presentándose argumentos de carácter oral ante los jurados o heliastas. El veredicto se enfocaba en determinar la legalidad o no de la norma y las consecuencias para aquella persona que perdiera el juicio, ya fuese el acusador o el proponente de la norma. Estas últimas solían incluir multas, de no muy elevada cuantía, o una pérdida de derechos (*atimia*). En este último supuesto, la *atimia* podía poner fin a la carrera política de los ciudadanos, llevando a la utilización de esta acción social con espurias intenciones. De esta forma, la *grafé paranomon* se constituye como herramienta para mantener el control democrático

allá de la circunscripción territorial de Atenas. Los ciudadanos atenienses gozaban de la protección de su sistema jurídico más allá de las fronteras de la ciudad-Estado, siempre que se tratara de miembros de la Liga de Delos[29]. Igualmente, era competente para conocer de litigios en los territorios confiscados a los habitantes originarios a través de la figura de los *clerucos*, ciudadanos-soldados (hoplitas) que se establecían en dichas tierras como representantes del poder ateniense. Este modelo configuraba una forma temprana de colonialismo jurídico, extendiendo la influencia de Atenas y estableciendo un incipiente sistema de derecho internacional entre la metrópoli y sus colonias, aliados y territorios dependientes. En este contexto, el sistema judicial ateniense consolidó un marco normativo con competencias amplias tanto en conflictos privados como públicos, a nivel local e internacional. Este sistema no solo regulaba la vida interna de la *polis*, sino que también actuaba como herramienta de control e integración en los territorios bajo influencia ateniense, estableciendo un equilibrio entre su carácter cosmopolita y la centralización de su poder jurídico.

---

sobre el proceso legislativo, permitiendo a los ciudadanos participar activamente en la vigilancia de las leyes, a través de un procedimiento público y basado en el debate acerca del impacto de las normas y la lucha contra la arbitrariedad en las decisiones legislativas.

29 Derivada de la Liga Helénica, creada para repeler a los persas en las guerras médicas, esta se subdividió en dos, la Liga del Peloponeso, bajo el férreo liderazgo de Esparta, y la Liga de Delos, dependientes de Atenas. La Liga de Delos fue fundada en el año 478 a.C. como una asociación político-militar que incluía diferentes ciudades-Estado de Grecia, situadas en Ática, el mar Egeo y la costa de Asia Menor, bajo la influencia y liderazgo de Atenas. Su unificación englobaba entre 130 y 150 miembros, distribuidos en Estados aliados (algunas ciudades que lo componían eran Demetrias, Delfos, Tebas, Atenas, Egio, Sición, Lesbos o Megara) y Estados dependientes (tales y como Eretria, Antpolis, Casandrea, Eno, Perinto, Cícico, Lámpsaco, Abido, Troya, Mileto o Halicarnaso, entre otras) y duró hasta su disolución tras la guerra del Peloponeso en el año 404 a.C.

Los jueces o jurados que integraban todos estos órganos carecían de un elaborado estatuto jurídico claramente definido. Aunque es posible identificar ciertas similitudes con el modelo actual, la independencia judicial, entendida como un principio fundamental contemporáneo, no se encontraba plenamente desarrollada. Los jueces y jurados estaban teóricamente obligados a aplicar exclusivamente la ley y a mantenerse libres de influencias externas, pero este ideal estaba lejos de materializarse en su totalidad. Empero, un carácter trascendental es la regulación de sueldos para los jurados, introducida por Pericles[30], lo que marcó un hito en el fortalecimiento de su independencia. Este salario, inicialmente fijado en un óbolo (equivalente a una sexta parte de un dracma) y aumentado posteriormente a tres óbolos a partir del año 425 a.C., buscaba proporcionarles un sustento justo. Con esta medida, se pretendía reducir su vulnerabilidad frente a posibles sobornos y garantizar que sus decisiones se basaran únicamente en el mérito de los casos, y no en necesidades económicas personales.

la ausencia de un estatuto jurídico robusto tenía implicaciones negativas para los ciudadanos. Si bien los derechos de los jurados eran limitados y poco desarrollados, sus obligaciones se reducían prácticamente a asistir a los juicios, deliberar y votar. Este vacío normativo generaba situaciones de indefensión para los justiciables, quienes carecían de garantías procesales suficientes para proteger adecuadamente sus derechos. Aunque los litigantes podían defender sus casos, argumentar en las audiencias y presentar pruebas, principalmente documentales y testificales, carecían de instrumentos fundamentales para una

---

[30] Véase Aristóteles. Constitución de los Atenienses. Traducción por Manuela García Valdés. Madrid: Editorial Gredos, 1984, p. 120, disposición 27, notas 3 y 4: "Pericles fue el primero que dio una retribución a los tribunales para hacer frente a la popularidad de Cimón por su riqueza [...] siguió el consejo de Damónides de Oie de que, como en la fortuna personal era vencido, diese a la muchedumbre lo que era de ella, y así dispuso una retribución a los jueces".

defensa efectiva. Desde una perspectiva histórica, esta falta de garantías no debe interpretarse con alarma excesiva. Las nociones modernas de debido proceso, o *due process of law*, estaban aún muy alejadas de las concepciones jurídicas de la época. De hecho, fue necesario esperar hasta el 15 de junio de 1215 para que el rey Juan Sin Tierra de Inglaterra promulgara la histórica cédula *Magna Carta Libertatum*, otorgando ciertos derechos a los barones ingleses como protección de sus feudos, lo que posteriormente influiría en el desarrollo de principios fundamentales como los que encontramos en las constituciones modernas, incluyendo la de los Estados Unidos de América.

En la ciudad-Estado de Atenas, aún bajo postulados democráticos que guiaban su sistema, no existía una concepción moderna acerca de todos los principios y garantías de naturaleza procesal recogidos en una Carta Magna (básicamente porque las mismas no existían como tal). Tampoco se contaba con un código procedimental que regulase de manera uniforme el modo de actuar en los procesos. En un contexto donde las leyes no eran prolíficas y los conceptos fundamentales de acción, jurisdicción y proceso no estaban claramente definidos, el "arte del proceso" y los métodos de interpretación como la exégesis o le sistema eran inexistentes. De esta forma, los procedimientos ante la *Heliea*, el Areópago o la especialidad conocida como el tribunal de los Efetas, carecían de amplias garantías en favor de los litigantes. La asistencia letrada no cabía en la sala, pues la democracia ateniense era contraria a la representación por tercero, no cabía la motivación de sentencias, ni el derecho a la última palabra del acusado[31], entre otros muchos, lo que conducía a cierta desprotección de quienes acudían a tales órganos en aras de encontrar una solución a sus problemas.

---

31 NIEVA FENOLL, J. *El origen de la justicia.* Op. cit., p. 256.

La separación de poderes se completa se estructuró en torno a dos órganos principales: uno legislativo y otro ejecutivo. El órgano legislativo, denominado *Boulé*, desempeñaba la función de elaborar proyectos de ley y decretos que luego eran sometidos a votación en la Asamblea General o *Ekklesía*. Inicialmente, la *Boulé* formaba parte del Consejo del Areópago, de modo que no existía una clara distinción entre las funciones legislativas y judiciales. Sin embargo, las reformas impulsadas por Solón alteraron significativamente esta configuración, al despojar al Areópago de sus competencias judiciales y conferir autonomía a la *Boulé*, que pasó a tener su propia composición, integrada inicialmente por 400 miembros y posteriormente ampliada a 500 tras las reformas de Clístenes. Este órgano asumió un rol más definido, desligándose de tareas ajenas a la legislación, aunque conservó ciertas competencias judiciales marginales, como su intervención en procedimientos como la *Grafé paranomon* y la *eisangelia*[32].

Por otro lado, el poder ejecutivo recaía en los *Strategos*, quienes ejercían sus funciones como generales y comandantes de los cuerpos militares. limitándose su autoridad a la esfera castrense. Este poder no se configuraba como un ejecutivo en el sentido moderno, sino más bien como un liderazgo militar estrechamente vinculado a las decisiones de los consejos ciudadanos. Como apuntaba Aristóteles, "quien manda" participaba también en las deliberaciones relativas a las normas y las políticas de la ciudad. Además, en la democracia ateniense, caracterizada por

---

[32] El significado del término *eisangelia*, en su forma más natural, lleva al significado de denuncia. En el sistema jurídico ateniense este instrumento se utilizaba para la denuncia de delitos no recogidos en la normativa, para aquellos pusieran en riesgo la seguridad del Estado o de la democracia. En el presente trabajo, genera interés mencionar aquella acción utilizada contra los magistrados por una incorrecta administración, interponiéndose ante la *Boulé*. El órgano entonces decidía, a través de la acusación presentada, resolverlo en la *Ekklesía* o derivar las actuaciones a la *Heliea*.

la ausencia de representación política tal como la concebimos hoy, muchos de los cargos eran asignados mediante sorteo. Este mecanismo garantizaba la participación ciudadana en las instituciones, especialmente en la Asamblea de la *Ekklesía*, que no solo aprobaba leyes y decretos, sino que también adoptaba decisiones administrativas, asumiendo parcialmente funciones de carácter ejecutivo. En consecuencia, la autoridad de los *Strategos* estaba subordinada a las disposiciones emanadas de la Asamblea.

La estricta separación de podres que pretendió el modelo ateniense, especialmente con la organización legislativa creada por Solón, fue poco a poco diluyendo su carácter. La *Heliea*, la *Boulé* y la *Ekklesía* mantuvieron siempre relaciones interdependientes. La *Boulé* llegó a actuar como un órgano que determinaba los temas a debatir en la Asamblea, e incluso, en tiempos de guerra, asumió decisiones de carácter ejecutivo, lo que evidenciaba la influencia del legislativo sobre el ejecutivo. Asimismo, mediante instrumentos como la *Grafé paranomon* y la *eisangelia*, las competencias de estos órganos comenzaron a solaparse. La *Heliea*, en particular, se transformó en un actor colegislador, trasladando los debates políticos al ámbito judicial. Así, lo que inicialmente se concibió como contrapesos mutuos derivó en una imbricación funcional, con la *Boulé* ejerciendo facultades judiciales y la *Heliea* incidiendo en la creación normativa. El sistema democrático ateniense, con su peculiar estructura de poderes, experimentó su declive definitivo tras la invasión macedonia de las distintas ciudades-Estado. Bajo la dinastía instaurada por Filipo II, el modelo de autonomía que caracterizaba a la *polis* de Atenas se desmoronó, y las instituciones democráticas desaparecieron en gran medida. La *Boulé* se mantuvo únicamente en Atenas, pero transformada en un consejo municipal con un papel residual. En este nuevo orden centralizado, el poder se concentró en la figura del monarca, despojando a Atenas de su carácter democrático y poniendo fin a un modelo que había representado una de las primeras manifestaciones de autogobierno ciudadano en la historia jurídica y política de la humanidad.

1.2 La República romana: organización y tensiones de poder

El auge de Roma como civilización se sustentó en diferentes épocas, en las cuales se puedo observar un mayor o menor grado de autoritarismo. Sin una exacta fidelidad, se cree que los ciudadanos de Roma, allá hacia el año 509 a.C., expulsaron a su rey, Tarquino el Soberbio[33], e independizaron sus territorios respecto a los pueblos limítrofes, como los etruscos, creando así la República de Roma. Esta nueva organización política daba inicio con un sustancial cambio respecto al modelo de gobierno, pues el poder ya no era entregado por el Senado a una persona, quien lo ostentaba de por vida, y usualmente en línea sucesoria directa, sino que este era rotatorio por anualidades[34]. Se crea así la figura de dos cónsules que, elegidos por la ciudadanía, ejercen el poder ejecutivo por un periodo de un año[35]. El poder de cada cónsul servía de equilibrio respecto a los posibles abusos cometidos por el otro. La diferencia respecto al modelo de gobierno anterior no era sustancial, pues su poder político era similar a los que regían en la época de la monarquía los

---

33 Son muchos los hechos históricos que llevaron a tal situación, como la Conspiración Tarquiana y la guerra de Roma y Clusium. Al no tenerse certeza acerca de si los etruscos, a través del rey Lars Porsena de la ciudad de Clusium, vencieron el conflicto armado o no, no se tiene seguridad de cuáles fueron las consecuencias de tal conflicto bélico. Autores como Cornell, T. *The beginnings of Rome: Italy and Rome from the Bronze Age to the Punic Wars (c. 1000–264 BC).* New York, Routledge, 1995, p. 21, entienden que la caída de la monarquía romana es consecuencia de la toma del a ciudad por las tropas etruscas de Clusium y el derrocamiento del régimen.

34 Kovaliov, S. I. *Historia de Roma.* Madrid, Akal, 1989, p. 74.

35 Abbott, F. *A History and Description of Roman Political Institutions.* Boston, Ginn & company Publishers, 1901, p. 25. Recuperado de: https://archive.org/details/historydescripti00abbouoft/page/n3/mode/2up (Fecha de consulta: 05/06/2022).

distintos reyes, pero sí que es cierto que la limitación temporal del mismo permitía su acusación y condena[36].

En el marco de la República romana, el concepto de separación de poderes plantea un análisis complejo, especialmente se pretende equipararlo al modelo moderno desarrollado casi dos milenios después por Montesquieu. La inestabilidad geopolítica de la República no condicionó para el desarrollo de un sistema basado en la orientación expansionista. Su modelo de acción bélico, al contrario del sistema de la democracia ateniense, se enfocaba en un crecimiento estatal a través de la expansión territorial por los países del mediterráneo. La consecuencia de estas conquistas lleva a que el poder tienda a descentralizarse, apareciendo múltiples figuras como los "tribunos de la plebe", los "ediles de la plebe", el "censor", el "edil curul", el "pretor" o los "comicios centuriados", entre otros, cada uno con funciones específicas dentro de la administración pública. De particular relevancia son los comicios centuriados, que desempeñaron un papel crucial como asamblea legislativa de la República. Las tensiones entre plebeyos y patricios, exacerbadas por las huelgas (*secessio plebis*)[37], forzaron la ampliación de las competencias de esta asamblea. Estas acciones sociales reflejan la pugna por el reconocimiento de derechos y libertades[38]. Ello impulsó un

36 Ibidem, p. 26.

37 SCULLARD, H.H. *A History of the Roman World, 753 to 146 BC.* New York, Routledge, 2003, p. 81, señala que el número de estas acciones es desconocido, pues los documentos recogen multitud de ellas cuyos detalles son falsos, podrían determinarse 5 en el periodo comprendido entre el año 494 a.C. y el 287 a.C.

38 Recoge Maquiavelo (citado por HILB, C. "Maquiavelo, la república y la ´virtù´", en Várnagy, T. (Comp.), *Fortuna y virtud en la República Democrática. Ensayos sobre Maquiavelo.* Buenos Aires, Consejo Latinoamericano de Ciencias Sociales, 2000, pp. 127- 147, esp. pp. 130-131) que "quienes condenan los tumultos entre los nobles y la plebe atacan lo que fue la causa principal de la libertad de Roma, y que se fijan

incremento en la capacidad legislativa de los comicios, dotando a las leyes emanadas de este órgano de plena eficacia jurídica.

El desarrollo de la política interior de Roma revela una creciente necesidad de división en el ejercicio de los poderes estatales. La potestad ejecutiva recaía principalmente en los cónsules, cuyo mandato estaba orientado hacia cuestiones militares, como las guerras púnicas, las campañas contra Numidia, los galos o el enfrentamiento con Mitrídates VI del Ponto. En el ámbito legislativo, los comicios centuriados compartieron competencias con las *comitia populi tributa*, que asumieron una amplia gama de funciones: elección de magistrados menores, como los ediles y tribunos plebeyos, e incluso la resolución de delitos sancionados con multas. Sin embargo, el Senado retenía la prerrogativa de ratificar las normas elaboradas por estos órganos, consolidando su influencia sobre el proceso legislativo. cuya actuación variaba según la fase procesal del caso (*in iure* o *in iudicio*). La figura del magistrado, en particular, constituye una de las principales fuentes de ambigüedad en la separación de poderes romana. Este término englobaba a una variedad de funcionarios públicos con competencias en ámbitos ejecutivos, administrativos y judiciales. Por ejemplo, un magistrado podía ser un cónsul con autoridad militar, un edil encargado de las finanzas y la infraestructura, o un pretor que administraba justicia. Esta multifuncionalidad generaba una interrelación que dificultaba una separación estricta de poderes. Así, un magistrado podía simultáneamente resolver conflictos entre ciudadanos, gobernar la ciudad y participar en las cámaras legislativas.

No obstante, pese a estas limitaciones, el sistema republicano romano constituye un valioso antecedente del principio de separación de poderes, diseñado para evitar abusos por parte

---

más en los ruidos y gritos que nacían de esos tumultos que en los buenos efectos que produjeron. En toda República hay dos espíritus contrapuestos, el de los grandes y el del pueblo, y todas las leyes que se hacen en pro de la libertad nacen de la desunión de ambos".

de quienes ostentaran la autoridad. Este modelo se mantuvo vigente durante la mayor parte de la República, aunque con restricciones significativas, especialmente en situaciones de crisis en las que se recurría a la figura del dictador. Esta magistratura extraordinaria, concebida como una respuesta temporal a emergencias[39], se distinguía por concentrar poderes ejecutivos, la dirección de acciones militares y la facultad de convocar y presidir las asambleas legislativas[40] y el Senado. Aunque el dictador carecía de competencias legislativas—atribuidas exclusivamente a las asambleas y al Senado[41]—, sí podía emitir decretos[42]. Desde una perspectiva judicial, el dictador no ejercía funciones jurisdiccionales, ya que estas se encontraban fuera de su ámbito de actuación[43]. Sin embargo, su capacidad para centralizar el

---

39 Entiende POSNER, E. y VERMEULE, A. "Accomodating Emergencies", en Tushney, M. (ed.), *The Constitution in Wartime. Beyond Alarmism and Complacency*. Durham, Duke University Press, 2005, pp. 55-94, esp. p. 55, que el fundamento de estas tiranías temporalmente determinadas (máximo de 6 meses desde su constitución o hasta que finalice la situación que dio origen a la misma) radica en abordar la situación de emergencia, siendo para la ciudadanía romana lógico la relajación o suspensión de la estructura legal sobre la que se sustentaba la República.

40 Convocar, celebrar y presidir una Asamblea usualmente se realizaba a petición del Senado. Vid. BROUGHTON, T.R.S. *The Magistrates of the Roman Republic*. Cleveland, Ohio, Press of caso Wetern Reserve University, 1951, p. 125.

41 GROSS, O. y NÍ AOLÁIN, F. *Law in Times of Crisis: Emergency Powers in Theory and Practice*. New York, Cambridge University Press, 2006, p. 23

42 SILES VALLEJOS, A. "La dictadura en la República romana clásica como referente paradigmático del régimen de excepción constitucional". *Derecho PUCP: Revista de la Facultad de Derecho*, n. 73, 2014, pp. 411-4024, esp. p. 419.

43 Aun cuando siendo una figura de carácter extraordinario, el número de dictadores fue elevado, aunque es difícil de determinar con precisión ante la aparición de figuras nombradas con poderes similares. De esta forma, son aproximadamente 75 los sujetos que intervinieron como tal, siendo los más ilustres: Tito Larcio (año 501

poder quebrantaba, aunque fuera temporalmente, el principio de separación de poderes. Esta situación era particularmente peligrosa si el cargo recaía en manos de un individuo con intenciones autoritarias. A pesar de estas carencias, el sistema romano presenta un desarrollo protoinstitucional de los principios que subyacen a la separación de poderes, los cuales influirían en el pensamiento jurídico y político de épocas posteriores.

La decadencia de la separación de poderes como modelo de Estado tiene lugar con la transición de la República romana al Imperio, un proceso gradual marcado por conspiraciones internas, guerras civiles y una expansión territorial que desbordó los límites de la península itálica. Este fenómeno no surgió de manera abrupta, sino que fue el resultado de una continua erosión institucional y política que se gestó durante dos siglos, alimentada por conflictos bélicos, crisis económicas y sociales, una cultura política caracterizada por la violencia y la ambición desmedida de los líderes. Los triunviratos fueron hitos significativos en este proceso de concentración del poder. El primero, formado por Cneo Pompeyo Magno, Cayo Julio César y Marco Licinio Craso, y el segundo, compuesto por Marco Antonio, César Octavio y Marco Emilio Lépido, reflejaron la consolidación del poder en grupos reducidos de ciudadanos romanos que dominaban tanto desde una perspectiva territorial como administrativa. Fue Octavio, tras la disolución del segundo triunvirato y su victoria decisiva sobre Marco Antonio y Cleopatra en la batalla de Accio, quien marcó un punto de inflexión. Su anexión del Egipto ptolemaico y su ascenso como *princeps* y *Augustus* simbolizaron la culminación de este proceso de centralización del poder, instaurando un sistema que garantizó la estabilidad social y económica conocida como la *Pax Romana*.

---

a.C); Marco Furio Camilo (años 396, 390 y 389 a.C); Quinto Fabio Máximo Ruliano (años 315 y 313 a.C); Lucio Cornelio Sila (82-79 a.C); Cayo Julio César (periodos 49-44 y 44 a.C.).

Pero, tal y como ya se ha reseñado, no fue más que la consecuencia de una prolongada erosión al sistema republicano que venía ocasionándose durante dos siglos atrás gracias a los continuos conflictos bélicos, crisis económicas y sociales, una propia sociedad romana con un alto índice de violencia[44], erosión de las instituciones republicanas, debilidad del sistema político y ambición de los líderes. L as guerras civiles entre Mario y Sila, y posteriormente entre Pompeyo y César, exacerbaron la concentración del poder. La figura del dictador, concebida originalmente como una magistratura temporal para enfrentar crisis específicas, fue utilizada de manera abusiva para acumular autoridad, incluso con pretensiones vitalicias, como ocurrió con Sila y Julio César. Este último, en su calidad de dictador perpetuo, consolidó el fin de la separación de poderes, allanando el camino hacia un régimen autocrático que alcanzó su plenitud bajo el gobierno del Principado, liderado por Augusto. En este nuevo modelo, el Emperador absorbió las atribuciones del poder ejecutivo, legislativo y judicial, relegando al Senado y a las Asambleas a roles consultivos y simbólicos.

El modelo de separación de poderes de Roma, aunque presenta ciertas características que pueden considerarse precursoras de la separación de poderes moderna, dista mucho de las concepciones actuales. n este sentido, el sistema ateniense, con su marcada división entre las funciones legislativas, ejecutivas y judiciales, puede considerarse como una estructura más próxima a los ideales contemporáneos. Sin embargo, la República romana ofreció valiosas lecciones que influyeron en la evolución de la

---

44 Esta idea especialmente puede remarcarse en la época de la República de Roma. de Cohen, D. (1995). *Law, Violence, and Community in Classical Athens.* Op. Cit., p. 7, pone de manifiesto tal idea al expresar: "en la Roma tardo-republicana o en las ciudades-Estado italianas del renacimiento, por otro lado, la venganza, la violencia faccionaria y el asesinato parecen haber jugado un rol muchísimo más importante en la vida cívica que en Atenas, a pesar de su sistema legal menos desarrollado".

teoría política. Cicerón, en su obra "De republica", analiza las distintas formas de gobierno existentes y sus posibles desviaciones. Entiende que la estabilidad de un Gobierno deriva de un equilibrio entre los poderes, de una supervisión entre los mismos, en el cual el poder ejecutivo ejerza las tareas propias de un soberano, pero sin restringir los ámbitos de actuación de los jueces y de la voluntad del pueblo Por su parte, Polibio, con su teoría de la anaciclosis, analizó la inevitable degeneración de los sistemas políticos y subrayó la necesidad de contrapesos para evitar abusos de poder. Estas ideas sentaron las bases para el desarrollo de teorías más sofisticadas sobre la separación de poderes, que serían perfeccionadas en el pensamiento político de la modernidad, especialmente durante la Ilustración[45].

3. DEL FEUDALISMO AL PARLAMENTARISMO INGLÉS: LA CARTA MAGNA DE 1215 Y EL SIGLO XVII

Tras la caída de la República romana se inicia un periodo de oscuridad en cuanto a la división de poderes, caracterizado por la centralización del mismo en las monarquías. Durante aproximadamente diecisiete siglos, el modelo predominante se basa en la acumulación de los tres poderes estatales en la figura del monarca, quien se erige como la única fuente de soberanía. Aunque la administración de justicia se delegaba a jueces y magistrados, esta siempre se ejercía en nombre del rey y bajo su autoridad, lo que eliminaba cualquier autonomía judicial efectiva. En este contexto, la teoría política de la época fundamentó la soberanía monárquica en un mandato de origen divino, otorgando al rey

---

45 Véase, como obra de referencia: WALBANK, F.W. *A Historical Commentary on Polybius, Vol. I, Commentary on Books I–VI.* Oxford, The Clarendon Press, 1957.

un poder absoluto e irrestricto.[46]. Tal y como expresan Jean Bodin en su libro "De la República", y Thomas Gobbes en su obra "Leviatán", el monarca no está sujeto a los poderes que ejerce, ni es responsable de sus actos, consolidándose como la personificación del Estado y depositario exclusivo de la soberanía. Este monopolio del poder encuentra su legitimación en la teoría del derecho divino, donde la autoridad del monarca se considera derivada de Dios, excluyendo cualquier control o limitación externa[47]. Así, el derecho se entiende como una emanación autoritativa del soberano, reforzando su carácter absoluto. No obs-

---

46 La teoría del derecho divino de los reyes nace por los imperialistas en el siglo XIV, pero se constituyó en los siglos XVI y XVII como una respuesta de los monarcas para justificar su soberanía e independizarse del poder del Papa. Todo ello deriva de la bicefalia ocurrida tras la Imperio Romano, en el cual, tanto el Emperador como el papado pretendían ostentar el poder político y religioso, provocándose un cisma entre ambas figuras. Ostentar un derecho divino ofrecía una postura de "elegidos" por Cristo (FIGGIS, J.N. *El derecho divino de los reyes y tres ensayos tradicionales* (traducción de Edmundo O'Gorman). Ciudad de México, Fondo de cultura Económica, 1942, p. 43), algo de gran valor para justificar la soberanía y autoridad sobre los súbditos, cuestión de la que se hizo valer el Pontífice hasta el fin de la Edad Media. Es en los siglos XVI y XVII cuando existe un cambio de paradigma, pues los imperialistas o defensores de esta teoría entienden que se necesita una nueva interpretación de los textos bíblicos, pues el papado no debe de ostentar supremacía, ya que el poder del rey deriva de Dios y no del Papa. Esta teoría servía como vía para restringir poder al clero en beneficio de la monarquía, órgano que se transforma en institución divina, siendo responsable solo ante Dios, y sus súbditos tenían que obedecer sin resistirse, aunque los actos del rey fueran contrarios a los designios divinos (GUERRERO, D.R. "El tratado sobre el gobierno civil de John Locke. Una refutación del absolutismo de Robert Filmer". *Universitas Philisophica*, n. 15-16, 1990, pp. 9-60, esp. pp. 16-18).

47 TAPIA GUTIÉRREZ, J. "Separación de poderes, *checks and balances* y las nuevas formas de separación de poderes en el Estado Constitucional de Derecho". *Revista Jurídica Derecho*, vol. 11, n. 17, 2022, pp. 37-52, esp. p. 42.

tante, durante este periodo de predominio monárquico, surgen ciertos eventos históricos, si bien excepcionales, que presentan elementos contrarios a esta concentración de poder. Entre estos, destacan dos hitos en el contexto británico que marcaron puntos de inflexión en la tradición jurídica occidental.

El primero de ellos tiene su origen en el antiguo reino de Inglaterra, a través de la *Magna Carta Libertatum*[48], firmada por el Rey Juan I de Inglaterra, conocido como "Juan sin tierra", bajo la presión de un grupo de barones rebeldes. Este documento, aunque limitado en su alcance y enfoque —dirigido principalmente a proteger los intereses de la nobleza terrateniente—, constituye un precedente crucial en el desarrollo del constitucionalismo. Más allá de su importancia histórica, la *Magna Carta* establece principios

---

[48] El origen de este texto ha sido ampliamente controvertido, pues, ante las modificaciones posteriores habidas por los diferentes monarcas, quienes en el mismo documento llegaban a realizar anotaciones y renovaciones, se llegó a considerar que el documento de Juan "sin tierra" no era el original, sino que derivaba de un documento anterior. De esta forma se forjó un mito político acerca de una posible constitución previa, ambientada a la época de los pueblos anglosajones antiguos, y más concretamente en las guerras entre los reinos Northumbria, Mercia, Kent, Anglia Oriental, Essex, Sussex y Wessex entre ellos en el siglo IX, y las posteriores invasiones de los vikingos daneses sucedidas, primero en el año 789 con intenciones de pillaje, y ya a partir de mediados del siglo siguiente con idea de conquista de las diferentes ciudades. Del Rey Alfredo "el grande", quien dio inicio a la reconquista del territorio británico invadido por los vikingos especialmente por el rey Guthrum (Aethelstan tras su bautizo), la idea de una Inglaterra unificada, y la creación del feudalismo inglés, nacían las ideas de ser el "padre de la Constitución". Teóricamente, su nieto, el rey Athelstan, coronado como el primer rey de Inglaterra, avanzó en esta reconquista. No obstante, la invasión normanda por Guillermo I de Inglaterra "el Conquistador", llevó a los estudiosos a creer que, al imponer las costumbres normandas, habría acabado con esta supuesta constitución. Una idea que, sin base científica ni histórica alguna, llevó a una creencia acerca del desarrollo constitucionalista en territorio británico.

que limitan el poder monárquico y sientan las bases de derechos fundamentales. Entre estos, destaca la garantía del *Law of the Land*, que asegura que ningún hombre libre pueda ser condenado sin un juicio previo[49]. Este principio evolucionaría con el tiempo en el concepto del *Due Process*[50], fundamental en las democracias modernas como un pilar contra la autoridad arbitraria de los monarcas[51].

El texto, sin entrar en cuestiones relativas a su promulgación y posteriores modificaciones, tiene influencia en materia de separación de poderes al imponer una limitación del Poder Ejecutivo. En una época de Feudalismo, en el cual los gobiernos monárquicos ostentaban un poder total, pudiendo disponer de los bienes y de las personas bajo su dominio, el presente texto normativo, derivado de las presiones y críticas recibidas por el monarca, ofrece un contenido restrictivo a este último. La *Magna Carta Libertatum* contenía cláusulas que limitaban este poder real en beneficio de un conjunto de derechos en favor de los barones de la nobleza. Entre las disposiciones más relevantes, se encuentra la obligación de crear un Consejo Común, precursor de los parlamentos modernos, encargado de participar en decisiones de importancia nacional. Este consejo no solo introduce un modelo de gobernanza más inclusivo, sino que también reduce la concentración de poder en el monarca, promoviendo un sistema más representativo y menos autocrático.

---

49 "Ningún hombre libre será arrestado, o detenido en prisión o desposeído de sus bienes, proscrito o desterrado, o molestado de alguna manera; y no dispondremos sobre él, ni lo pondremos en prisión, sino por el juicio legal de sus pares, o por la ley del país".

50 "Ningún hombre, cualquiera que sea su estado o condición debe ser sustraído de su hogar, ni tomado ni puesto en prisión, ni acusado o dársele muerte sin que se le dé una respuesta por el debido proceso".

51 Así lo describen DANZIGER, D. y GILLINGHAM, J. *1215: the year of the Magna Carta.* Londres, Hodder and Stoughton, 2003, p. 278: "el documento constitucional más grande de todos los tiempos: la fundación de la libertad del individuo contra la autoridad arbitraria del déspota".

De la lectura de la norma se generan múltiples implicaciones en la noción democrática de separación de poderes, aunque es necesario precisar que estas se diferencian considerablemente de las concepciones modernas de dicho principio. Dicho documento recoge algunos elementos que serán clave para el posterior desarrollo de las teorías en la época de la ilustración. Entre estos, destaca la limitación de la concentración del poder en una única entidad, la monarquía, y la instauración de un principio esencial del Estado de Derecho: la subordinación del rey a la ley. La Magna Carta establece las bases para el desarrollo de un modelo en el cual los tribunales puedan actuar de manera independiente para proteger los derechos individuales de los ciudadanos contra el abuso del sujeto que ostente el poder ejecutivo. De esta forma, puede apreciarse una primitiva división entre dos de los tres poderes estatales, el ejecutivo y el judicial, que operaban como contrapesos mutuos. El tercer poder, el legislativo, aunque aún residía formalmente en el monarca, empezó a experimentar ciertas limitaciones a través de la creación del Consejo Común, un órgano que, aunque rudimentario, marcaba el inicio de una mayor representatividad en la toma de decisiones. Estas ideas incipientes sirvieron de inspiración para teóricos de épocas posteriores, quienes, al estudiar los modelos de gobierno limitado, las incorporaron en el diseño de las primeras constituciones modernas.

Es de reseñar igualmente las consecuencias derivadas de la Inglaterra en el s. XVII. Este territorio fue escenario de importantes acontecimientos históricos que resultaron cruciales para el desarrollo del pensamiento sobre la separación de poderes. Los conflictos habidos entre los monarcas Jacobo I y Carlos I a consecuencia de asuntos fiscales y religiosos, desencadenó en una Guerra civil entre los realistas y los parlamentarios. Mientras Carlos I reivindicaba su derecho divino a gobernar con poder absoluto, el Parlamento buscaba restringir la autoridad real y establecer mecanismos de control y equilibrio. Este enfrentamiento puso de manifiesto los riesgos inherentes a la concentración de todo el poder en una sola figura, retomando las enseñanzas clásicas de Aristóteles, Polibio y Cicerón sobre la necesidad de separar los poderes del Estado como medio para evitar la tiranía. El desenlace de este conflicto tuvo importantes repercusiones. La abolición temporal de la monarquía y la instauración de la República Inglesa (*Commonwealth of England*), después un protectorado bajo la figura de Oliver Cromwell, quien paradójicamente acumuló más poder que el monarca derrocado y, por último, la restauración monárquica, pero bajo una importante influencia y poder del Parlamento, ilustraron una transformación política significativa hacia un sistema de gobierno más equilibrado y alejado del absolutismo.

Otro aspecto de similar trascendencia es la Revolución Gloriosa de 1688, por el cual se derrocaría a Jacobo II a través de una conspiración en la sociedad inglesa[52]. Este evento, que culminó con la deposición de Jacobo II, consolidó un modelo parlamentario y redujo significativamente el poder absoluto de la monarquía. La posterior promulgación de la Declaración de Derechos en 1689, firmada por Guillermo de Orange, consagró principios innovadores para la época, estableciendo una separación más clara entre el poder ejecutivo y el Parlamento. Esta transformación quedó reflejada en los planteamientos de teóricos contemporáneos como John Locke, quien en su Segundo Tratado sobre el Gobierno Civil (1690) defendió la importancia de limitar la autoridad del soberano y garantizar un equilibrio efectivo entre los poderes.

Antes del auge de las teorías ilustradas, diversos pensadores habían explorado ideas relacionadas con la separación de poderes y la limitación del absolutismo monárquico[53], aunque siempre de forma muy restrictiva, y en la mayoría de supuestos, no es el poder

---

52 De ahí que algunos autores como SPECK, W. A. "The Orangist Conspiracy against James II". *The Historical Journal*, vol. 30, n. 2, 1987, pp. 453-462, esp. p. 453, entiendan que el término "revolución" es incorrecto al no ser un levantamiento espontáneo.

53 SOLOZABAL ECHAVARRIA, J.J. "Sobre el principio de la separación de poderes". *Revista de Estudios Políticos*, n. 24, 1981, pp. 215-234, esp. pp. 218-219.

lo que separan los autores, sino su ejercicio en la práctica. George Lawson efectúa una distinción acerca de las funciones legislativa, ejecutiva y judicial, aunque esta última continuaba subordinada al poder ejecutivo. Por su parte, Dallison sostuvo que un gobierno satisfactorio únicamente funciona si las funciones estatales están separadas y con autonomía, aun cuando entiende la participación del monarca, quien ostenta le poder ejecutivo, en el legislativo. La principal virtud de su aportación es en materia judicial, pues avanza una postura del poder judicial y de la figura del juez y su intervención autónoma más avanzada que los teóricos del siglo siguiente. James Harrington, influido por las ideas de Polibio, defendió un modelo de gobierno mixto que combinaba la participación de la aristocracia y el pueblo en el poder legislativo, mientras que la ejecución de las normas recaía en un magistrado neutral encargado de garantizar la imparcialidad en la administración.

Estas ideas, aunque todavía rudimentarias, prefiguraron los fundamentos de las teorías modernas sobre la separación de poderes. A pesar de que la mayoría de estas concepciones no otorgaban plena autonomía al poder judicial, que frecuentemente se encontraba subsumido en otras funciones del Estado, contribuyeron a sentar las bases para las teorías más sistematizadas de autores como Montesquieu. Asimismo, anticiparon elementos de las constituciones mixtas que buscaban limitar el absolutismo y fomentar un sistema de contrapesos entre los poderes estatales, aunque todavía carecían de las estrictas incompatibilidades y autonomías que caracterizan los sistemas modernos.

4. EL PENSAMIENTO ILUSTRADO Y LA FORMALIZACIÓN DE LA DIVISIÓN DE PODERES

Las teorías que sustentaban un poder absoluto en manos del soberano comenzaron a perder su preeminencia con la caída del monarca Jacobo II en Inglaterra y la consolidación de un modelo en el que el Parlamento adquirió un papel central en la estructura política. Hasta ese momento, el monarca era considerado una figura imprescindible para la existencia misma del Estado. Sin embargo, surgió entonces una nueva perspectiva que interrogaba sobre la verdadera necesidad del Estado para la ciudadanía, dirigiendo la atención hacia la limitación del poder concentrado en una única figura y la creación de un sistema de equilibrios que garantizase derechos a las personas y estabilidad al orden político. Fue en este contexto donde emergieron las teorías de John Locke y Montesquieu, cimentadas en los principios ilustrados que defendían un Estado comprometido con la protección de los derechos individuales. Esta protección no podía limitarse a la mera existencia del Estado como ente rector, sino que requería un modelo en el que las funciones estatales se distribuyesen para evitar el despotismo característico del Antiguo Régimen. El propósito era inequívoco: lograr que "el poder detenga al poder". En este marco, la separación de poderes promovida por los ilustrados se consolidó como el mecanismo principal para alcanzar la libertad.

4.1 John Locke: raíces filosóficas de la división funcional

La obra "Segundo Tratado sobre el Gobierno Civil" de John Locke supone un cambio en el paradigma político al proponer una separación de poderes entre los diferentes órganos estatales, convirtiéndose en uno de los fundamentos de la Ilustración en el siglo XVIII[54]. Aunque estas ideas se atribuyen con frecuencia exclusivamente a Montesquieu[55], Locke fue pionero en plantear estas cuestiones, respetando las prácticas llevadas en la *polis* de Atenas y la república romana. Su obra constituye una respuesta directa al absolutismo defendido por Robert Filmer en "El poder

---

[54] HOPPIT, J. *A Land of Liberty? England: 1689-1727.* New York, Oxford University Press, 2002, p. 194.

[55] FERNÁNDEZ DÍAZ, A. *Escritos sobre principios del Derecho, división de poderes, libertad y Estado de Derecho.* Madrid, Delta Publicaciones, 2021, pp. 54-57.

natural de los reyes", más conocida como "Patriarca", publicada en 1680[56], tres décadas después de la muerte de su autor. Filmer sostenía que los reyes gobernaban por derecho divino, concentrando en su figura todos los poderes, en analogía con los patriarcas bíblicos, considerados por él como los orígenes de los Estados modernos. Dos modelos antagónicos que partían de ideas contrarias y que sirvieron, a pesar de no ser las obras totalmente coetáneas, para ofrecer dos posicionamientos de tesis de gran popularidad en la época[57]. Ambos autores se sitúan en dos posturas contrapuestas, que venían ejerciéndose en Inglaterra desde el fin de la guerra de las Dos Rosas, una lucha entre la corona y el parlamento. Este último se constituía como instrumento para restringir el poder sin límites ni contrapesos del monarca, y especialmente la función legislativa[58], lo que suponía un conflicto entre los sistemas laicistas y los parlamentaristas[59].

La exposición realizada por Locke sirve como doctrina de la nueva monarquía parlamentaria surgida tras la revolución. Una idea en principio carente de novedad en su esencia, dado que

---

56 La importancia de este "conflicto" ideológico es un hito desde un prisma tanto jurídico como político, puesto que, tal y como manifestó LASLETT, P. *John Locke. Two Treatises of Government.* Cambridge, Cambridge University Press, 1964, p. 70, este hecho era un "suceso simbólico y necesario: cambiaba la mentalidad de los hombres".

57 Para un estudio de ambas obras véase la revisión de la obra GAMBRA CIUDAD, R. *La polémica Filmer-Locke sobre la obediencia política.* Madrid: Instituto de Estudios Político, 1966.

58 GUERRERO, D.R. "El tratado sobre el gobierno civil de John Locke. Una refutación del absolutismo de Robert Filmer". Op. Cit., p. 13.

59 GAMBRA CIUDAD, R. *La polémica Filmer-Locke sobre la obediencia política.* Op. cit., p. 9: "Y es en la turbulenta Inglaterra del siglo XVII, en sus dos revoluciones del Parlamento y de los Eduardos, donde se rompe por primera vez la tensión histórica-ideológica en que se apoya la monarquía en su origen medieval y donde surgen los primeros sistemas desacrilizadores o laicizadores del poder con la idea de voluntad general (Hobbes) y de pactismo liberal (Locke)".

encontraba sus raíces en los sistemas democráticos de Atenas y en la República romana, adquirió un significado trascendental en su contexto histórico. Esta obra desarrolla la filosofía liberal[60], derribando los postulados que sostenían al absolutismo. La filosofía de Locke no debe interpretarse como una contestación directa a la obra de Hobbes, sino más bien como un contrapunto a las ideas de Filmer[61]. Así mismo, su obra ha de contextualizarse al momento histórico en la cual se desarrolla, esto es, un contexto en el que todos los bienes de los individuos pertenecían, en última instancia, al monarca. Este hecho condicionó profundamente su enfoque, situando la propiedad como el derecho principal y más fundamental del hombre[62]. La obra de Locke representó, por tanto, un giro hacia una filosofía política liberal, que no solo limitaba el poder del soberano, sino que también abría paso a un nuevo paradigma basado en los derechos individuales y la distribución del poder como salvaguarda de la libertad.

El filósofo inglés conceptualiza la existencia de tres poderes fundamentales en el Estado: legislativo, ejecutivo y el relativo a las relaciones exteriores, denominado federativo. En relación al primero de ellos, el denominado poder legislativo, Locke lo considera el más trascendente, al ser el encargado de determinar el uso de la fuerza del Estado, siempre orientado a la satisfacción de los intereses y necesidades de la ciudadanía. Las leyes que

---

60 Russell, B. *Historia de la filosofía occidental.* Madrid, Espasa Calpe, 1978, p. 222.

61 Sabine, G. *Historia de la teoría política.* Ciudad de México, Fondo de cultura económica de España, 1963, pp. 386-387: "El adversario a quien tenía que refutar Locke para poder establecer una teoría igualmente clara del gobierno constitucional era Hobbes [...] era el adversario a quien Locke tenía que refutar si quería dar una defensa igualmente incisiva del gobierno constitucional. Lamentablemente, Locke no asumió esa obligación en su Segundo Tratado, continuó su refutación a Filmer".

62 Salvador García, M. *Separación de poderes, democracia y estado de derecho.* Valencia, Tirant lo Blanch, 2024, pp. 55-56.

este poder produce simbolizan su esencia funcional, y su actividad debe ser dinámica únicamente en la medida en que tenga tareas que realizar, quedando inactivo una vez cumplidas. Por su propia naturaleza, el legislativo carece de competencia para ejecutar las leyes que promulga, ya que asumir tal función sería contrario a su propósito. Esta labor recae, necesariamente, en el poder ejecutivo, encargado de velar por el cumplimiento y aplicación de las normas emanadas de las Cámaras legislativas. A diferencia del legislativo, el poder ejecutivo debe permanecer activo de manera constante, pues la ejecución de las leyes requiere un funcionamiento ininterrumpido. Así, Locke defiende que estas dos funciones esenciales deben asignarse a órganos separados, aunque complementarios en su interacción.

Por último, aparece un tercer poder, el denominado federativo. Su idea se enfoca en la creación de una figura que esté relacionada con los conflictos entre pueblos, un poder de hacer la guerra y la paz, de establecer alianzas y tratados con comunidades externas a la nación. Locke separa esta función de la tradición clásica que otorgaba al poder ejecutivo las prerrogativas militares y diplomáticas, como ocurría en las democracias de las ciudades-Estado de Atenas. Aunque el ejercicio práctico del poder federativo pueda recaer en el ejecutivo, Locke le confiere un estatus autónomo debido a su naturaleza específica y su alcance particular.

De esta teoría de Locke se pueden realizar varias advertencias. En primer lugar, Locke no propone una separación estricta y absoluta entre los poderes, sino que concibe una relación estrecha y complementaria entre ellos. Esta interdependencia se manifiesta especialmente en la supremacía que Locke atribuye al poder legislativo, que considera preeminente sobre los demás poderes, aunque estos operen de forma independiente dentro de sus respectivas competencias. Pero, ¿Cuál es la razón a este trato preferencial? Esta supremacía tiene su justificación em la propia naturaleza del poder legislativo y su función de reconocimiento y protección de los derechos naturales de los individuos. Defiende así que este poder deriva del directo mandato de los ciudadanos, lo que le convierte en: (a) una manifestación del contrato social entre el gobierno y la ciudadanía, en virtud del cual el primero está obligado a defender los derechos naturales de los segundos mediante una asamblea que promulgue las normas que regirán la sociedad; y (b) un reflejo de la voluntad popular, ya sea directa o indirecta, que asegura que las leyes emanadas de dicho poder responden a los intereses y deseos colectivos. Al ser un producto del consentimiento de los gobernados, el legislativo es legítimo y sus leyes adquieren autoridad indiscutible.

Derivando de tales ideas, el poder legislativo es confeccionado con aquel encargado de establecer normas generales y abstractas que regulen el comportamiento de la ciudadanía y se establezcan como límite del poder ejecutivo, el cual en su actuación deberá de actuar conforme a la ley. La ley, en palabras de Locke, es la expresión perfecta de la razón y el ejecutivo no es más que "la boca que pronuncia la ley"[63]. debe limitarse a ejecutar y hacer cumplir las leyes, sin asumir una función legislativa, evitando así cualquier forma de arbitrariedad o tiranía en el ejercicio del poder gubernamental.

En segundo lugar, Locke subraya que la existencia y funcionalidad de estos tres poderes responden a un objetivo superior: la preservación del Estado mismo. Los poderes se encuentran subordinados a este propósito común y orientados hacia su mantenimiento[64]. Lo trascendental es que los poderes del Estado residan en "manos" distintas, lo que garantiza un gobierno bien estructurado y repercute directamente en beneficios para la sociedad. La subordinación de los poderes estatales a la prórroga del mismo se traduce en una necesaria mejora en los derechos de los ciudadanos, pero especialmente, en una funcionalidad perpetua en una estructura lógica y útil, que confiere unidad, independencia e interdependencia, evi-

---

[63] Ibidem, p. 54.

[64] TAPIA GUTIÉRREZ, J. "Separación de poderes, *checks and balances* y las nuevas formas de separación de poderes en el Estado Constitucional de Derecho". Op. Cit. p. 44.

tando la concentración de poder en una sola entidad, fomentando la especialización y eficiencia. En última instancia, esta disposición contribuye a la consolidación de un gobierno equilibrado y sólido, cuyo objetivo principal es el reconocimiento y la salvaguarda de los derechos naturales de la ciudadanía.

En tercer lugar, ha de manifestarse la omisión deliberada de John Locke a la configuración de un poder judicial autónomo. Esta ausencia se explica en el contexto del sistema jurídico vigente en el Reino Unido, basado en el *common law*, donde la jurisprudencia tiene una fuerza normativa más efectiva que la ley positiva. En este modelo, os órganos judiciales no se limitan a aplicar las leyes como meros ejecutores, sino que las crean a través de precedentes judiciales, haciendo una suerte de "arte" en su interpretación y resolución de controversias. La confianza depositada en la ley y en el sistema es tan absoluta que no resulta necesario establecer un órgano autónomo dedicado exclusivamente a su interpretación[65]. Igualmente hay que tener en cuenta que existe una equiparación de la función de revisión judicial de las leyes entre la Cámara de los Lores y el Tribunal Supremo. La Cámara de los Lores, además de integrar el Parlamento británico[66] y participar en la promulgación de leyes, asume funciones judiciales, como la interpretación de normas y la resolución de asuntos relacionados con las clases sociales que representa.

A partir de estas premisas, surge la pregunta de si la teoría de Locke realmente se orienta hacia una separación de poderes o si, más bien, alude a una división funcional de los mismos. En el Segundo Tratado sobre el Gobierno Civil, no se observa una separación estricta en el sentido moderno del término; en su

---

65 SALVADOR GARCÍA, M. *Separación de poderes, democracia y estado de derecho.* Op. cit., p. 54.

66 SOLAZOBAL ECHAVARRIA, J.J. (1981). "Sobre el principio de la separación de poderes". Op. cit., p. 220.

lugar, Locke desarrolla una noción más matizada de división de poderes, como se argumenta seguidamente.

La teoría de Locke refleja un respeto intrínseco por una forma mixta de gobierno, sin una separación tajante entre los poderes. Este enfoque preserva ciertas prerrogativas del monarca, como el poder de veto sobre las Cámaras, aunque estas últimas se estructuran en dos cuerpos diferenciados: la Cámara de los Lores y la Cámara de los Comunes. La primera representa a los lores espirituales y seculares, mientras que la segunda está compuesta por representantes de condados rurales y distritos municipales. Esta configuración denota una separación según estratos sociales, pero no rompe radicalmente con el modelo anterior. La innovación radica en la limitación de la influencia del monarca, especialmente mediante la diferenciación funcional de las especialidades de cada poder y la introducción de mecanismos de equilibrio que restrinjan los excesos. A pesar de ello, el Parlamento conserva una supremacía evidente sobre el ejecutivo, aunque este último coordina parcialmente al primero al tener la capacidad de vetar normas y al influir en las necesidades legislativas derivadas de la función ejecutiva y federativa.

Es por ello que no existe una separación absoluta de los poderes. El objetivo propuesto por Locke no radica en la formulación de poderes totalmente autónomos, s la fragmentación funcional que evite la concentración y el abuso del poder[67]. El autor inglés

67 Sus propias palabras fueron: "tampoco es conveniente, pues sería una tentación demasiado fuerte para la debilidad humana, que tiene tendencia a aferrarse al poder, confiar la tarea de ejecutar las leyes a las mismas personas que tienen la misión de hacerlas. Ello daría lugar a que eludiesen la obediencia a esas mismas leyes hechas por ellos, o que las redactasen y aplicasen de acuerdo con sus intereses particulares, llegando por ello a que esos intereses fueses distintos de los del resto de la comunidad, cosa contraria a la finalidad de la sociedad y del gobierno". Recogida en la reedición: LOCKE, J. *Segundo tratado sobre el gobierno civil.* Madrid, Aguilar, 1990, pp. 183-184.

únicamente divide las funciones, pero las mismas siguen perteneciendo a entes con una amplia conexión. No existe una real autonomía entre ellas, no es el objetivo separarlas, sino distribuirlas, sin la existencia de una totalidad de frenos y contrapesos sí existentes en la teoría *montesquiana*. Como ya se ha indicado, la supremacía del Poder Legislativo, sobre el cual Locke enfatiza su estudio, ya sitúa a los diferentes poderes en un escalón diferenciado, pero a su vez colaborativo, pues el ejecutivo debe de trabajar de forma coordinada para poder administrar y ejecutar las leyes correctamente. Así, la división de poderes expuesta por Locke se enfoca en la protección de los derechos naturales y la prevención del abuso del poder. Es un medio más que un fin en sí mismo. A pesar de sus limitaciones, los postulados de Locke sientan las bases para el desarrollo posterior de la teoría de la separación de poderes, que sería perfeccionada por autores como Montesquieu.

Propone John Locke una amalgama compleja de gobierno que conduce a que Inglaterra se asiente sobre la teoría de la Constitución equilibrada, fundamentada en un sistema de gobierno mixto. Aunque esta idea sería desarrollada ulteriormente en el pensamiento de Montesquieu, no satisfizo completamente a los teóricos y practicantes de la separación de poderes, quienes consideraban que la implementación de este modelo perpetuaba desigualdades sociales. La continuidad de prerrogativas en favor de la aristocracia chocaba frontalmente con los ideales revolucionarios, que abogaban por la eliminación de privilegios y por un modelo de gobierno más igualitario y democrático. Así, convivieron durante un tiempo diversos modelos constitucionales: el inglés, inspirado en las ideas de Locke y caracterizado por la preponderancia del poder legislativo; el estadounidense, fundamentado en una estricta separación de poderes con un énfasis en el equilibrio entre ellos y cierta preponderancia del poder ejecutivo; y las monarquías constitucionales, que preservaban un amplio respeto por la figura del rey, limitando únicamente algunas de sus prerrogativas. Esta pluralidad de modelos refleja la dificultad de encontrar un equilibrio perfecto entre los poderes del Estado y los intereses sociales que subyacen a su organización, consolidando a Locke como un pensador cuya obra trasciende su época al sentar las bases para debates fundamentales en la teoría política y jurídica contemporánea.

4.2. Montesquieu: el modelo clásico de equilibrio tripartito

La figura de Charles Louis de Secondat, señor de la Brède y barón de Montesquieu, ha sido reconocida históricamente como precursora de la división de poderes y del ámbito de la sociología, aunque, en rigor, su legado debe situarse en el terreno de la ciencia política[68]. Su propuesta no constituyó una creación ex nihilo, sino una sofisticada reelaboración de ideas previamente planteadas, particularmente hacia una separación efectiva más que una simple división funcional de los poderes del Estado. A pesar de ello, su obra magna, Del espíritu de las leyes, se erige como el fundamento teórico esencial de la separación de poderes que sustenta las democracias modernas. Impulsado por su espíritu crítico y analítico, afirmaba que la libertad política únicamente podía conseguirse a través de gobiernos moderados, en los cuales el poder sea ostentado por diferentes órganos. El equilibrio se convierte en el epicentro de su teoría, ofreciendo una postura crítica frente a distintos modelos de gobierno tradicionales, como la monarquía y la aristocracia, que tienden a concentrar el poder en una persona o en un grupo reducido. Este exceso, en su opinión, inevitablemente socavaba la libertad y abría las puertas a la tiranía. La clave de su planteamiento reside en la necesidad de establecer un sistema de controles y contrapesos bien articulado, que evite que un individuo o un grupo amplíen su esfera de poder en perjuicio de los demás. Aunque no condena de manera absoluta los modelos de gobierno tradicionales, los señala como

---

68 FERNÁNDEZ DÍAZ, A. "Sobre la División de Poderes: una reconsideración en el contexto actual". Op. Cit., p. 32.

intrínsecamente riesgosos debido a su potencial para degenerar en abuso y opresión cuando el poder se concentra sin límites.

La idea de Montesquieu tiene su fundamento en el análisis histórico y filosófico, derivado de sus estudios sobre la historia antigua[69], en particular de la República romana y las teorías de Polibio, así como de las contribuciones filosóficas de autores clásicos como Platón y Aristóteles. Inclusive, se ha entendido que, como modelo de republicanismo adecuado, Montesquieu partía de una mayor cercanía con el sistema de Esparta, al entender la virtud cívica como la fuente del republicanismo, y esta, como el amor por la ciudad o el bien común[70]. No obstante, también admiraba ciertos aspectos del modelo ateniense, al que señalaba como un ejemplo de República y de un sistema próximo a la separación de poderes[71]. Por otro lado, las revoluciones inglesas, así como las ideas de John Locke y Henry St. John, vizconde de Bolingbroke, también influenciaron su comprensión de formas de gobierno que trascendían la soberanía absoluta del monarca.

Así, y sirviéndose de todos los sistemas pretéritos, comprende las consecuencias que pueden derivarse de la concentración de poderes en una sola persona, el abuso y corrupción derivados de

---

69 Sostienen Linton, M. *The Politics of Virtue in Enlightenment France.* New York, Palgrave, 2001, p. 66 y Rawson, E. *The Spartan Tradition in European Thought.* Oxford, Oxford University Press, 1969, p. 230, que no quiere realizar una base en las mismas, sino que su estudio acerca de los modelos de separación de poderes antiguos es una crítica a los sistemas monárquicos absolutistas.

70 Roberts, J. *Athens on Trial: The Antidemocratic Tradition in Western Thought.* Princeton, Princeton University Press, 1994, pp. 166-167.

71 Radasanu, A. "Montesquieu on Ancient Greek Foreign Relations: Toward National Self-Interest and International Peace". *Political Research Quarterly*, vol. 66, n. 1, 2013, pp. 3-17, esp. p. 8

la misma[72], y el declive que puede acaecer. De ahí su énfasis en la instauración de un modelo de división de poderes que neutralizara la posibilidad de tiranía y asegurara que ninguna entidad acumulara una cuota excesiva de poder, ya fuera mediante la autoasignación o la influencia desmedida sobre otros órganos.

A diferencia de los planteamientos nacidos en Inglaterra a través de John Locke, Montesquieu propuso un sistema con tres poderes plenamente autónomos e independientes[73] entre sí[74]. Esta configuración, que han conformado un tripartido o, como lo denominó Madison, el "Oráculo de Montesquieu"[75], consistía en asignar las funciones de gobierno a tres entidades separadas que no debían obedecer ni subordinarse unas a otras. De esta forma, el poder ejecutivo, legislativo y judicial nacen como la base de los modelos democráticos nacientes a partir de ese momento y de sus constitucionales. Según Montesquieu, los Estados se estructuran en torno a tres poderes diferenciados: el legislativo, el ejecutivo en asuntos de derecho de gentes y el ejecutivo de cuestiones civiles. Esta clasificación, en apariencia sencilla, encierra una complejidad que requiere una comprensión precisa de lo que cada poder implica y de los objetivos que Montesquieu perseguía al establecer dicha separación. Más que una mera diferenciación funcional, su propuesta buscaba prevenir confusiones y asegurar un equilibrio que protegiera la libertad y limitara las posibilidades de abuso. Así, Montesquieu no solo consolidó una teoría que ha perdurado como piedra angular del pensamiento político, sino

---

[72] MONTESQUIEU, C. *Del Espíritu de Las Leyes.* Madrid, Alianza,2003, p. 205: "es una experiencia eterna que todo hombre que tiene poder siente inclinación a abusar de él".

[73] BARBERIS, M. *Breve storia della filosofía del diritto.* Bolonia, Il Mulino, 2004, pp. 126-129.

[74] FERNÁNDEZ DÍAZ, A. *Escritos sobre principios del Derecho, división de poderes, libertad y Estado de Derecho.* Op. Cit., p. 56.

[75] FUENTES, C. "Montesquieu: Teoría de la distribución social del poder". *Revista de Ciencia Política,* vol. 31, n. 1, 2011, pp. 47-61, esp. p. 48.

que también estableció un paradigma que serviría de referencia imprescindible para las democracias modernas[76].

Sostiene García Roca que en la obra "El espíritu de las Leyes" no se encuentran las expresiones "separación" o "división". Su "espíritu" no era establecer una escisión entre los poderes, sino diseñar relaciones que evitaran su confusión y generaran un equilibrio institucional. Sin embargo, discrepamos de esta interpretación. Montesquieu sí emplea el término "separación", aunque lo hace generando dos dimensiones conceptuales distintas. Por un lado, busca apartar y distanciar a los poderes entre sí, de manera que operen de forma autónoma y conforme a sus funciones específicas. Por otro lado, persigue evitar cualquier confusión funcional que permita que uno de los poderes absorba a los demás, ejerciendo así una tiranía sobre la sociedad al apropiarse de facultades que no le corresponden. Ambas dimensiones tienen como finalidad preservar un equilibrio institucional entre las ramas del Estado.

En cuanto a la primera dimensión, su teoría no efectúa un significativo cambio en relación a la tesis de John Locke, quedando totalmente aclarado su posicionamiento conforme a la lectura de sus palabras textuales. De esta forma, el poder legislativo, denominado igualmente *puissance législative*, retiene la función legislativa. Se inspira en el modelo británico, consolidando tal poder en un único parlamento a nivel nacional, con una división del mismo en una bicefalia, esto es, dos cámaras que representen a los dos estamentos vigentes en tal momento histórico, como son el pueblo y la nobleza.

Es en relación al segundo de ellos, el poder ejecutivo o *puissance exécutrice*, introduce una variación importante respecto al modelo inglés. Este poder es confiado al monarca como principal representante del gobierno de la nación, integrando bajo su ámbito las funciones ejecutivas y federativas identificadas

---

76 García Roca, J. "Del principio de la división de poderes". *Revista de Estudios Políticos*, n. 108, 2000, pp. 41-75, esp. p. 47.

por Locke. Así, el poder ejecutivo abarca tanto la organización interna y la aplicación de las normas como las competencias relacionadas con la paz, la guerra y las relaciones internacionales.

Es el tercero, aquel relativo al "ejecutivo de las cosas que pertenecen al civil", el que constituye una innovación en la teoría del autor. Este poder es el que decide las contiendas entre los ciudadanos y sanciona los delitos, lo que en la teoría moderna se identifica como el poder judicial o *puissance de juger*. Lo diferencia y separa del poder ejecutivo del Estado, otorgándole un carácter independiente. No obstante, el término poder judicial puede ser discutido en la obra de Montesquieu. El filósofo francés parte de utilizar la nomenclatura *puissance* para ofrecer una mayor trascendencia al mismo. Al denominarlo *puissance*, Montesquieu parece querer subrayar su importancia, diferenciándolo de la mera función de "juzgar y ejecutar lo juzgado", que sería solo una facultad técnica. En cambio, al conceptualizarlo como un poder, aunque sea considerado por él mismo como una *puissance nulle* o nula, lo dota de una capacidad de resistencia frente a las injerencias de los otros poderes estatales, confiriéndole así autonomía e independencia. Resta trascendencia al poder judicial al afirmar que su naturaleza es distinta de la de los otros dos poderes. La independencia del poder judicial obedece de esta forma a una necesidad. Su actuación ha de ser ajena a cualquier interés, aun cuando parece difícil su total neutralidad en la práctica. Y para ello, para poder ser determinado como un verdadero poder, aun sin *puissance*, debe de otorgársele la función de control de la normativa[77]. De esta manera, Montesquieu reconoce que la autonomía del poder judicial no solo es una garantía institucional, sino también un mecanismo indispensable para asegurar la legitimidad del equilibrio entre los poderes del Estado.

---

77 HOMES, S. "Lineages of the Rule of Law", en J.M. Maravall (ed.) y A. Przeworski (ed.), *Democracy and the Rule of Law*. New York, Cambridge University Press, 2003, pp. 19-61, esp. p. 26.

La importancia de tal cuestión es que el judicial se transforma en un poder independiente de los restantes, consolidándose como una garantía esencial para la defensa efectiva de los derechos de la ciudadanía. Montesquieu parte de la premisa fundamental de que no puede existir libertad si los poderes no están debidamente separados[78]. Todo ciudadano puede ser sujeto pasivo de abusos sufridos por el poder ejecutivo y/o el legislativo, y para una correcta protección es necesario que quien tenga que resolver el conflicto no tenga dependencia respecto a uno de los litigantes -lo que obedecería también a no solo una independencia judicial, sino a un alto grado de imparcialidad- ni pueda sufrir consecuencias en relación a la respuesta ofrecida. En este sentido, Montesquieu posiciona al poder judicial como un contrapeso esencial frente a los otros poderes, asegurando que la aplicación de la norma sea justa y acorde con su verdadero espíritu, sin someterse a intereses particulares o restrictivos. Parte de una idea actualmente ya asumida, pero controvertida en su época, y es que el poder judicial es pieza angular[79] sobre la que ha de girar el modelo de resolución de conflictos[80]. Su

---

78 REALE, G. y ANTISERDI, D. *Historia del pensamiento filosófico y científico.* Barcelona, Herder, 1999, pp. 631-635.

79 En sus "Cartas Persas" de 1721, Montesquieu ya denota un respaldo a ideal de la justicia. Constituye una regla superior de derecho, preexistente a las leyes positivas. Su planteamiento, inspirado por Platón, denota un concepto de justicia, unido a términos como la armonía, que debe de reinar sobre las cosas y las personas.

80 Ello no quiere decir que no puedan existir otras vías para la resolución de conflictos. De esta forma, los ADR (*Alternative/Adecuated Dispute Resolution*) se transforman, desde épocas de Historia Antigua, en instrumentos a través los cuales la ciudadanía ha resueltos sus conflictos particulares sin tener que acudir a los órganos judiciales estatales. Ya sea un procedimiento de mediación, conciliación o arbitraje, entre otros ADR, se han venido viendo modelos igualmente útiles en épocas pretéritas, ya sea la Antigua Roma, la democracia Ateniense, el Antiguo Egipto o la antigua China. No obstante, en la época del ilustrismo,

correcta operatividad no solo beneficia a los ciudadanos, sino que se erige también en un indicador de la calidad democrática del Estado. En efecto, el funcionamiento adecuado del poder judicial refleja y determina la solidez y legitimidad del sistema institucional sobre el que se cimienta el Estado.

Esta separación de poderes se fundamenta en la asignación específica de funciones a cada poder, las cuales deben ser desempeñadas con total independencia respecto de los intereses de los demás. El poder legislativo, por ejemplo, debe ser autónomo del ejecutivo debido al carácter general y abstracto de la ley, mientras que el ejecutivo está obligado a actuar dentro del marco legal sin intervenir en su creación. Por su parte, el poder judicial, responsable de aplicar las normas para resolver los asuntos de los particulares, no puede fungir como creador y aplicador de las mismas, ya que esto comprometería la integridad del sistema. La unión del poder judicial con el legislativo o el ejecutivo altera inevitablemente el significado y propósito de la ley, contraviniendo el equilibrio que garantiza la libertad[81].

La garantía para que el Estado pueda operar democráticamente es la necesaria existencia de un conjunto de equilibrios. Esto es, todos los poderes han de estar separados y otorgados a sujetos a distintos[82], lo que a su vez genera un sistema pesos y

---

los ADR venían viviendo un momento histórico de desaparición, no existiendo un desarrollo teórico-práctico sobre los mismos, de ahí la concepción de justicia *montesquiana* exclusivamente enfocada en la figura de jueces y magistrados.

81 SOLOZABAL ECHAVARRIA, J.J. "Sobre el principio de la separación de poderes". Op. Cit., p. 222.

82 Manifiesta en El Espíritu de las leyes, Libro XI, Capítulo VI, que en todo Estado se distinguen tres clases de poderes: el poder legislativo, el poder ejecutivo relativo a las materias sometidas al derecho de gentes y el poder ejecutivo concerniente a aquellas inherentes al derecho civil. Mediante el primero, el príncipe o el magistrado promulga leyes, ya sean temporales o perpetuas, y corrige o abroga las preexistentes.

contrapesos, por los cuales, cada entidad a la que le haya sido otorgada un poder, únicamente puede hacer disfrute del mismo, conforme las funciones y límites encomendadas legalmente, y a su vez permite que los restantes entes poseedores de los poderes puedan ejercer el suyo dentro de los límites establecidos. Advierte que a libertad no existe si el poder legislativo y el ejecutivo son ostentados por un mismo sujeto, pues este puede legislar y ejecutar sus normas tiránicas. Si el poder judicial se subordinara al ejecutivo, el juez ostentaría la misma fuerza que la de un agresor; mientras que, si su vinculación se orientara hacia el legislativo, se instauraría un dominio arbitrario sobre la vida y la libertad de los ciudadanos.

En este contexto, no es división de poderes aquel modelo propugnado por el barón de Montesquieu, sino una auténtica

---

Por medio del segundo, se consagra la paz o se declara la guerra, se envían o reciben embajadas, se establece la seguridad y se previenen invasiones. En cuanto al tercero, se castigan los crímenes o se dirimen las diferencias entre particulares; a este se le denominará el poder de juzgar, mientras que al otro se le conocerá simplemente como el poder ejecutivo del Estado. La libertad política de un ciudadano reside en la tranquilidad del espíritu que emana de la convicción de su propia seguridad; y para que tal libertad se garantice, es imprescindible que el gobierno se estructure de modo que ningún ciudadano tema a otro. No existe libertad cuando en una misma persona o en un mismo órgano de magistratura se concentran los poderes legislativo y ejecutivo, pues ello abre la posibilidad de que el monarca o el senado promulguen leyes despóticas y las ejecuten tiránicamente. Asimismo, la libertad se ve comprometida si el poder de juzgar no se separa tanto del legislativo como del ejecutivo. De unirse al poder legislativo, el dominio sobre la vida y la libertad de los ciudadanos se tornaría arbitrario, al convertir al juez en legislador; y de integrarse al poder ejecutivo, el juez podría ostentar la fuerza de un opresor. Todo se perdería si la misma persona, o el mismo cuerpo —ya sean los principales, los nobles o el pueblo— ejercieran conjuntamente estos tres poderes: el de legislar, el de ejecutar las resoluciones públicas y el de juzgar los crímenes o dirimir las diferencias entre particulares.

separación. Ambos términos, “división” y “separación”, suelen emplearse indistintamente, pero tienen significados dispares. El filósofo francés enfatiza en la separación funcional para evitar la concentración de poder en una sola persona. Ello lo remarca a través de un conjunto de medidas. La primera de ellas es el establecimiento de un conjunto de pesos y contrapesos. Cada poder tiene asignados mecanismos que le permitan controlar y limitar a los restantes poderes, consiguiendo así un equilibrio dinámico entre los mismos, sin supremacías o status privilegiados. El segundo es mediante una total autonomía, que no permita que los restantes poderes puedan ejercer una función encomendada a un poder de manera específica ni tener influencia en el mismo. Este diseño no solo preserva la libertad individual y colectiva, sino que protege la estructura democrática del Estado frente a cualquier forma de abuso o concentración del poder. Así, Montesquieu define un modelo donde la separación, más que una mera compartimentación, opera como un principio dinámico de equilibrio y salvaguarda de la libertad.

Es innegable que entre los poderes del Estado existe una conexión, la cual se manifiesta y fortalece a través de los mecanismos de pesos y contrapesos que articulan su interacción. De esta manera, el poder legislativo tiene la facultad de supervisar las acciones del ejecutivo, llegando incluso a la posibilidad de acusar a los ministros si estos han actuado en contravención de la ley. Por su parte, el ejecutivo dispone de una prerrogativa del veto sobre las disposiciones legislativas, limitando la capacidad del legislativo para sesionar más allá de lo establecido por los marcos legales y conforme a las instancias permitidas por el propio ejecutivo[83]. Por su parte el judicial e s el más restringido en cuanto a su capacidad de intervención en las competencias de los otros dos poderes y, en consecuencia, resulta más vulnerable

83 FUENTES, C. “Montesquieu: Teoría de la distribución social del poder”. Op. Cit., p. 53

frente a ellos. Su participación se circunscribe, por ejemplo, a ciertos supuestos específicos en los que la Cámara de los Lores puede actuar, como la resolución de cuestiones relacionadas con la vulneración de derechos fundamentales o en casos en que el acusado pertenezca al estamento de la nobleza.

El término separación enfatiza el carácter autónomo de cada poder para la realización de sus funciones sin interferencias externas, diseñando un sistema de mecanismos de control y la generación de un equilibrio dinámico. Este equilibrio se caracteriza por la igualdad jerárquica de los tres poderes, donde ninguno ostenta una posición de dominancia sobre los demás. Con ello, Montesquieu supera la teoría de Locke, quien defendía un modelo más próximo a la división de poderes que a su separación, al concebir una distribución funcional que implicaba una interdependencia directa entre los mismos. En la visión *lockeana*, el poder legislativo tiene primacía sobre el ejecutivo, con una conexión estrecha y colaborativa entre ambos, y sin reconocer un poder judicial plenamente separado. Es precisamente esta superación teórica lo que otorga a Montesquieu un impacto decisivo en el desarrollo de las democracias modernas, pues su propuesta da origen a sistemas de gobierno equilibrados y diseñados para evitar la concentración del poder.

El modelo articulado por el filósofo francés se ha consolidado como el sistema referente sobre el cual descansan las constituciones modernas, siendo determinante para la configuración de los sistemas democráticos contemporáneos. ha sido el pilar sobre el que se han asentado las diferentes constituciones modernas, creando situaciones de amplia disparidad en tiempos recientes. Sin embargo, con el paso del tiempo, este sistema ha enfrentado interpretaciones divergentes, lo que ha llevado a un progresivo debilitamiento en su aplicación. Por un lado, están quienes abogan por una autonomía estricta e inviolable de cada poder; por otro, aquellos que defienden una separación relativa, donde prevalece cierta colaboración funcional. Estas diferencias han generado un deterioro conceptual del modelo original y una diversidad en las formas de aplicación en los distintos sistemas jurídicos. En este contexto, resulta oportuno analizar la Constitución de los Estados Unidos de América como la primera gran Carta Magna que recoge de manera explícita los principios derivados del modelo de separación de poderes propuesto por Montesquieu. Este análisis permitirá comprender cómo se tradujeron dichas teorías en un diseño constitucional que marcó un hito en la historia del constitucionalismo y estableció las bases para el desarrollo ulterior de las democracias modernas.

5. LA IMPLEMENTACIÓN PRÁCTICA: ESTADOS UNIDOS Y LA SEPARACIÓN IMPERFECTA

El modelo estadounidense, a diferencia de las ideas expuestas por Locke y de las constituciones equilibradas del Antiguo Régimen, emerge con una intención clara y radical: la expulsión definitiva de cualquier vestigio monárquico en su sistema de gobierno. Este diseño presidencialista rompe con las instituciones que habían predominado en la época del Antiguo Régimen, erigiéndose en un esquema político completamente ajeno a las estructuras del pasado. La fundamentación de esta ruptura resulta evidente en el contexto histórico que atravesaban los Estados Unidos de América: una lucha por la independencia frente al gobierno británico, sostenida en medio de una guerra, cuyas consecuencias eran profundamente gravosas en los órdenes económico, social, político y jurídico. El rechazo al modelo británico no solo era una respuesta a las condiciones opresivas impuestas por este, sino una expresión de la voluntad de construir un sistema que, por diseño, evitara las mismas consecuencias que buscaban dejar atrás.

El sistema estadounidense parte de un principio axial: la separación total de poderes. Este ideal se realiza mediante un mecanismo de *checks and balances* o contrapesos, con el cual se busca garantizar la participación de la sociedad de los distintos estados en los poderes estatales dentro de los cauces legales establecidos. Aquí no se teme tanto la tiranía de una clase social específica como la tiranía de los propios gobernantes, un temor profundamente arraigado en la experiencia histórica del pueblo estadounidense, que había sufrido los efectos de un gobierno arbitrario y opresivo. La transición hacia este modelo implicó no solo un rechazo al monarca y a la aristocracia, sino también la construcción de un esquema novedoso, tomando como referencia las constituciones de los diversos estados federales para sentar las bases de un orden político y jurídico renovado.

El año 1789 marca un hito histórico con la promulgación de la Constitución de los Estados Unidos, el primer documento que traslada de manera efectiva el principio teórico de separación de poderes a un plano normativo y práctico. Esta Carta Magna[84] constituye el cimiento del modelo democrático estadounidense y representa la primera implementación real de los principios esbozados por teóricos como Montesquieu, pero reinterpretados en un contexto de ruptura con las tradiciones europeas. La relevancia de este evento no solo radica en la creación de un marco normativo, sino también en su influencia posterior, al establecer un paradigma para la configuración de sistemas democráticos modernos. En este contexto, resulta indispensable abordar dos aspectos fundamentales. En primer lugar, es crucial analizar cómo los constituyentes estadounidenses lograron integrar el principio de separación de poderes dentro de la Constitución, erigiéndolo como uno de los pilares fundamentales del sistema democrático. En segundo lugar, merece especial atención el estudio del sistema de pesos y contrapesos diseñado por Madison, que se configuró como un mecanismo esencial para garantizar que los poderes del Estado pudieran controlar y limitar las posibles injerencias o extralimitaciones de los demás. Este análisis

---

84 DUGUIT, L. *La separación de poderes y la Asamblea Nacional de 1789.* Santiago, Chile, Ediciones Olejnik, 2023, p. 25.

permite comprender no solo la estructura del sistema político estadounidense, sino también los principios que han sostenido su funcionamiento a lo largo del tiempo.

5.1 La Constitución de los Estados Unidos: fundamentos y desafíos iniciales

Los pensadores de la Ilustración, inspirados en la tradición romana, influyeron directamente en la redacción de constituciones modernas, siendo la Constitución de los Estados Unidos un ejemplo paradigmático que consagra una clara separación de poderes entre el ejecutivo, el legislativo y el judicial. Los padres fundadores de la Constitución estadounidense, imbuidos de un conocimiento adquirido a partir de múltiples fuentes, se nutrían tanto de textos clásicos, como los de Polibio y Cicerón, como de teorías modernas, particularmente las de Locke y Montesquieu. Asimismo, incorporaron elementos de la *Carta Magna Libertatum*, que sirvió de base para el *due process of law* y otras garantías fundamentales, sin omitir la influencia que ejerció la Confederación Iroquesa, cuyo modelo democrático e igualitario contribuyó a moldear la idea de un gobierno equilibrado. Al ser antiguas colonias de Gran Bretaña, los Estados Unidos heredaron ciertos principios de contrapesos que ya estaban latentes en su ideología política. Sin embargo, su experiencia histórica, marcada por los abusos de poder ejercidos primero por la monarquía y luego por el Parlamento británico, los llevó a concebir un sistema completamente distinto. La situación colonial en América del Norte, donde el gobernador colonial concentraba un poder preeminente, reforzó la necesidad de limitar esa autoridad y avanzar hacia un verdadero principio de separación de poderes. Este enfoque no se limitaba a distribuir las competencias entre distintas entidades, sino que proponía una división más profunda: la del origen del poder y su ejercicio, todo ello en el marco de un sistema federal que, por su propia naturaleza, implicaba retos significativos.

Los constituyentes y teóricos estadounidenses, al igual que Montesquieu o Locke, partían de la idea de evitar la tiranía[85]. La separación de poderes se establece como un medio efectivo para llegar a esa finalidad, y la única posibilidad de conseguirlo es a través de un sistema de gobierno en el que una persona no pueda aunar en sí misma más de un poder del Estado[86]. De esta forma, el texto constituyente americano distribuye el poder en tres ramas, equivalentes cada una de ellas a cada poder estatal, y entre sus funciones se encuentra equilibrar y controlar las acciones de los demás. Este esquema se inspira en el sistema de frenos y contrapesos que Polibio había identificado en la Constitución de la República romana. Incluso antes de la promulgación de la Constitución federal, diversos estados ya habían adoptado modelos normativos que reflejaban este principio, como la Declaración del Buen Pueblo de Virginia y las constituciones de Maryland, Carolina del Norte, Vermont y Pensilvania. Estos textos intentaban establecer un modelo democrático opuesto a la monarquía y la aristocracia, fundado en una clara división de poderes.

No obstante, y bajo la influencia inglesa, estos sistemas que venían apareciendo en los diferentes Estados independientes de Inglaterra (realmente en tal momento todavía podían denominarse colonias al encontrarse en disputa bélica para la consecu-

---

85 Manifiesta Solozabal Echavarria, J.J. "Sobre el principio de la separación de poderes". Op. cit., p. 222, que la sociedad de las colonias no temía que los ataques contra la libertad se proyectaran desde una clase social frente a otra, pues la opresión que se pretende evitar es aquella que tenga su origen en los gobernantes. El pueblo se construye como un control frente a los hipotéticos riesgos derivados de la arbitrariedad y despotismo de las clases gobernantes.

86 Madison, J. "The Federalist: La estructura particular del nuevo Gobierno y la distribución del poder entre sus distintos componentes". *New York Packet*, n. 47, 1788. Recuperado de: The Avalon Project: Documents in Law, History and Diplomacy. Recuperado de: https://avalon.law.yale.edu/18th_century/fed47.asp (Fecha de consulta: 10/01/2023).

ción de su autonomía) obedecían a una importante influencia de la Asamblea, lo que llevaba a un sistema constitucional equilibrado o mixto, distantes de las ideas puristas de Montesquieu. La transición hacia el sistema que luego imperaría en Norte América, basado en el modelo de *checks and balances*, se consolidó con las constituciones de Nueva York (1777) y Massachusetts (1780), que comenzaron a limitar el predominio legislativo. Este desarrollo culminó en la Convención de Filadelfia, donde el 17 de septiembre de 1787 se aprobó la Constitución federal, que fue ratificada progresivamente por los estados, aunque su operatividad requería inicialmente la aprobación de solo nueve de ellos. Este texto estableció un sistema tripartito que distribuía el poder entre el legislativo[87], el ejecutivo[88] y el judicial[89].

Si bien es cierto que la base sobre la que se asentaban los constituyentes tenía su fundamento en el principio de separación de poderes, a través del cual esta tricefalia ostentara una misma distribución, que correspondería a un treinta y tres por ciento aproximadamente, y todos ellos serían totalmente autónomos respecto a los demás, esta cuestión no se consiguió en su totalidad. El modelo elegido fue resultado de una pugna entre quienes, como Hamilton, defendían una reproducción del sistema inglés, y aquellos que, como Jefferson, abogaban por una separación estricta de poderes. Madison adoptó una

---

87 Artículo I, Primera Sección: "Todos los poderes legislativos otorgados en la presente Constitución corresponderán a un Congreso de los Estados Unidos, que se compondrá de un Senado y una Cámara de Representantes". Recuperado de: https://www.archives.gov/espanol/constitucion

88 Artículo II, Primera Sección: "Se deposita el poder ejecutivo en un Presidente de los Estados Unidos". Recuperado de: https://www.archives.gov/espanol/constitucion

89 Artículo III, Primera Sección: "Se depositará el poder judicial de los Estados Unidos en un Tribunal Supremo y en los tribunales inferiores que el Congreso instituya y establezca en lo sucesivo". Recuperado de: https://www.archives.gov/espanol/constitucion

posición intermedia, diseñando un sistema que separaba las funciones, pero mantenía un marco colaborativo, respaldado por un entramado de pesos y contrapesos. De esta forma, la Constitución Federal de los Estados Unidos de América mantiene un conjunto de prerrogativas en favor de los diferentes poderes, que no terminan de distanciarlo del modelo inglés ni acercarlo a las ideas de Montesquieu en su totalidad. Ejemplos de ello son el veto cualificado del presidente, su facultad para nombrar funcionarios sujetos a la confirmación del Senado y la atribución al Congreso de la declaración de guerra[90].

El resultado fue un sistema presidencialista que buscaba superar las deficiencias del modelo de monarquía constitucional. En este diseño, el pueblo elige directamente a sus representantes legislativos y al jefe del ejecutivo, lo que garantiza un control recíproco. El legislativo puede exigir responsabilidad política al presidente, constituyendo un primer contrapeso. Además, la estructura de los distritos electorales asegura que los representantes actúen en función de los intereses de sus electores, permitiéndoles votar contra las medidas del presidente si estas contravienen dichos intereses.

La carencia de este modelo constitucional se observó en los años venideros, al no existir instrumentos suficientes para repeler de posibles ataques de otro poder. La perpetua separación de poderes, un ideal perseguido por teóricos y prácticos como Madison[91], requería conexiones mínimas pero efectivas para evitar intromisiones, las cuales denominó como pesos y con-

---

90 Solozabal Echavarria, J.J. "Sobre el principio de la separación de poderes". Op. cit., p. 224.

91 Madison, J. "The Federalist: Estos departamentos no deben estar tan separados como para carecer de control constitucional mutuo", *New York Packet*, n. 48, 1788. Recuperado de: https://avalon.law.yale.edu/18th_century/fed48.asp (Fecha de consulta: 10/01/2023).

trapesos[92]. Todo ello dentro de un sistema que se desarrollaría bajo todavía ideas puristas acerca de la separación de poderes, a través las cuales Jefferson o Taylor propugnaron ideas contrarias al control judicial de la constitucionalidad, al veto presidencial o la "aristocracia del papeleo y el patronazgo"[93].

5.2 El equilibrio federal: una arquitectura política dinámica

La frase de John Adams, "el poder debe oponerse al poder y el interés al interés", encierra la esencia del sistema de pesos y contrapesos o controles y equilibrios que caracteriza al modelo constitucional estadounidense. Este principio, profundamente arraigado en el diseño institucional de los Estados Unidos, se desarrolló y perfeccionó teóricamente bajo la influencia de James Madison, uno de los más destacados "Padres Fundadores" y autor principal tanto de la Constitución como de la Carta de Derechos. En su ensayo Federalista n.º 51, Madison expuso la necesidad imperiosa de una separación efectiva de poderes, argumentando que esta estructura no solo reflejaba la naturaleza humana, sino que también era indispensable para garantizar la estabilidad del gobierno y la protección de los derechos ciudadanos. Madison sostenía que cada rama del gobierno debía contar con los medios necesarios para resistir las usurpaciones de las otras, pues la defensa contra tales ataques debía realizarse conforme

---

92 Madison, J. "The Federalist: La estructura del gobierno debe proporcionar los controles y equilibrios adecuados entre los distintos departamentos", *New York Packet*, n. 51, 1788. Recuperado de: https://avalon.law.yale.edu/18th_century/fed48.asp (Fecha de consulta: 10/01/2023).

93 John Taylor: "Los peligros de la nueva aristocracia son mucho mayores que los peligros que se derivan de la aristocracia territorial, pues la nueva aristocracia necesita un sistema impositivo permanente y opresivo para sustituir la riqueza que la aristocracia feudal obtiene de su tierra". Recogido en: SOLOZABAL ECHAVARRIA, J.J. "Sobre el principio de la separación de poderes". Op. cit., p. 224.

al imperio de la ley y bajo los preceptos constitucionales. En su análisis, afirmaba que la "ambición debe contrarrestar la ambición", un principio que ilustra cómo los controles institucionales operan para preservar el equilibrio y la independencia entre las ramas del poder. Según su célebre afirmación, "si los ángeles gobernaran a los hombres, no serían necesarios los controles externos ni internos del gobierno". Este esquema de control no solo se limita a la clásica separación tripartita del poder, sino que también opera dentro de los gobiernos federales, promoviendo un sistema de supervisión mutua tanto entre los distintos niveles de gobierno como al interior de cada uno de ellos.

En un sistema republicano como el estadounidense, Madison identificó al poder legislativo como la rama naturalmente predominante, por su función de representar los intereses del pueblo. Para mitigar este predominio, inspirado en el modelo británico, propuso dividir al legislativo en dos cámaras: el Senado y la Cámara de Representantes, otorgándoles igual relevancia y exigiendo su cooperación para la adopción de decisiones. Sin embargo, incluso con esta división, el poder ejecutivo emergía como la rama más vulnerable, restringido a actuar como un mero ejecutor de las leyes emanadas del legislativo y sometido a un control continuo por parte de este último. En respuesta, los redactores de la Constitución dotaron al presidente de facultades específicas, como el veto limitado, con el fin de conferirle herramientas para defenderse del poder legislativo y garantizar que las leyes aprobadas contaran con mayorías sólidas que protegieran tanto a las minorías como a los restantes poderes del Estado.

El fortalecimiento del ejecutivo conlleva un modelo de separación de poderes presidencialista, en el cual esta figura queda ampliamente reforzada para evitar la intromisión del legislativo. Empero, y para evitar que quien ostente este cargo pueda llevar a cabo un actuar descontrolado en la ejecución de las leyes, se crea la Cláusula de impuestos y gastos (*the power of the purse*). Mediante este mecanismo, el Congreso conserva la facultad de restringir el poder del ejecutivo al controlar las asignaciones presupuestarias destinadas a diversas actividades gubernamentales, limitando así sus capacidades de acción[94].

Desde un prisma judicial, este poder igualmente es integrado con tal categoría en la Constitución. Su función como contrapeso es la denominada revisión judicial, mecanismo otorga a los tribunales la capacidad de determinar si una ley, reglamento o tratado es contrario a la Constitución o a la normativa vigente, tanto a nivel federal como estatal. Aunque la revisión judicial no está explícitamente establecida en el texto constitucional, se deduce de disposiciones clave como los artículos III[95] y VI[96], así como de las deliberaciones recogidas en el Plan de Virginia[97]. La jurisprudencia consolidó esta facultad a través de casos emblemáticos, entre los que destacan Hylton v. USA (1796), donde la Corte Suprema ratificó la constitucionalidad de un impuesto sobre el transporte,

---

94 Esta materia se ha utilizado como método del Congreso para limitar las actuaciones bélicas llevadas a cabo por el poder ejecutivo y contrarias a los intereses de la ciudadanía, tal y como sucedió con la Ley de Asistencia Extranjera (1974), poniendo fin a la Guerra de Vietnam al recortar la totalidad de presupuesto asignado a la operación de Vietnam del Sur.

95 Artículo III, Segunda Sección: "El Poder Judicial entenderá en todas las controversias, tanto de derecho escrito como de equidad, que surjan como consecuencia de esta Constitución, de las leyes de los Estados Unidos y de los tratados celebrados o que se celebren bajo su autoridad [...]". Recuperado de: https://www.archives.gov/espanol/constitucion

96 Artículo VI: "Esta Constitución, y las leyes de los Estados Unidos que se expidan con arreglo a ella, y todos los tratados celebrados o que se celebren bajo la autoridad de los Estados Unidos, serán la suprema ley del país y los jueces de cada Estado estarán obligados a observarlos, a pesar de cualquier cosa en contrario que se encuentre en la Constitución o las leyes de cualquier Estado". Recuperado de: https://www.archives.gov/espanol/constitucion

97 Rakove, J.N. "The Origins of Judicial Review: A Plea for New Contexts". *Stanford Law Review*, Vol. 49, n. 5, 1997, pp. 1031-1064, esp. p. 1057-1058.

y Marbury v. Madison (1803)[98], por el cual la Corte Suprema afirma su autoridad para anular una ley por inconstitucional como consecuencia del juramento de su cargo que sus miembros realizaban para defender el texto constitucional[99]. Esta ha sido una labor continua por parte de la Corte Suprema, declarando, total o parcialmente, inconstitucionales, desde el primer asunto hasta el año 2021, un total de 985 leyes o disposiciones normativas[100].

La justificación del poder conferido a la Corte Suprema radica en su misión primordial: la defensa y preservación de la Constitución, concebida como la norma suprema del ordenamiento jurídico del país. Este texto legal es la ley suprema del país, establece las bases y los límites que todos los poderes estatales están obligados a respetar en el ejercicio de sus funciones. En el marco de un Estado federal, toda disposición normativa ha de ser consistente con la Constitución Federal, recayendo en los tribunales federales la obligación de conocer del conflicto y declararla inaplicable en el supuesto en que exista una vulneración de la suprema ley en el ámbito del Estado Federal. En el contexto del sistema estadounidense, la Constitución ocupa la cúspide de la jerarquía normativa, incluso por encima de las constituciones estatales, a pesar de la brevedad de sus disposiciones y de la concisión de su articulado. En este esquema, la Corte Suprema se erige como la instancia de jurisdicción final para resolver cualquier controversia que involucre posibles con-

---

98 Marbury v. Madison, 5 U.S. (1 Cr.) 137 (1803). Recuperado de: https://tile.loc.gov/storage-services/service/ll/usrep/usrep005/usrep005137/usrep005137.pdf

99 Artículo VI, Primera Sección: "[...] todos los funcionarios ejecutivos y judiciales, tanto de los Estados Unidos como de los diversos Estados, se obligarán mediante juramento o protesta a sostener esta Constitución". Recuperado de: https://www.archives.gov/espanol/constitucion

100 "Table of Laws Held Unconstitutional in Whole or in Part by the Supreme Court". Recuperado de: https://constitution.congress.gov/resources/unconstitutional-laws/?

flictos entre disposiciones normativas y la Carta Magna. Ya en los debates constitucionales, expresaba Madison que una ley contraria a los preceptos constitucionales sería declarada nula por los tribunales[101], lo que evidencia la intención de asignarles esta trascendental función. Aunque las cifras varían respecto al número de delegados que apoyaron esta facultad, se puede inferir un respaldo significativo, oscilando entre trece[102] y cuarenta delegados[103]. Alexander Hamilton, en el Federalista n.º 78, reafirmó este principio, destacando el poder judicial como el guardián de la constitucionalidad al poder invalidar leyes incompatibles con los preceptos constitucionales[104].

---

101 PRAKASH, S. B. y YOO, J. C. "The Origins of Judicial Review". *The University of Chicago Law Review*, vol. 70, n. 3, 2003, pp. 887-982, esp. p. 942.

102 Ibidem, p. 952.

103 MELVIN, F. "The Judicial Bulwark of the Constitution". *American Political Science Review*, vol. 8, n. 2, 1914, pp. 167-203, esp. pp. 185–195.

104 Hamilton, A. "The Federalist: The Judiciary Department". *McLEAN'S Edition*, n. 78, 1788. Recuperado de: https://avalon.law.yale.edu/18th century/fed78.asp (Fecha de consulta: 11/01/2023):
"Es mucho más racional suponer que los tribunales fueron diseñados para ser un cuerpo intermedio entre el pueblo y la legislatura, con el fin, entre otras cosas, de mantener a esta última dentro de los límites asignados a su autoridad. La interpretación de las leyes es el ámbito propio y peculiar de los tribunales. Una constitución es, de hecho, y debe ser considerada por los jueces, como una ley fundamental. Por lo tanto, les corresponde a ellos determinar su significado, así como el significado de cualquier acto particular proveniente del cuerpo legislativo. Si llegara a haber una discrepancia irreconciliable entre los dos, se debe preferir, por supuesto, aquel que tenga la obligación y validez superior; en otras palabras, se debe preferir la Constitución al estatuto, la intención del pueblo a la intención de sus agentes. Tampoco se supone, con esta conclusión, una superioridad del poder judicial sobre el poder legislativo. Solo se supone que el poder del pueblo es superior a ambos; y que, cuando la voluntad de la legislatura, declarada en sus estatutos, se opone a la del pueblo, declarada en la Constitución, los jueces deben guiarse por esta última en lugar de por

De esta forma, se configura un modelo de controles recíprocos entre los diferentes poderes federales existentes en territorio estadounidense. Las instituciones políticas, y no así los sujetos que las dirigen, se convierten en actores principales para la salvaguardia del *statu quo* entre los poderes del Estado, con la finalidad así de garantizar los derechos y libertades civiles de la sociedad. Para una más perfecta distribución de poderes, Estados Unidos ostenta una doble representación: la primera de ellas es a través de la figura del federalismo, naciendo así un conjunto de relaciones entre los diferentes gobiernos que componen los estados federales de Estados Unidos, así como el gobierno central estatal; la segunda de ellas nace de la tricefalia que componen las tres ramas clásicas de poderes estatales y que se integran dentro de los Estados Federales y del Estado central.

El poder legislativo, compuesto por el Senado y la Cámara de Representantes ostenta la facultad para la aprobación de proyectos de leyes federales, pudiendo igualmente destituir a diferentes funcionarios que componen el ejecutivo y el judicial

---

la primera. Deben regular sus decisiones por las leyes fundamentales, en lugar de por aquellas que no lo son [...]. No tiene ningún peso decir que los tribunales, bajo el pretexto de una repugnancia, puedan sustituir su propio placer a las intenciones constitucionales de la legislatura. Esto podría suceder igualmente en el caso de dos estatutos contradictorios; o podría suceder igualmente en cada adjudicación sobre cualquier estatuto individual. Los tribunales deben declarar el sentido de la ley; y si estuvieran dispuestos a ejercer voluntad en lugar de juicio, la consecuencia sería igualmente la sustitución de su placer por el del cuerpo legislativo. La observación, si prueba algo, probaría que no debería haber jueces distintos de ese cuerpo. Si, entonces, los tribunales de justicia deben considerarse como los baluartes de una Constitución limitada contra los atropellos legislativos, esta consideración ofrecerá un fuerte argumento a favor del mandato permanente de los cargos judiciales, ya que nada contribuirá tanto como esto al espíritu independiente en los jueces que debe ser esencial para el fiel desempeño de tan arduo deber" (traducción propia).

federal, así como la presidente, en los supuestos de faltas graves. El *impreachment*, o juicio político, es un mecanismo de destitución encomendado exclusivamente a las cámaras legislativas, garantizando el principio de responsabilidad de los servidores públicos. Si se dicta condena, el funcionario puede ser destituido, inhabilitado para ejercer cargos públicos y sometido a procesos judiciales ordinarios. Asimismo, el Congreso controla el gasto público mediante el ejercicio del *power of the purse*, lo que le permite retirar fondos asignados a programas gubernamentales y, con ello, limitar las acciones del ejecutivo. Estas atribuciones configuran un sistema de contrapesos destinado a evitar que los demás poderes socaven la independencia legislativa.

Por su parte, el poder ejecutivo, encabezado por el Presidente de los Estados Unidos de América, igualmente tiene una amplia gama de responsabilidades, muchas de las cuales, aparte de dirigir el ejecutivo del país o la declaración de guerra, suponen un contrapeso contra los restantes poderes. De esta forma, la más característica función que ostenta el poder ejecutivo para mantener un equilibrio entre los poderes estatales es el veto presidencial de los proyectos de ley aprobados por el Congreso. Sin embargo, esta prerrogativa está sujeta a controles, como la necesidad de que el Senado ratifique los nombramientos de altos cargos —incluidos miembros del gabinete, oficiales de las fuerzas armadas y embajadores— y los tratados internacionales negociados por el presidente. Además, el Congreso ejerce un constante control e investigación sobre el ejecutivo y puede, en última instancia, destituir al presidente mediante el proceso de *impeachment*. Estas medidas evidencian la supervisión y limitación a las facultades presidenciales en el marco de los controles mutuos.

Finalmente, el poder judicial cumple una función esencial al resolver conflictos entre particulares, así como entre estos y la administración, y al interpretar la Constitución mediante la revisión judicial. Este mecanismo permite a los tribunales invalidar leyes y órdenes ejecutivas que contravengan la Constitución, consolidando así su rol como garante de la legalidad y la supremacía constitucional. No obstante, el poder judicial no es inmune a los contrapesos, ya que el Congreso puede limitar su actuación mediante la aprobación de enmiendas constitucionales y, en casos graves, destituir a jueces federales a través del *impeachment*. De esta forma, se asegura que ningún poder estatal actúe de manera desmesurada, manteniéndose el equilibrio que constituye la piedra angular del sistema político y jurídico estadounidense.

5.3 El poder judicial estadounidense: la perspectiva de los constitucionalistas

La postura de la Constitución de los Estados Unidos respecto a la autonomía del poder judicial, la existencia de una Corte Suprema y la revisión judicial encuentra su fundamento en el análisis ofrecido por Alexander Hamilton en el ensayo n.º 81 de The Federalist[105]. En este texto, Hamilton aborda con notable claridad la distribución de la autoridad judicial en el contexto estadounidense, estableciendo un modelo que, aún en la actualidad, mantiene plena vigencia y relevancia. Con una Constitución que consagra la existencia de un poder judicial autónomo e independiente, el siguiente paso lógico era desarrollar su estructura y delimitar los órganos responsables de ejercer la potestad jurisdiccional, consistente en juzgar y ejecutar lo juzgado. Hamilton propuso un sistema encabezado por una Corte Suprema, cuya creación consideraba indiscutible, dada la necesidad de un órgano de máxima autoridad judicial. La cuestión candente en tal materia es si esta Corte debe de ser independiente o una rama del poder legislativo, pues existían opiniones que enfocaban en depositar en el poder legislativo, prosiguiendo así el conocimiento del Senado de los denominados juicios políticos.

---

105 Hamilton, A. "Continuación del poder judicial y distribución de la autoridad judicial". *The Federalist*, n. 81, 1788. Recuperado de: https://avalon.law.yale.edu/18th_century/fed81.asp (Fecha de consulta: 12/01/2023).

Este temor hacia la autonomía del poder judicial residía en la función de revisión judicial, que faculta a los jueces a interpretar las leyes conforme al espíritu de la Constitución. Sus detractores argumentaban que la independencia de la Corte podía propiciar abusos de poder. En primer lugar, al carecer de un órgano superior al cual rendir cuentas, la Corte podría extralimitarse en sus funciones. En segundo término, la facultad de interpretación autónoma podría derivar en decisiones ajustadas a criterios subjetivos o partidistas. Estas preocupaciones generaban el temor de que los jueces, al amparo de un poder descontrolado, llegaran a validar leyes contrarias a los principios constitucionales, ejerciendo así un poder jurisdiccional tiránico. La inquietud ante este modelo judicial se explica también por la falta de precedentes históricos comparables en materia de Corte Suprema o de la función de revisión judicial. El referente más inmediato que estos teóricos tenían era el modelo de Gran Bretaña, donde el poder judicial dependía en última instancia del legislativo, particularmente de la Cámara de los Lores. Se permitía a este parlamento poder rectificar las decisiones objetables de los tribunales con el mero hecho del ejercicio de la función legisladora. Esta cuestión, aun contraria a la separación de poderes, era entendida como un contrapeso ante posibles extralimitaciones del poder judicial, y más exactamente, de la Corte Suprema, lo que generaba estabilidad. Por el contrario, la Constitución estadounidense no contempla un control similar sobre la Corte Suprema, lo que inicialmente generó el temor de que errores y abusos por parte de los magistrados quedaran impunes.

Desde una perspectiva contemporánea, estas aprensiones resultan infundadas y reflejan un miedo hacia una estructura novedosa, como lo era en su momento una Corte Suprema autónoma. El diseño del sistema judicial estadounidense busca precisamente corregir las debilidades inherentes al modelo británico, fortaleciendo la existencia de un órgano independiente que actúe como intérprete de la ley y garante de la supremacía constitucional. La Constitución, como estándar normativo supremo, requiere que su interpretación y aplicación se lleve a cabo sin la interferencia de los demás poderes del Estado. Para Hamilton, aunque delegar parcialmente funciones judiciales al legislativo no necesariamente vulneraba el principio de separación de poderes, esta solución era claramente inferior al modelo adoptado por la Convención de Filadelfia. La razón es sencilla: un órgano legislativo que haya promulgado una norma contraria a la Constitución difícilmente estará dispuesto a corregir dicha transgresión cuando actúe en calidad de órgano judicial. Tal como expresó Hamilton: "menos aún podríamos esperar que los hombres que infringieron la Constitución en su carácter de legisladores estuvieran dispuestos a reparar la infracción en su carácter de jueces".

Hamilton subrayaba que las funciones de un juez o magistrado requieren cualificaciones específicas y una formación especializada, elementos que no suelen ser inherentes a los legisladores. Fusionar ambas competencias en el poder legislativo conduciría a decisiones defectuosas y potencialmente peligrosas, no solo desde una perspectiva de tiranía, sino también por falta de pericia técnica. Asimismo, Hamilton advertía contra la posibilidad de que los jueces pudieran dejarse influir por intereses partidistas o divisiones facciosas, recordando que "el aliento pestilente de la facción puede envenenar las fuentes de la justicia". En este sentido, un poder judicial verdaderamente independiente no solo garantiza la correcta interpretación de la norma, sino que también protege los principios de igualdad y justicia que son fundamentales en un Estado de derecho.

Aplaude así el teórico la valentía de los Estados[106] que optan por una separación total entre el poder judicial y el poder legislativo, especialmente en lo relativo a la última instancia, a la Corte Suprema, en contraposición a quienes promueven una

---

106 Exactamente hace referencia a los siguientes Estados Federados: New Hampshire, Massachusetts, Pennsylvania, Delaware, Maryland, Virginia, Carolina del Norte, Carolina del Sur y Georgia.

integración funcional entre estos poderes, como plantearon los autores del plan de la Convención. Esta separación confiere al órgano judicial la autonomía necesaria para proporcionar una interpretación técnica y profesional de las normas emanadas del máximo cuerpo legislativo, tomando como referencia las distintas constituciones federales de los Estados que integran la Unión. Esta uniformidad en el tratamiento legislativo refuerza el razonamiento de Hamilton, consolidando su propuesta y facilitando su implementación a nivel nacional. Incluso frente a eventuales interpretaciones judiciales que puedan contrariar la intención original del legislador, este riesgo no es motivo suficiente para despojar a la Corte Suprema de la función que le ha sido asignada. El poder judicial tiene una naturaleza intrínsecamente delimitada, que le limita e incapacita para incurrir en injerencias en los otros poderes. Además, su ejercicio corresponde a personas con una preparación técnica y jurídica específica, que les permite interpretar la norma de manera conforme al derecho. Por ende, no existe peligro de usurpaciones ni de abuso tiránico por parte del órgano judicial, y menos cuando se le confiera a los restantes poderes la posibilidad de ejercer de contrapeso a través de sanciones debidamente justificadas.

En este contexto surge la necesidad de establecer tribunales federales que puedan desempeñar funciones análogas a las de la Corte Suprema, pero limitadas a los asuntos que afecten exclusivamente al ámbito federal. No sería lógico que la Corte Suprema ostente jurisdicción para asuntos de mero carácter competencial federal, ya que su naturaleza y propósito la sitúan en un nivel más elevado y general. Por ello, el gobierno nacional debe de autorizar la creación de un tribunal de similar carácter, pero con sede y competencia exclusivamente dentro de los límites políticos y geográficos del distrito. Esta medida persigue un objetivo claro: evitar que los ciudadanos se vean sometidos a decisiones contradictorias sobre cuestiones de derecho en distintos Estados. En una época como la de Hamilton, en la que las legislaciones estatales eran frecuentemente divergentes o incluso opuestas en una misma materia, la existencia de un tribunal supremo nacional que resolviera estas discrepancias podía acarrear mayores problemas de interpretación y aplicación. De esta forma, una Corte Suprema con tribunales inferiores, pero de carácter supremo en cada Estado federal, preservarían la uniformidad y coherencia, ofreciendo una respuesta más acorde a los intereses de la ciudadanía.

De este modo, se delimita que el poder judicial federal ejerce jurisdicción sobre todos los asuntos surgidos dentro de la circunscripción territorial de un Estado, siempre que estos se encuentren dentro del marco de la Constitución estatal federal. Los tribunales federales tienen el deber inherente de interpretar y salvaguardar la Constitución, declarando inaplicables aquellas leyes que contradigan la norma suprema. Finalmente, la Corte Suprema ostenta la función de análisis competencial definitivo, resolviendo en última instancia si una ley es aplicable o no en el contexto del marco constitucional. Esta arquitectura jurisdiccional no solo refuerza la cohesión entre los diferentes niveles de gobierno, sino que también asegura la primacía de la Constitución como eje rector del ordenamiento jurídico.

6. FRANCIA Y LA REVOLUCIÓN: EL IMPACTO DE LOS CAMBIOS EN EUROPA

A través del presente apartado se pretende ofrecer una aproximación de dos de las constituciones liberales de mayor trascendencia en territorio europeo, tal y como son la Constitución francesa de 1791 y la Constitución española de 1812, y su tratamiento relativo a la separación de poderes, el cual sirvió de base para las siguientes normas constitucionales que vinieron imperando a nivel europeo.

Tanto en Francia como en España, la figura del monarca es respetada, elaborándose las Monarquías Constitucionales. El modelo francés tiene su base en las ideas revolucionarias y en el rechazo de la aristocracia. Inicialmente la figura del rey es ampliamente aceptada, pero, tras el intento de contrarevolución, se parte de un rechazo ciudadano de la monarquía. Ha de tenerse en cuenta que el constitucionalismo francés de la época transcurre en un momento convulso, y la separación de poderes aducida por los revolucionarios se encuentra posturas muy dispares. Rousseau partía de un poder ejecutivo restringido, con una condición comisoria[107], y una Asamblea cuasi-todopoderosa. Un conjunto de sistemas que se adaptan a las necesidades imperantes en ambas naciones, a las situaciones bélicas y revolucionarias y a la propia concepción social.

6.1 La Constitución francesa de 1791: el papel de la Asamblea

La Toma de la Bastilla, acontecida el 14 de julio de 1789, marcó un punto de inflexión en la historia de Francia al precipitar la transición del Antiguo Régimen hacia un nuevo modelo político, en el cual Luis XVI se vio obligado a reconocer a la Asamblea Nacional como depositaria de la autoridad legislativa. Es aquí donde puede observarse una primera escisión en los poderes estatales, al perder el monarca parte de la potestad legislativa en favor de un órgano externo. Este principio generaba un notable interés entre los revolucionarios, tal y como refleja el artículo 16 de la Declaración de los Derechos del Hombre y del Ciudadano, promulgada el 26 de agosto de 1789[108]. Sin embargo, no sería hasta el 3 de septiembre de 1791 cuando Francia adoptaría su primera Constitución, un hito que consolidó formalmente la distribución de los poderes del Estado. Debe considerarse que este texto

---

107 Solozabal Echavarria, J.J. "Sobre el principio de la separación de poderes". Op. Cit., p. 224.

108 Declaración de los Derechos del Hombre y del ciudadano de 1789, art. XVI: "Una Sociedad en la que no esté establecida la garantía de los Derechos, ni determinada la separación de los Poderes, carece de Constitución". Recuperado de: https://www.conseil-constitutionnel.fr/sites/default/files/as/root/bank_mm/espagnol/es_ddhc.pdf

constitucional emergió en un contexto histórico convulso, casi bélico, caracterizado por levantamientos internos y un creciente rechazo hacia la figura del monarca. Esta tensión se exacerbó tras el intento fallido de huida de Luis XVI a Varennes, cuyo propósito era reagrupar fuerzas y organizar una contraofensiva contra los revolucionarios liberales. A pesar de que la Constitución preservaba la figura del monarca dentro de un esquema de monarquía constitucional, el clima social era decididamente hostil hacia él, percibido como un símbolo del Antiguo Régimen al que se buscaba derrocar. Este nuevo orden jurídico proclamó que la soberanía residía en la Nación, instaurando un marco de libertades como la de pensamiento y religión, y derechos fundamentales como la inviolabilidad de la propiedad privada, la educación pública gratuita y la igualdad ciudadana. Además, abolió los estamentos sociales de la nobleza y sus prerrogativas.

En materia de separación de poderes, se distribuyen los tres poderes existentes, otorgándose cada uno de ellos a un ente diferenciado, pero con amplia participación de la monarquía. De esta forma, el art. 15 de la Constitución hace recaer la potestad legislativa en la Asamblea Nacional legislativa con el Rey, el art. 16 otorga el poder ejecutivo al monarca, y conforme el art. 17 reside en los tribunales la aplicación de las leyes en las causas civiles y criminales. La Asamblea legislativa se convierte en órgano trascendental, de carácter permanente, compuesta por una única cámara, con un total de 745 representantes, renovándose cada dos caños. Entre sus amplias competencias se encontraban: (1) la propuesta de leyes, a lo cual el rey únicamente puede invitar a la asamblea a tomar una materia en consideración; (2) fijación de gastos públicos; (3) vigilar el reparto de recursos públicos; (4) impresión de moneda; (5) llevar ante la corte suprema nacional la responsabilidad de los ministros y demás funcionarios de poder; (6) la declaración de guerra, la cual requería la aprobación conjunta del monarca y la Asamblea. A pesar de esta colaboración, el rey disponía de ciertos contrapesos frente al poder legislativo, como la prerrogativa de sancionar leyes. Sin embargo, su negativa a sancionar tenía un efecto meramente suspensivo. Estas disposiciones muestran que, aunque la Constitución aspiraba a una separación de poderes, en la práctica se evidenciaba una significativa interrelación entre ellos, lo que limitaba una división absoluta.

En relación al poder ejecutivo, este reside exclusivamente en el rey, quien ejercía como jefe supremo de la administración del reino, de los ejércitos y de las relaciones exteriores. Su principal función consistía en gobernar y garantizar la ejecución de las leyes aprobadas por la Asamblea Legislativa, promulgándolas y asegurando su cumplimiento mediante los órganos administrativos y judiciales correspondientes. Existe una estrecha relación entre ambos poderes. El monarca puede proponer los temas que considerare han de ser tomados en cuenta en las sesiones. Igualmente, y más allá de todas las informaciones que tenga que proporcionarle la Asamblea en relación a su formación o sesiones, el rey ostenta la posibilidad de, en razón a una materia de interés del Estado, convocar al cuerpo legislativo, pero esta función obedece a una circunstancia excepcional. Esto provoca que no nos encontremos ante un modelo presidencialista como el estadounidense, sino parlamentarista, en el cual el poder legislativo ostenta amplias facultades, incluso las relativas a relaciones exteriores, históricamente asignadas al poder ejecutivo o a un poder independiente (recuérdese el poder federativo de Locke), pero que a su vez permite al poder ejecutivo, a través de la figura del monarca, su intervención y relación conexa. Se observa, no obstante, que la Asamblea ostenta mayores funciones propias del poder ejecutivo que a la inversa, lo que genera un sistema asambleario[109].

De mayor interés para el objeto del presente estudio es el tratamiento del poder judicial. Los constitucionalistas france-

---

109 BREWER-CARÍAS, A. R. "Los aportes de la revolución francesa al constitucionalismo moderno y su repercusión en Hispanoamérica a comienzos del siglo XIX". *Ars Boni et Aeequi*, n. 2, 2011, pp. 111-142, esp. p. 115.

ses partían de una postura basada en la desconfianza hacia los jueces[110]. La justicia se transformaba, dejando de ser impartida por el monarca en favor de funcionarios independientes, que actuaban en nombre de la Nación y no así del rey. Su justificación residía en eliminar los Tribunales del Antiguo Régimen, denominados *Parlements*, que habían sido instrumentos de la aristocracia francesa contra el pueblo y contra cualquier reforma. De esta forma, el modelo de justicia que se adopta en Francia es ciertamente receloso de esta rama del poder, llegándoseles a impedir a los jueces la posibilidad de anular o impedir leyes, o citar ante ellos a los administradores en razón de los actos cometidos en el desarrollo de sus funciones[111]. Se evita de esta forma que el legislativo encuentra en los tribunales un contrapeso a su poder[112], otorgándose a este último una primacía en aspectos clave como la interpretación normativa. En la visión del Iluminismo francés, el juez no era más que un ejecutor de la ley, sin facultad para interpretarla. En caso de duda interpretativa, debía remitirse a la Asamblea Nacional, que era quien proporcionaba las directrices necesarias para su aplicación.

En los posteriores textos constitucionales, como la Constitución del Año I, aprobada el 24 de junio de 1793, y ya bajo un gobierno republicano, o la Constitución del Año III, del 22 de agosto de 1795, se mantuvo el principio de separación de poderes, aunque siempre con una clara predominancia del

---

110 Ibidmen, p. 115.

111 RIVERO, J. *Droit Administratif.* Paris, Dalloz, 1973, p. 129.

112 Expone BREWER-CARÍAS, A. R. "Los aportes de la revolución francesa al constitucionalismo moderno y su repercusión en Hispanoamérica a comienzos del siglo XIX". Op. Cit., p. 125, que el extremismo adoptado por los revolucionarios conllevó que la función de juzgar a la Administración y anular sus actos no fue materia separada del poder legislativo hasta cien años después, con la consolidación de la jurisdicción contencioso-administrativa, la cual prosiguió, no obstante, separada del Poder Judicial.

legislativo. Tanto en los proyectos girondino como jacobino, pese a las diferencias ideológicas, se respetó este modelo, lo que refleja un consenso en torno a la preeminencia de la Asamblea sobre las demás ramas del poder. La Constitución del Año III, en particular, introdujo una separación más estricta entre los poderes que, no obstante, derivó en tensiones significativas entre el legislativo y el ejecutivo, culminando en un golpe de Estado liderado por el Directorio[113]. Como nota característica, incorpora un sistema bicameral, en el cual el Consejo de los Quinientos proponía las normas, y el Consejo de Ancianos, votaba su aprobación o rechazo. El poder ejecutivo se encomendó a un Directorio formado por cinco miembros, seleccionados por el Consejo de Ancianos de una terna propuesta por el Consejo de los Quinientos, con una renovación anual de uno de sus integrantes. El poder judicial, por su parte, permaneció en línea con las disposiciones establecidas en 1791, sin cambios sustanciales en su configuración ni en la concepción limitada de sus funciones. Este esquema institucional se vio profundamente alterado con la Constitución del Año VIII, concebida para consolidar el poder de Napoleón Bonaparte como primer cónsul. Este texto marcó una regresión en la separación de poderes, otorgando al primer cónsul amplias facultades ejecutivas, reduciendo considerablemente el alcance del legislativo y dividiendo a este último en tres asambleas sin iniciativa legislativa, facultad que se reservó Napoleón. Asimismo, se le confirió la potestad de ordenar la detención de aquellos considerados conspiradores contra la Nación. Este diseño constitucional transformó a Napoleón en una figura con poderes propios de un dictador, preparando el terreno para su posterior coronación como emperador[114].

---

113 SOLOZABAL ECHAVARRIA, J.J. "Sobre el principio de la separación de poderes". Op. Cit., p. 226.

114 Manifiesta SOBOUL, A. *La Francia de Napoleón [La France napoléonienne]*. Barcelona, Crítica, 1983, pp. 37-38, que en este momento se podría decretar la muerte de la separación de poderes en Francia.

Tras la primera gran caída de Napoleón contra la Sexta Coalición en la batalla de Leipzig, y su primera abdicación en 1814, se restituyó la monarquía francesa. Sin embargo, esta restauración fue efímera, ya que Napoleón retomó el poder durante el denominado Gobierno del Imperio de los Cien Días, que concluyó con su derrota definitiva en Waterloo en 1815. En los años posteriores, el principio de separación de poderes no se reinstauró plenamente debido a las transformaciones políticas que marcaron la historia de Francia. Aunque las Cartas Constitucionales de 1814 y 1830 reconocieron ciertos elementos de especialización funcional, el modelo monárquico-constitucional predominante rechazó una aplicación completa de este principio. En su lugar, se articuló un sistema en el que el rey ostentaba un poder neutral destinado a equilibrar las relaciones entre los demás poderes. Este equilibrio se lograba mediante prerrogativas como el veto legislativo, la destitución de ministros y la concesión de indultos[115], funciones que conferían al monarca un papel arbitral en los conflictos interinstitucionales, preservando la estabilidad del régimen sin renunciar al protagonismo central de la figura regia.

6.2 La Constitución de Cádiz de 1812: un modelo para el mundo hispano

Con la caída de las monarquías absolutistas, el principio de división de poderes emergió como el eje central sobre el cual se estructuraron los nuevos Estados nacientes. En el caso español, este principio comenzó a gestarse durante la ocupación francesa y la Guerra de la Independencia contra el gobierno napoleónico[116], en un contexto marcado por la crisis del Antiguo Régimen,

---

115 Solozabal Echavarria, J.J. "Sobre el principio de la separación de poderes". Op. Cit., p. 227.

116 Denominada igualmente como Guerra de los Seis Años, Guerra del Francés, Guerra Peninsular (con tal nomenclatura véase el estudio

asentándose bajo un trasfondo de cambios sociales, con amplia influencia de las ideas nacidas en la Ilustración y en los revolucionarios franceses. En este periodo, destaca el Estatuto de Bayona, una carta otorgada[117] por José Bonaparte y auspiciada por el Emperador Napoleón, y aprobada por la Asamblea de Bayona, que se erigió como ley fundamental que rigió el reinado de José I de España durante los años de la ocupación francesa. Este texto recoge un modelo de división de poderes, a través del cual el Legislativo residía en la Asamblea y el Senado, pero el rey ostentaba iniciativa real ("oídas las partes"); el ejecutivo corresponde al monarca y sus ministros que conforman el Consejo de Estado; y el judicial al Tribunal de Casación y en jueces inamovibles[118], pero con influencia real en el nombramiento de los mismos.

A través de la Guerra de la Independencia surge un sentimiento patriótico y una identidad nacional española que, conjuntamente a estos nuevos modelos político-sociales, se convierte en el perfecto caldo de cultivo para la aplicación de un modelo constitucional en España. Este modelo se concretó con la proclamación de una monarquía constitucionalista, iniciada con las Cortes reunidas en la Isla de León el 24 de septiembre de

---

de DURÁNTEZ PRADOS, F.A. "No fue guerra de la Independencia. Propuesta de modificación de la denominación oficial de la guerra hispano-francesa desarrollada entre 1808 y 1814". *Iberoamericana*, vol. 8, n. 29, 2008, pp. 178-183) o afrancesada.

117 Más que una Carta otorgada, algunos autores han entendido que se trataba de la primera Constitución Española. En tal idea véase: CALVO SÁNCHEZ, M. C. "La recusación de Jueces y Magistrados". *Revista Universitaria de Derecho Procesal*, n. 1, 1988, pp. 73-94, esp. p. 74; FERNÁNDEZ SARASOLA, I. *La Constitución de Bayona (1808)*. Madrid, Iustel, 2007; del mismo autor "La primera constitución española: el Estatuto de Bayona". *Revista de derecho: División de Ciencias Jurídicas de la Universidad del Norte*, n. 26, 2006, pp. 89-109; MORENO ALONSO, M. *José Bonaparte. Un rey republicano en España*. Madrid, La Esfera de los Libros, 2008, pp. 222-223.

118 SÁNCHEZ BARRIOS, M.I. "Antecedentes del CGPJ en el Derecho español". *Revista del Poder Judicial*, n. 46, 1997, pp. 49-82, esp. p. 51.

1810[119] culminada con la promulgación y de la Constitución de Cádiz 19 de marzo de 1812[120]. Este texto constitucional no solo respondió a las aspiraciones de reforma política y social nacidas del conflicto, sino que también formó parte del ciclo de tensiones y guerras entre la revolución y la contrarrevolución, que se extendió desde la Guerra de la Convención o del Rosellón (1793-1795) hasta la Primera Guerra Carlista (1833-1840)[121].

La Constitución de Cádiz introdujo un modelo de distribución de los poderes del Estado que, si bien adoptaba elementos del pensamiento montesquiano, no seguía de manera estricta sus postulados. En efecto, se observaba una conexión significativa entre los poderes legislativo y ejecutivo, reflejo de una desconfianza profunda hacia este último, que se atribuía a la Monarquía, pero bajo la supremacía del legislativo. Por tanto, se adopta un modelo jerárquico, a través del cual todos los poderes están sometidos a la ley, la cual es expresión de la voluntad popular, confiriéndole al poder legislativo una preponderancia respecto de los demás, quienes quedarán subordinados a sus dictados[122].

---

119 Señala ALZAGA VILLAAMIL, O. "La Constitución de Cádiz y el Poder judicial", en J. A. Escudero (dir.), *Cortes y Constitución de Cádiz. Doscientos años.* Madrid, Espasa Libros, 2011, pp. 137-163, esp. p. 140, el Decreto de las Cortes de 24 de septiembre de 1810 partía de la tesis de Montesquieu sobre la separación de poderes, pero realmente absorbe las tesis de la constitución británica

120 Recoge SÁNCHEZ AGESTA, L. *Historia del constitucionalismo español.* Madrid, Editorial Nacional, 1984, p. 54, que las Cortes de Cádiz "se afirmaron como un poder revolucionario y constituyente, depositario de la soberanía nacional".

121 En tal cuestión expresa RÚJULA, P. *Religión, Rey y Patria. Los orígenes contrarrevolucionarios de la España contemporánea, 1793-1840.* Madrid, Marcial Pons, 2023, p. 19: "Fue casi medio siglo de combates que involucraron a varias generaciones de españoles que fueron haciendo su primer aprendizaje de la política contemporánea a través de la guerra".

122 Señala SÁNCHEZ AGESTA, L. "Poder ejecutivo y división de poderes". *Revista Española de Derecho Constitucional,* n. 3, 1981, pp. 9-42, esp. pp.

l modelo constitucional gaditano encontraba su inspiración en el sistema francés, que había reinterpretado a su vez el sistema inglés, pero con un enfoque distintivo que otorgaba preeminencia al poder de la Asamblea legislativa, en contraste con el modelo presidencialista de los Estados Unidos de América. Así, la Constitución de Cádiz adoptó la división tripartita de la autoridad soberana en las ramas legislativa, ejecutiva y judicial[123], pero con una estructura diseñada para asegurar que la voluntad popular, manifestada a través del legislativo, prevaleciera sobre cualquier otra instancia. Este diseño reflejaba tanto los ideales revolucionarios como las tensiones inherentes al contexto histórico en que se gestó, consolidando una tradición política que marcaría profundamente la evolución del constitucionalismo español.

El modelo constitucional de 1812 introduce una estructura jurídica innovadora al incorporar el concepto de soberanía nacional, representado por los diputados como la encarnación de un ente supremo. Este principio permitía una distribución más equilibrada de los poderes estatales y sus respectivas funciones. En este esquema, el poder legislativo se integra en una única Asamblea, las Cortes, evitando así una fragmentación en cámaras conforme estratos sociales y eliminando los posibles obstáculos que pudieran llevarse a cabo para evitar la renovación política. Esta decisión respondía al rechazo de los símbolos del Antiguo Régimen, como la nobleza y el clero, que habían perpetuado

16-17, que la idea de los legisladores constitucionalistas era imitar el modelo francés que se basaba en subordinar los órganos que ejecutan y aplican la norma a aquel que formula la voluntad general.

123 A petición de Espiga, y en aras de separar la nomenclatura del sistema español respecto del modelo francés, se adoptaron un conjunto de términos distintos, incluidos finalmente como el título de los apartados del texto constitucional y no del poder en sí, pero que finalmente llevarían a que el legislativo se tendiese a asimilar al de las *Cortes o representación nacional*, el ejecutivo el del *Rey o de la dignidad real* y el judicial el de *los Tribunales*. Ídem, pp. 16-17.

sus privilegios y representaban un freno a la modernización del sistema. Sin embargo, a pesar de su aspiración igualitaria, el Parlamento dependía de las clases acomodadas debido a la instauración de un sufragio indirecto, condicionado por la exigencia de una renta mínima anual para ejercer el derecho al voto. La figura del Rey no es eliminada del sistema, sino que se procede a su reformulación, siendo parte trascendental del nuevo modelo sobre el cual se asienta el sistema. En tal momento histórico, el pueblo español ansiaba todavía el regreso del monarca, prisionero por las tropas francesas, sin prever que este, al recuperar el trono, derogaría la Constitución para restaurar el Antiguo Régimen. En el marco constitucional gaditano, el rey compartía competencias legislativas con las Cortes, aunque de manera limitada, pues su participación se reducía a la iniciativa legislativa y al ejercicio de un veto suspensivo. Estas facultades, lejos de otorgarle un control pleno, se inscribían en un sistema que subordinaba la autoridad real al poder legislativo, reflejando la primacía de la ley como expresión de la voluntad popular. En cambio, su influencia sobre el poder ejecutivo era más significativa, mientras que en el ámbito judicial se le privaba completamente de participación.

El poder ejecutivo también adquirió un carácter renovado bajo este modelo. Ya no se concebía únicamente como la instancia encargada de ejecutar las leyes, sino que asumía la más amplia función de gobernar. Este cambio implicaba una evolución en la concepción del gobierno, en la que los actos del ejecutivo requerían el refrendo de los Secretarios de Despacho o ministros. Estos se consolidaron como piezas fundamentales del nuevo sistema, actuando como intermediarios entre el poder ejecutivo y el legislativo. A pesar de ello, la función ejecutiva[124], asignada inicialmente a la regencia hasta su posterior asignación al monarca,

---

124 Para un pormenorizado estudio véase GARCÍA MORENO ELIZONDO, R. "El poder ejecutivo en la Constitución de Cádiz". *Anuario Jurídico*, n. 18, 1990, pp. 97-114.

queda totalmente delimitado para garantizar su subordinación al poder legislativo. Este texto constitucional es la primera norma que efectúa una delimitación de las funciones del poder ejecutivo dentro del marco constitucional del modelo de división de poderes. Para ello, el Decreto XXIV, de 16 de enero de 1811, establece un conjunto de facultades en favor del monarca, y en su ausencia recae en la regencia. Una de las principales restricciones era la exclusión de los regentes de las deliberaciones de las Cortes, a fin de evitar cualquier influencia en las decisiones adoptadas por el órgano legislativo. La función primordial del ejecutivo se limitaba, entonces, al cumplimiento de las leyes y decretos emanados del legislativo, sin margen para dispensas ni excepciones.

El poder judicial quedó relegado a un papel secundario en el diseño constitucional de 1812, lo cual no sorprende dado el contexto de guerra en el que se gestó. En un momento histórico caracterizado por la urgencia de establecer un gobierno funcional y de responder de manera inmediata a las problemáticas del periodo, las prioridades se centraron en desarrollar con mayor profundidad los poderes legislativo y ejecutivo. Así, el legislativo, como fuente de las leyes, y el ejecutivo, encargado de gobernar y ejecutar dichas disposiciones, adquirieron preeminencia. En contraste, el poder judicial apenas recibió atención en cuanto a su desarrollo orgánico y funcional[125]. Sus límites se encajonan en la fórmula de "administrar justicia según las leyes", frase ambigua y sin un proyecto o reglamento que definiera sus límites y procedimientos con precisión.

---

125 No queremos manifestar la inexistencia de novedades en materia judicial, pues es evidente que esta norma constitucional ofrece cambios sustanciales en la materia. Véase como ya, antes de la promulgación del texto, era de interés para los constitucionalistas la elaboración de un nuevo poder judicial, tal y como se manifiesta en un informe de fecha de 10 de septiembre de 1809 ya se manifestaba la necesidad de crear un órgano supremo, con observancia constitucional o normativa (MORENO PASTOR, L. *Los orígenes del Tribunal Supremo 1812-1838*. Madrid, Ministerio de Justicia, 1989, pp. 39-40).

El Título V, bajo la rúbrica "De los Tribunales y de la Administración de Justicia en lo civil y en lo criminal", en un total de 66 artículos, desarrolla la nueva organización de los tribunales, anulando la competencia jurídica de los Consejos en favor de un tribunal supremo. Este diseño consagra una separación real del poder judicial respecto a los demás poderes del Estado, en contraste con textos constitucionales posteriores, como la Constitución de 1845, a través la cual la autoridad judicial venía siendo una "desmembración del poder ejecutivo"[126]. La Constitución de 1812 reconoce la exclusividad en la tarea jurisdiccional a los tribunales (art. 242), y a través del precepto siguiente lleva a cabo una formulación negativa de esta función en relación a las Cortes y a la figura del monarca. Es clara al delimitar que la única función de un miembro de un tribunal es "juzgar y hacer que se ejecute lo juzgado" (art. 245). Se observa una nítida división de poderes, al separar las funciones que han de ejercer los diferentes órganos encargados de los poderes estatales. Ningún ente podrá llevar a cabo actos de la autoridad soberana sobre los cuales no tenga la competencia atribuida.

No obstante, no se observa una separación plena. El monarca, como representante del poder ejecutivo, ostenta una relevante participación en las Cortes. Este modo de actuar no se desarrolla en calidad de contrapeso contra la "tiranía del legislativo", tal y como sucede en los modelos presidencialistas, donde el equilibrio entre los poderes es esencial para evitar la concentración autoritaria. Se advierte en el modelo gaditano de una evidente preeminencia del poder legislativo, subordinando los restantes a la Asamblea legislativa, en consonancia con el esquema de la

---

[126] TENORIO SÁNCHEZ, P.J. "Título V de la Constitución de Cádiz: Poder Judicial, origen del Tribunal Supremo y unidad de Códigos". *Revista de Derecho Político,* n. 83, 2012, pp. 309-333, esp. p. 315.

Constitución francesa[127]. Y siguiendo las tesis de los revolucionarios franceses, pone de manifiesto Marcuello Benedicto[128], que la extrema jerarquización existente entre los poderes estatales, se posibilitaba una concentración en un mismo ente de todos ellos, y en concreto, en favor de la Asamblea legislativa. Este diseño respondía al recelo hacia la monarquía, hacia las instituciones del Antiguo Régimen y hacia las circunstancias históricas del reinado de Carlos IV[129], además del contexto bélico y revolucionario en el que la sociedad española combatía tanto al régimen absolutista como a la ocupación francesa. La Asamblea legislativa emergía como el motor único para implementar las funciones liberales, relegando el principio de división de poderes a un segundo plano[130].

Cuestión trascendente es la ausencia de regulación expresa del principio de independencia judicial. Este se convierte en un pilar básico sobre el que se debe de asentar la rama del poder judicial, y su ausencia en el texto es cuestión llamativa. Si bien es cierto, aunque no exista una expresa directriz en la carta magna que determine su existencia, el texto ofrece diferentes garantías que reflejan que esta ausencia es más terminológica que sustantiva. Entre ellas destaca el sometimiento exclusivo de los órganos judiciales al imperio de la ley (art. 244), al juramento

---

127 SÁNCHEZ AGESTA, L. "Poder ejecutivo y división de poderes". Op. Cit., p. 16.

128 MARCUELLO BENEDICTO, J.I. "División de poderes y proceso legislativo en el sistema constitucional de 1812". *Revista de Estudios Políticos*, n. 93, 1996, pp. 219-231, esp. p. 220.

129 Acerca de la figura de Carlos IV como monarca generador de recelos entre los constitucionalistas, véase Varela SUANZES-CARPEGNA, J. "Rey, Corona y Monarquía en los orígenes del constitucionalismo español: 1808-1814". *Revista de Estudios Políticos*, n. 55, 1987, pp. 123-195.

130 Sobre tal cuestión acúdase a MARCUELLO BENEDICTO, J.I. "Las Cortes Generales y Extraordinarias: organización y poderes para un gobierno de Asamblea". *Ayer (Asociación de Historia Contemporánea)*, n. 1, 1991, pp. 67-104.

de la Constitución y restantes fuentes normativas del ordenamiento jurídico y la obligatoriedad de aplicación de la misma en el ejercicio de la función jurisdiccional. Este sometimiento a la ley es la piedra angular de la independencia judicial, al constituir así una dependencia exclusiva a la norma y no así a los restantes poderes del Estado, a la sociedad o cualquier otro ente o grupo de presión. Pero no solo la ley deberá de ser el objeto de aplicación por los tribunales para la resolución de los conflictos, sino que determina, conforme le principio de juez natural, el tribunal competente, creado con anterioridad por la ley oportuna, para la resolución de los pleitos, ya sea por razón de la materia o de la persona (art. 247).

Empero, no es menos cierto que una garantía que permite su real reconocimiento, como la inamovilidad, si viene siendo desarrollada mediante el art. 252 ("Los magistrados y jueces no podrán ser depuestos de sus destinos, sean temporales o perpetuos, sino por causa legalmente probada y sentenciada; ni suspendidos, sino por acusación legalmente intentada"). Esta disposición refuerza la autonomía judicial, al tiempo que prohíbe que los restantes poderes ejerzan funciones jurisdiccionales o que los tribunales asuman tareas ajenas al ámbito jurisdiccional[131]. Igualmente, y acompañando a esta garantía, se introduce el principio de responsabilidad judicial (art. 254), por el cual, íntimamente ligado con el anterior, los jueces serán responsables de las faltas, civiles y penales, derivadas de la inobservancia de las leyes.

La influencia de las teorías de la división de poderes es patente en los constitucionalistas de Cádiz. La implementación del modelo es un pilar básico para el desarrollo de los nuevos Estados liberales, en los que la dispersión del poder busca prevenir la tiranía. Sin embargo, el diseño gaditano no sigue estrictamente los postulados de Montesquieu, Madison o Jefferson, que carac-

---

131 ALZAGA VILLAAMIL, O. "La Constitución de Cádiz y el Poder judicial". Op. cit., pp. 153-154.

terizan los sistemas anglosajones más puros[132], aun separado del principio de Locke, pues reconoce la autonomía del poder judicial. Empero, la preponderancia del poder legislativo, al contrario que el modelo estadounidense, de carácter presidencialista, sitúa en una posición de superioridad a la Asamblea, conllevando a que el principio en España sea más acorde al modelo británico que a un sistema purista de separación de poderes.

7. LA SEPARACIÓN DE PODERES EN EL SIGLO XXI: RECONFIGURACIÓN Y DESAFÍOS EMERGENTES

El análisis de la evolución del principio de separación de poderes exige una aproximación crítica y contextualizada frente a las transformaciones que ha experimentado en las sociedades contemporáneas. De esta forma, se analizará: (1) la crisis que vive el citado principio conforme la nueva realidad existente, especialmente en relación la creación de un sistema de partidos políticos y representación parlamentaria que unifica gran parte de las funciones antiguamente desligadas en poder legislativo y poder ejecutivo, así como nuevas materias a tratar derivadas de Estado social reconocido en la Constitución, (2) la aparición de nuevos órganos constitucionales; (3) la real existencia de

---

132 Manifiesta SOLOZABAL ECHAVARRIA, J.J. "Sobre el principio de la separación de poderes". Op. cit., p. 224, que el sistema parlamentario inglés de separación de poderes no respondía en la práctica a las iniciales ideas teóricas, llegando a existir una real preponderancia del poder ejecutivo sobre el parlamento, puesto que las elecciones a este último se encontraron amañadas, se disponían de cargos y existían sobornos. La tiranía no provenía de una clase social frente a otra, sino de los propios gobernantes. De ahí que las constituciones posteriores, tales y como la de Estados Unidos, Francia o España, renegasen parcialmente de este modelo y establecieran un conjunto de sistemas, como el relativo a los *checks and balances*, para conseguir un equilibrio real entre las tres ramas del poder.

un nuevo principio de compartición y separación de poderes, más basado en las funciones ejercidas que en la ostentación del poder propiamente dicho.

7.1 Hacia una pluralización de funciones: administración, partidos y nuevas instituciones

Con ya casi superada una cuarta parte del s. XXI, se evidencia una crisis democrática, tanto a nivel nacional como internacional, que desafía los fundamentos sobre los que se erigen los sistemas de gobierno modernos. Parece que la separación de poderes, tal y como se planteó por Montesquieu y consolidada en la práctica de los Estados liberales, parece no responder de manera adecuada a las exigencias actuales. La cuestión no radica tanto en el principio mismo, sino en los mecanismos de equilibrio y balance que lo acompañan. La aparición de nuevos órganos constitucionales, funciones basadas en derechos sociales, funciones compartidas entre ramas del poder, integración en organizaciones supranacionales -con la sumisión a su ordenamiento jurídico y líneas jurisprudenciales-, proliferación de normativa nacional y supranacional[133] y, por consiguiente, la superación del concepto tripartito del poder que históricamente se ha venido aplicando a consecuencia de normas constitucionales basadas en nuevas Y complejas realidades sociales

Desde hace tiempo, el principio de separación de poderes ha sido objeto de debate y cuestionamiento, como lo evidencian las teorías de Leon Duguit y Charles Eisenmann en los siglos

---

133 Sobre esta cuestión, expone FERRAJOLI, L. "Por una refundación garantista e la separación de poderes". *Anuario de la Facultad de Derecho de la Universidad Autónoma de Madrid*, n. 20, 2016, pp. 21-36, esp. p. 29, la existencia de una crisis en materia de ley, tanto en el plano cuantitativo como cualitativo, al resultar normas oscuras, equívocas, de neologismos incomprensibles y laberínticas.

XIX y XX respectivamente. El primero de ellos entiende que el gobierno parlamentario que acaeció en Francia, en base a la Constitución de 1791, no tiene su base en este principio, sino en una colaboración entre órganos, existiendo múltiples excepciones al modelo. Para el autor, la separación de poderes es una teoría inviable, basada en un axioma eminentemente teórico, que permite crear distintos órganos de carácter estatal, de manera autónoma entre ellos, con diferentes funciones específicas en las cuales ninguno de los restantes puede intervenir. Sin embargo, este planteamiento plantea interrogantes sobre su finalidad última: ¿es una condición indispensable para cualquier gobierno equilibrado, una expresión de la soberanía popular, una garantía de intereses individuales y colectivos, un ideal político o, como algunos sugieren, una mera ilusión?[134] Ambos autores mostraron preocupación acerca de la viabilidad de este principio. Eisenmann remarcó la imposibilidad de viabilidad práctica de este principio de separación de poderes, argumentando que la ausencia de interacción entre poderes haría inviable la existencia de instituciones esenciales, como los juicios políticos en el ámbito parlamentario, la responsabilidad de los ministros ante el legislativo, la iniciativa legislativa del ejecutivo o las potestades de amnistía e indulto[135]. Por su parte, Duguit advirtió que "colocar a la cabeza del Estado dos poderes sin vínculo entre ellos, sin interdependencia, sin solidaridad, es condenarlos fatalmente a la lucha; y como de estos dos poderes uno estará necesariamente peor armado que su rival, éste absorberá aquél"[136].

---

[134] DUGUIT, L. *La separación de poderes y la Asamblea Nacional de 1789 (traducción de Pablo Pérez Tremps).* Madrid, Centro de Estudios Constitucionales, 1996, p. 3.

[135] GARCÍA ROCA, J. "Del principio de la división de poderes". Op. Cit., p. 48.

[136] DUGUIT, L. *La separación de poderes y la Asamblea Nacional de 1789 (traducción de Pablo Pérez Tremps).* Op. Cit., p. 132.

La problemática del principio de separación de poderes se agudiza cuando se considera que la clásica triada —legislativo, ejecutivo y judicial— ya no encuentra su fundamento en el liberalismo de Montesquieu ni en la necesidad de evitar la concentración de poder en una única persona, concepciones que en teoría han sido superadas. En el contexto actual, han surgido nuevos actores, nuevas funciones y nuevos órganos constitucionales que transforman radicalmente la dinámica del poder. En relación a los primeros, la aparición con fuerza de los partidos políticos ha llevado a constituir a los mismos como los verdaderos ejercientes del poder legislativo y ejecutivo, al cual controlan a través de la representación en los mismos[137], aun subordinando en muchos casos la voluntad de los representantes electos a la disciplina parlamentaria. En esta cuestión, son varios los modelos que pueden propiciar mayor o menor conexión en esta vía, existiendo los Estado de carácter presidencialista, a través de los cuales el legislativo tiene menor cercanía al ejecutivo, y los parlamentaristas, a través los cuales el presidente del Gobierno y el poder ejecutivo salen de las Cámaras parlamentarias. En estos segundos, la relación entre parlamentarios y territorios donde son elegidos es menor, existiendo mayor fidelidad a las órdenes del partido. Por tanto, una corporación política puede ejercer un control parcial o total del poder ejecutivo y legislativo, lo que supondría una vulneración del principio clásico de separación de poderes, sino que también revela una lógica operativa adaptada a las necesidades prácticas

---

137 En tal cuestión, acierta FERRAJOLI, L. (2016). "Por una refundación garantista e la separación de poderes". Op. Cit., pp. 30-31 al señalar: "Los partidos políticos de hecho se han integrado progresivamente y casi identificado con las instituciones representativas, es decir, con los órganos titulares de los poderes políticos de gobierno [...] Su distancia de la sociedad se ha desarrollado paralelamente a su progresiva identificación con las instituciones públicas: no sólo con las instituciones representativas, sino también con aquellas de la administración pública, ocupadas por ellos de diverso modo".

del gobierno. En este contexto, surge además un nuevo actor cuya influencia trasciende las estructuras estatales: los medios de comunicación. Estos, aunque ajenos al aparato formal del poder, ejercen una presión significativa sobre la esfera pública y los resultados electorales. Una línea editorial hostil o favorable puede moldear la percepción ciudadana, alterar las preferencias políticas y, en última instancia, determinar el cambio o continuidad de un gobierno. Así, los medios se configuran como un poder fáctico que, aunque no formalizado, posee una capacidad de influencia comparable a la de los poderes tradicionales.

En relación a los segundos, los que Ferrajoli[138] denomina como "funciones e instituciones administrativas de garantía primaria", constituyen un fenómeno jurídico y político de difícil encuadramiento dentro de la clásica tripartición de poderes. Estas funciones emergen de las nuevas exigencias sociales y encuentran su fundamento en los textos constitucionales contemporáneos, los cuales han otorgado un protagonismo sin precedentes a los derechos sociales, que han desembocado en la necesaria elaboración de nuevas instituciones, como por ejemplo el sistema de salud pública o los derechos laborales. Obviamente, todos ellos son ajenos a los iniciales planteamientos teóricos del principio de separación de poderes, desde la democracia ateniense hasta los postulados *montesquianos*. Su encaje en el modelo es complicado, pues no encuadra ni en el poder legislativo, ejecutivo o judicial. No obstante, la Administración Pública, concebida como instrumento gubernativo orientado a los asuntos de interés colectivo, ha asumido el desarrollo de estas nuevas funciones, justificando su labor en la satisfacción del interés general. Sin embargo, esta posición, lejos de ser sólida, se encuentra debilitada por la ausencia de autonomía y por la falta de mecanismos

---

[138] Ibidem, p. 27.

de contrapeso que limiten las posibles injerencias del ejecutivo, aun dentro de los márgenes constitucionales previstos[139].

Además, el panorama se complica con la reasignación de competencias tradicionales entre las distintas ramas del poder. Ejemplo de ello es la consolidación del ejecutivo como órgano con potestades normativas, evidenciada en el ejercicio de la potestad reglamentaria (artículo 97 de la Constitución Española) y de la potestad legislativa extraordinaria mediante DLeyes (artículo 86). Estas atribuciones, que nacen de la necesidad de un mayor intervencionismo estatal, han sido objeto de un uso extensivo e incluso abusivo[140]. La conexión entre ambas ramas es latente, llevando a que, gracias a la composición de partidos y al modelo parlamentario de múltiples países, tal y como sucede en España, no existan reales diferencias entre los órganos que ejercen tales funciones. aquella que Montesquieu teorizó y que incluso encuentra antecedentes en la democracia ateniense, donde la preocupación principal radicaba en evitar que un único órgano acumulara las potestades legislativa y ejecutiva. Pese a las variaciones de los modelos históricos, desde Locke hasta las constituciones del siglo XVIII y XIX que priorizaron a la asamblea legislativa o al ejecutivo, la esencia de la división funcional parece haber perdido vigencia en los sistemas contemporáneos.

---

139 La relación entre las funciones de gobierno y las administrativas tuvo un efecto expansivo que, en los años recientes, se ha visto con un enfoque opuesto. La actividad legislativa y ejecutiva ha recortado los gastos en beneficio de los derechos sociales (especialmente en materias como seguridad social, educación y sanidad), desmantelando igualmente los derechos laborales, para hacer frente a las múltiples crisis económicas y la imposibilidad de mantener estatal y empresarialmente, el modelo social implantado a través de la Constitución.

140 Sobre esta cuestión véase Aragón Reyes, M. *Uso y abuso del Decreto-Ley. Una propuesta de reinterpretación constitucional.* Madrid, Iustel, 2016; Arana García, E. "Uso y abuso del Decreto-Ley". *Revista de Administración Pública,* n. 191, 2013, pp. 337-365.

l fenómeno de conexión y compartición de funciones es particularmente evidente en la posibilidad de que un partido político, gracias a su control sobre la representación parlamentaria, acumule la dirección de los poderes legislativo y ejecutivo. Este dominio se extiende a la capacidad de influir decisivamente en otros órganos constitucionales de especial relevancia, como el Tribunal Constitucional o el Consejo General del Poder Judicial, este último encargado del gobierno interno del poder judicial. La consecuencia directa es una concentración de poder en manos de una misma organización política, desdibujando aún más los principios tradicionales de independencia entre poderes.

La justicia, como tercer poder del Estado, no escapa a estas dinámicas. El ejecutivo ha incorporado a su estructura dos figuras esenciales para el ámbito judicial: la Abogacía del Estado (o de otras administraciones públicas, ya sean autonómicas o locales) y el Ministerio Fiscal. En particular, la relación entre el Gobierno y el Ministerio Fiscal plantea serias dudas sobre la efectiva separación de poderes. A pesar del tiempo transcurrido y de la consolidación de esta práctica, resulta jurídicamente cuestionable la dependencia jerárquica de la Fiscalía respecto al poder ejecutivo. Este vínculo, que permite al Gobierno influir directa o indirectamente a través del Ministerio de Justicia, se convierte en una herramienta de control incompatible con el principio de independencia judicial. Más preocupante aún sería la posibilidad de otorgar funciones instructoras al Ministerio Fiscal sin antes garantizar su completa desvinculación del poder ejecutivo, pues ello consolidaría una situación contraria al equilibrio de poderes[141].

---

141 No es objeto del presente trabajo profundizar en la dependencia jerárquica del Ministerio Fiscal como principio de su desarrollo ni en la relación directa con el Gobierno, de ahí que entendamos que el autor deba de acudir a otras excelentes obras en la materia, tales y como, entre otras muchas: BURGOS LADRÓN DE GUEVARA, J. "El Ministerio Fiscal en el moderno proceso penal: dependencia e independencia". *Revista vasca de derecho procesal y arbitraje*, vol. 9, n. 3, 1997, pp. 473-480;

La crisis de la tricefalia de poder tiene su base en la expansión el poder ejecutivo, transformado en Administración Pública, y en cómo ha anexionado a sus competencias el desarrollo de un conjunto de nuevos derecho e instituciones, que abarcan desde la gestión de derechos sociales hasta el control efectivo sobre las cámaras parlamentarias. Esta concentración de funciones permite que el ejecutivo no solo unifique en su seno poderes legislativos y ejecutivos, sino que también interfiera y condicione el desarrollo del poder judicial. El resultado es un sistema donde los principios teóricos de la separación de poderes han sido superados por dinámicas prácticas que favorecen la centralización del poder en detrimento del equilibrio institucional, comprometiendo con ello los fundamentos democráticos esenciales.

7.2 Nuevos actores constitucionales: CGPJ y Tribunal Constitucional

La cuestión relativa a los nuevos órganos constitucionales, como el Consejo General del Poder Judicial o los tribunales constitucionales, plantea interrogantes esenciales en torno a la teoría de la separación de poderes y su evolución en las democracias contemporáneas. En el caso del Consejo General del

---

MARTÍN PASTOR, J. "La reforma del Estatuto orgánico del Ministerio Fiscal ¿un Ministerio Fiscal más autónomo o más problemático?". *Revista General de Derecho Procesal*, n. 14, 2008, pp. 1-50; MATEOS GORDILLO, M. "El Ministerio Fiscal, órgano de relevancia constitucional: su autonomía y su papel en el proceso penal". *Revista Jurídica de la Universidad Autónoma de Madrid*, n. 34, 2016, pp. 185-210, esp. pp. 194-196; ÁVILA ÁVILA, S. "La in-dependencia del Ministerio Fiscal", en J. Martín Ostos (ed.), *La independencia del Ministerio Fiscal*. Sevilla, Astigi, 2018, pp. 65-70; VICENTE SARASUA, O. "La (in)dependencia externa del Ministerio Fiscal y su impacto en los derechos humanos", en M. Anderez Belategi (coord.), I Gordon Benito (coord.), J. M. Landa Gorostiza (dir.) y E. Garro Carrera (dir.), *La libertad de expresión en tiempos convulsos*. Valencia, Tirant lo Blanch, 2023, pp. 483-506.

Poder Judicial, su diseño y funciones se han asentado como un mecanismo para garantizar la independencia judicial en el ejercicio de la jurisdicción. Aunque regulado en las constituciones de varios Estados europeos como órgano de gobierno de jueces y magistrados, no encaja plenamente dentro de ninguna de las ramas tradicionales del poder. Careciendo de funciones jurisdiccionales propias, este Consejo no forma parte del Poder Judicial en sentido estricto. Sin embargo, ejerce facultades de dirección administrativa y política en el gobierno de los jueces, lo que podría considerarse un poder ejecutivo dentro del propio ámbito judicial. Esta peculiaridad plantea dudas sobre su ubicación en el esquema de la separación de poderes, ya que no es un órgano legislativo, a pesar de ostentar potestades reglamentarias; tampoco es un órgano ejecutivo, aunque su funcionamiento se asemeje a este dentro del sistema judicial, y mucho menos puede considerarse un tribunal.

El deslinde de las características del órgano lleva a situarle en un plano aparte, pues ejerce de contrapeso al poder ejecutivo y legislativo, pues es órgano garante de la independencia de jueces y magistrados, y a su vez es dependiente de ambos, pues su organización interna depende de estos. Ilustrativo es el caso de España, en el cual los veinte vocales que componen el órgano obedecen a una designación por las Cámaras parlamentarias, siempre puesta en cuestión acerca de la idoneidad de los miembros elegidos a consecuencia de varios factores. El primero de ellos, la evidente politización existente en el Consejo. En el momento de ejercer el nombramiento de los vocales, este se lleva a cabo a través del sistema denominado por "reparto de cuotas" entre los grupos parlamentarios. Este modelo genera un efecto, y es la prevalencia los intereses ideológicos sobre la selección de perfiles jurídicamente idóneos. El segundo de ellos, se refleja en la división interna del Consejo en bloques progresista y conservador, lo que revela una dinámica partidista en su actuación. En tercer y último lugar, la importancia que han venido desempeñando las

Asociaciones judiciales[142] en la elección de la terna de los candidatos a elegir por las Cámaras[143], más cuando las mismas, siendo representativas de los intereses de jueces y magistrados, exponen sin miramientos opiniones políticas[144], pudiendo condicionar el proceso de selección y su propia independencia.

Igualmente, la figura de los Tribunales Constitucionales[145] han emergido como actores fundamentales en el actual modelo de separación de poderes. Su consolidación como órganos independientes ha llevado a una efectiva facultad de control de la legalidad constitucional de las normas del poder legislativo, así como de las posibles vulneraciones de derechos fundamentales a los ciudadanos, ya provengan de sus pares o de los propios poderes del Estado. Su función es así trascendental. Pero, ¿es realmente un nuevo poder o simplemente un órgano autónomo que ejerce la ansiada función de *checks and balances*?

Teorizar acerca de la posibilidad de encuadrar al TC como un poder más no es cuestión baladí. Su naturaleza es compleja, así como su encaje dentro de la tripartición de poderes, pues sus propias características le hacen ser independiente de las tres ramas del Estado. Es un órgano con una trascendencia e impacto

---

142 Conforme manifiesta BEERS, D. J. "Judicial Self-Governance and the Rule of Law. Evidence from Romania and the Czech Republic". *Problems of Post-Communism,* vol. 59, no 5, 2012, pp. 50-67, esp. p. 51, estas asociaciones son organizaciones que sirven los intereses de los miembros de la justicia, pero que en algunas ocasiones se han constituido como órgano de autogobierno judicial.

143 GUARNIERI, C. "Judicial Independence in Europe: Threat or Resource for Democracy?". *Representation,* vol. 49, n. 3, 2013, pp. 347-359, esp. p. 352.

144 MORELLI, A. "La libertad de asociación política de los Jueces en Europa frente a los principios de independencia e imparcialidad". *Universitas. Revista de Filosofía, Derecho y Política,* n. 19, 2014, pp. 3-30, esp. pp. 10-11.

145 Ya sea como un órgano independiente (Alemania), como un órgano al margen de los tres poderes estatales (España), o como Tribunal Supremo (Estados Unidos) o sala especializada del mismo.

significativo, tanto en la vida política como social del país. Sus resoluciones obedecen a ofrecer estabilidad en la protección de los derechos fundamentales de la ciudadanía, en la revisión de la constitucionalidad de normas y actos de los restantes poderes, pero de tal cuestión no es lógica, puesto que su propia naturaleza le expulsa, a pesar de su autonomía, de obedecer a los postulados necesarios como para establecerse en un nuevo poder del Estado.

La respuesta es evidente. El Tribunal Constitucional se establece como un mecanismo de equilibrio. No crea leyes, no las ejecuta ni resuelve casos ordinarios, y, por tanto, no se incrusta dentro de las ramas ya existentes. Sus funciones obedecen a efectuar una garantía entre los diferentes poderes. Su naturaleza de máximo intérprete de la Constitución se asimila a la ya estudiada revisión judicial de la Corte Suprema estadounidense, debiendo de garantizar que todos los actos y normas no son contrarios al texto constitucional. Para ello, se convierte en un contrapeso de los restantes tres poderes del Estado. En primer lugar y en relación con el legislativo, ostenta la facultad de anular leyes que interprete como inconstitucionales si las mismas son contrarias a la norma a través del recurso de inconstitucionalidad interpuesto por los sujetos legitimados para ello. Esta cuestión va más allá de observar si una norma es contraria a preceptos constitucionales, sino que, conforme indica García Roca[146], lleva a la custodia de la división de poderes puesto que, y siguiendo al autor, se asegura a las minorías frente a la hipotética arbitrariedad ejercida por las mayorías. La resolución de los casos de vulneración de derechos fundamentales, así como resolver controversias competenciales entre administraciones públicas de distinto grado territorial supone asegurar las fronteras entre lo público y lo privado, así como preservar las divisiones de poder verticales entre los entes estatales. El modelo de *checks and balances* se perfecciona a través de este órgano de control constitucional conforme su propia naturaleza y funciones.

---

146 GARCÍA ROCA, J. "Del principio de la división de poderes". Op. Cit., p. 57.

El problema central, análogo al que afecta al Consejo General del Poder Judicial, radica en la composición del órgano y en las dinámicas que determinan su funcionamiento. En España, este órgano constitucional ha sido objeto de cuestionamientos recientes en cuanto a su independencia y la influencia de los poderes políticos en su configuración. La elección de los doce miembros que lo integran revela nuevamente un esquema donde prevalece la discrecionalidad política ejercida a través de las Cámaras legislativas. Según el procedimiento constitucional, cuatro magistrados son designados por el Congreso de los Diputados, otros cuatro por el Senado —estos últimos entre candidatos propuestos por las Asambleas Legislativas de las Comunidades Autónomas—, dos a propuesta del Consejo General del Poder Judicial y los dos restantes por el Gobierno. Dada esta configuración, los partidos políticos que dominan los poderes legislativo y ejecutivo tienen la capacidad de elegir de forma directa a diez de los doce vocales y de influir indirectamente en los dos restantes a través del Consejo General del Poder Judicial. Esto convierte al Tribunal Constitucional en un órgano controvertido, no por su carácter político intrínseco, sino por las posibles interferencias externas que podrían comprometer la independencia necesaria para el ejercicio de sus funciones. Aunque históricamente los magistrados designados han sido juristas de reconocido prestigio, en épocas recientes se ha observado que algunos han mantenido vínculos directos con partidos políticos, e incluso han ocupado cargos políticos relevantes antes de su nombramiento. Esta cercanía con los restantes poderes del Estado alimenta la percepción de que el modelo de pesos y contrapesos queda debilitado, planteándose dudas razonables sobre la efectiva separación entre los poderes del Estado.

De esta forma, y en relación al poder judicial como tercera rama del Estado, se puede afirmar que en la actualidad goza de una separación más marcada respecto de los demás poderes. Ostenta una serie de contrapesos tanto clásicos como novedosos, como el propio CGPJ, diseñado para garantizar la autonomía e independencia del poder judicial frente al legislativo y el ejecutivo. Este principio se refleja especialmente en el acceso a la carrera judicial, la cual obedece a procedimientos legalmente estipulados y basados en la capacidad y meritocracia, inclusive en las designaciones discrecionales realizadas por el CGPJ, aunque en este último, las dudas sobre la politización son más pronunciadas debido a la influencia partidista que caracteriza su composición. El Poder Judicial, compuesto por jueces y magistrados con un estatuto jurídico que garantiza la independencia en el acceso y ejercicio de su función jurisdiccional, mantiene una posición de autonomía frente a los otros poderes del Estado, así como frente a otros grupos de presión, como la sociedad civil, los restantes órganos jurisdiccionales o los medios de comunicación. Todo ello bajo un criterio de organización estructural que no obedece a directrices jerárquicas, sino a mecanismos de reparto de competencias conforme criterios materiales, personales, territoriales y funcionales. Asimismo, las decisiones adoptadas en este ámbito están sujetas a los medios de impugnación previstos legalmente, lo que refuerza la objetividad y el rigor de la función jurisdiccional.

Además de sus funciones estrictamente jurisdiccionales, el poder judicial desempeña otras actividades de carácter administrativo. En este marco se inscriben órganos como el CGPJ, las Salas de Gobierno y las Juntas de Jueces, cuya labor es fundamental para la gestión y la organización interna del sistema judicial. Estos órganos, aunque no directamente implicados en la resolución de conflictos judiciales, desempeñan un papel crucial en el sostenimiento de la autonomía y el correcto funcionamiento del poder judicial, consolidándolo como un actor esencial en el equilibrio institucional del Estado. de Gobierno y Juntas de jueces

7.3 Propuestas. La reestructuración del principio de separación de poderes: Poder judicial y poder gubernativo

Es preciso plantearse si resulta necesaria una reestructuración del principio de separación de poderes ante la evolución que ha experimentado el sistema político y jurídico. La aparición de nuevas figuras, tanto en el plano jurídico, legislativo o ejecutivo, como el Consejo General del Poder Judicial, el Tribunal Constitucional, el Defensor del Pueblo o el Tribunal de Cuentas, ha introducido dinámicas complejas que inciden en las funciones de los poderes tradicionales. Ello sin obviar otros actores cuya influencia, aunque no se ejerza directamente sobre la ejecución de funciones estatales, tiene un impacto significativo en el legislador y el gobierno, como es el caso de los partidos políticos, los medios de comunicación o las instituciones financieras. Esta red se complementa con la creciente intervención de órganos técnicos y supranacionales, que moldean las tendencias en la esfera ejecutiva, legislativa y jurisprudencial, redefiniendo los límites de la soberanía estatal.

A su vez, los cambios no solo se circunscriben a la emergencia de nuevos órganos o entidades. La transformación de las nociones clásicas asociadas a las funciones de los poderes estatales ha propiciado un replanteamiento de su dinámica. Esto ha llevado a que las Cámaras Parlamentarias cedan su protagonismo al Gobierno de la Nación, el cual, a través de sus Ministerios, diseña la mayoría de iniciativas legislativas. Reside en las Cámaras parlamentarias unas competencias ampliamente restringidas a la admisión, enmienda o rechazo de tales propuestas gubernamentales. Ello ha de complementarse con un factor clave, que dificulta y debilita el control parlamentario sobre el poder ejecutivo, y es el posible control de la Cámara por el partido que gobierna a consecuencia de las mayorías parlamentarias y la sumisión al partido. El régimen político actual puede denominarse “democracia de partidos”, puesto que los mismos se ven excluidos en la participación de diferentes cuestiones, tales y como las fuerzas armadas o el Poder

Judicial[147]. Si bien es cierto, se observa una reciente intromisión, cada vez de mayor grado, en el ámbito de la justicia, en aras de obtener un control tal y como acaece en los dos restantes poderes.

Esta situación pone de manifiesto la pérdida de sentido práctico de la separación estricta entre los poderes ejecutivo y legislativo en las democracias parlamentarias contemporáneas. En lugar de una división tajante, lo que prevalece es un modelo de compartición de funciones[148], sustentado en una legitimación común que disuelve las fronteras entre ambos poderes. Tal fusión ha transformado la separación de poderes en un concepto más teórico que real, adecuándose a una estructura funcional en la que la colaboración entre estos poderes prevalece sobre la independencia.

Dentro de este panorama, la Constitución[149] se erige como figura predominante y se establece como el último límite al ejercicio del poder[150]. Como expresión de la voluntad popular,

---

147 GARCÍA MORILLO, J. "Los derechos políticos: el derecho de reunión, el derecho de asociación", en L. López Guerra (aut.), *Derecho constitucional. Vol. 1, El ordenamiento constitucional: derechos y deberes de los ciudadanos.* Valencia, Tirant lo Blanch, 2016, pp. 275-297, esp. p. 287.

148 Ferrajoli, L. "Por una refundación garantista e la separación de poderes". Op. cit., p. 27.

149 Señala FERNÁNDEZ DÍAZ, A. "Sobre la División de Poderes_ una reconsideración en el contexto actual". Op. Cit., p. 35, que la Constitución es un instrumento de controlar al gobierno y organizar la autoridad política, en aras de evitar un poder arbitrario y opresivo.

150 FERRAJOLI, L. "Democracia constitucional y derechos fundamentales: la rigidez de la constitución y sus garantías", en L. Ferrajoli (aut.), J. J. Moreso (aut.), M. Atienza (aut.), *La teoría del derecho en el paradigma constitucional.* Madrid, Fundación Coloquio Jurídico Europeo, 2008, pp. 71-116, esp. pp. 85-86:
"cualquier concepción de la soberanía como *potestas legibus soluta* está en contradicción no sólo con la idea de democracia constitucional sino con la idea misma de democracia, que se ha revelado histórica y lógicamente incompatible con la existencia de poderes soberanos o absolutos, incluida la omnipotencia de la mayoría del pueblo o

la ley constituye el fundamento esencial de todo sistema democrático, pero su creación y aplicación están subordinadas a la conformidad con el marco constitucional[151]. Corresponde al TC garantizar el cumplimiento de la Carta Magna por los poderes públicos, lo que generaría una sumisión a la voluntad popular y, por tanto, al poder constituyente[152]. Pero, de la lectura del texto constitucional no encontramos una alusión directa a este principio de separación de poderes, aun cuando su articulado proporciona suficiente contenido para demostrar su aplicación implícita y adaptada a los tiempos actuales[153].

---

de sus representantes. Precisamente para salvar esta contradicción y para garantizar la democracia, se desarrolló el constitucionalismo del siglo veinte tras las experiencias de los fascismos que, mediante formas políticamente democráticas, habían conquistado el poder primero, y destruido la democracia después. De aquí el nexo estructural entre democracia y constitucionalismo. Para que un sistema político sea democrático es necesario que se sustraiga constitucionalmente a la mayoría el poder de suprimir o limitar la posibilidad de que las minorías se conviertan a su vez en mayoría. Y ello a través de límites y vínculos".

151 STC 57/1985, de 29 de abril, ECLI:ES:TC:1985:57, FJ. 2 y 3

152 STC 108/1986, de 29 de julio, ECLI:ES:TC:1986:108, FJ. 18.

153 Las distintas referencias al principio de separación de poderes se pueden encontrar en muy variados preceptos constitucionales, aun cuando en ninguno de ellos hace alusión directa al mismo. De esta forma, el art. 1.1, al hacer referencia al principio de Estado de Derecho, ya tiene implícito el modelo de división de poderes que ha de regir en el desarrollo democrático del Estado. El segundo apartado del art. 66 regula la potestad legislativa ejercida por las Cortes Generales y las competencias que tienen atribuidas. En el art. 97 la Constitución regula el poder ejecutivo, ejercido por el Gobierno, regulando en los preceptos posteriores sus competencias, composición, modelo de elección. Por último, el art. 117 regula el poder judicial, determinando la independencia, inamovilidad, responsabilidad, sometimiento al imperio de la ley, correspondiendo exclusivamente al mismo el ejercicio de la función jurisdiccional. En todos los preceptos señalados se va ofreciendo un deslinde de los tres poderes del Estado, de la división de sus funciones y su autonomía

Existe así un modelo nuevo, por el cual el poder ejecutivo y el poder legislativo han quedado integrados en una nueva rama que los controla, como es el poder político. Este ha trascendido su papel originario como representante de la voluntad social para convertirse en el verdadero gestor y controlador de las instituciones estatales. Las Cámaras legislativas se han convertido en una institución que sirve para aprobar las leyes creadas y propuestas por los Ministerios (poder ejecutivo) -cuestión que usualmente no generará amplios problemas al ostentar el Gobierno de España una cifra de diputados cercanos o superior a la mayoría- y ejercer de contrapeso al Gobierno de la Nación a través de estériles debates y del ejercicio de la responsabilidad política del Gobierno. Mas a esta cuestión habría de clarificarse que estas labores vienen siendo llevadas a cabo por los grupos parlamentarios de la oposición, lo que conlleva que el ejercicio del *checks and balances* tan trascendental en la teoría no se realice para evitar que el poder ejecutivo se extralimite en sus funciones, sino para conseguir rédito político.

El poder ejecutivo se ha transformado en un término más amplio que el clásico gobierno ahora. integrándose en la noción de "Administración Pública". Esta ampliación tiene como propósito abarcar funciones relacionadas con la defensa y desarrollo de los nuevos derechos sociales reconocidos en la Constitución, incluyendo competencias legislativas que, aunque deben ser ratificadas por las asambleas legislativas, refuerzan su protagonismo. No obstante, lejos de equilibrar la relación entre poderes, esta integración ha consolidado una clara predominancia del ejecutivo sobre el legislativo.

Ambos poderes se encuentran subordinados a la partidocracia del sistema, por el cual los candidatos, en vez de deberse a los electores, muestran una dependencia o sumisión al aparato del partido y a sus dinámicas internas de funcionamiento. Por tanto, una vez que ganan las elecciones y disponen de la mayoría parlamentaria suficiente, pueden formar gobierno, controlando, primero el poder legislativo y después el poder ejecutivo.

Por su parte, el poder judicial mantiene un grado de independencia más acentuado, dado que la potestad jurisdiccional, aunque estatal, se ejerce individualmente por cada juez. La intromisión política al poder judicial se diluye a través de las diferentes garantías, existiendo mecanismos de contrapeso, como por ejemplo el art. 106 CE, a través del cual se establece que los Tribunales ostentan la competencia de controlar "la potestad reglamentaria y la legalidad de la actuación administrativa, así como el sometimiento de ésta a los fines que la justifican". No obstante, hay dos excepciones a ello. La primera es el sistema de puertas giratorias que permite a jueces y magistrados transitar hacia y desde la política sin restricciones significativas. El segundo es el CGPJ, que, sin ser un órgano judicial, sí ostenta dos funciones que puedan afectar a la separación de poderes: (1) potestad disciplinaria; (2) nombramientos discrecionales en materia de Presidentes de salas y de magistrados. Este último aspecto es trascendental, pues permite a los partidos políticos ejercer un control indirecto sobre el nombramiento de los magistrados que van a conocer de asuntos trascendentales, como la corrupción de los partidos políticos. Se crea así, en palabras de Portillo Rodrigo[154], un "puente de plata" que une a los partidos políticos con los jueces.

La Constitución ha establecido un conjunto de incompatibilidades entre los tres poderes, a regular por las diferentes leyes que desarrollen el Estatuto de los miembros del Gobierno, la ley electoral o el Estatuto de jueces y magistrados. En materia judicial, existen dos claras alusiones constitucionales que remarcan la existencia de autonomía entre los miembros que forman parte de la carrera judicial. En primer lugar, el artículo 127 prohíbe a jueces, magistrados y fiscales desempeñar cargos públicos o pertenecer a partidos políticos o sindicatos, salvo las asociacio-

154 Portillo Rodrigo, F. (19 de marzo de 2021). "Nos quedamos sin separación de poderes". *El Mundo*. Recuperado de: https://www.elmundo.es/opinion/2021/03/19/60536e72fc6c8399098b4614.html

nes profesionales reguladas por ley. Este precepto establece un marco de incompatibilidades que asegura la separación entre la potestad jurisdiccional y otras funciones públicas o políticas. En segundo lugar, los artículos 159.4 y 136.3, relativos a los miembros del Tribunal Constitucional y del Tribunal de Cuentas respectivamente, aunque estos órganos no forman parte estrictamente del poder judicial, refuerzan la desconexión entre las funciones de control constitucional y financiero y los demás poderes del Estado. Ambas disposiciones proscriben el ejercicio de mandatos representativos, cargos políticos, funciones partidistas o sindicales, y actividades profesionales o mercantiles, garantizando así la imparcialidad en el ejercicio de sus competencias.

Pese a este diseño normativo, la separación de poderes ideada por Montesquieu se encuentra ampliamente erosionada en la práctica. Aunque formalmente los tres poderes se diseñen como autónomos, la realidad muestra una amplia interconexión entre los mismos a través de diferentes cables (algunos más largos y resistentes que otros), pero todos confluyen en una figura dominante: los partidos políticos. La separación plena de poderes es un ideal necesario para garantizar la democracia auténtica, pero desde una perspectiva pragmática resulta inalcanzable, situándonos en un escenario de separación parcial de poderes[155]. Es necesario replantear el modelo existente para preservar la idea de separación por encima de división. Esto podría lograrse mediante la configuración de dos bloques principales de poder, claramente diferenciados y sin conexiones entre ellos, subordinados únicamente al imperio de la Constitución, en coherencia con los principios establecidos en las constituciones de posguerra[156].

---

155 FERNÁNDEZ DÍAZ, A. "Sobre la División de Poderes: una reconsideración en el contexto actual". Op. cit., pp. 48-49.

156 Sobre tal cuestión manifiesta AGUILÓ REGLA, J. "Positivismo y postpositivismo: dos paradigmas jurídicos en pocas palabras". *DOXA. Cuadernos de Filosofía del Derecho,* n. 30, 2007, pp. 665-675, esp. p. 666 que:

El primero de ellos, el denominado poder gubernativo, integra en el mismo al poder legislativo y al ejecutivo. Surge como una respuesta lógica a la realidad de su relación estrecha y orgánica en las constituciones parlamentarias. Este vínculo, profundamente arraigado en los partidos políticos, desdibuja en la práctica la separación teórica de ambas potestades estatales. En un escenario donde un partido político, gracias a la representación parlamentaria lograda en elecciones, puede alcanzar una mayoría suficiente—ya sea de forma directa o mediante coaliciones—para formar el Gobierno de la Nación, resulta evidente que dicho partido controla simultáneamente dos de los tres poderes del Estado. Así, la distinción formal entre legislativo y ejecutivo pierde sentido, lo que plantea la necesidad de reconocer y conceptualizar este fenómeno bajo un único poder gubernativo que englobe ambas ramas. En aras de evitar la utilización del ejecutivo y del legislativo de forma autoritaria por el partido político gobernante, se establecen un sistema de pesos y contrapesos ya existentes en la actualidad, pero que su posición

---

"La expresión "constitucionalización del orden jurídico" [...] alude a un proceso histórico que ha tenido lugar en países europeos y latinoamericanos, que es el resultado del constitucionalismo que se ha desarrollado y practicado desde la Segunda Guerra Mundial hasta nuestros días y que está produciendo una transformación profunda en la concepción del Estado de Derecho. En esta transformación del Estado de Derecho, que puede sintetizarse en la fórmula "del Estado legal de Derecho al Estado constitucional de Derecho" (o "del imperio de la ley" al "imperio de la constitución"), se ha situado también la crisis del paradigma positivista en la cultura jurídica".
Esta idea tiene que complementarse con los diferentes factores para la constitucionalización de un orden jurídico que especifica GUASTINI, R. *Lezioni di teoria del diritto e dello Stato.* Turín, G. Giappichelli editore, 2006, pp. 239-241: Constitución rígida que incorpore derechos fundamentales, status superior de la Constitución sobre la ley en un sentido jerárquico, fuerza normativa vinculante de la Constitución, interpretación extensiva de la norma constitucional y aplicación directa de la misma, la cual a su vez sirve para la interpretación de las leyes.

ha de reforzarse, en aras de la creación de un verdadero modelo de *checks and balances* en vez de un sistema de castigo político.

En este parecer, los grupos parlamentarios que conforman el hemiciclo, y particularmente aquellos que representan a la oposición, desempeñan un papel esencial al exigir responsabilidad al Gobierno. La rendición de cuentas ante el Parlamento es la piedra angular de los modelos parlamentarios[157], de la legitimidad democrática que subyace de ambos poderes. El pueblo de la nación es el único titular de los poderes, es quien ostenta la soberanía nacional, y por tanto, es quien puede exigirle responsabilidad a los gobernantes. Al ser inviable que cada ciudadano pueda realizar tal actuación, son sus representantes que conforman las Cámaras Parlamentarias quienes han de realizar tal actuación, en aras de un consentimiento similar al propuesto por los escolásticos medievales o la teoría del Pacto Social de Rousseau. Los diferentes parlamentarios se convierten en fuente de legitimidad, canalizando esta representación a través de las cámaras, ostentando el principio de responsabilidad recogido en el art. 108 CE.

Para ello, la cuestión de confianza y la moción de censura deben de convertirse en verdaderos instrumentos constitucionales, concebidas no como meros mecanismos políticos, sino como auténticos medios para prevenir la opresión y el abuso del poder gubernativo. La confianza del Parlamento -y realmente podría señalarse que el órgano es exclusivamente el Congreso de los

---

[157] Véase sus orígenes en el parlamentarismo británico, constituyendo en instrumento utilizado por el Parlamento para el cese de, entre otros Robert Walpole en 1742, a consecuencia de las múltiples bajas en el sitio de Cartagena de Indias en el año anterior aun cuando desde 1937 ya venía siendo muy debilitado su poder frente a las Cámaras. Esta idea se fue expandiendo en los diferentes textos constitucionales, apareciendo una responsabilidad individual de los ministros en el art. 226 de la Constitución de 1812, art. 67 de la Constitución de 1869 entre otras. La responsabilidad solidaria de todo le Gobierno aparece en España a través de los arts. 64 y 91 de la Constitución de 1931.

Diputados desde un prisma nacional, aun cuando le Senado ya efectúa tareas como preguntas, interpelaciones requerir informes o creación de Comisiones de Investigación- se deposita en el Presidente del Gobierno. Este último, a su vez, designa a los miembros de su Gobierno, conforme al artículo 100 de la Constitución, y es responsable ante la Cámara, lo que faculta al legislativo para exigir responsabilidad tanto colectiva como individual de los miembros del ejecutivo. Aunque la destitución de ministros corresponde exclusivamente al Presidente del Gobierno, el Parlamento puede expresar su desaprobación política mediante mociones de reprobación que, aunque carezcan de efectos jurídicos directos, poseen un impacto significativo en el ámbito político.

El segundo contrapeso a este poder gubernativo recae en el poder judicial, tal y como ya se ha explicado anteriormente. y De acuerdo con el art. 106 CE, tiene la misión de controlar "la potestad reglamentaria y la legalidad de la actuación administrativa, así como el sometimiento de ésta a los fines que la justifican". Igualmente, el TC añade un nivel adicional de supervisión al evaluar la conformidad de los actos y normas del poder gubernativo con la Constitución mediante el recurso de inconstitucionalidad. Este mecanismo no solo refuerza el control institucional, sino que subraya la centralidad de la supremacía constitucional en el sistema jurídico español, consolidando así un modelo en el que la interacción entre los poderes del Estado encuentra límites claros en el marco del ordenamiento jurídico.

El tercer contrapeso debe de provenir de la sociedad misma. Si bien las constituciones actuales ya ejercen un papel moderador al establecer derechos fundamentales que, en manos de cada ciudadano, se convierten en límites sustanciales al ejercicio del poder público, resulta imperativo desarrollar nuevos mecanismos que fortalezcan ese control ciudadano[158]. Aunque el Parlamento es, en esencia, el representante de la voluntad popular y ejerce, en nombre de esta, el principio de responsabilidad sobre el Gobierno, la ciudadanía no puede ser excluida de la dinámica de control político, especialmente cuando está en juego la supervisión de aquellos a quienes ha conferido su confianza a través del voto. Una verdadera democracia, bajo el paraguas del presente modelo, debe de tener su base en un sistema en el cual la ciudadanía pueda ser parte de la toma de decisiones, pero, sobre todo, de la exigencia de responsabilidades a sus gobernantes. Entender que la misma se suple exclusivamente mediante las elecciones es partir de un error conceptual, pues los ciudadanos votan conforme distintas variables, que pueden ser muy dispares, como frenar el ascenso de una formación adversa o castigar a una previamente elegida. No es así común que un ciudadano vote a un partido político durante cada ciclo electoral, especialmente por miedo a que otras ideologías contrarias puedan dirigir la administración pública. Por tanto, y como forma de control verdaderamente correcta, se deben de potenciar otros instrumentos para evitar un uso descontrolado de los poderes estatales por los partidos políticos. Entre las medidas de interés, proponemos: en primer lugar, la creación de vías de participación directa, como referendos vinculantes para decisiones de gran trascendencia.

En segundo lugar, el fortalecimiento de la iniciativa legislativa popular, transformándola en un instrumento verdaderamente útil y accesible. En tercer lugar, la instauración de Consejos Consultivos ciudadanos, seleccionados mediante sorteo, que asesoren al poder gubernativo sobre las necesidades locales o regionales en función de distritos o circunscripciones. En cuarto lugar, la formación de "Tribunales Ciudadanos", diseñados para facilitar la interposición

---

158 TAPIA GUTIÉRREZ, J. "Separación de poderes, *checks and balances* y las nuevas formas de separación de poderes en el Estado Constitucional de Derecho". Op. cit., p. 50.

de acciones comunes contra el Gobierno y permitir a la sociedad exigir responsabilidad política a figuras como el Presidente, los ministros o los parlamentarios, incluso posibilitando la revocación de sus mandatos. En quinto lugar, el mantenimiento y fortalecimiento de los portales de transparencia, como herramientas esenciales para garantizar el acceso público a la información gubernamental. En sexto lugar, una reforma en la designación del Defensor del Pueblo, transfiriendo su elección directamente a la ciudadanía para dotarlo de una mayor independencia frente al Congreso de los Diputados, y vinculándolo a los mencionados Tribunales Ciudadanos como una figura de protección efectiva de los derechos ciudadanos. En séptimo lugar, la implementación de consultas periódicas que permitan a los ciudadanos evaluar el desempeño del poder gubernativo. Finalmente, como octava medida, la organización de audiencias públicas en las que los ciudadanos puedan expresar directamente sus opiniones y preocupaciones a los representantes del poder legislativo y ejecutivo.

El segundo poder se encontraría formado exclusivamente por el poder judicial. A este respecto pocas cuestiones se pueden añadir que no se encuentren ya reguladas, pues el mantenimiento de las garantías dentro del Estatuto de jueces y magistrados es primordial para el correcto funcionamiento. De esta forma, las únicas cuestiones que han de verse modificadas en esta propuesta son dos: (1) jueces y magistrados, en aras de garantizar el correcto ejercicio de la función jurisdiccional de manera independiente, no podrán ejercer cargo público en el ejercicio de sus funciones. Ahora bien, si decidiera ejercer un cargo público, y como cuestión novedosa en modificación del modelo actual, deberá de establecerse una regla de no retorno, por el cual, una vez abandone el cargo al que fue designado, no pueda ejercer la potestad jurisdiccional por un periodo de tiempo razonable (consideramos que 5 años ya cumple este propósito); (2) modificación del modelo de CGPJ, en aras de garantizar sus oportunas renovaciones en tiempo así como la independencia de sus vocales y su no elección, la menos de manera directa, por los partidos políticos.

Es necesario subrayar que esta propuesta, centrada específicamente en el contexto del Estado español, no se ve alterada por la estructura territorial de las Comunidades Autónomas tal como se configura actualmente. Los Gobiernos autonómicos y locales no afectan al principio de separación de poderes, incrustándose los mismos dentro del Poder Federativo, pero dentro de un orden autonómico o local. A su vez, les serían aplicables todas las medidas de *checks and balances* que se han venido especificando, tanto las realizadas por los grupos parlamentarios en los parlamentos autonómicos y los consultorios locales, como las judiciales de control de legalidad de sus actos y normas, así como las que tengan que realizar los ciudadanos. En relación con el poder judicial, como es ampliamente sabido, la potestad jurisdiccional no obedece a división en Comunidades Autónomas, siendo ostentada exclusivamente por el Estado[159]. En un

159 En el modelo autonómico español se partió por la existencia de un único Poder Judicial, de carácter estatal. Pese a ello, las Comunidades Autónomas ostentan ciertas competencias en materia de justicia. Empero, esta materia no fue pacífica en los primeros años de vigencia de la Constitución. El art. 149.1.5. CE determina que el Estado ostenta la competencia exclusiva en materia de Administración de Justicia. No obstante, con la promulgación de los primeros estatutos de autonomía, las diferentes CCAA, con excepción de Cantabria, Castilla y león y La Rioja, aplicaban una cláusula subrogatoria por la cual se auto atribuían las competencias reconocidas al Estado. En aras de ofrecer una situación "amigable" para todos los entes involucrados, el TC, a través de sentencias 56/1990, de 29 de marzo y 62/1990, de 30 de marzo, aclaraba el término "Administración de Justicia". El Estado asume el núcleo esencial de la Administración de justicia, esto es, todo lo relativo a la potestad y función jurisdiccional y su regulación. Las CCAA asumen aquellas materias no integradas en el mismo, esto es, todo aquello que quede exento de la función jurisdiccional o le gobierno del Poder Judicial. Se refiere así el TC a la "administración de la Administración de Justicia", por el cual se engloba a todos los medios materiales y personales al servicio de la Administración de Justicia, con excepción de los LAJ, y lógicamente,

modelo federal, sin embargo, el poder judicial estaría dividido según los distintos Estados federados, lo que limitaría su capacidad de contrapeso al ámbito territorial donde cada tribunal ostente competencia. Esto se complementaría con la existencia de un Tribunal o Corte Suprema, cuya jurisdicción abarcaría la totalidad del Estado, asegurando así la uniformidad en la interpretación del derecho federal.

En este contexto, se procede así a unificar el poder legislativo y ejecutivo en un único poder, el Gubernativo[160], para ofrecer mayor coherencia práctica en el desarrollo de las diferentes políticas por parte de las Administraciones Públicas. En la realidad, ambos poderes ya vienen siendo prácticamente unificados, resultado tanto del control ejercido por los partidos políticos como de la configuración del sistema parlamentario constitucional vigente. En cuanto al poder judicial, este se mantendría autónomo y ajeno al control político. El establecimiento de un modelo de pesos y contrapesos dentro del propio Poder Gubernativo es clave para evitar una utilización espuria de la potestad legislativa por el ejecutivo y viceversa. Igualmente, y con mayor trascendencia, mantener una fuerte doctrina y práctica de *checks and balances* respecto al poder judicial es cuestión trascendental para el man-

---

aquellos que ejercen la función jurisdiccional. Igualmente, la existencia de un Tribunal Superior de Justicia con sede en las distintas CCAA no supone un traspaso de competencias, así como que estas últimas participen en la organización de la demarcación judicial.

160 De similares ideas parte Tapia Gutiérrez, J. "Separación de poderes, *checks and balances* y las nuevas formas de separación de poderes en el Estado Constitucional de Derecho". Op. cit., pp. 50-51, quien subdivide los distintos poderes del estado en dos. El primero de ellos en Funciones de Gobierno, incluyendo en el mismo a la función legislativa y a la dirección política y administrativa (función ejecutiva). El segundo de ellos en Funciones de garantía, que recoge la función judicial y la de control, incluyendo en las mismas las llevadas a cabo desde la jurisdicción ordinaria, así como las realizadas desde un Tribunal o Corte Constitucional.

tenimiento del sistema democrático. La independencia judicial es un principio y garantía de óptimo funcionamiento del poder judicial, pero a su vez del modelo democrático. Únicamente a través de un óptimo sistema se puede conseguir la inexistencia de influencia del poder Gubernativo sobre el judicial, adquiriendo notable trascendencia en tal cometido el CGPJ.

Por tanto, la configuración, las funciones y la composición del CGPJ deben ser objeto de un análisis exhaustivo, destinado a superar los problemas tradicionales relacionados con el modelo de elección de sus vocales. En este sentido, resulta imprescindible explorar alternativas que, en consonancia o no con el denominado "euro-modelo", permitan dotar al CGPJ de una autonomía plena como órgano de gobierno del poder judicial, reforzando su papel como máximo garante de la independencia judicial y, con ello, de la estabilidad y legitimidad del sistema democrático en su conjunto. Este análisis, que se desarrollará en las siguientes páginas, busca ofrecer soluciones que permitan superar las deficiencias estructurales existentes, consolidando así un modelo judicial a la altura de los principios democráticos que inspiran el orden constitucional español.

Capítulo II
El Consejo General del Poder Judicial: estructura, funciones y retos

"No sólo debe hacerse justicia, sino parecer que se hace"[161]
Asunto Delcourt ante el TEDH

1. INTRODUCCIÓN: NECESIDAD Y LEGITIMIDAD DEL ÓRGANO

La presente obra alcanza un punto crucial al abordar la figura del Consejo General del Poder Judicial, un órgano constitucional que ocupa una posición central, tanto en el ámbito judicial como en el político del Estado español contemporáneo. Tal y como ya se ha venido manifestado en los apartados precedentes, este órgano ostenta la trascendental función de ser garante de la independencia judicial, asegurando que jueces y magistrados puedan ejercer la función jurisdiccional sin interferencias externas, ya sea de la sociedad o de otros poderes estatales. De esta forma, el Consejo se erige como pilar fundamental para la preservación del equilibrio en el sistema democrático, actuando como contrapeso frente a posibles injerencias que pudieran comprometer la autonomía del poder judicial.

---

161 STEDH 2689/65, de 17 de enero de 1970, asunto Delcourt v. Bélgica, apdo. 31.

El objetivo principal de este capítulo es ofrecer un análisis integral del CGPJ, explorando una serie de cuestiones que permitan al lector comprender en profundidad la relevancia y el estado actual de este órgano. Para ello, el capítulo se inicia con una aproximación conceptual que desglosa sus ideas fundacionales y funciones primordiales, lo cual se complementa con un análisis histórico de gran trascendencia. Este recorrido histórico resulta indispensable para entender los orígenes del Consejo, los objetivos iniciales que inspiraron su creación y cómo estos han evolucionado hasta conformar el modelo vigente. Este enfoque histórico no solo arroja luz sobre el desarrollo del CGPJ, sino que también permite vislumbrar posibles trayectorias futuras y las reformas que podrían plantearse en este ámbito.

Seguidamente, se realiza un estudio detallado de las funciones que han sido atribuidas al CGPJ, prestando especial atención a aquellas de mayor trascendencia, como los nombramientos discrecionales y la defensa de la independencia judicial. Sin embargo, no se omiten otras tareas menos visibles, pero igualmente importantes, como la potestad reglamentaria, la función disciplinaria y la elaboración de informes sobre anteproyectos de ley. Estas funciones, aunque a menudo relegadas a un segundo plano en el debate público, constituyen aspectos esenciales para el adecuado desempeño del Consejo y su contribución al sistema judicial en su conjunto.

De particular interés es el análisis del modelo de elección de los miembros del CGPJ, una cuestión que ha suscitado polémica desde la promulgación de la Ley Orgánica 1/1980, de 10 de enero, reguladora del Consejo General del Poder Judicial. A lo largo del tiempo, este asunto ha sido objeto de múltiples críticas y ha dado lugar a la implementación de tres modelos distintos: el corporativo, el parlamentario y el parlamentario-corporativo. En el momento de redacción de estas páginas, el modelo vigente se encuentra bajo examen, ante la posibilidad de introducir modificaciones orientadas a la adopción de un nuevo sistema o incluso el retorno a modelos desechados en el pasado.

El análisis de esta problemática no puede obviar el prolongado bloqueo en la renovación del CGPJ, una situación que se extendió desde 2018 hasta 2024 y que evidenció profundas disfuncionalidades en el sistema. Este estancamiento estuvo marcado, entre otros factores, por la controversia generada a raíz de la filtración de un mensaje de WhatsApp en el que un senador del Partido Popular aludía a los beneficios derivados del acuerdo político alcanzado, afirmando que este permitiría "controlar la Sala Segunda desde detrás"[162]. Este incidente, que será examinado con mayor profundidad en las páginas subsiguientes, pone de manifiesto la necesidad de abordar con urgencia una reforma estructural que garantice la independencia y funcionalidad del órgano.

Este capítulo, por tanto, constituye el núcleo de la presente obra, ya que profundiza en el análisis del CGPJ desde una perspectiva integral que abarca su regulación actual, sus funciones, su composición y las problemáticas que lo afectan. Este estudio proporciona la base necesaria para afrontar los capítulos posteriores, que explorarán el tema desde una óptica de derecho comparado y avanzarán propuestas de *lege ferenda* encaminadas a la mejora del sistema actual. A través de este enfoque, se busca no solo entender la situación actual del CGPJ, sino también ofrecer alternativas viables que fortalezcan su autonomía y refuercen su papel como garante de la independencia judicial en un Estado democrático de derecho.

2. BREVE APROXIMACIÓN HISTÓRICA

El CGPJ es una figura novedosa dentro del panorama jurídico español, pues su integración en el mismo obedece a una nece-

---

162 "'Controlaremos la Sala Segunda desde detrás': un portavoz del PP destapa en un 'whatsapp' la falta de independencia judicial", *Público*, 19/11/2018. Recuperado de: https://www.publico.es/politica/whatsapp-controlaremos-sala-segunda-detras-portavoz-pp-destapa-whatsapp-falta-independencia-judicial.html#analytics-noticia:contenido-enlace

sidad democrática ante las casi cuatro décadas de dictadura. Su instauración en el ordenamiento jurídico no fue un acto aislado, sino que se inspiró en modelos adoptados por países vecinos como Francia e Italia. Sin embargo, aunque su concepción como tal es reciente, no puede afirmarse que sea completamente inédita dentro de la historia jurídica nacional. Si bien antes del actual Consejo no había existido ninguna otra institución como tal[163], a lo largo de los siglos se registraron esfuerzos, más o menos esbozados, orientados a la creación de órganos que podrían considerarse precedentes de un gobierno de jueces y magistrados.

De esta forma, se puede acudir a remotos intentos de crear un órgano que pudiera garantizar el autogobierno del Poder Judicial, aun cuando estas primigenias ideas distaban significativamente del concepto moderno de Consejo. La ausencia histórica de esta institución de esta naturaleza se basa en la propia finalidad que la misma persigue: es un órgano de gobierno del Poder Judicial y garante de la independencia judicial. Para un óptimo funcionamiento de este modelo, es necesario que exista una verdadera separación –o al menos división- de poderes en un Estado democrático[164], pues su base se centra en garantizar la cualidad básica por la cual ha de regirse el Poder

163 PECES-BARBA MARTÍNEZ, G. *La Constitución española de 1978: un estudio de derecho y política.* Valencia, Fernando Torres Editor, 1981, p. 696.

164 En tal cuestión pone de relieve SÁNCHEZ BARRIOS, M.I. "Antecedentes del CGPJ en el Derecho español". Op. Cit., p. 82 que "el deseado autogobierno no podía ser real si no se daba una modificación del régimen político. El medio elemental para su nacimiento, de forma útil y auténtica, no es otro que la existencia de un sistema democrático. En plena transformación de la situación del país, se fueron haciendo notar aún con mayor intensidad las voces que denunciaban la excesiva intervención que había tenido el Gobierno en estas cuestiones y propugnaban la creación de un órgano nuevo que canalizara los deseos de un Poder Judicial independiente. El momento parece ser que llegó con la CE de 1978 y el CGPJ en ella previsto".

Judicial, como es la independencia, y ejercer de gobierno sobre el mismo. Para que esta fórmula opere de manera óptima, es imprescindible la existencia de una verdadera separación, o al menos una división efectiva, de los poderes del Estado en un sistema democrático. La razón de ser del Consejo se funda en la independencia que debe caracterizar al Poder Judicial, tanto en su funcionamiento interno como frente a los otros poderes del Estado. Un órgano con estas características carecería de sentido si el Poder Judicial estuviera subordinado al Ejecutivo o al Legislativo, pues la autonomía que este debe tener para garantizar la de sus integrantes, así como para ejercer funciones de gobierno, es el pilar fundamental sobre el cual descansa su existencia. Es por ello que, cuando en la Ley Orgánica del Poder Judicial de 1870 se atribuyen las funciones de gobierno del Poder Judicial al Poder Ejecutivo no puede hablarse de un antecedente directo del CGPJ. La centralización de dichas competencias en el Ejecutivo contradice los principios que subyacen a la idea de un órgano autónomo de gobierno judicial.

No obstante, a lo largo de la historia española se encuentran algunos precedentes parciales que anticiparon ciertos aspectos del modelo contemporáneo. Uno de los ejemplos más remotos lo constituye el Consejo Real de 1808, a través del cual se establecía un órgano con una triple funcionalidad, ejercer de Tribunal de justicia -exactamente Tribunal de reposición[165]-, garantizar la independencia judicial y gobernar la justicia[166]. A este antecedente le siguió el Tribunal Supremo de Justicia, clave del modelo de

---

165 Cavero Lataillade, Í. "La estructura organizativa del poder judicial: artículo 122", en O. Alzaga Villaamil (coord.), *Comentarios a la Constitución española de 1978.* Madrid, Cortes Generales-EDERSA, 1996, pp. 441-519, esp. pp. 465-466.

166 Sánchez Barrios, M.I. "Antecedentes del CGPJ en el Derecho español". Op. Cit., p. 52.

separación de poderes[167] recogido en la Constitución de Cádiz de 1812, el cual superaba la expectativa de convertirse en una Corte Suprema al adquirir funciones de vigilancia, inspección y suspensión de los Magistrados de las Audiencias[168]. Avanzando en el tiempo, encontramos la Junta Central o Suprema de 1849, el Decreto de 8 de mayo de 1873, por el cual se creaba un modelo de acceso a la judicatura por propuesta motivada y de carácter individual por el Tribunal Supremo, en aras de "emancipar por completo el Poder Judicial del Ejecutivo"[169], ideado por el Ministro Nicolás Salmerón[170]. Este último fue el primer serio intento de crear un modelo de autogobierno de la justicia[171] que

---

167 MONTERO AROCA, J. *Independencia y responsabilidad del juez.* Madrid, Civitas, 1990, pp. 17-19.

168 Véase el Discurso preliminar de la Constitución de 1812, en el cual se aduce que "delegada por la Constitución a los Tribunales la potestad de aplicar las leyes, es indispensable establecer, para que haya sistema, un centro de autoridad en que vengan a reunirse todas las ramificaciones de la potestad judicial. Por lo mismo, se establece en la Corte un Supremo Tribunal de Justicia, que constituirá este centro común. Su principal atributo debe ser el de la inspección suprema sobre todos los Jueces y Tribunales encargados de la Administración de Justicia". Véase en la reciente reedición: De Argüelles, A. (2011). *Discurso preliminar a la Constitución de 1812.* Madrid: Centro de Estudios Políticos y Constitucionales, p. 102.

169 RON-LATAS, R.P. y LOUSADA AROCHENA, F. "El Consejo General del Poder Judicial". *Anuario da Facultade de Dereito da Universidade da Coruña,* n. 20, 2016, pp. 206-225, esp. p. 213.

170 Recoge REQUERO IBÁÑEZ, J.L. *El Gobierno Judicial y el Consejo General del Poder Judicial, Fundación para el análisis y los estudios sociales.* Madrid, Papeles de la Fundación, 1996, p. 13, que Francisco Beceña señalaba a Nicolás Salméron como "el ministro que más y más eficazmente laboró en pro de la independencia judicial".

171 RODRÍGUEZ DRANGUET, A. *Responsabilidad e independencia del Poder Judicial.* Madrid, Editorial Justicia, S. A., 1930, p. 7.

emancipase el Poder Judicial del Ejecutivo[172]. Ante propuestas que no encontraron un desarrollo permanente, el siguiente hito histórico a situar es el Consejo Judicial, creado por Real Decreto de 18 de mayo de 1917, derogado ese mismo año y restablecido el 21 de junio de 1926 para su posterior derogación por Decreto de 1931. Este Consejo Judicial, aunque efímero, supuso un paso hacia la configuración de un órgano de gobierno de la justicia con ciertas competencias de autogestión, al examinar y depurar "las condiciones personales de todos los individuos de las Carreras Judicial y Fiscal y de sus auxiliares" (art. 1 RD 1917).

Su composición era muy amplia, pues integraba al Presidente del Tribunal Supremo, un magistrado del Tribunal Supremo, el Fiscal del Tribunal Supremo, el Decano del Colegio de Abogados de Madrid, el Decano de la Facultad de Derecho de la Universidad Central, l Presidente de la Real Academia de Jurisprudencia y un Vocal de la Comisión general de Codificación[173]. Sin embargo, dichas figuras y organismos no lograron consolidarse como auténticos órganos de autogobierno judicial en el sentido moderno, como se evidencia en las sucesivas iniciativas fallidas a lo largo del siglo XX. A través de Decreto de 2 de octubre de 1923 se creaba la Junta Inspectora del Personal Judicial, conformada por tres magistrados del Tribunal Supremo y un Secretario, tenía como función principal la revisión de expedientes en aras de exigir responsabilidad civil o penal a jueces y magistrados, aunque estos asuntos estuvieren ya archivados. Un órgano que, con funciones disciplinarias en materia de la justicia, efectuaba una afectación

---

172 El preámbulo del Decreto manifestaba: "que es urgente emancipar por completo el Poder Judicial del Ejecutivo, no sólo en el ejercicio de su autoridad, sino también en el nombramiento e investidura de sus representantes". Recogido por SÁNCHEZ BARRIOS, M.I. "Antecedentes del CGPJ en el Derecho español". Op. Cit., 56.

173 PÉREZ ALONSO, J. "La independencia del Poder Judicial en la Historia Constitucional española". *Historia constitucional: Revista Electrónica de Historia Constitucional*, n. 19, 2018, pp. 47-87, esp. p. 70.

clara a la independencia judicial. En paralelo, durante ese mismo año, a través de Decreto de 20 de octubre de 1923 se crea la Junta Organizadora del Poder Judicial, el cual sí que ostenta la idea de ser el órgano de gobierno de los jueces, integrado por vocales pertenecientes a la categoría judicial (dos magistrados del TS, un Magistrado de una Audiencia Territorial, un Magistrado de una Audiencia Provincial y un juez de primera instancia)[174]. Su finalidad se enfocaba en garantizar la independencia judicial en relación con los Poderes públicos, acordar nombramientos, ascensos y traslados. En 1929, las "Bases para la reorganización judicial" volvieron a plantear tesis trascendentales, pero que quedaron relegados al plano de las propuestas[175]. Ninguno de estos órganos se afianzó, y estas ideas iniciales enfocadas en garantizar un verdadero gobierno del Poder judicial en defensa de la autonomía judicial, pronto se desvanecieron a consecuencia de una importante intervención del Poder Ejecutivo[176].

Durante el periodo franquista, sin un avance significativo hacia la consolidación de un modelo de gobierno judicial independiente, se promulgó la Ley de 20 de diciembre de 1952 sobre reorganización de la Inspección Central de Tribunales, reformando las plantillas en las Carreras Judicial y Fiscal y el procedimiento para designación de Magistrados del Tribunal Supremo. Se introdujo el llamado Consejo Judicial. Este órgano tenía como principal cometido emitir "declaración de aptitud para determinados puestos" en materia de ascensos y traslados, debiendo de dar vigor al principio de independencia judicial,

---

174 Ibidem, p. 73.

175 Recoge SÁNCHEZ BARRIOS, M.I. "Antecedentes del CGPJ en el Derecho español". Op. Cit., p. 69, que sus ideas eran muy innovadoras en relación al Consejo judicial, llegando inclusive a proponer "la supresión del Ministerio de Justicia y Culto".

176 DE BENITO FRAILE, E.J. "La independencia del Poder Judicial durante la dictadura de Primo de Rivera (1923-1926). Realidad o ficción". *Anuario de historia del derecho español*, n. 85, 2015, pp. 343-375, esp. p. 360.

factor clave dentro de la Administración de justicia. Sin embargo, la regulación de dicho Consejo resultaba fragmentaria y ambigua. Apenas se definían sus funciones, y no fue hasta el artículo 11 de la mencionada ley, en el contexto de la provisión de plazas de magistrados del Tribunal Supremo, cuando se hacía referencia explícita a su existencia. Este Consejo estaba presidido por el Presidente del Tribunal Supremo y compuesto por los miembros de la Sala de Gobierno del mismo tribunal, junto con un magistrado de cada sala. Pese a su denominación y pretensiones formales, la naturaleza del régimen político de la época imposibilitaba que el órgano desempeñara de manera efectiva el papel de garante de la independencia judicial, ya que dicha independencia carecía de cabida dentro de un estado dictatorial.

En este marco, resulta difícil identificar un precedente directo al CGPJ en la tradición jurídica española. Como acertadamente señalan autores como Ron-Latas y Lousada Arochena, la respuesta a la existencia de antecedentes es negativa, existiendo, no obstante, figuras históricas con similitudes, ya fuere en la denominación, funciones o composición[177]. Por tanto, hemos de acudir en mayor medida a los Consejos Judiciales que encontramos en el Derecho comparado, los cuales sí que son fuente de inspiración para el constituyente español. Particularmente, los modelos de Francia, Portugal e Italia desempeñaron un papel crucial en la configuración del CGPJ, tanto en su inclusión en la Carta Magna como en su posterior desarrollo normativo. Aunque el órgano español presenta diferencias específicas respecto a sus homólogos extranjeros, como el número y procedencia de sus vocales, las funciones asignadas son notablemente similares. En el caso del modelo francés, aunque dividido en dos "cámaras" e integrado por jueces, magistrados y fiscales, la concepción general responde a un esquema funcional comparable. Estas

---

177 Ron-Latas, R.P. y Lousada Arochena, F. "El Consejo General del Poder Judicial". Op. Cit., p. 212.

diferencias, aunque formales, no afectan a la idea esencial de un modelo de Consejo Judicial diseñado para garantizar la autonomía del Poder Judicial. Sin embargo, la evolución reciente en España, especialmente en lo relativo a los mecanismos de designación de los vocales, ha generado tensiones y distanciamiento respecto de los paradigmas comparados, reafirmando la necesidad de reexaminar la estructura y funciones del CGPJ en aras de preservar su misión como órgano garante de la independencia judicial y piedra angular de un sistema democrático.

3. ELEMENTOS DEFINITORIOS DE LOS CONSEJOS DE LA JUDICATURA

Los Consejos judiciales reflejan una considerable amplitud y diversidad en cuanto a términos relativos a su composición, número de vocales, funciones o modelo de designación, aspectos regulados por la Constitución Española y la Ley Orgánica del Poder Judicial. Desde el Anteproyecto constitucional, el artículo 112.1 estableció la composición del órgano en similar forma que el modelo actualmente vigente. Empero, el informe de ponencia de 17 de abril de 1978 redujo el número total de vocales a 15, propuesta eliminada por la Comisión del Congreso de los Diputados en fecha de 1 de julio de la misma anualidad. A través de la Comisión Constitucional del Senado, la cual se incluía en la elección de los vocales, se conformaba el modelo actualmente vigente en la Constitución, y que ha servido para su posterior desarrollo en la diferente normativa, especialmente la LOPJ.

El CGPJ puede definirse como un órgano constitucional cuya competencia esencial radica en la administración y supervisión de las trayectorias profesionales de jueces y magistrados, garantizando su independencia frente a cualquier injerencia gubernamental. Este principio, común a todos los consejos judiciales, se concreta en la facultad de resolver sobre la designación y promoción de jueces, así como en la potestad de dirimir casos de presunta conducta indebida y de imponer sanciones disciplinarias cuando se infringen normas legales o éticas[178]. El CGPJ es un órgano de carácter administrativo encargado del gobierno de la justicia y de garantizar la independencia judicial[179], no ejerciendo funciones jurisdiccionales. La finalidad de este órgano es la extracción del poder de gobierno de los jueces de las manos del Poder Ejecutivo[180], limitando de esta forma la posible injerencia que realice el Gobierno de la Nación o el Ministerio de Justicia, órganos que, con un carácter histórico, han venido ejerciendo tales tareas. De esta forma, y evitando esta perniciosa conexión, se crea un órgano de carácter autónomo, que ejerce un verdadero gobierno sobre la justicia, situado jerárquicamente por encima de las Salas de Gobierno del Tribunal Supremo, los Tribunales Superiores de Justicia y la Audiencia Nacional, así como de cualquier órgano con funciones gubernativas unipersonales.

Su naturaleza institucional se define a través de diversos elementos esenciales: se trata de un órgano constitucional, colegiado, autónomo, compuesto por jueces y juristas, encargado de las funciones de gobierno del Poder Judicial y cuya misión central es garantizar la

---

178 Beers, D. J. "Judicial Self-Governance and the Rule of Law. Evidence from Romania and the Czech Republic". Op. Cit., p. 51.

179 Pedraz Penalva, E. "Reflexiones sobre el poder judicial y el PLOPJ". *La Ley: Revista jurídica española de doctrina, jurisprudencia y bibliografía*, n. 2, 1985, pp. 1119-1144, esp. p. 1139; Montero Aroca, J. "La unidad jurisdiccional. Su consideración como garantía de la independencia judicial". *Justicia: revista de derecho procesal*, n. 1, 1984, pp. 63-94, esp. p. 84.

180 Especialmente diseñado para, tal y como señala Garoupa, N. y Ginsburg, T. "Guarding the Guardians: Judicial Councils and Judicial Independence". *Texas A&M University School of LawTexas A&M University School of Law*, vol. 57, 2009, pp. 103-134, esp. p. 106, "aislar las funciones de nombramiento, promoción y disciplina de los jueces del proceso político partidista, al tiempo que garantizan cierto nivel de rendición de cuentas".

independencia de los jueces en el ejercicio de sus funciones jurisdiccionales[181]. Cada uno de estos rasgos merece un análisis detallado.

En primer lugar, es un órgano constitucional, cuya existencia y funciones están recogidas en los apartados segundo y tercero del artículo 122 de la Constitución Española. Este artículo, aunque realiza una enumeración genérica de sus competencias —como los nombramientos, ascensos, inspección y régimen disciplinario de los jueces—, confiere al Consejo una posición de relevancia fundamental dentro del sistema judicial y democrático español. De esta forma, se determina que no nos encontramos ante un órgano accesorio, sino ante una institución central cuya existencia se convierte en uno de los pilares necesarios para un adecuado funcionamiento del sistema judicial, y por ende, del estado de derecho. La regulación en un texto constitucional le confiere estabilidad ante posibles intentos de injerencias externas en búsqueda de cambios arbitrarios o coyunturales que pudieran surgir ante nuevos gobiernos. La base constitucional del CGPJ le confiere, además, una legitimidad incuestionable, pues su existencia deriva directamente de la norma suprema del ordenamiento jurídico, dotando a sus actuaciones de una especial autoridad dentro del sistema democrático. El CGPJ se convierte en un órgano cuyo poder emana del Estado y, por tanto, de la soberanía nacional. Esta legitimidad es trascendental para el posterior desarrollo de sus funciones y la búsqueda de un respeto institucional frente a los restantes poderes estatales y la ciudadanía.

Su status de órgano constitucional no únicamente le genera un ámbito de protección -especialmente visible en materia relativa al proceso de reforma constitucional necesario para la modificación del articulado constitucional, lo que genera una capa adicional de protección frente a posibles cambios o alteraciones en la organización y papel del órgano-, sino que igualmente nacen de

181 Recuperado de: https://www.poderjudicial.es/cgpj/es/Poder_Judicial

ello un conjunto de obligaciones similares a las de las restantes instituciones de igual carácter, y es el respeto de los principios y valores inherentes a su naturaleza constitucional. De esta forma, será el garante de la independencia judicial, pero también del cumplimiento la legalidad, la igualdad y todos los restantes derechos de cada ciudadano en concreto. El respeto a los mismos se observará en la toma de decisiones, debiendo de estas promover todo los valores y principios indicados en el articulado. Alinearse con los mismos se convierte en una obligación constitucional, pero igualmente moral, que incrementará la confianza política y social en la justicia, articulando un sistema más eficiente y justo.

En segundo lugar, en su condición de órgano colegiado, el CGPJ se compone de un total de veinte vocales, cuyo nombramiento corresponde al Rey por un periodo de cinco años. Dichos vocales son seleccionados por ambas Cámaras Parlamentarias, siguiendo criterios de mayoría cualificada. Así, y aunque a posteriori se entrará en el análisis de esta cuestión, es necesario ofrecer un primer acercamiento. Doce de ellos provienen de la carrera judicial, abarcando jueces y magistrados de todas las categorías, mientras que los otros ocho son juristas de reconocida competencia con más de quince años de ejercicio profesional. El Congreso de los Diputados elige a seis vocales de la judicatura y a cuatro juristas, y el Senado realiza una selección equivalente. Posteriormente, los veinte vocales, reunidos en el Pleno y mediante una mayoría de tres quintos[182], eligen al Presidente del Consejo, quien también asume la Presidencia del Tribunal Supremo y se convierte en la máxima autoridad judicial del país. Este procedimiento, que se analizará con mayor profundidad en otro momento, subraya la

[182] Indicamos el término "presentes" porque no es necesario que en la votación de la sesión para la designación del Presidente estén todos los vocales. Cabe, de esta forma, un quorum mínimo de 12 miembros para la realización de esta trascendental función

importancia del equilibrio institucional y la deliberación colectiva en la composición y funcionamiento del órgano.

La naturaleza colegiada fomenta la deliberación y participación activa de todos los vocales en las diferentes comisiones que integran y estructuran el presente órgano. Ello genera la posibilidad de aportación de diferentes opiniones, que enriquecen el análisis de los asuntos que tienen que realizarse, minimizando la toma de decisiones unilaterales. Igualmente, al estar compuesto por jueces y por juristas, el Consejo se asegura que las decisiones sean más representativas, pero a su vez que ofrezcan una visión más amplia ante las distintas aristas que puede contener un asunto. Diferentes profesiones representadas en el ámbito judicial conllevan que no se observe cada cuestión únicamente desde el prisma de la judicatura, sino que se permita una respuesta más colectiva y se incorpore una comprensión integral de las complejidades inherentes a los problemas jurídicos y administrativos.

En tercer lugar, su carácter autónomo constituye uno de sus rasgos más definitorios. Este atributo le permite operar sin influencias externas de otros poderes, asegurando el cumplimiento de sus funciones en base a criterios jurídicos y gubernativos de la justicia. No es necesaria la intervención externa para la realización de aquellas materias que le han sido concedidas, ni, por consiguiente, la aprobación de ningún órgano. Su actuar se ejerce bajo criterios jurídicos y gubernativos, y no bajo condicionantes políticos o administrativos. Su autonomía se convierte en característica trascendental, pues como órgano de gobierno de la justicia, permite a esta operar de manera independiente, manteniéndose un equilibrio entre las diferentes ramas de poder estatales. Es así un importante contrapeso dentro del modelo de *checks and balances*, trascendental para el refuerzo del estado democrático de derecho, pues garantiza que el poder judicial esté abstraído de todo aquello que no sea la ley, y pueda articularse como un verdadero tercer poder del Estado. Permite de tal manera que los órganos judiciales puedan revisar, de manera independiente, las normas y actos de los poderes legislativos y ejecutivos; el acceso a la carrera judicial se realizará bajo una serie de criterios y formas legalmente tasados, como son una oposición, el concurso de méritos o la decisión discrecional del propio Consejo para ciertos cargos de Magistrados pero bajo unos criterios de capacidad y experiencia; la promoción de los jueces y magistrados a categorías judiciales se realizará por las vías legalmente reguladas, no siendo promocionados bajo criterios de oportunidad política; la supervisión del desempeño de los tribunales y las sanciones disciplinarias ante posibles actos irregulares se realizarán sin intromisiones externas; los informes de acerca de los anteproyectos legales tendrán su base en opiniones consensuadas y de carácter jurídico; poder garantizar la independencia de los distintos miembros que componen la carrera judicial para una toma de decisiones que ponga fin a las disputas nacidas bajo una sumisión al imperio de la ley.

Su naturaleza autónoma se articula a través de un conjunto de garantías institucionales diseñadas para desvincularlo de cualquier posible influencia externa. En primer lugar, el modelo constitucional de elección de los miembros, que en sus orígenes permitió que doce de los vocales fueran designados directamente por la carrera judicial según lo previsto por la Ley Orgánica 1/1980, ofrecía una autonomía significativa al poder judicial en la composición del órgano. En segundo lugar, la limitación del mandato a un periodo de cinco años evita que los vocales se perpetúen en su puesto, asegura una rotación constante en su composición y puedan actuar de manera arbitraria. En la misma línea, el establecimiento de un periodo es a la vez una garantía para el propio vocal, el cual observa que no puede ser removido de su puesto sin causa justificada durante el periodo en el cual ejerce sus funciones. En tercer lugar, el CGPJ dispone de un presupuesto propio, que se establece anualmente en los Presupuestos Generales del Estado, permitiéndole gestionar sus recursos con independencia y sin la necesidad de una dependencia financiera constante de otros poderes. En cuarto y último lugar, la potestad reglamentaria le permite autoorganizarse, en el marco de desarrollo de las previsiones de la LOPJ, y coordinarse con las Salas de Gobierno sin necesidad de pasar el trámite parlamentario.

Sin embargo, en la práctica, la percepción social de esta autonomía se ve frecuentemente comprometida. La elección de sus miembros por las Cámaras Parlamentarias ofrece una sensación de subordinación a signos políticos, llevando a cabo sus funciones siempre bajo una sujeción a los designios del partido político que le designó y la asociación judicial que lo avaló, aunque esto no se corresponda necesariamente con la realidad. Además, la politización percibida del CGPJ ha dado lugar a críticas en torno a la discrecionalidad en la designación de magistrados del Tribunal Supremo, siendo interpretada por algunos sectores como una herramienta para el control indirecto de determinadas Salas, tal y como se evidenció en las polémicas declaraciones del portavoz del Partido Popular, el señor Cosidó, acerca del supuesto dominio político de la Sala Segunda del Tribunal Supremo "desde detrás" Este tipo de situaciones refuerzan la sospecha de que ciertas actuaciones del Consejo, como las inspecciones o sanciones a jueces con posturas divergentes a las del partido gobernante, podrían verse influidas por intereses ajenos al ámbito judicial.

La composición del CGPJ, como órgano colegiado, reviste una trascendencia particular por su impacto en el cumplimiento de las funciones asignadas. De la lectura del art. 122.3 CE se observa Esta combinación asegura una diversidad que enriquece las deliberaciones y decisiones del órgano. Los jueces y magistrados designados aportan su conocimiento práctico sobre el funcionamiento diario de los tribunales, lo que resulta esencial para diagnosticar los problemas de la justicia y proponer soluciones efectivas. Por su parte, los juristas externos, provenientes de ámbitos como la abogacía, la fiscalía o el mundo académico, ofrecen una perspectiva complementaria que amplía el análisis de las cuestiones abordadas. Este enfoque multidisciplinar permite que el Consejo considere no solo la visión judicial, sino también las necesidades y propuestas de otros actores relevantes del sistema de justicia. Este proceso decisional es más balanceado y diverso, pues tiene en cuenta los diversos ángulos que componen la justicia, reduciendo el riesgo de parcialidad en la toma de decisiones. Esta perspectiva integral facilita el cumplimiento de sus funciones de una forma más coherente y actualizada, pues algunos juristas como los académicos tienen a desenvolverse en campos jurídicos con ideas teóricas más innovadoras que los jueces, permitiendo ofrecer las últimas tendencias en ambos prismas: teórico y práctico. Así, la formación de jueces y magistrados puede optar por adaptarse de una forma más rápida a las nuevas realidades, especialmente aquellas que ya vienen siendo practicadas fuera de nuestras fronteras y que los académicos tienden ya a conocer en detrimento de jueces y magistrados más enfocados en la teoría y pragmática nacional, cuestión lógica. Se observa así un modelo que se complementa a través de ambas visiones.

En quinto y sexto lugar, la definición determina la principal función del órgano, ejercer un papel de gobierno en la justicia y de gestión de la administración de justicia, adoptando medidas que garanticen la independencia judicial en el ejercicio de sus funciones. Igualmente, otra función gubernativa del Consejo se enfoca en supervisar revisar todas las actuaciones llevadas a cabo por los órganos de gobierno interno de los juzgados y tribunales, esto es, las salas de gobierno. Se observa una naturaleza administrativa-gubernativa de las funciones del Consejo, y nunca, tal y como ya se ha venido expresando, jurisdiccional. Su mandato incluye la promoción de jueces y magistrados bajo criterios objetivos, la supervisión del desempeño de los tribunales y la imposición de sanciones disciplinarias, así como la emisión de informes sobre los anteproyectos legales, asegurando en todo momento que dichas actuaciones respondan exclusivamente a criterios jurídicos.

Como único órgano regulado por los apartados segundo y tercero del artículo 122 de la Constitución, el CGPJ opera en todo el territorio nacional con el propósito de actuar desvinculado de las dinámicas políticas. No obstante, su existencia y evolución deben entenderse en el contexto histórico de los siglos XX y

XXI, definidos como la "era del poder judicial"[183]. La aparición de tales órganos a nivel europeo tiene lugar con la caída de los regímenes fascistas y el inicio de las nuevas democracias postguerra, aun con la excepción italiana cuyo origen se remonta a inicios del siglo veinte, los cuales eran proclives a que el poder judicial fuere dependiente del poder ejecutivo[184]. Una nueva era que advertía un nuevo contrapeso ante los poderes legislativo y ejecutivo, permitía descansar a la justicia bajo el abrigo de un órgano de gobierno autónomo, de carácter constitucional y que fortalecía las nuevas democracias nacientes tras las barbaries vividas en Europa en la primera mitad del siglo XX.

4. ÁMBITO COMPETENCIAL DEL CONSEJO GENERAL DEL PODER JUDICIAL

El CGPJ obedece a un propósito esencial dentro del diseño del sistema judicial: garantizar la autonomía de la justicia respecto del poder político. Todos los consejos judiciales, en su configuración histórica y funcional, parten de una premisa fundamental que se erige como el núcleo de los debates constituyentes: la desvinculación efectiva de jueces y magistrados del control directo del Ministerio de Justicia. Se convierte esta idea en el núcleo central de los debates de los constituyentes acerca del desarrollo del órgano[185]. La finalidad primordial del Consejo

---

183 FLÓREZ MUÑOZ, D. "Aproximación a los orígenes de la revolución judicial: Justicia, Mercado y Poder Judicial al interior del Estado Moderno". *Ambiente Jurídico*, n. 12, 2009, pp. 126-144, esp. p. 126.

184 AGUIAR DE LUQUE, L. "El gobierno del Poder Judicial en la España actual, funciones y disfunciones". *Nuevas Políticas Públicas: Anuario multidisciplinar para la modernización de las Administraciones Públicas*, n. 5, 2009, pp. 53-76, esp. p. 56.

185 AGUIAR DE LUQUE, L. "Artículo 122", en Rodríguez-Piñero y Bravo-Ferrer, M. (dir.), Casas Baamonde, M.E. (dir.), *Comentarios a la Cons-*

reside en desligar la administración de los asuntos inherentes a la carrera judicial del control gubernamental, a fin de garantizar la independencia de jueces y magistrados. En esencia, el Consejo se erige como un escudo institucional que previene prácticas susceptibles de distorsionar la justicia, tales como el favoritismo hacia determinados jueces mediante nombramientos discrecionales, ascensos arbitrarios, inspecciones parciales o la imposición de sanciones disciplinarias motivadas por intereses ajenos a los principios de legalidad e imparcialidad.

El art. 122 CE no define de manera precisa las funciones asignadas al Consejo, sino que delega esta tarea a una ley orgánica correspondiente. Esta remisión ha sido motivo de controversia, ya que diferentes gobiernos han realizado varias modificaciones sobre las facultades otorgadas[186]. El desarrollo normativo de estas funciones se encuentra en el Libro VIII, El desarrollo normativo de estas funciones se encuentra: (a) Nombramientos reglados y discrecionales; (b) Inspección de los Juzgados y Tribunales; (c) Régimen disciplinario judicial; (d) Formación judicial; (e) Potestad reglamentaria; (f) Publicación de las sentencias; (g) Función consultiva; (h) Mejora de la calidad de la Justicia; (i) Relaciones internacionales. Fuera de ese bloque, el art. 14 LOPJ faculta de una función trascendental al Consejo: la adopción de medidas necesarias para proteger y garantizar la independencia de los jueces frente a cualquier interferencia que pueda menoscabar su autonomía en el ejercicio de la función jurisdiccional. Este mandato subraya

titución española, Tomo II. Madrid, Wolters Kluwer-BOE, Madrid, 2018, pp. 712-735, esp. pp. 720-722.

186 Entiende GUARNIERI, C. "Judicial Independence in Europe: Threat or Resource for Democracy?". Op. Cit., p. 350, la necesidad de que un Consejo Judicial será trascendente, y por tanto, ostentará mayor fortaleza, cuando desempeñe un alto número de funciones. En la misma idea se expresa CASTILLO ORTIZ, P.J. "Councils of the Judiciary and Judges' Perceptions of Respect to Their Independence in Europe". *Hague Journal on the Rule of Law*, vol. 9, n. 5, 2017, pp. 315–336, esp. p. 320

el papel esencial del Consejo como garante de la independencia judicial, no solo en términos abstractos, sino también mediante acciones concretas que aseguren que los jueces puedan desempeñar sus funciones libres de presiones externas o internas.

4.1 La Ley Orgánica 1/1980: una visión inicial

La LO 1/1980 configuró un primer Consejo, muy amplio en sus facultades, cuya interpretación expansiva llegó incluso a auto atribuirse competencias que excedían lo expresamente previsto en la norma, como aquellas de naturaleza cuasi legislativa. En este marco, y bajo el amparo de la generosidad del legislador constituyente, el CGPJ se erigió en un órgano altamente dinámico, que trascendía su rol como órgano de gobierno de la justicia o contrapeso frente a los poderes ejecutivo y legislativo, para aproximarse a la figura de un cuarto poder del Estado. Este protagonismo se intensificó por la inclinación de algunos de sus vocales a generar fricción política con el poder gubernamental, un hecho que incrementó la percepción de su influencia en la esfera pública.

La norma otorgaba un catálogo extenso de competencias, reguladas en sus artículos segundo al sexto, cuya amplitud superaba a las previstas posteriormente por la Ley Orgánica 6/1985. Conforme el segundo precepto de la ley, el CGPJ ostentará competencia decisoria en muy variadas materias, tales y como: (a) Propuesta para el nombramiento del Presidente del Tribunal Supremo, que también será Presidente del Consejo; (b) Propuesta para el nombramiento de miembros del miembros del Tribunal Constitucional, conforme se desarrollaré en norma posterior; (c) Selección, provisión de destinos, ascensos, situaciones administrativas y régimen disciplinario de Jueces y Magistrados así como de secretarios judiciales; (d) Nombramiento de Real Orden de los Jueces y presentación a Real Despacho de los nombramientos de Presidentes y Magistrados; (e) sistema de lección, formación y perfeccionamiento del personal auxiliar y colaborador de la

Administración de Justicia; (f) Nombramiento de Secretario general y miembros de los Gabinetes o Servicios dependientes del mismo; (g) Nombramiento de Director de la Escuela Judicial; (h) Elaboración y aprobación del anteproyecto de Presupuesto del Consejo General. Acaba el precepto con una remisión a modo de *numerus apertus*, quedando pendiente de todas aquellas competencias que a posteriori le puedan atribuir las futuras normativas.

El artículo tercero ampliaba las funciones del Consejo al conferirle facultades de iniciativa, propuesta e informe en diversas materias de relevancia estratégica. Estas incluían la determinación y modificación de las demarcaciones judiciales, respetando las competencias autonómicas reconocidas en el artículo 152 de la Constitución; la fijación y modificación de las plantillas orgánicas de jueces, magistrados y secretarios judiciales; la regulación del régimen retributivo de estas categorías profesionales y del personal al servicio de la Administración de Justicia; la emisión de informes sobre proyectos normativos que versaran sobre cuestiones procesales, penitenciarias, o que afectaran a la constitución, organización, funcionamiento y gobierno de los órganos judiciales, así como al estatuto jurídico de jueces y magistrados; y el asesoramiento previo al nombramiento del Fiscal General del Estado. Como en el caso anterior, este artículo también contenía una remisión a futuras competencias que pudieran serle atribuidas por el legislador. El cuarto artículo establecía la obligación del Consejo de elaborar una Memoria anual sobre el estado y las actividades de la Administración de Justicia, la cual debía de ser remitida a las Cortes Generales, configurándose esta rendición de cuentas como un mecanismo de transparencia y control. El quinto artículo permitía al Consejo ostentar competencia reglamentaria en materia de su organización y funcionamiento propios, así como sobre dispares materias tales y como el régimen personal, servicios o cualquiera otra que fuere de su competencia conforme la propia LO 1/1980. Finalmente, el artículo sexto subrayaba el principio de independencia de los juzgados y tribunales, poniendo de relieve la obligación del Gobierno, a través del Ministerio de Justicia, de garantizar los medios necesarios para un funcionamiento eficaz e independiente del sistema judicial. Este precepto marcaba la conexión entre la independencia funcional de los órganos judiciales y la responsabilidad gubernamental de proporcionar los recursos materiales y humanos imprescindibles para que la justicia desempeñara su papel como pilar del Estado democrático de derecho.

4.2 Ámbito competencial: marco normativo y desafíos operativos

A través del presente apartado van a desglosarse las más importantes funciones que tiene asignado el CGPJ y que le convierten en un trascendente órgano de gobierno del Poder Judicial. Gran parte de estas funciones son desarrolladas, ya sea en su totalidad o parcialmente, a modo de complemento, por los diferentes órganos técnicos del Consejo, los cuales ejercen un funcionamiento altamente eficaz, aun existiendo una "infinita burocracia" en materia de refuerzos, sustituciones o interinidades[187]. La LOPJ 6/1985 redujo considerablemente el número de competencias que le habían sido asignadas al órgano, las cuales han venido siendo modificadas por disposiciones posteriores, como la autonomía presupuestaría, incluida en LO 16/1994, de 8 de noviembre, por la que se reforma la LO 6/1985, de 1 de julio, del Poder Judicial; la competencia reglamentaria tras Ley Orgánica 19/2003, de 23 de diciembre, de modificación de la LO 6/1985, de 1 de julio, del Poder Judicial; la inclusión del art. 570 bis (LO 4/2021, de 29 de marzo, por la que se modifica la LO 6/1985, de 1 de julio, del Poder Judicial, para el establecimiento del régimen jurídico aplicable al Consejo General del Poder Judicial en funciones) a través el cual se le negó al Consejo

[187] GUILARTE GUTIÉRREZ, V. "El Consejo General del Poder Judicial: funciones y disfunciones". Ponencia de Inauguración del Curso académico 2024-2025 del Máster Universitario en acceso a la abogacía y la procura. 9 de septiembre de 2024, Universidad de Burgos.

la potestad para realizar nombramientos mientras se encuentre en funciones; y la posterior modificación (Ley Orgánica 8/2022, de 27 de julio, de modificación de los artículos 570 bis y 599 de la Ley Orgánica 6/1985, de 1 de julio, del Poder Judicial), limitándose la competencia al Consejo no renovado exclusivamente al nombramiento de dos Magistrados del Tribunal Constitucional. La esfera competencial se encuentra en continua renovación, tal y como sucedió, recientemente a la escritura de las presentes líneas, con la Ley Orgánica 1/2025, de 2 de enero, de medidas en materia de eficiencia del Servicio Público de Justicia, texto que otorga al Consejo nuevas materias sobre las que intervenir, especialmente aquellas relativas a la organización de la planta judicial, en aras de acordar, a propuesta del presidente del Tribunal de Instancia el conocimiento de ciertas materias por parte de una sección o, a propuesta del Consejo, extender la competencia de una sección sobre varias provincias limítrofes y con población inferior a los 500.000 habitantes en materia mercantil o de agrupar Secciones de Instrucción y de Secciones Únicas de varios partidos judiciales colindantes dentro de una misma provincia, siempre que, debido al aumento de las actividades delictivas de organizaciones criminales relacionadas con el tráfico de drogas o personas, haya un incremento considerable en el volumen de asuntos penales de esta índole en ciertas áreas o periodos.

4.2.1 Nombramientos discrecionales: idoneidad, crítica y reforma

El proceso de nombramiento discrecional de los altos cargos del poder judicial, como los presidentes de salas y órganos judiciales, así como los magistrados del Tribunal Supremo, constituye una de las facultades más controvertidas del Consejo General del Poder Judicial y una fuente recurrente de conflictos institucionales. Este mecanismo, en principio diseñado para garantizar una adecuada selección basada en criterios de mérito y capacidad, se ha convertido, en la práctica, en un campo propicio para la injerencia política y el diseño de un modelo de reparto de cuotas entre los partidos representados en el seno del Consejo.

La trascendencia de estos nombramientos radica en el impacto directo que tienen en la estructura de la justicia y en el funcionamiento de los órganos judiciales más relevantes, lo que explica el interés político en influir sobre los vocales del CGPJ para orientar dichas decisiones hacia la afinidad ideológica o partidista. Este fenómeno, que desvirtúa el principio de independencia judicial, refleja un preocupante uso del Consejo como espacio de negociación política, afectando no solo a la percepción pública de la justicia, sino también a la legitimidad misma del órgano y de las resoluciones adoptadas en el marco de sus competencias discrecionales. A través de la Ley Orgánica 1/2025, de 2 de enero, el CGPJ nombrará, por un periodo de cuatro años, y a propuesta motivada de la Sala de Gobierno del Tribunal Superior de Justicia correspondiente, a los Presidentes de los Tribunales de Instancia, determinando así una de las nuevas competencias del Consejo dentro de la nueva planta judicial.

4.2.1.a Designación de altos cargos: límites y justificaciones

Dentro del marco del CGPJ, una de las funciones más significativas, pero a su vez de mayor controversia, es en materia de nombramientos discrecionales de altos cargos judiciales. Inicialmente supone un avance, pues permite al órgano expulsar de esta tarea al Ministerio de Justicia, quien históricamente llegó a ostentar un decisivo papel[188], y al Tribunal Supremo, órgano que, a través de la potestad de nombramientos generaba una ruptura en su papel de órgano jurisdiccional para situarse como un verdadero órgano superior jerárquico administrativo. No obstante, es precisamente en esta tarea donde el Consejo está más

188 CABELLOS ESPIÉRREZ, M.A. *El Poder Judicial. Configuración constitucional, desarrollo y retos.* Madrid, Marcial Pons, 2023, p. 195.

expuesto a injerencias externas, a pesar de que el Reglamento 1/2010, de 25 de febrero, establece como principios rectores del proceso de nombramiento los de mérito y capacidad, en consonancia con las exigencias para el ejercicio de funciones jurisdiccionales o gubernativas. Sin embargo, la idoneidad de los candidatos seleccionados sigue siendo objeto de cuestionamientos y críticas persistentes[189], a pesar de que la Comisión de Calificación[190] debe de velar por una efectiva valoración objetiva de los méritos de la persona candidata, recabando la información necesaria sobre los mismos. Antes de entrar en materia de méritos necesarios para poder acceder a ser nombrados, ha de señalarse el verdadero alcance de la competencia. Así, el CGPJ tiene atribuida la potestad de los siguientes cargos discrecionales.

En relación al primero de ellos, recae en los vocales la propuesta y nombramiento del presidente del Tribunal Supremo y del CGPJ. Este nombramiento requiere una mayoría cualificada de tres quintos de los miembros del Pleno, con la posibilidad de alcanzarse mediante un quórum mínimo de 12 vocales. El presidente, por su posición, se erige como la figura más relevante de la estructura judicial en el ámbito nacional, pero la forma en que se elige ha sido ampliamente cuestionada. La presente institución mantiene una estrecha relación con el Gobierno de la nación, quien usualmente suele predefinir una terna de uno a tres candidatos y los vocales votan el más idóneo, cuestión

189 En tal parecer se muestra muy crítico Lucas Murillo de la Cueva, P. *La independencia y el gobierno de los jueces. Un debate constitucional.* Madrid, Reus, 2018, p. 70, quien entiende que el modelo de nombramientos actual ofrezca la impresión de que "no obedecen a razones de mérito y capacidad sino a otras de afinidad política a los partidos que han propiciado el nombramiento de los distintos vocales o a las asociaciones judiciales representadas entre los vocales o, incluso, a las relaciones de amistad con alguno o algunos de ellos".

190 La Comisión de Calificación se compondrá por cinco Vocales, tres del turno judicial y dos del turno de juristas.

totalmente visible con la modificación realizada a través de la LO 4/2013[191]. A pesar de las críticas legítimas que suscita este proceder, su lógica subyacente no es del todo descabellada. Como ya se ha señalado previamente, la colaboración entre los poderes ejecutivo y legislativo puede, en determinados contextos, facilitar el cumplimiento de las funciones públicas en beneficio de la ciudadanía. De forma análoga, en el proceso de elección del presidente del Consejo, la ausencia de una terna predefinida podría dificultar enormemente el consenso entre los vocales, al surgir múltiples candidatos que, a su vez, podrían estar influidos por afinidades personales o políticas con los propios vocales. Sin embargo, el problema no radica en la existencia de un proceso de preselección, sino en las motivaciones que subyacen a las propuestas de candidatos.

El problema a este modo de proceder en la propuesta y designación del Presidente radica en cuando la propuesta del mismo obedece a razones externas al mérito en el ámbito de la justicia. Véase de forma ilustrativa el caso del intento del Partido Popular de designar al magistrado Manuel Marchena como presidente en 2018. En aquel episodio, se buscaba no solo un presidente excepcional desde el punto de vista técnico, sino también "un gran jurista con una capacidad de liderazgo y *auctoritas* para que las votaciones no sean 11-10 sino próximas al 21-0"[192]. Este ejemplo pone de manifiesto un preocupante "cordón umbilical"[193] entre los intereses políticos y los nombramientos, un vínculo que

---

191 IÑIGUEZ HERNÁNDEZ, D. "La contrarreforma del Consejo General del Poder Judicial". *Teoría y Realidad Constitucional*, n. 34, 2014, pp. 333-348, pp. 337-339.

192 "El portavoz del PP en el Senado, a sus compañeros: 'Controlaremos la sala segunda (del Supremo) desde detrás'" Recuperado de: https://www.elperiodico.com/es/politica/20181119/ignacio-cosido-controlaremos-sala-segunda-tribunal-supremo-detras-7155122

193 GUILARTE GUTIÉRREZ, V. "El Consejo General del Poder Judicial: funciones y disfunciones". Op. cit.

ha estado presente desde la constitución del primer Consejo y que continúa erosionando la percepción de independencia e imparcialidad del órgano rector de la justicia española.

La reforma introducida por la Ley Orgánica 4/2013, impulsada por el Ministro de Justicia Alberto Ruiz Gallardón, marcó un punto de inflexión en la evolución del Consejo. En este nuevo contexto, el nombramiento del Presidente ya no obedece a la necesidad de establecer quién ostenta la cabeza del Consejo, sino que su figura traspasa esas iniciales ideas. Podría señalarse que en la actualidad el órgano se basa en un modelo monocrático, con un Presidente omnipotente que marca el modo de actuar del Pleno, de la Comisión Permanente y de las restantes comisiones y órganos técnicos. De este modo, adquiere la condición de una institución jurídica con un amplio abanico de competencias, conforme a lo establecido en el artículo 598 de la LOPJ. Entre sus principales atribuciones se incluyen: (a) representar al Consejo; (b) convocar las sesiones del Pleno y de la Comisión Permanente, así como determinar su orden del día, proponiendo los asuntos que considere oportunos, resolviendo posibles empates con su voto de calidad y otorgando validez formal a los acuerdos adoptados; (c) gestionar y dirigir la comunicación institucional; (d) ejercer la máxima supervisión sobre las actividades de los órganos técnicos del CGPJ; (e) presentar la propuesta del Magistrado de las Salas Segunda o Tercera del Tribunal Supremo encargado de autorizar aquellas actividades del Centro Nacional de Inteligencia que puedan afectar los derechos fundamentales contemplados en el artículo 18.2 y 3 de la Constitución Española; (f) designar y cesar al Director del Gabinete de la Presidencia y al Director de la Oficina de Comunicación, así como al personal adscrito a su servicio; (g) asignar tareas específicas a los vocales o a los grupos de trabajo; y (h) proponer al Pleno el nombramiento del Vicepresidente del Tribunal Supremo, del Secretario General y del Vicesecretario General, además de poder acordar el cese de estos dos últimos, salvo en aquellos casos en que el CGPJ se encuentre en funciones (art. 598 bis LOPJ).

De particular interés resulta la figura del Vicepresidente del CGPJ y del TS, cuyo rol ha tenido escasa incidencia práctica pese a su normativización. Elegido por mayoría absoluta por el pleno, debe de tener la categoría de Magistrado del TS (589.2 LOPJ); su figura se refuerza a través de la LO 4/2013, en el cual la propuesta de su nombramiento recae ya en el Presidente. Su tarea es ejercer en funciones el cargo de Presidente del TS y del CGPJ en los supuestos de cese anticipado del Presidente hasta el nombramiento de uno nuevo, ya sea por el mismo Pleno o por designación de un nuevo Consejo por las Cámaras al finalizar el mandato de las mismas. Hasta el día de hoy, y aun habiendo podido ejercer tal cargo por la dimisión del Presidente Carlos Lesmes en el Consejo ya saliente, esta figura no ha desempeñado su rol sustitutorio, tal y como se analizará en posteriores apartados cuando se valoren las complicaciones derivadas del prolongado bloqueo institucional que ha afectado al Consejo durante años.

De mayor interés, y de ahí radica el "hechizo" que genera este órgano en los partidos políticos, son los diferentes cargos que puede elegir dentro del panorama del Poder Judicial. De este modo, cabe destacar que su función esencial radica en la designación de los altos cargos de la Justicia, tanto en el ámbito jurisdiccional como en el gubernativo. En consecuencia, procederá a nombrar a los magistrados del Tribunal Supremo; a los presidentes de Tribunales y de Salas; al Vicepresidente del Tribunal Supremo; al Secretario General; al Vicesecretario General del Consejo General del Poder Judicial; al Promotor de la Acción Disciplinaria; al Jefe de la Inspección de Tribunales; al Director de la Escuela Judicial y a sus profesores; al Director del Centro de Documentación Judicial y al resto de su personal; al Director del Gabinete Técnico del Consejo General del Poder Judicial; al personal de los servicios administrativos, y a los jueces, quienes serán seleccionados y formados en la Escuela Judicial.

Los nombramientos de todos estos altos cargos dentro de la justicia se deben de realizar bajo una justificación. Un procedimiento, mejorable en la práctica, que sirve al Consejo para valorar, conforme un sistema de meritocracia, la idoneidad de un candidato para ejercer un puesto, argumentando la decisión tomada. Para ello, sírvase el Reglamento de provisión de plazas de nombramiento discrecional[194] como baremo a utilizar por el CGPJ[195]. De esta forma, se pueden subdividir en dos los distintos méritos que son necesarios para optar al cargo de vocal del Consejo. En primer lugar, y para las plazas reservadas a los miembros de la Carrera Judicial, para poder optar a la categoría de Magistrado del TS, se tendrán en cuenta los méritos reveladores del grado de excelencia en el ejercicio de la función jurisdiccional, cuestión ampliamente. Para ello, se ponderará el tiempo de servicio activo, el ejercicio en los distintos destinos, el tiempo de servicio en órganos colegiados, la especial relevancia y significativa calidad técnica en el dictado de resoluciones

---

194 Acuerdo de 25 de febrero de 2010, del Pleno del Consejo General del Poder Judicial, por el que se aprueba el Reglamento 1/2010, que regula la provisión de plazas de nombramiento discrecional en los órganos judiciales.

195 Este reglamento servía para dar coherencia y argumentación a un sistema de nombramientos que tenía su base en la discrecionalidad, pero sin justificación. Ante las amplias críticas de la doctrina (Andrés Ibáñez, P. "Racionalizar (y moralizar) la política de nombramientos". *Jueces para la Democracia*, n. 52, 2005, pp. 12-15, esp. p. 12 señala que la política de nombramientos del Consejo se llevó a cabo bajo un "marco de práctica ausencia de autorregulación, en el que impera la discrecionalidad incontrolada, abierta con la mayor frecuencia la juego de factores de oportunidad y a la discriminación por razones de adscripción asociativa o puramente ideológicas, que es como decir políticas") y de los prácticos, el Tribunal Supremo, a consecuencia de las modificaciones de la LOPJ a inicios de siglo, interpretó la necesidad de aplicar los principios de mérito y capacidad a este tipo de nombramientos (SSTS, Sala tercera, 3171/2006, de 29 de mayo, FJ. 5 y 6; 5609/2012, de 1 de junio; STC 238/2012, de 13 de diciembre de 2012, FD. 7). Para más información véase Igartua Salaverría, J. "Motivación de nombramientos discrecionales: posterioridades de la STS 3171/2006, caso Gómez Bermúdez". *Jueces para la democracia*, n. 58, 2007, pp. 23-32.

jurisdiccionales y el ejercicio de profesiones o actividades no jurisdiccionales, como la docencia o la investigación. En relación a las plazas reservadas a juristas de reconocida competencia y a abogados, igualmente se van a ponderar cuestiones meritocráticas que engloban el ejercicio de profesiones jurídicas de naturaleza pública o privada, el servicio como dicente universitario, la superación de los estudios de Doctorado en Derecho y cualquier otro mérito revelador de especialización y calidad en una respectiva rama jurídica. El reglamento continúa con un sistema de procedimiento poco sólido, y que, aun suponiendo un avance respecto al modelo anterior, mostraba amplias carencias[196], pensado como un remedio para que el Consejo mantuviere su libertad de elección.

La reforma de 2018 (Ley Orgánica 4/2018, de 28 de diciembre, de reforma de la Ley Orgánica 6/1985, de 1 de julio, del Poder Judicial) supuso un intento de proceder a una mayor concreción en el modelo. De esta forma, se introdujo el art. 326.2 LOPJ, creándose una forma clara para la valoración de los méritos, separando las aptitudes de jurisdicción de las gubernativas, los méritos comunes de los específicos, pormenorizándose la valoración de los diferentes méritos en la convocatoria. Las propuestas que llegan al Pleno son razonadas, evaluándose los méritos, ca-

---

196 Manifiesta CABELLOS ESPIÉRREZ, M.A. “La reforma inacabada: el Consejo General del Poder Judicial ante su enésima reformulación”. *Revista española de derecho constitucional*, n. 118, 2020, pp. 13-44, esp. pp. 18-22, que era una solución “aparente”, a consecuencia de las carencias que de la norma se generaban, tales y como una carencia de real ponderación, pues no explica cómo debe de hacerse, ausencia de baremos mínimos de puntuaciones, la innecesaridad de comparecencia de los candidatos ante la Comisión Permanente, la valoración de conjunto de la Comisión mediante criterios heterogéneos y redundantes que dificulta la motivación,, la decisión definitiva del Pleno mediante un “apadrinamiento” de candidatos que no hayan sido elegidos por la Comisión y la motivación como obligación mínima más cercana a la libertad en la toma de decisiones.

pacidad e idoneidad de cada candidato. Este sistema ofrecía algo a lo que, en palabras de Igartua Salaverria, el Consejo no estaba acostumbrado, que es la justificación de la idoneidad de un candidato para la plaza y por encima de los restantes candidatos[197].

De ello se desprenden las dos cuestiones clave en la materia. En primer lugar, la necesidad de valoración del modo de proceder del Consejo en tales nombramientos, para dilucidar si los mismos se han venido realizando de forma discrecional y bajo el amparo de un conjunto de méritos, o si por el contrario estos obedecen más a parámetros arbitrarios o de afinidad política o personal[198]. En esta cuestión, Vicente Guilarte, el que fuera Presidente del Consejo en el periodo comprendido entre el 20 de julio de 2023 y el 4 de septiembre de 2024, los nombramientos discrecionales, especialmente aquellos relativos a la Alta Magistratura, deben de ser llevados a cabo bajo el los principios de mérito y capacidad, y no por los criterios arbitrarios que tienden a utilizarse en la práctica diaria del Pleno. Podría inclusive manifestarse que tal facultad se desarrolla bajo un parámetro democrático, en el cual los vocales efectúan una votación y se acepta al candidato o se le deniega conforme los votos emitidos.

En múltiples ocasiones, el candidato es una persona con una amplia afinidad a algún partido político, ideología o vocal del propio Consejo. Una vez designado, a través de un modelo de conveniencia (similar a la designación de los propios vocales por los partidos políticos), se efectúa un escrito justificativo de

---

197 Igartua Salaverria, J. "La motivación en los nombramientos para magistrados por el 5.º turno". *Revista Vasca de Administración Pública*, n. 113, 2019, pp. 85-108, esp. p. 101.

198 Hernández García, J. "Informe nacional. España", en L. Aguiar de Luque (dir.), *El gobierno del poder judicial: una perspectiva comparada*. Madrid, Centro de Estudios Políticos y Constitucionales, 2012, pp. 173-300, esp. p. 233; Cabellos Espiérrez, M.A. "La reforma inacabada: el Consejo General del Poder Judicial ante su enésima reformulación". Op. Cit., p. 18.

la designación discrecional del cargo conforme a los méritos del designado, los cuales no fueron realmente valorados en su designación[199]. Es lógico que el principio democrático sea limitado a un futuro para ciertas designaciones, como son presidentes de salas o tribunales, puesto que los propios miembros del Tribunal han de elegir quien lleve a cabo tareas de representación de sus integrantes. Pero no es apropiado que los magistrados del TS, máximo órgano jurisdiccional nacional, cuya jurisprudencia ha de ser respetada por los órganos inferiores, tenga una composición alejada de la meritocracia y más cercana al nepotismo. Esto obedece al interés de los representantes de la ciudadanía en controlar el órgano, especialmente la Sala II, que tan trascendentales materias le han sido asignadas, tales y como la instrucción y enjuiciamiento de ciertos cargos estatales.

Cabellos Espiérrez[200] se pregunta en tal punto si no ha existido un error en la interpretación del término "discrecionalidad" y este se ha equiparado a "libre designación". Sea como fuere, lleva a que, a pesar de existir un procedimiento recogido en el reglamento citado y en el art. 326.2 LOPJ, el CGPJ dispone de una discrecionalidad poco delimitada, pudiendo utilizar este poder de nombramiento para la designación de candidatos, muchos de ellos bajo el amparo de partidos políticos y asociaciones, sin realmente aplicar los baremos de meritocracia y capacidad.

El segundo de ellos deriva del anterior. Si el Consejo puede nombrar a los magistrados de un órgano tan trascendental dentro de la justicia como es el Tribunal Supremo, y este nombramiento se traduce en casi una arbitrariedad, discrecional y

---

199 En palabras expuestas por GUILARTE GUTIÉRREZ, V. "El Consejo General del Poder Judicial: funciones y disfunciones". Op. cit., "ser amigo de los vocales es vía directa para ser magistrado del Tribunal Supremo".

200 CABELLOS ESPIÉRREZ, M.A. *El Poder Judicial. Configuración constitucional, desarrollo y retos.* Op. Cit., p. 196.

carente de mecanismos de control suficientemente férreos[201], se convierte en un objetivo estratégico para los partidos políticos que controlan los poderes ejecutivo y legislativo. Como se ha señalado, los vocales del CGPJ son designados por las Cámaras Parlamentarias, a partir de una selección inicial de candidatos propuestos por miembros de la carrera judicial o asociaciones judiciales. Este sistema evidencia una clara dependencia de los vocales respecto de las formaciones políticas, las cuales, como ha quedado patente, persiguen un control directo o indirecto sobre la administración de justicia. No es necesario nada más que acudir a las palabras expuestas por el portavoz del PP, el señor Cosidó, quien, tras el acuerdo de renovación y reparto de vocales en el año 2018, expresaba: "y además controlando la sala segunda desde detrás y presidiendo la sala 61 [...] Ha sido una jugada estupenda que he vivido desde la primera línea. Nos jugábamos las renovaciones futuras de 2/3 del TS y centenares de nombramientos en el Poder Judicial, vitales para el PP y para el futuro de España". Que el CGPJ pueda nombrar, bajo un amplio margen de discrecionalidad, a la totalidad de los magistrados que forman parte del Tribunal Supremo, ya provengan de la carrera judicial o sean juristas de reconocida competencia, plantea un grave riesgo para la independencia de dicho órgano. Las injerencias externas, en forma de presiones políticas o intereses partidistas, son no solo factibles, sino también evidentes. En este contexto, el control del Consejo se convierte en un objetivo prioritario para las mayorías parlamentarias.

---

201 En esta vía, la carencia de una verdadera revisión judicial limita ampliamente el cumplimiento de los requisitos legalmente tasados para los nombramientos del Consejo. Así, el más alto tribunal en STS 2218/2022, de 30 de mayo, señala que la revisión judicial únicamente cabrá en supuestos de arbitrariedad o falta de razonabilidad, otorgando al CGPJ un alto grado de discrecionalidad para proveer los cargos con el candidato que considere más adecuado (FJ. 5).

Tal situación pone en jaque la función del CGPJ como contrapeso esencial frente a los poderes ejecutivo y el legislativo, lo que resulta indispensable para garantizar una democracia auténtica. Si este órgano constitucional se transforma en un "siervo" de los partidos políticos, las facultades de este quedan en manos externas a los intereses de la justicia. Y sus competencias no son cuestión baladí. Si este órgano constitucional se transforma en un instrumento al servicio de los partidos políticos, sus facultades, lejos de responder a los intereses de la justicia, quedarán subordinadas a intereses ajenos. Esto tiene implicaciones profundas, particularmente en lo que atañe al Tribunal Supremo. El órgano encargado de establecer jurisprudencia y de instruir y juzgar causas penales que involucren a partidos políticos podría estar compuesto por magistrados seleccionados en un proceso cuya meritocracia es cuestionable, no por falta de competencia profesional, sino debido a posibles condicionantes ideológicos. ¿Qué significa tal cuestión? Primero, la "servidumbre" de magistrados que, para llegar a ejercer la función jurisdiccional en el Tribunal Supremo, deben de ser elegidos por el CGPJ conforme una meritocracia ampliamente dudable (no por razones de su propia experiencia, sino en relación a cuestiones ideológicas). Segundo, la instrucción es indirectamente controlada por los partidos políticos que tengan mayorías parlamentarias, obteniendo información privilegiada sobre las causas penales instruidas.

En este marco, la separación de poderes se diluye peligrosamente, pues el más alto tribunal del país, encargado de resolver las controversias más trascendentes, podría verse sometido a influencias indebidas de otros poderes del Estado. Este modelo de nombramiento, más propio de sistemas con escasa división de poderes o modelos de *Court Service*[202], debe ser revisado para

---

202 En este supuesto, pensamos en el sistema de Inglaterra, basado en un amplio protagonismo del Parlamento, y enfocado en la división de poderes, pero con un alto grado de intromisión entre ellos, a pesar

reforzar su transparencia y legitimidad, asegurando que las designaciones se realicen exclusivamente en función de los méritos y capacidades de los candidatos.

Ha de aducirse a las reformas de los años 2021 y 2022 en materia de competencias del Consejo mientras se encuentre en funciones. Esta sustracción de facultades no es más que un reflejo de la crisis que ha vivido el órgano en los últimos tiempos, y el "tira y afloja" ideológico existente en el seno del órgano. Estas reformas, impulsadas por el PSOE y Unidas Podemos mediante la Ley Orgánica 4/2021, para el establecimiento del régimen jurídico aplicable al Consejo General del Poder Judicial en funciones, pretendían ofrecer una solución de presión en el supuesto de interinidad del Consejo. Al no poder renovarse el mismo por las diferentes fuerzas parlamentarias, y la existencia de un bloqueo institucional y, especialmente, acusaciones por los partidos políticos acerca de la ideología del Consejo, se procedió a modificar su competencia en esta materia, limitando drásticamente sus facultades.

Esta modificación ofrecía una regulación a una situación jurídica que carecía de amparo normativo, atendiendo a la problemática inédita de un Consejo en funciones que continuase ejerciendo competencias esenciales durante un periodo prolongado. Si bien el artículo 570.2 LOPJ ofrecía una referencia general al respecto, no contemplaba un escenario de interinidad sostenida ni proporcionaba una solución adecuada a los desafíos derivados de una parálisis en la renovación del órgano. Con esta reforma, se pretendió aportar seguridad jurídica, evitando que el Consejo en funciones pudiera extralimitarse en sus facultades,

---

de los pesos y contrapesos. MURILLO DE LA CUEVA, P.L. "El gobierno del Poder Judicial: los modelos y el caso español". *Revista de las Cortes Generales*. n. 35, 1995, pp. 167-239, esp. p. 179, expone que, en esta materia, en Reino Unido la designación de los magistrados de los más altos cargos se realiza por el monarca, a propuesta del primer ministro, oído el Lord Canciller.

especialmente en lo relativo al nombramiento de altos cargos judiciales. El legislador, consciente de la existencia de una laguna jurídica que calificó como un "déficit en el diseño constitucional del Estado", consideró imprescindible corregir esta carencia para garantizar el correcto funcionamiento del sistema democrático y del Estado de Derecho. La realidad es que deja a un CGPJ desprovisto de funciones que únicamente le competen a él, implicando su ámbito competencial una drástica reducción mientras este se entienda en situación de interinidad[203].

En consecuencia, su ámbito de actuación quedó drásticamente reducido durante esta etapa, limitándose significativamente las facultades discrecionales en materia de nombramientos. Entre las restricciones introducidas, se estableció que el Consejo en funciones no podría proponer el nombramiento del Presidente y Vicepresidente del Tribunal Supremo, de los Presidentes de las Audiencias, de los Tribunales Superiores de Justicia y de la Audiencia Nacional, ni de los Presidentes de Sala y Magistrados del Tribunal Supremo o del Tribunal Constitucional. Asimismo, se le vedó la posibilidad de designar cargos clave como los Directores de la Escuela Judicial y del Centro de Documentación Judicial, el Promotor de la Acción Disciplinaria, el Director del Gabinete Técnico del CGPJ o el Jefe de la Inspección de Tribunales. También se prohibió al Presidente del Consejo cesar al Secretario General o al Vicesecretario General del órgano. Sin embargo, se mantuvieron inalteradas otras funciones consideradas indispensables, como la potestad disciplinaria o el rol de garante de la independencia judicial.

La justificación a este cambio normativo encuentra dos motivaciones. La primera de ellas es evitar que los nombramientos

---

[203] CARMONA CONTRERAS, A. "Democracia, Estado de Derecho e independencia judicial en España: Un análisis en perspectiva europea". Estudios de Deusto. Revista de Derecho Público, vol. 70, n. 1, 2022, pp. 141-157, esp. p. 153.

discrecionales realizados por el Consejo saliente puedan implicar una injerencia en las legítimas atribuciones del Consejo entrante. Y la segunda de ellas, evitar que un Consejo de mayoría conservadora, pueda nombrar magistrados de ideología conservadora en contra de los intereses del Gobierno de ideología progresista. Aunque el legislador justificó la norma argumentando que evitaría la parálisis del Consejo, en la práctica ocurrió lo contrario: la paralización se trasladó a los órganos judiciales dependientes, los cuales, ante la imposibilidad de cubrir plazas vacantes por jubilaciones o fallecimientos, vieron agravada su capacidad operativa. Esta situación alcanzó un punto crítico en el Tribunal Supremo, donde cerca del 30% de las plazas permanecían vacantes, dificultando la admisión y resolución de asuntos, especialmente en Salas como la de lo Contencioso-Administrativo, que experimentaron un incremento de litigios relacionados con la responsabilidad patrimonial del Estado por la gestión de la pandemia de Covid-19[204].

Poco más de un año después, ambos artículos sufrirían una modificación mediante la Ley Orgánica 8/2022, de 27 de julio, de modificación de los artículos 570 bis y 599 de la Ley Orgánica 6/1985, de 1 de julio, del Poder Judicial. En el presente supuesto, la situación política hacía la necesidad de modificar esta potestad de nombramientos para un único supuesto: propuesta de dos magistrados del TC en un plazo máximo de 3 meses para la oportuna renovación del órgano. Sin embargo, el incumplimiento de este plazo evidenció la profunda crisis institucional del Consejo, que, al igual que el Parlamento, se vio atrapado en debates de índole política que obstaculizaron su funcionamiento. Esta situación derivó en una nueva propuesta de reforma que reducía, en segunda vuelta, la mayoría necesaria para la designación de los candidatos al TC. Finalmente, un

---

204 Cabellos Espiérrez, M.A. *El Poder Judicial. Configuración constitucional, desarrollo y retos*. Op. Cit., p. 203.

acuerdo alcanzado el 27 de diciembre del mismo año, unido al cierre de la legislatura, puso fin a este proceso, que no fue sino un reflejo de la politización estructural que aqueja al Consejo, sometido a constantes revisiones legislativas que afectan a la estabilidad y credibilidad de sus competencias.

4.2.1.b Propuesta de Lege Ferenda: eliminación de las competencias discrecionales

El sistema actual de nombramientos discrecionales por parte del CGPJ para los altos cargos judiciales en España se erige como un canal susceptible de injerencias externas que afectan la independencia del Poder Judicial. Como apunta acertadamente Guilarte Gutiérrez[205], el problema de la politización del Consejo se solucionaría eliminando la competencia de nombramientos discrecionales del Consejo. Coincidiendo con esta posición, y ante la actual situación de posibles designaciones bajo influencias políticas o favoritismos, resulta pertinente plantear una reforma profunda que limite de manera significativa las facultades del Consejo en relación con los nombramientos. De esta forma, el órgano, exclusivamente ostentará un papel simbólico de certificación de ascensos por vacante. Evidentemente, a través de un CGPJ totalmente independiente y ajeno a la vida política, no sería necesario realizar tal planteamiento. Para llevar a cabo esta reforma, se propone un conjunto de cambios específicos en el proceso de nombramiento de los magistrados del Tribunal Supremo y otros altos cargos judiciales.

La primera medida consiste en establecer que solo aquellos que hayan alcanzado previamente la categoría de magistrado en el escalafón judicial puedan aspirar a cargos en el Tribunal Supremo. Este requisito asegura que solo aquellos con la ex-

---

205 GUILARTE GUTIÉRREZ, V. "El Consejo General del Poder Judicial: funciones y disfunciones". Op. Cit.

periencia y el conocimiento adecuados puedan aspirar a los cargos más altos. La segunda medida establece que los ascensos estarán estrictamente vinculados a la existencia de vacantes, como consecuencia de jubilaciones, traslados, suspensiones o renuncias. Dichas vacantes serían ofrecidas en primera instancia a los magistrados con mayor antigüedad en la carrera judicial, quienes podrían aceptar o declinar el ofrecimiento de manera voluntaria. En relación a la tercera medida, se considera idóneo incorporar un mecanismo que permita la promoción a través de pruebas selectivas específicas, reservando una quinta parte de las plazas del Tribunal Supremo a aquellos magistrados que demuestren una especialización previa en un determinado orden jurisdiccional. Este enfoque no solo asegura un análisis más cualificado de los asuntos, sino que también refuerza la capacidad técnica del tribunal. En cuarto lugar, se sugiere eliminar la figura de los juristas de reconocida competencia como vía de acceso al TS y a los TSJ, de manera que dichos órganos queden integrados exclusivamente por magistrados provenientes de la carrera judicial. Esta medida busca fortalecer la meritocracia y garantizar que todos los integrantes del tribunal hayan superado una trayectoria profesional reglada y transparente.

El sistema propuesto de ascenso por vacante se basa exclusivamente en criterios objetivos y transparentes, como la antigüedad y la superación previa de pruebas selectivas para la consecución de las plazas de magistrado y magistrado del TS. Un modelo que finaliza con la opacidad asociada a los nombramientos discrecionales, donde los criterios basados en el principio meritocrático no eran totalmente cumplidos, recayendo una amplia interpretación subjetiva por los vocales. Se acaba así con un modelo que da juego a la posible apertura de la puerta del Consejo y del TS a las influencias políticas, evitándose las redes de influencia que pueden acaecer. El modelo de ascenso por vacante es un proceso más automatizado, menos manipulable y que, aunque puede llevar a que únicamente pidan el ascenso magistrados con fines políticos, a medio-largo plazo se reduce la injerencia externa.

Igualmente, el sistema expuesto no únicamente va a facilitar un ejercicio de la función jurisdiccional totalmente independiente, sino que asegura la equidad. Todos los magistrados tendrán las mismas oportunidades de avanzar y ascender al más alto tribunal, promoviéndose la igualdad de oportunidades y una carrera judicial clara, predecible y estable. Se superan así las deficiencias del modelo actual, a través del cual se observa el incumplimiento del principio de igualdad de oportunidades pues, a pesar de que tanto el reglamento como el art. 326.2 LOPJ manifiestan la necesidad de argumentar el mérito y capacidad del candidato para la plaza y respecto a los restantes candidatos, se observa en la práctica un "padrinaje" político-ideológico de gran parte de los candidatos designados.

Únicamente se mantendrían como nombramientos discrecionales aquellos relativos a Presidentes de Sala y de Tribunales, eliminándose toda injerencia en la composición de las restantes plazas. Se refuerza así la percepción pública del Tribunal Supremo, ampliamente dañada por los recientes acontecimientos. Un sistema basado en ascensos por vacante ofrece una separación entre la justicia y los partidos políticos, expulsando así las posibles influencias indebidas existentes a consecuencia del "favor" de ser magistrado del TS. Al eliminar la discrecionalidad en los nombramientos, se cierra la puerta al nepotismo y a la corrupción, fortaleciendo la confianza ciudadana en el sistema judicial y en las instituciones encargadas de administrarlo. Un modelo basado en ascensos por vacante representa así un avance fundamental hacia una justicia más independiente, transparente y legítima.

4.2.2 Potestad reglamentaria: regulación interna y sus implicaciones

La LO 1/1980, en su artículo quinto, reconocía una potestad reglamentaria con una doble vertiente: por un lado, *ad intra*, referida a la organización y funcionamiento del Consejo, y por otro lado ad *extra*, al proyectarse sobre el régimen del personal, los servicios y demás materias de su competencia. Esta última faceta de la potestad reglamentaria se enmarcaba dentro del debate habido en la época acerca de la naturaleza jurídica del Consejo[206]. Sin embargo, la redacción originaria de la LOPJ de 1985 (art. 100) desestimó esta competencia ad extra, específicamente en su artículo 100. Además, mediante la disposición adicional primera, la LOPJ otorgaba al Gobierno un plazo de un año para la elaboración de los reglamentos necesarios para el desarrollo de la norma, asumiendo así gran parte de las competencias ad extra que anteriormente habían sido sustraídas al Consejo.

La regulación del nuevo Consejo fue objeto de impugnación por conflicto de atribuciones ante el TC. Los recurrentes sostenían que el diseño normativo despojaba inconstitucionalmente al Consejo de características esenciales para su autonomía. En materia reglamentaria, la STC 108/1986, de 29 de julio, se encuentra ante la difícil necesidad de concreción acerca de si el art. 100 LOPJ constituye una infracción del ámbito competencial constitucional del Consejo, o si es viable conforme la norma constitucional despojar y restringir las facultades reglamentarias *ad extra* en favor del Gobierno. La justificación del grupo parlamentario recurrente, Alianza Popular, se enfoca en la necesidad de establecer un verdadero modelo de separación de poderes, bajo una esfera propia de cada uno de ellos, que genere una verdadera reducción de los ámbitos competenciales materiales conexos entre ellos, separando en compartimentos estancos los tres poderes y elaborando un sistema tripolarizado

---

206 Señala NAVAS SÁNCHEZ, M. del M. "Poder Judicial y sistema de fuentes. Cuarenta años de ejercicio de la potestad reglamentaria del Consejo General del Poder Judicial". *Teoría y realidad constitucional*, n. 50, 2022, pp. 399-426, esp. p. 402, que el debate acerca del órgano se enfocaba en determinar al mismo como órgano de autogobierno y no así de gobierno autónomo del mismo, lo que generaba un mayor énfasis en otorgar al Consejo tales facultades.

o multipolarizado[207]. Este planteamiento llevaba a suponer el reconocimiento de potestad reglamentaria, en su sentido más extenso, a todos los órganos constitucionales del Estado, lo que podría suponer la aparición de multitud de subordenamientos diferenciados que emanan de esferas de poder autónomas, en base al texto constituyente. Pero a su vez, y desde la otra cara de la moneda, el planteamiento se enfoca en permitir que cada poder estatal pueda autoregularse y desarrollarse, sin necesidad de la injerencia de un tercer poder, limitando la capacidad del poder legislativo y del ejecutivo de incidir en esferas orgánicas ajenas a su propio ámbito competencial.

El TC decide ofrecer una "solución salomónica"[208] que buscaba armonizar ambas posiciones, reconociendo la validez de argumentos que, aunque antagónicos, resultaban plenamente compatibles con el modelo constitucional. Por un lado, otorgar una potestad reglamentaria externa al Consejo podría contravenir su naturaleza administrativa; por otro, la atribución de esta potestad al Gobierno colisionaba con la reserva de ley constitucional que regula la estructura y funcionamiento del Poder Judicial. La Constitución, al establecer que el marco normativo aplicable al Poder Judicial debe derivar directamente de la ley, excluye de esta regulación tanto las normas emanadas del Consejo como las del Gobierno, dejando claro que cualquier desarrollo reglamentario sin rango de ley sería inconstitucional. Expone Porras Nadales[209] que el Estatuto jurídico de jueces y

---

207 PORRAS NADALES, A.J. "El Consejo General del Poder Judicial. Según la STC 108/1986, de 29 de julio, sobre la Ley Orgánica del Poder Judicial". *Revista Española de Derecho Constitucional*, n. 19, 1987, pp. 225-244, esp. p. 237

208 CABELLOS ESPIÉRREZ, M.A. *El Poder Judicial. Configuración constitucional, desarrollo y retos*. Op. Cit., p. 206.

209 PORRAS NADALES, A.J. "El Consejo General del Poder Judicial. Según la STC 108/1986, de 29 de julio, sobre la Ley Orgánica del Poder Judicial". Op. Cit., p. 239.

magistrados es materia que, en tanto que sometido al imperio de la ley según el artículo 117.1 de la CE, excluye de su regulación cualquier norma de rango inferior, incluso si proviene del Gobierno. El Tribunal Constitucional argumenta que permitir que el Consejo o el Gobierno regulen mediante normas inferiores afectaría negativamente a la independencia judicial y comprometería la actividad jurisdiccional de jueces y magistrados. La ausencia de esta reserva legal generaría un modelo en el que la independencia del Poder Judicial no estaría suficientemente garantizada, debilitando el equilibrio institucional y afectando la legitimidad del sistema de justicia.

El Tribunal reconoce una potestad reglamentaria abstracta atribuida al Gobierno[210] (FJ. 24), pero a su vez delimita claramente su alcance al excluir la posibilidad de que los reglamentos puedan regular el estatuto de jueces y magistrados. Esta exclusión deriva de la imposibilidad de someter a los jueces a normas reglamentarias emanadas del Gobierno, estableciendo que la única vía legítima para regular su estatuto es la Ley Orgánica. En este sentido, el FJ. 26 pone de relieve que "el status de los jueces y magistrados, es decir, el conjunto de derechos y deberes de los que son titulares como tales jueces y magistrados, ha de venir determinado por ley y más precisamente por Ley Orgánica". Empero, esta afirmación no es un término absoluto, cabiendo que regulaciones infralegales que afecten a ese status puedan ser perfectamente admisibles, siempre y cuando no afecten al núcleo esencial de los derechos y deberes que lo configuran y se enfoquen con exclusividad en cuestiones accesorias. En estas circunstancias, el reglamento puede ser aprobado por el Consejo,

---

210 Señala PORRAS RAMÍREZ, J.M. "Fundamento, naturaleza, extensión y límites de la potestad reglamentaria del Consejo General del Poder Judicial". *Revista de Estudios Políticos*, n.º 87, 1995, pp. 239-258, esp. p. 251, la coherencia en otorgar al Gobierno de la Nación la potestad reglamentaria ad extra, al ser responsable directo ante el Congreso de los Disputados.

conforme a una interpretación amplia del art. 110 LOPJ de forma amplia[211], al ser materia que engloba una de las principales funciones del órgano, como es la garantía de la independencia judicial[212]. Cualquier abuso o extralimitación en el ejercicio de esta potestad, ya sea por parte del Consejo o del Gobierno, puede ser objeto de impugnación mediante los cauces legales pertinentes, como reitera el Tribunal Constitucional.

Este enfoque busca equilibrar las competencias entre ambos órganos y se presenta como una solución equitativa que, aunque no satisface plenamente a ninguna de las partes, responde al objetivo de mantener la cohesión institucional. Y, a través del FJ. 27, desestima el recurso de inconstitucionalidad terminando de esclarecer la materia, quizás con un planteamiento redundante, al manifestar que el Gobierno tiene atribuida tal facultad de aprobar los reglamentos para el desarrollo de la LOPJ siempre y cuando estos no innoven en los derechos y deberes que configuran el estatuto de los jueces y magistrados ni interfieran en competencias propias del Consejo conforme al artículo 110 de la LOPJ.

La reforma del art. 110 LOPJ mediante Ley Orgánica 16/1994, de 8 de noviembre, por la que se reforma la Ley Orgánica 6/1985, de 1 de julio, del Poder Judicial, volvía a efectuar un cambio en el ámbito competencial del órgano. Se atribuye así al Consejo la potestad reglamentaria *ad extra*, detallándose las materias que cabían en tal desarrollo reglamentario, y que

211 Expone NAVAS SÁNCHEZ, M. M. *Poder Judicial y sistema de fuentes. La potestad normativa del Consejo General del Poder Judicial.* Madrid, Civitas, 2002, p. 299, cómo el TC efectúa una interpretación del art. 110 LOPJ, el cual no venían siendo cuestionado por los recurrentes, en aras de valorar la constitucionalidad de la Disposición Adicional Primera, otorgando la cobertura necesaria para fundamentar el pronunciamiento del TC.

212 DE OTTO, I. *Derecho Constitucional. Sistema de fuentes.* Barcelona, Ariel, 1987, p. 225.

engloban, con un carácter abierto y no exhaustivo[213], cuestiones relativas, entre otras, a la modalidad de ingreso, promoción y especialización, organización y funciones del centro de selección y formación de jueces y magistrados, turnos y provisión de plazas vacantes y desiertas, tiempo mínimo de pertenencia en el destino, procedimiento los nombramientos discrecionales, actividades de formación, situaciones administrativas, permisos, incompatibilidades, contenido del Escalafón judicial, régimen de sustituciones, facultades de las Salas de Gobierno, Inspección de Juzgados y Tribunales, publicidad de las actuaciones judiciales, cooperación jurisdiccional, cese y posesión en los órganos judiciales, especialización de órganos judiciales, reparto de asuntos y ponencias y normas generales sobre prestación y desarrollo del servicio de guardia. Sobre esta materia se pronunció la STC 105/2000, de 13 de abril, puesto que la Disposición adicional primera otorgaba competencia para el dictado de reglamentos, salvo que fuera materia facultad del CGPJ, a las CCAA competentes en materia de justicia. En tal cuestión, el TC reiteró la doctrina expuesta en la STC 108/1986. Esta cuestión volvió a ser escasamente modificada por Ley Orgánica 19/2003, de 23 de diciembre, de modificación de la Ley Orgánica 6/1985, de 1 de julio, del Poder Judicial, aun sin real trascendencia.

La modificación operada en el año 2013 supuso una notable reducción de las materias susceptibles de regulación reglamentaria, particularmente en el ámbito de la potestad *ad extra*. Véase cómo el legislador utiliza las cláusulas "sin que tal desarrollo reglamentario pueda suponer innovación o alteración alguna de la regulación legal" y "en los términos previstos en la presente Ley Orgánica", reflejadas en art. 560.1 LOPJ. Esta tendencia restrictiva

---

213 Blanquer Criado, D.V. "La potestad reglamentaria del CGPJ y la regulación del mercado de reutilización de resoluciones judiciales". *Teoría y Derecho: Revista de pensamiento jurídico*, n. 11, 2012, pp. 250-273, esp. pp. 260-261.

respondió a la percepción de que el Consejo había asumido un ámbito competencial[214], en detrimento de su función primaria como órgano de gobierno de la justicia[215]. Empero, y a pesar de esta idea reduccionista, desapoderar al Consejo de la potestad reglamentaria torna en un objetivo inviable, puesto que toda actuación encaminada en restringir las competencias del órgano llevaría a una idea de afrenta a la independencia judicial[216]. Igualmente, genera dudas[217] que la solución al problema sea la devolución de competencias propias del Consejo al Gobierno de España[218]. Se enclava así esta competencia como una función más dentro del Consejo, aun ante la inexistencia de la misma dentro del texto constitucional, recayendo su concreción en el legislador

---

214 En palabras de GERPE LANDÍN, M. y CABELLOS ESPIÉRREZ, M.A. "La reforma permanente: el Consejo General del Poder Judicial a la búsqueda de un modelo". *Revista española de Derecho Constitucional*, n. 103, 2015, pp. 13-44, esp. p. 38, esta reforma normativa descansa en una reacción legal "desproporcionada, y no obedece realmente a un problema de ejercicio de la potestad reglamentaria del Consejo, sino simplemente a la voluntad de rebajar la posición de este".

215 En tal cuestión señala MURILLO DE LA CUEVA, P.L. "La posición constitucional del Consejo General del Poder Judicial y sus relaciones con los órganos constitucionales", en M. Gerpe Landín (dir.) y M.A. Cabellos Espiérrez (dir.), *El gobierno del Poder Judicial: evolución y perspectivas de reforma*. Madrid, Marcial Pons, 2013, pp. 47-79, esp. p. 76, que la reducción de tales competencias reglamentarias "descansa en la idea de que le Consejo General del Poder Judicial ha adquirido una dimensión excesiva [...] se le han atribuido competencias que no se deberían habérsele atribuido".

216 NAVAS SÁNCHEZ, M. DEL M. "Poder Judicial y sistema de fuentes. Cuarenta años de ejercicio de la potestad reglamentaria del Consejo General del Poder Judicial". Op. Cit., p. 414.

217 TEROL BECERRA, M.J. *Reivindicación autonómica sobre el gobierno desconcentrado del Poder Judicial*. Valencia: Tirant lo Blanch, 2012, p. 13.

218 En favor de tal cuestión véase SANTAOLALLA LÓPEZ, F. "Consideraciones constitucionales sobre el llamado autogobierno judicial". *Teoría y Realidad Constitucional*, n. 8-9, 2002, pp. 235-250, esp. pp. 248-250.

orgánico de cada momento, marcándose así distintas etapas de intersección entre reformas y pronunciamientos del TC y TS[219].

4.2.3 Inspección y disciplina: salvaguarda y control judicial

El Consejo General del Poder Judicial tiene encomendada la potestad de inspección y vigilancia sobre los juzgados y tribunales como un mecanismo esencial para garantizar el adecuado funcionamiento de la Administración de Justicia. Esta potestad es ejercida por el órgano de gobierno de la justicia de manera concurrente con las Salas de gobierno del del Tribunal Supremo, los Tribunales Superiores de Justicia y la Audiencia Nacional. Este servicio del Consejo tiene la función de realizar visitas a juzgados y tribunales, recibir y valorar las denuncias efectuadas por los ciudadanos, y controlar el funcionamiento de los diferentes servicios de la Administración de justicia. Se materializa a través de un Servicio de inspección, una estructura técnica que opera bajo la dependencia de la Comisión Permanente, y ostenta facultades de inspección de Tribunales y supervisión de la actividad realizada por los órganos de gobierno internos de los mismos (art. 560.1.8ª LOPJ), cuyo Jefe y Director es nombrado por el Pleno del CGPJ. A su vez, este servicio de subdivide en una Unidad Inspectora Central y cinco unidades inspectoras especializadas. La Unidad Inspectora Central está integrada por el Jefe del Servicio, un magistrado adjunto y un letrado adscrito, mientras que las unidades inspectoras están compuestas por inspectores delegados y letrados, asignados según los diferentes órdenes jurisdiccionales. Una de estas unidades se ocupa de un ámbito mixto, abarcando competencias en los juzgados de familia, capacidad de las personas, menores y vigilancia penitenciaria. Además, el Servicio de Inspección incluye

---

219 Navas Sánchez, M. del M. "Poder Judicial y sistema de fuentes. Cuarenta años de ejercicio de la potestad reglamentaria del Consejo General del Poder Judicial". Op. Cit., p. 402.

una Sección de Estadística, encargada de gestionar y analizar los datos recolectados a través de los boletines, elemento esencial para el desarrollo de sus funciones.

Las facultades atribuidas al Servicio de Inspección pueden agruparse en seis bloques. El primero corresponde al conocimiento y provisión de información sobre el estado de los juzgados y tribunales, labor que se realiza a través de visitas ordinarias y extraordinarias, complementadas con herramientas tecnológicas que permiten una inspección virtual basada en datos estadísticos y aplicaciones informáticas. Este análisis genera informes detallados sobre la situación, la gestión y el rendimiento de los órganos inspeccionados. El segundo de ellos, relativo al control de la actividad de los órganos jurisdiccionales, busca verificar el grado de cumplimiento de los diferentes estándares de eficiencia en la labor jurisdiccional, así como las hipotéticas desviaciones que puedan surgir. En ningún caso esta tarea se enfocará en controlar el contenido de las resoluciones jurisdiccionales, salvo en casos de contrariedad manifiesta con mandatos constitucionales, los cuales se abordan por otras vías.

El tercer bloque es el relativo a la prevención de los posibles desajustes en el funcionamiento que puedan ocasionarse dentro de la estructura de los órganos jurisdiccionales, proponiendo medidas correctoras y planes de actuación cuando sea necesario. n el cuarto bloque, el énfasis recae en la mejora continua de la gestión judicial, basada en un análisis exhaustivo de las causas que originan los problemas y en la propuesta de soluciones viables para optimizar la organización y el funcionamiento de los juzgados y tribunales. Como consecuencia de las actuaciones descritas, el quinto bloque comprende deriva del acta o informe levantado ante la visita e inspección realizada. En el mismo se tendrán que indicar los resultados de la actuación llevada a cabo y las medidas a adoptar. Igualmente, este servicio de inspección tendrá que elaborar todos los informes que le sean requeridos por la Comisión Permanente, el Promotor de la Acción Disciplinaria y los distintos Servicios y Secciones del CGPJ. Finalmente, el sexto bloque se ocupa de la implementación efectiva de las medidas propuestas para subsanar deficiencias detectadas, estableciendo pautas para su seguimiento y perfeccionamiento. Este enfoque tiene como objetivo último alcanzar un nivel óptimo de eficiencia en el funcionamiento de los órganos jurisdiccionales, consolidando la calidad y la independencia de la justicia. En conjunto, estas atribuciones reflejan un sistema de inspección robusto y dinámico, orientado tanto a la supervisión como a la mejora continua de la Administración de Justicia.

Tal y como ya se ha advertido, la labor del órgano no puede consistir en emitir órdenes o mandatos que interfieran en la función jurisdiccional de jueces y magistrados, ya que estos se encuentran sometidos únicamente al imperio de la ley. De esta forma, el TS ha manifestado en sentencia de 27 de abril de 2022[220] que el Servicio de Inspección tiene la función de comprobar y hacer constar el estado de juzgados y tribunales, así como de las actuaciones de quienes los dirigen, reflejando en actas e informes los resultados de sus inspecciones, debiendo de reflejar en actas e informes los resultados de su labor de inspección. Para ello, pueden efectuar propuestas, recomendaciones o sugerencias. Empero, en tales actuaciones no tiene cabida que el servicio requiera o conmine. Para ello, se exige un análisis de los términos utilizados, los cuales pueden determinar la existencia de una orden a un juez o magistrado para realizar una tarea, función ajena a sus competencias. Es evidente que la carencia de un órgano jurisdiccional en el ejercicio de sus funciones es motivo de reproche por el Servicio de Inspección, pero ello no lleva a que realice intimaciones. El órgano judicial está sometido únicamente al imperio de la ley, no a un órgano que ejerce una potestad del CGPJ. Una comunicación de tal nivel se convierte en una orden directa y expresa, cuestión que

---

220 STS, Sala de lo Contencioso-Administrativo (Sección Sexta), 499/2022, de 27 de abril, ECLI:ES:TS:2022:1575, FJ. 2.

atentaría a la propia independencia judicial, y es por ello que la formalidad y el fondo de la comunicación se convierte en crucial para entender si es una mera labor de petición de un cumplimiento del deber, sin inmiscuirse en la función jurisdiccional, o trasciende la misma para ser una exigencia imperativa conforme unas reglas o directrices expuestas.

El ejercicio de la potestad sancionadora frente a jueces y magistrados que incurran en infracciones, dentro del ámbito de la responsabilidad disciplinaria, se encuentra atribuido al Consejo, en consonancia con las competencias propias de los órganos de gobierno del Poder Judicial. Este Consejo ostenta la facultad de incoar expedientes disciplinarios que determinen la naturaleza y el alcance de las conductas reprochadas, resolviendo, en su caso, la existencia de infracciones y aplicando las sanciones correspondientes. Para cumplir con este cometido, el CGPJ se apoya en dos órganos esenciales que constituyen los pilares de su actividad sancionadora.

El primero de ellos, la Comisión Disciplinaria, como órgano dentro del Consejo, dispone de una estructura legalmente desarrollada. Se compone de siete vocales, cuatro del turno judicial y tres del turno relativo a juristas[221], designados por el Pleno del CGPJ para un mandato de cinco años, en contraste con la rotación anual de los miembros de la Comisión Permanente. El vocal de origen judicial de mayor antigüedad y categoría ejerce la presidencia de la Comisión, que desarrolla sus funciones con la participación de todos sus integrantes, pudiendo ser sustituido alguno de ellos por la Comisión Permanente en caso de ausencia

---

[221] La idea sobre la que se asienta la estructura en la que exista un mayor número de vocales que provengan de la carrera judicial en el ejercicio de la potestad sancionadora sigue la línea ya expuesta por Sentencia de la Gran Sala del Tribunal Europeo de Derechos Humanos. Asunto 55391/13, Ramos Nunes de Carvalho e Sá c. Portugal de 8 de noviembre de 2018, ECLI:CE:ECHR:2018:1106JUD005539113.

justificada. Sus facultades se resumen en la resolución de los expedientes disciplinarios incoados por infracciones graves y muy graves, imponiendo la sanción que corresponda, salvo la separación del servicio, que queda reservada al Pleno del CGPJ. Todos estos acuerdos sancionadores son impugnables en un plazo de un mes en alzada ante el Pleno. Igualmente, conocerá de los recursos de alzada interpuesto contra las resoluciones efectuadas por los órganos de gobierno interno ante infracciones de menor gravedad cometidas por jueces y magistrados.

La reforma introducida por la Ley Orgánica 4/2013, de 28 de junio, introdujo una figura clave en el ámbito disciplinario: el Promotor de la Acción Disciplinaria, cuya regulación se recoge en los artículos 605 y 606 LOPJ. Se crea de esta manera el art. 605 LOPJ, mediante el cual se establece que la presente figura se ocupará de la "recepción de quejas sobre el funcionamiento de los órganos judiciales, la recepción de denuncias, así como la iniciación e instrucción de expedientes disciplinarios y la presentación de los cargos ante la Comisión Disciplinaria". Este nuevo órgano es nombrado por el Pleno del CGPJ entre magistrados del TS y magistrados con más de veinticinco años de antigüedad en la carrera judicial, ejerciendo exclusivamente funciones inherentes a su cargo. Mantiene una directa conexión con el CGPJ, pues su mandato será coincidente con el del Consejo que lo nombró, pudiendo únicamente ser cesado por incapacidad o incumplimiento grave de sus deberes. La cuestión trascendental de la presente figura es que dispone de un conjunto de facultades tales y como: (1) la instrucción de los expedientes disciplinarios contra jueces y magistrados; (2) tramitación de los procedimientos disciplinarios, velando por el cumplimiento de las garantías legales en los mismos; (3) tramitar y resolver las quejas y denuncias en materia disciplinaria, remitiendo las propuestas a la Comisión Disciplinaria; (4) coordinar los diferentes criterios de actuación en la investigación de estas infracciones bajo el respeto de los principios de eficacia y transparencia.

Se podría categorizar que el Promotor de la Acción Disciplinaria tiene dos principales competencias, que son la recepción de quejas y denuncias y la incoación e instrucción de asuntos y propuestas de resolución. En relación a la primera de ellas, los cometidos de esta figura quedan integrados conforme el modelo de tramitación de quejas y reclamaciones contenido en el Reglamento 1/1998, del Consejo General del Poder Judicial, de tramitación de quejas y denuncias relativas al funcionamiento de los Juzgados y Tribunales, y en la Instrucción 1/1999 del Consejo General del Poder Judicial que contiene el protocolo de servicio y los formularios de tramitación de quejas y reclamaciones y previa información al ciudadano. Esta función viene siendo desarrollada por la Unidad de Atención Ciudadana, adscrita al Promotor de la Acción Disciplinaria, y su utilidad se enfoca en dar respuesta a las denuncias, quejas y reclamaciones sin relevancia disciplinaria.

La segunda de ellas, ya enfocada verdaderamente en la actuación disciplinaria, es materia que ha venido siendo modificada por la LO 4/2013. Estas competencias venían siendo asignadas a la Comisión Disciplinaria, que se convertía así en el órgano que ostentaba exclusivamente la incoación del procedimiento, de la designación del instructor y de la sanción del juez o magistrado si hubiere causa para ello. A través de la modificación normativa, el nuevo Promotor de la Acción Disciplinaria se crea de la base de un conjunto de competencias que venían siendo asignadas a los diferentes servicios del CGPJ y a la Comisión Disciplinaria. Asume el órgano la función de incoar e instruir los procedimientos disciplinarios, la formulación de cargos y la propuesta de resolución. Estas tareas se vienen ejerciendo por la Unidad de Actuaciones previas, que deriva de la Unidad de Informes dependiente del Servicio de Inspección, y por la Unidad Disciplinaria, que deriva de la Sección de Régimen Disciplinario, ambas adscritas al Promotor de la Acción Disciplinaria y con funciones de comprobación inicial de los hechos y tramitación de los expedientes disciplinarios respectivamente.

De aquí resulta una evidente ventaja, y es la profesionalización, sistematización y concentración del procedimiento disciplinario[222], pues un órgano especializado en ello llevará a cabo las distintas tareas, siguiendo siempre un modelo de instrucción generalizado en el que únicamente existe un órgano que realice la tarea, superando la limitación antigua de encomendar la misma, caso por caso, a Magistrados, quienes a su vez debían de seguir realizando sus actividades ordinarias. En contraparte, no es menos cierto que no es lo más correcto que exista un único órgano que reciba las quejas/denuncias, incoe el procedimiento, instruya y efectúe una propuesta de resolución. En un mismo órgano se puede advertir que cohabita la figura de instructor, acusador y resolutor. Igualmente, la Comisión Permanente ejerce sobre el mismo una cierta influencia o tutela, pudiéndole obligarle a iniciar un expediente sobre un asunto concreto (art. 608 LOPJ). De esta forma, la Comisión Disciplinaria ve ligeramente reducido su ámbito competencial, al resolver los expedientes por infracciones graves y muy graves, con la excepción de la sanción de separación del servicio. Todo ello sin obviar la competencia de las Salas de Gobierno y Presidentes de Tribunales en materia de infracciones leves.

4.2.4 *Informe de anteproyectos legislativos: rol consultivo*

La función consultiva que ejerce el Consejo constituye una de sus atribuciones más polémicas, pues en su ejercicio debe emitir informes sobre anteproyectos de ley y disposiciones generales elaborados por el Gobierno o el Parlamento[223]. El plazo

---

222 Cabellos Espiérrez, M.A. *El Poder Judicial. Configuración constitucional, desarrollo y retos.* Op. Cit., p. 210.

223 Para una lectura de los diferentes informes realizados por el CGPJ desde el año 2001, acúdase a: https://www.poderjudicial.es/cgpj/es/Poder-Judicial/Consejo-General-del-Poder-Judicial/Actividad-del-CGPJ/Informes/

establecido para la remisión de estos informes es de treinta días, aunque en casos de máxima urgencia puede reducirse a quince días o, por el contrario, ampliarse hasta quince días adicionales si la complejidad del asunto así lo requiere, salvo situaciones de urgencia, en las cuales la extensión no podrá superar los diez días. Esta interacción entre el órgano consultivo y los órganos legislativos o ejecutivos puede generar controversias, especialmente cuando el dictamen emitido por el Consejo no se alinea con las iniciativas o intereses del legislador. El art. 561 LOPJ delimita el ámbito competencial en el cual se desarrolla la presente facultad, señalando que los informes podrán versar sobre aspectos como las modificaciones a la propia LOPJ; la determinación o modificación de las demarcaciones judiciales y su capitalidad; la fijación o modificación de la plantilla orgánica de jueces y magistrados; los estatutos orgánicos de jueces, magistrados, letrados de la Administración de Justicia y demás personal al servicio de esta; normas procesales o disposiciones relativas a la tutela jurídico-constitucional de derechos fundamentales ante los tribunales ordinarios; la constitución, organización, funcionamiento y gobierno de los tribunales; leyes penales y normas sobre régimen penitenciario, entre otros aspectos que el Gobierno, las Cortes Generales o, en su caso, las asambleas legislativas de las comunidades autónomas estimen oportunos.

En este contexto, CABELLOS ESPIÉRREZ[224] señala que el ámbito competencial es muy determinado, y el término "anteproyecto de ley" ha dado paso a que este requisito preceptivo pueda ser soslayado. Exactamente el autor manifiesta la posibilidad de que un grupo parlamentario pueda presentar una proposición de ley a las Cortes, sirviéndole al Gobierno para desarrollar así la misma. De este modo, el Ejecutivo podría aprovechar esta vía para evitar que el Consejo se pronuncie sobre cuestiones potencialmente

---

224 CABELLOS ESPIÉRREZ, M.A. *El Poder Judicial. Configuración constitucional, desarrollo y retos.* Op. Cit., p. 213.

controvertidas, especialmente aquellas que podrían suscitar informes críticos por razones jurídicas, políticas o ideológicas. Aunque los dictámenes emitidos por el Consejo no son vinculantes, su rechazo o la omisión de sus recomendaciones puede acarrear un considerable desgaste político y constitucional, máxime cuando las pautas propuestas están sólidamente fundamentadas en criterios jurídicos. Por otro lado, es igualmente objeto de crítica la situación en la que el Consejo, excediendo los límites de su competencia, incurre en un activismo político al emitir dictámenes que, más allá de lo estrictamente jurídico, intervienen en debates políticos o ideológicos[225]. Este fenómeno resulta particularmente problemático en un órgano que, por su naturaleza y función constitucional, debe preservar su neutralidad e independencia frente a cualquier interferencia en el ámbito político. De esta manera, aunque la función consultiva del CGPJ es un instrumento valioso para garantizar la calidad técnica y jurídica de las disposiciones normativas, su correcta aplicación y respeto por los límites establecidos en la normativa son esenciales para evitar la politización de su actuación y para preservar la confianza pública en la institución.

4.2.5 Defensa de la independencia judicial: retos y responsabilidades

No es objeto del presente trabajo realizar un pormenorizado estudio acerca del concepto y alcance de la independencia judicial, pero, aun así, es de interés realizar un acercamiento previo para, y a posteriori, remarcar las facultades que ostenta el Consejo en la presente materia.

---

225 Para una lectura de los diferentes dictámenes realizados por el CGPJ desde el año 2018, acúdase a: https://www.poderjudicial.es/cgpj/es/Temas/Etica-Judicial/Comision-de-Etica-Judicial/Dictamenes/?canal=2731d38b327d3610VgnVCM1000006f48ac0a &text=&filtroAnio=&ordenBus=FECHA%2CDESC&foco=ordenBus

4.2.5.a Independencia judicial: concepto y salvaguarda

La independencia judicial es un término trascendental dentro del Estatuto de jueces y magistrado, pero que obedece a ser un elemento esencial dentro del Estado de Derecho[226], especialmente desde la paradójica legitimación democrática de esta garantía[227]. Este concepto ha adquirido relevancia histórica con la consolidación del principio de separación de poderes[228],

---

226 Sobre tal cuestión, manifiesta DÍEZ-PICAZO, L.M. "Notas de Derecho comparado sobre la independencia judicial". *Revista Española de Derecho Constitucional,* n. 34, 1992, pp. 19-39, esp. p. 20: "La administración de la justicia no debe ser pura manifestación del poder político ni quedar supeditada en manera alguna a aquellos órganos del Estado que ejercen dicho poder político, y ello porque de nada serviría dictar normas que limitan la actividad de los gobernantes si ulteriormente, en la fase de aplicación contenciosa del Derecho, éstos pudieran influir en la resolución de los litigios".

227 Pone de relieve esta paradoja ERNST, C. "Independencia judicial y democracia", en J. J. Orozco Henríquez (comp.), R. Vázquez (comp.), J.F. Malem Seña (comp.), *La función judicial. Ética y Democracia.* Barcelona, Gedisa, 2003, pp. 235-244, esp. p. 242: "Por un lado, la independencia de los jueces es vista como una exigencia democrática. Al mismo tiempo, los jueces no son un poder representativo y por lo tanto habría razones para restarles algunos poderes. Pero si se hace esto, bajo ciertas condiciones se corre el riesgo de afectar a su independencia y con ello también a la democracia".

228 En esta cuestión, señala HAMILTON, A. "The Federalist: The Judiciary Department". Op. Cit., que la independencia judicial constituye un pilar esencial en la protección de la Constitución y en la salvaguarda de los derechos individuales frente a los efectos perniciosos que pueden surgir de las pasiones transitorias o los estados de ánimo alterados de la sociedad. Estas turbulencias, que a menudo son instigadas por artimañas de personas con intenciones maliciosas o por la influencia de circunstancias particulares, aunque suelen ceder con rapidez ante una información más precisa y una reflexión más sosegada, tienden a provocar innovaciones peligrosas en las estructuras de gobierno y graves opresiones hacia las minorías dentro de la comunidad. Es

imperativo que los defensores de una Constitución republicana reconozcan la importancia de la independencia de los jueces para resistir estas tendencias, asegurando que las disposiciones constitucionales no sean alteradas sino por los medios formales y solemnes establecidos por el propio pueblo. Aunque es un principio fundamental de todo gobierno republicano reconocer el derecho del pueblo a alterar o abolir una Constitución cuando esta se revele incompatible con su felicidad, de este principio no se deriva que los representantes del pueblo puedan, en virtud de una inclinación pasajera o momentánea de sus constituyentes, justificar la transgresión de las disposiciones constitucionales. Tampoco los tribunales deben considerarse obligados a tolerar infracciones de tal naturaleza, aun si estas derivan de la voluntad mayoritaria de la comunidad. La Constitución, mientras no sea modificada mediante un acto solemne y legítimo, vincula por igual a los ciudadanos, tanto en su dimensión colectiva como individual. Ninguna presunción ni conocimiento directo de los sentimientos populares puede legitimar a los representantes para desviarse de sus preceptos antes de que se lleve a cabo un acto formal de modificación o derogación. Sin embargo, es evidente que exigir a los jueces que ejerzan su función como guardianes leales de la Constitución puede demandar un grado excepcional de fortaleza cuando las invasiones legislativas de esta hayan sido alentadas por el clamor mayoritario. La relevancia de la independencia judicial no se limita únicamente a las vulneraciones de la Constitución; también se extiende a la protección contra los efectos de leyes injustas y parciales que puedan dañar los derechos privados de ciertas clases de ciudadanos. En estas circunstancias, la firmeza del poder judicial es igualmente crucial para atenuar los perjuicios inmediatos de tales leyes y para frenar, en su raíz, las intenciones iniquitiosas de los cuerpos legislativos que las promueven. Los legisladores, conscientes de que sus iniciativas injustas podrían ser bloqueadas por los escrúpulos de los tribunales, tienden a moderar sus intentos, lo cual refuerza la justicia y la equidad en el sistema jurídico. Este efecto disuasorio del poder judicial sobre las acciones legislativas es un factor de enorme importancia, aunque muchas veces pase inadvertido, en el carácter y funcionamiento de los gobiernos republicanos. La integridad y la moderación del poder judicial han demostrado, en numerosas ocasiones, ser una fuente de beneficio para los sistemas estatales, brindando protección contra siendo objeto de múltiples definiciones que reflejan su carácter dinámico y su dependencia de los contextos normativos, institucionales, políticos y sociales en los que se ejerce la función jurisdiccional[229]. Suele ser estudiado desde distintos prismas, que conllevan muy variadas clasificaciones de su ámbito de desarrollo, como por ejemplo su análisis desde la autonomía colectiva e individual de los jueces frente a otros individuos o instituciones[230]; capacidad para tener un pensamiento independiente, o mejor dicho, autónomo[231]; independencia personal; externa (frente a otros poderes y fuerzas sociales, instrumentalizándose mediante

---

abusos y consolidando la confianza pública en la justicia. Aunque estas virtudes puedan haber frustrado las expectativas de aquellos que buscan aprovecharse de un sistema corruptible, han merecido el reconocimiento y el respeto de quienes valoran la equidad y la rectitud. Todos aquellos que se preocupan por la estabilidad y la justicia del sistema deben esforzarse por fomentar y fortalecer el carácter independiente y equilibrado del poder judicial. Nadie puede garantizar que no será, en un futuro, víctima de las mismas injusticias que hoy pueden favorecerle. Así, la independencia judicial no solo resguarda a los ciudadanos de las injusticias particulares, sino que también previene la erosión de la confianza pública y privada, protegiendo los cimientos mismos sobre los cuales se construye una sociedad democrática. La ausencia de esta salvaguarda inevitablemente sembraría desconfianza y angustia generalizadas, minando la cohesión social y el respeto hacia las instituciones.

229 TORRES ARIETA, R. *Independencia judicial y la justicia inclusiva.* Cizur Menor, Aranzadi, 2023, p. 31.

230 SIMON, D. *La independencia del juez.* Barcelona, Ariel, 1985, p. 10.

231 Manifiesta TORRES ARIETA, R. *Independencia judicial y la justicia inclusiva.* Op. cit., p. 26, que el pensamiento independiente y autónomo de jueces y magistrados da lugar con la toma de posesión en el cargo.

la inamovilidad[232]) e interna (frente a os miembros de la carrera judicial)[233]; objetiva y subjetiva; individual y colectiva; etc.

Desde un punto de vista clásico, ha sido un concepto variable, que se ha venido adaptando a las distintas situaciones político-sociales de cada época. Empero, resulta innegable que su esencia radica en el axioma formulado por Luigi Ferrajoli: "ninguna mayoría, ni siquiera la unanimidad de los consensos o disensos, puede hacer verdadera o falta la motivación de un pronunciamiento judicial"[234]. Mientras que en el Antiguo Régimen la independencia judicial no existía, puesto que la justicia era aplicada por el monarca o por aquellos a quienes este delegaba tal función, en los Estados derivados de la Independencia de las colonias británicas de América y de las revoluciones europeas aparece como una necesidad, con mayor eficiencia teórica que práctica, cuyo funcionamiento se articula de manera conjunta a la soberanía nacional. Esto lleva a su proclamación en los diferentes textos constitucionales que vienen surgiendo[235]. Aun cuando en España su real alcance se encuentra en la CE 1978, no ha obviarse un trabajo previo en aras de su reconocimiento, lo que supuso un interesante antecedente que trasladó a la escena política la

---

232 Escalada López, M.L. "Independencia de los jueces e independencia del Judicial en la Unión Europea". *Revista De Estudios Europeos,* n. 85, 2025, pp. 253–277, esp. p. 255.

233 González, P. *Independencia del juez y control de su actividad.* Valencia, Tirant lo Blanch, 1993, p. 15.

234 Ferrajoli, L. "Por una refundación garantista e la separación de poderes". Op. Cit., p. 26.

235 Manifiesta Monterde Ferrer, F. "La independencia del Poder Judicial, ayer y hoy". *Diario La Ley,* n. 9816, 2021. Recuperado de https://diariolaley.laleynext.es/dll/2021/03/23/la-independencia-del-poder-judicial-ayer-y-hoy (Fecha de Consulta: 05/06/2024), que no es hasta las Constituciones de la segunda postguerra, y especialmente en Italia, cuando se observa la consecución de una sustancial independencia en el plano judicial.

necesidad de establecer tal garantía en aras de garantizar un efectivo cumplimiento del principio de separación de poderes.

La LOPJ de 1870, en su EM, definía a la independencia judicial como "la cualidad más preciosa y esencial de la magistratura, sin la cual esta deja de constituir un poder para transformarse en una rueda inerte de la Administración política, [...] no en un instrumento de pasiones bastardas y mezquinas". La presente idea resalta la capacidad de la magistratura para servir como un poder transformador y justo de la sociedad. Y para que ello ocurra correctamente, se ha de garantizar la independencia. Este principio no solo permite a la magistratura operar con integridad y equidad, sino que le ofrece una protección ante la posibilidad de ser convertida en un mero engranaje del aparato político y administrativo. Sin esta cualidad el Poder Judicial, y más concretamente jueces y magistrados, pierde su autonomía y su capacidad para actuar como un verdadero poder. Carecerían de ser un defensor imparcial de la justicia y de los derechos de la ciudadanía a través de su capacidad resolutora de conflictos, para ser degradado a un status de extensión de la administración política, manipulable por intereses externos y pasiones individuales. Estar en esta última situación comprometería la justicia, pues las sentencias operarían bajo un marco de influencias políticas y personales, no obedeciendo a lo dictado en la ley.

Cuando el Poder Judicial es utilizado como un instrumento de "pasiones bastardas y mezquinas", este tercer poder del Estado se corrompe. Las decisiones judiciales se comprometen a ser favorables a ciertos grupos de poder, venganzas políticas o intereses económicos de quienes ejercen un control sobre jueces y magistrados. Este escenario socaba la justicia, tanto desde el prisma del ciudadano que acude a la misma en aras de resolver su disputa conforme a la ley, como desde una idea de confianza pública en el sistema judicial. Si existe una afectación en este mismo no se puede desarrollar correctamente un Estado democrático de Derecho, cayendo el sistema hacia modelos dictatoriales en los cuales el poder es ostentado por una persona o un grupo de ellas.

La independencia judicial es decidir los casos particulares siguiendo las indicaciones que proporciona el sistema normativo[236]. Y, por tanto, es la piedra angular sobre la que se construye una magistratura eficaz y justa. Asegurar esta independencia requiere de medidas robustas, que identifiquen posibles injerencias externas y refuercen las garantías de inamovilidad en el cargo y responsabilidad por sus actuaciones. Y esta es la idea sobre la cual se sustenta el legislador en 1870, en la búsqueda de un ámbito de protección a la magistratura para mantenerla como un poder autónomo y que sirva al bien común, evitando su cercanía y relación con intereses ajenos a su funcionalidad. Es, por tanto, la cualidad más preciada sobre la cual se debe de asentar el Poder Judicial, y por ende, el Estado de Derecho.

El Tribunal Constitucional español ha interpretado el concepto desde variados prismas. Califica el art. 117 CE como "pieza esencial de nuestro ordenamiento como del de todo Estado de Derecho"[237], predicándose la misma de todos los miembros de la carrera judicial que ejercen la función jurisdiccional. Igualmente, su reconocimiento va más allá de la mera circunscripción estatal. La independencia judicial torna en elemento esencial en el proceso de toma de decisiones dentro del ámbito judicial europeo. Esta garantía viene siendo reconocida de forma conexa con el derecho a la tutela judicial efectiva recogido en el artículo 47 de la Carta de los Derechos Fundamentales de la UE. De su inexistencia se deriva una imposibilidad de cumplimiento con las pretensiones interpuestas por los ciudadanos, careciendo de valor el derecho de acción reconocido constitucionalmente a toda persona, tanto física como jurídica. La carencia de independencia judicial puede superar la clásica afectación de los intereses del justiciable afectado, concibiéndose como un concepto de mayor amplitud que atañe a otros intereses como las políticas económicas

236 Guarnieri, C. *L'indipendenza della magistratura.* Padova, CEDAM, 1981.

237 STC 108/1986, de 29 de julio, ECLI:ES:TC:1986:108, FD. 6

de la UE. La inexistencia de este principio lleva a una merma en la confianza mutua entre agentes judiciales y económicos y, por consiguiente, se procederá a una disminución o retirada de las inversiones o contratos en territorio comunitario.

La independencia judicial supone un sometimiento de jueces y magistrados al imperio de la ley[238], esto es, al ordenamiento jurídico, y lógicamente, siguiendo el orden jerárquico en el sistema de fuentes, esta sumisión a la ley da inicio con la Constitución, y después el resto de normas, denominado como independencia funcional o sustancial. La justificación a tal idea reside en la propia categoría que ostentan las normas. El poder Judicial se ve legitimado democráticamente por derivar de la Constitución, por estar cada juez y magistrado sometido a la misma[239]. El imperio de la ley se transforma en la verdadera dependencia de un

---

238 STC 37/2012, de 19 de marzo de 2012, ECLI:ES:TC:2012:37, FJs. 4 y 5: "la independencia del Poder Judicial [...] implica que, en el ejercicio de esta función, están sujetos única y exclusivamente al imperio de la ley, lo que significa que no están ligados a órdenes, instrucciones o indicaciones de ningún otro poder público, singularmente del legislativo y del ejecutivo [...]que, en el ejercicio de su función constitucional, el Juez es libre en cuanto que sólo está sujeto al imperio de la ley. O, dicho de otro modo, que los Jueces y Tribunales son independientes porque están sometidos únicamente al Derecho. Independencia judicial y sumisión al imperio de la ley son, en suma, anverso y reverso de la misma medalla".

239 STC 238/2012, de 13 de diciembre de 2012, FJ. 7: "la legitimación democrática del Poder Judicial que, en nuestro sistema constitucional, deriva directamente de la Constitución, que configura a la justicia como independiente, sometida únicamente al Derecho y no a opciones políticas. Es más, si en un Estado no existe un Poder Judicial independiente (independencia que se predica de todos y cada uno de los Jueces y Magistrados integrantes del Poder Judicial) entonces lo que no hay es Estado de Derecho, pieza esencial, como es sabido, de un Estado auténticamente constitucional".

juez[240]. Un juez es independiente única y exclusivamente cuando es dependiente de la ley. Esta cuestión supone la configuración de la independencia judicial como eje vertebrador dentro del Estado democrático de Derecho, o como lo denomina Díez-Picazo, un valor a alcanzar[241]. La Constitución Española reconoce este principio en el art. 117.1 como principio estructural de la potestad jurisdiccional. En la misma línea, su protección y garantía se convierte en parte sustancial de la calidad de un modelo democrático, encomendando esta tarea tanto al Ministerio Fiscal (art. 124.1 CE) como al CGPJ (indirectamente a través del art. 122.2 CE cuando lo regula como órgano de gobierno del Poder Judicial, y en consonancia con el art. 117.1 CE)

La independencia judicial se transforma en el principio básico sobre el que se asienta la judicatura[242]. Opera no solo como un principio teórico, sino como una garantía operativa que permea tanto la totalidad del cuerpo judicial como a cada juez o magistrado en particular, extendiéndose asimismo a los actos procesales concretos de cada procedimiento. Este principio puede ser analizado desde dos dimensiones principales. Por un lado, el elemento externo, que se refiere a la capacidad del órgano judicial para actuar de manera autónoma, sin estar subordinado jerárquicamente a ningún otro organismo ni recibir instrucciones o mandatos, sin importar su origen. Este aspecto protege a los jueces y magistrados de presiones o interferencias externas que

---

240 Manifiesta Laporta San Miguel, F. J. *El imperio de la ley. Una visión actual.* Madrid, Trotta, 2007, p. 81, que el “imperio de la ley es el de la existencia de una práctica social colectiva basada en una determinada educación ciudadana respecto a las exigencias éticas del ejercicio del poder”.

241 Díez-Picazo, L.M. “Notas de Derecho comparado sobre la independencia judicial”. Op. Cit., p. 20.

242 En palabras de Gómez Colomer, J.L. *El juez robot. La independencia judicial en peligro.* Valencia, Tirant lo Blanch, 2023, pp. 200-201, la independencia judicial es un pilar básico del proceso, y únicamente funciona cuando opera en un Estado de Derecho.

puedan comprometer su criterio o influir en sus decisiones. Por otro lado, el elemento interno se configura como la capacidad de los jueces de mantener una equidistancia respecto a las partes y los intereses en litigio. Aunque en el ámbito europeo[243] la imparcialidad suele concebirse como parte inherente de la independencia judicial, es necesario distinguir ambas garantías: la independencia externa asegura la autonomía frente a presiones externas, mientras que la imparcialidad se centra en la equidistancia y neutralidad frente a los intereses en conflicto.

En su esencia, la independencia judicial no es solo un valor deseable, sino una auténtica garantía que trasciende su dimensión abstracta para materializarse en un conjunto de mecanismos concretos destinados a proteger ese valor. Este principio encuentra su legitimidad y respaldo en el sometimiento exclusivo del juez a la Constitución Española y al resto del ordenamiento jurídico, consolidándose como una expresión de la voluntad democrática[244]. Por ello, la función jurisdiccional, ejercida por los miembros que componen el Poder Judicial, ha de ser ajena

---

243 SSTJUE de 15 de julio de 2021, asunto Comisión/Polonia, C-791/19; de 2 de marzo de 2021, asunto A.B., C-824/18; de 19 de noviembre de 2019, asunto A. K. y otros, C-585/18, C-624/18 y C-625/18; de 5 de noviembre de 2019, asunto Comisión/Polonia, C-192/18; de 24 de junio de 2019, asunto Comisión/Polonia, C-619/18; de 27 de febrero de 2018, asunto Associação Sindical dos Juízes Portugueses, C-64/16; entre otros. Para una aproximación de este último asunto, véase ESCALADA LÓPEZ, M.L. "Independencia de los jueces e independencia del Judicial en la Unión Europea". Op. Cit., p. 254.

244 GARZÓN VALDÉS, E. "El papel del poder judicial en la transición a la democracia", en J. J. Orozco Henríquez (comp.), R. Vázquez (comp.), J.F. Malem Seña (comp.), *La función judicial. Ética y Democracia.* Barcelona, Gedisa, 2003, pp. 129-145, esp. p. 132, sostiene: "La confiabilidad en la corrección de las decisiones depende de la confianza por parte de la ciudadanía (electores y gobernantes) en que los jueces prestan su adhesión incondicionada a la Constitución democrática, que es la que proporciona el 'respaldo justificante' de la decisión judicial.

a injerencias externas al poder judicial, así como a correcciones de superiores jerárquicos ajenas a la vía ordinario de los medios de impugnación. Esto puede resumirse en que el ejercicio de sus funciones se encuentre ajeno de influencias e injerencias externas, correcciones jerárquicas que no se deriven de los cauces legales establecidos y presiones provenientes de otros poderes del Estado, fuerzas políticas, grupos de presión o incluso de la sociedad en general. La independencia judicial se transforma en un valor primordial de la separación de poderes y, por consiguiente, se configura como un derecho esencial de todo justiciable. Las ideas de Locke y Montesquieu pueden quedar mermadas si no se garantiza una evidente división entre las diferentes fuerzas. Aunque en la práctica puede observarse una influencia evidente del poder ejecutivo sobre los otros dos poderes, el ideal democrático exige que ninguna de estas fuerzas prevalezca sobre las demás, preservando así el equilibrio constitucional.

Los textos legales no desarrollan exhaustivamente este principio, quedando muchas veces reducido a declaraciones de intención más que a garantías efectivas. El art. 14 LOPJ establece tres vías de protección ante posibles presiones externas. En su primer apartado, delega en el Consejo como garante de la misma, a la vez que faculta a jueces y magistrados para informar al juez o magistrado competente sobre cualquier hecho que atente contra su independencia. En este contexto, la normativa exige a jueces y magistrados un acto de heroísmo, pues deberán de "practicar por sí mismos las diligencias estrictamente indispensables para asegurar la acción de la justicia y restaurar el orden jurídico", cuestión ampliamente complicada en situaciones de presiones externas. En su segundo apartado atribuye al Ministerio Fiscal la promoción de acciones destinadas a defender la independencia judicial, aunque, dada la estructura jerárquica de este órgano y

La 'última palabra' judicial no pende en el aire, sino que se apoya en los principios y reglas básicas del sistema político".

su evidente vinculación con el poder ejecutivo, esta protección se percibe como más teórica que práctica en muchos casos.

La evolución de los requisitos para garantizar la independencia judicial ha estado condicionada por los diversos contextos políticos e históricos que han moldeado su desarrollo. Este principio, además de ser una garantía del derecho fundamental a un juicio justo[245], constituye el oxígeno del sistema democrático, separando al poder judicial de las demás instancias estatales. En primer término, la independencia se garantiza a través de la propia organización del Poder Judicial y el acceso al mismo. El ingreso a la carrera judicial se lleva a cabo, principalmente, mediante un sistema de oposición en el cual se ha de superar un conjunto de pruebas que garantiza que el estatus de los jueces y magistrados se base exclusivamente en sus méritos y capacidades. Si bien el cuarto turno no colisiona necesariamente con este sistema, los nombramientos discrecionales efectuados por el CGPJ, a partir de listados elaborados por las Cámaras legislativas o asociaciones de jueces, pueden suscitar legítimas dudas sobre su imparcialidad y autonomía.

En segundo término, se entiende que el propio presupuesto de la justicia, integrado en el proyecto de ley de presupuestos anuales del Estado, constituye una garantía indispensable para la independencia económica del Poder Judicial, tanto en su dimensión general como particular. En un plano general, asegura que el sistema judicial no dependa de agentes externos para su sostenimiento, dotándolo de autonomía presupuestaria que les confiere discrecionalidad frente a influencias externas. En el ámbito particular, garantiza que jueces y magistrados dispongan de una independencia económica que les permita actuar con plena libertad y basar sus decisiones exclusivamente en la ley y en los hechos sometidos a

---

245 BUSTOS GISBERT, Rafael. "La independencia judicial en Europa". En Maribel González Pascual (dir.) y Joan Solanes Mullor (coord.), *Independencia Judicial y Estado Constitucional el Estatuto de los Jueces*. Valencia, Tirant lo Blanch, 2016, pp. 39-59, esp. p. 39.

su consideración. La preocupación por la estabilidad económica podría comprometer la calidad de sus funciones, generando dependencias que, a su vez, pueden derivar en coacciones, represalias o incentivos que comprometan la imparcialidad de su actuación. Por ello, una adecuada remuneración, que les proporcione estabilidad financiera, opera como un mecanismo de salvaguarda frente a posibles corruptelas o influencias económicas.

En tercer lugar, la reserva de Ley Orgánica para determinar la constitución, funcionamiento y gobierno, y así el estatuto jurídico y régimen de incompatibilidades, se erige como aspecto sustancial para la defensa de esta garantía. Enfocándolo exclusivamente en el Estatuto de Jueces y Magistrados, constituye un eje esencial de la carrera judicial, que se caracteriza por la profesionalización de sus miembros, con excepción de jueces de paz y magistrados suplentes. Este estatuto se articula a través de un riguroso sistema de acceso mediante oposición libre, complementado por un curso de formación teórico-práctico en la Escuela Judicial y un esquema de ascensos. De esta manera, se establecen diferentes niveles dentro de la carrera judicial que no responden a una lógica jerárquica, sino meramente administrativa. Y es aquí donde la independencia opera como garantía trascendental, ofreciendo a jueces y magistrados una esfera de protección frente a los restantes miembros de la judicatura. Esto se traduce en la inexistencia de un modelo jerárquico en el cual un magistrado de los más altos tribunales pueda efectuar órdenes hacia órganos de menor instancia, salvo aquellas previstas en el marco de los medios de impugnación ordinarios. Por ello, no pueden existir correcciones a aquellos órganos judiciales que operan en instancias inferiores[246] salvo a través del conocimiento del asunto por medio de los recursos legalmente establecidos.

246 Ello no es óbice de la existencia de un sometimiento a la jurisprudencia, pues como bien manifiesta la STC 27/2012, FJ. 4, "la infracción de la jurisprudencia constituye motivo de casación".

Esto conduce a una inamovilidad[247] del cargo, salvo en los casos y conforme las garantías establecidas en la Ley.

La protección de la función jurisdiccional abarca no solo la interpretación de la ley, sino también un ámbito más amplio que incluye el activismo judicial en ciertos casos. El actual concepto de función jurisdiccional ha superado la clásica noción del juez como intérprete de la ley de forma exclusiva. La actividad judicial viene extendiéndose, llegando en algunas ocasiones a interferir en agendas políticas y legislativas. Sus propias preferencias políticas, ideológicas, culturales, y en general, extralegales, aun cuando no deberían afectar en el discernir de un órgano judicial en el momento de resolver un asunto pueden generar una influencia en la toma de sus decisiones, convirtiéndose así en una vía de cambio en los restantes poderes estatales, creándose así una especie de Activismo Judicial[248]. Un exceso en su función que provoca jueces "legisladores" y gestores de políticas públicas que, en palabras del juez Posner, genera un modelo de "Superlegislatura"[249]. Esta cuestión no debe de ser tenida como aspecto totalmente negativo, pues la jurisprudencia se establece como un contrapeso a los otros poderes, y a su vez como una in-

---

247 La inamovilidad judicial ya venía recogida en Ley provisional sobre Organización del Poder Judicial española de 1870. En el Discurso leído en La Solemne Apertura de Los Tribunales el 15 de septiembre de 1870, el Excmo. Sr. D. Eugenio Montero Ríos, Ministro de Gracia y Justicia ya manifestaba que era unánime la opinión de convertir la inamovilidad en elemento esencial del Poder Judicial.

248 Término utilizado originariamente por SCHLESINGER, A. M. "The Supreme Court: 1947". *Fortune Magazine,* 1947, pp. 202-208, esp. p. 208. Para un estudio pormenorizado del desarrollo del término, véase: KMIEC, K.D. "The Origin and Current Meanings of 'Judicial Activism'". *California Law Review,* vol. 92, 2004, pp. 1441-1478.

249 TORRES ARIETA, R. *Independencia judicial y la justicia inclusiva.* Op. Cit., p. 27, citando a CARRINGTON, P.D. y CRAMTON, R. "Original Sin and Judicial Independence: Providing Accountability for Justices". *Willian and Mary Law Review,* vol. 50, n. 4, 2009, pp. 1105-1152.

terpretación de la ley. En múltiples ocasiones, la norma no viene siendo acompañada de la actualidad jurídica y social necesaria, siendo jueces y magistrados quienes, a través de sus resoluciones judiciales, interpretan la misma a los nuevos postulados. Ello provoca que el legislador modifique las leyes para que se encuentre en consonancia a la realidad social, cuestión que acaece gracias a una previa actuación de los órganos jurisdiccionales, quienes pueden adelantarse al poder legislativo y ofrecer al ciudadano una solución hasta que el primero pueda proceder con los trámites parlamentarios para la modificación de la ley.

En quinto término, ha de garantizarse la independencia judicial en relación no sólo a intromisiones externas, sino también internas. La independencia interna dentro del poder judicial es elemento trascendental en el principio, pues una afectación de la misma puede llegar a ser igual de perniciosa que la clásica injerencia política. vulneración de la misma puede resultar tan perjudicial como las clásicas interferencias políticas. Las dinámicas jerárquicas dentro de la carrera judicial, aunque limitadas al ámbito administrativo, pueden dar lugar a presiones indebidas de jueces de mayor rango o de la administración de los tribunales sobre otros jueces[250]. Se observa peligrosa esta carencia de independencia interna, casi al nivel de la injerencia externa que puedan provenir de los restantes poderes estatales. Los jueces pueden ser influenciados por los restantes miembros de la carrera judicial, y especialmente por sus superiores administrativamente. Son estos quienes pueden generar una mayor presión al ostentar un cargo de mayor trascendencia y cercanía con el órgano de gobierno de la justicia. Estas presiones, al provenir de miembros con mayor trascendencia dentro del sistema, pueden resultar incluso más insidiosas, comprometiendo la

---

250 Bobek M. y Kosař D. "Global Solutions, Local Damages: A Critical Study in Judicial Councils in Central and Eastern Europe". *German Law Journal*, vol. 15, n. 7, 2014, pp. 1257-1292, esp. pp. 1271.

independencia y generando una paradoja: mientras se preserva la autonomía frente a los otros poderes del Estado, puede desarrollarse una sumisión interna que mina la libertad decisional del juez[251]. Todos los jueces disponen de ideología, filias y fobias, pueden tener intereses egoístas, y por tanto pueden abusar de su posición en beneficio propio. Advierten KOSAR & SPÁČ[252] que no existe razón alguna para suponer que los jueces son inmunes a las dinámicas de poder propias de la política, sugiriendo que el riesgo de abusos y comportamientos autointeresados es comparable al que se observa en los parlamentos. Este fenómeno subraya el peligro inherente a la autogobernanza judicial, que, si no se regula adecuadamente, puede convertirse en una amenaza para la independencia misma que busca proteger.

Para poner fin a este apartado ha de ponerse de relieve la separación conceptual entre independencia e imparcialidad. Los principales factores que suponen una separación entre ambas garantías pueden resumirse en mientras que la independencia se refiere a la desconexión del Poder Judicial respecto de influencias externas provenientes de otros poderes del Estado, medios de comunicación, partidos políticos o la sociedad, la imparcialidad implica la actitud neutral y desapasionada del juez al conocer y resolver un asunto concreto. La independencia se configura como una cualidad estructural de la jurisdicción, mientras que la imparcialidad se enfoca en la función jurisdiccional en su sentido más específico. Aunque las causas que comprometen la independencia judicial son excepcionales y disciplinarias, como la pertenencia a partidos políticos o sindicatos, el artículo

---

251 KOSAŘ, D. *Perils of Judicial Self-Government in Transitional Societies.* Cambridge, Cambridge University Press, 2016, p. 19.

252 KOSAŘ, D. y SPÁČ, S. "Conceptualization(s) of Judicial Independence and Judicial Accountability by the European Network of Councils for the Judiciary: Two Steps Forward, One Step Back". *International Journal for Court Administration*, vol. 9, n. 3, 2018, pp. 37-46, esp. p. 39.

219 de la LOPJ enumera dieciséis causas que pueden afectar la imparcialidad, incluyendo vínculos personales o intereses en el litigio.[253]. De esta forma, se puede señalar que mientras que la independencia se entiende como una nota esencial de la jurisdicción como potestad, la imparcialidad afecta a la jurisdicción desde su punto de vista de función.

Sin querer desarrollar más esta cuestión, ajena al ámbito competencial del presente trabajo, sí ha de manifestarse que la presente garantía igualmente se sitúa un plano trascendental dentro del Poder Judicial. Esta garantía de imparcialidad ha visto su confección dentro del marco de las garantías del debido proceso recogidas en el art. 24.2 CE. En este supuesto, el derecho de toda parte procesal a que su asunto sea conocido por un juez imparcial se establece como un aspecto trascendental para un efectivo funcionamiento de la justicia. Si no hay imparcialidad no podría hablarse propiamente de un proceso jurisdiccional[254]. Y es que, tal y como expresó el TEDH en el caso Delcourt, "no sólo debe hacerse justicia, sino parecer que se hace"[255], presumiéndose

---

[253] En esta cuestión véase: STC 162/1999, de 27 de septiembre, ECLI:ES:TC:1999:162, FJ. 5: "ser tercero entre partes, permanecer ajeno a los intereses en litigio y someterse exclusivamente al ordenamiento jurídico como criterio de juicio, son notas esenciales que caracterizan la función jurisdiccional desempeñada por jueces y magistrados"; STC 5/2004, de 16 de enero, ECLI:ES:TC:2004:5, FJ. 2: "no sea orientada a priori por simpatías o antipatías personales o ideológicas, por convicciones e incluso por prejuicios o, lo que es lo mismo, por motivos ajenos a la aplicación del Derecho. En definitiva, la obligación de ser ajeno al litigio puede resumirse en dos reglas: primera, que el juez no puede asumir procesalmente funciones de parte; segunda, que no puede realizar actos ni mantener con las partes relaciones jurídicas o conexiones de hecho que puedan poner de manifiesto o exteriorizar una previa toma de posición anímica a su favor o en contra".

[254] STC 60/1995, de 16 de marzo, ECLI:ES:TC:1995:60, FJ. 3

[255] STEDH 2689/65, de 17 de enero de 1970, asunto Delcourt v. Bélgica, apdo. 31.

la existencia de esta garantía salvo que exista recusación por la parte o abstención por el propio órgano judicial[256]. Recalcar, para poner punto y final, las palabras de Bulgaro: "Iudicium est actus ad minus trium personarum: actoris, rei, iudicis".

4.2.5.b Red Europea de Consejos de Justicia: contexto internacional

La independencia judicial no puede limitarse a su concepción formal y normativa, sino que, como señala la Red Europea de Consejos de Justicia (RECJ o ENCJ, por sus siglas en inglés)[257],

---

256 STC 91/2021, de 22 de abril, ECLI:ES:TC:2021:91, FJ. 5: "aun cuando es cierto que en este ámbito las apariencias son muy importantes [...], no basta con que tales dudas o sospechas sobre [la] imparcialidad surjan en la mente de quien recusa, sino que es preciso determinar caso a caso si las mismas alcanzan una consistencia tal que permitan afirmar que se hallan objetiva y legítimamente justificadas (SSTC 69/2001, de 17 de marzo, FFJJ 14 y 16; 140/2004, de 13 de septiembre, FJ 4). Por ello, la imparcialidad del juez ha de presumirse y las sospechas sobre su idoneidad han de ser probadas (SSTC 170/1993, de 27 de mayo, FJ 3; 162/1999, de 27 de septiembre, FJ 5) y han de fundarse en causas tasadas e interpretadas restrictivamente sin posibilidad de aplicaciones extensivas o analógicas". En misma línea el TEDH Ha partido de esta presunción en sentencia de 15 de diciembre de 2005, asunto Kyprianou v. Chipre, apdo. 119, de 15 de octubre de 2009, asunto Micallef v. Malta, apdo. 94, de 24 de mayo de 1989, Hauschildt v. Dinamarca, apdo. 47 y de 26 de octubre de 1984, asunto De Cubber v. Bélgica, apdo. 25.

257 Este órgano, nacido en noviembre de 2002, los órganos judiciales de los Países Bajos, Bélgica e Irlanda propusieron la creación de una conferencia entre los Consejos del Poder Judicial de los Estados miembros de la Unión Europea. Esta iniciativa buscaba fomentar el intercambio de experiencias y establecer un espacio de comunicación permanente entre estos órganos, culminando en una primera reunión en La Haya en 2003, donde se formó un grupo de trabajo que sentó las bases para la creación de la Red Europea de Consejos de Justicia (RECJ). La RECJ se constituyó formalmente en 2005 y, desde entonces, ha mantenido una actividad regular a través de su Asamblea General,

debe vincularse intrínsecamente con el principio de rendición de cuentas. La responsabilidad constituye un requisito previo a la existencia misma de independencia. Un poder judicial que rehúya rendir cuentas a la sociedad o que se mantenga insensible a sus necesidades verá inevitablemente erosionada la confianza ciudadana que constituye el fundamento de su legitimidad, comprometiendo así su independencia, tanto en el corto como en el largo plazo. La ausencia de una auténtica independencia transforma al poder judicial en una extensión del aparato gubernamental, despojándolo de su autonomía funcional y reduciendo su papel a una mera subordinación.

La mera existencia de salvaguardias formales y normativas que garanticen la independencia judicial (es decir, la independencia formal) no basta para asegurar que un juez actúe con plena autonomía. La independencia genuina se refleja en el comportamiento del juez, en la rectitud de sus decisiones, y se percibe tanto en la mirada de la sociedad y sus distintos grupos, como en la autoevaluación de los propios jueces. Esta percepción, conocida como independencia percibida, es vital para consolidar la confianza pública en el sistema judicial. Para que la independencia sea plena, es indispensable que tanto la institución judicial en su conjunto como cada juez, de manera

---

el Comité Ejecutivo y la figura del Presidente. En la Asamblea de 2016, celebrada en Varsovia, se eligió a Nuria Díaz Abad como Presidenta de la Red por dos años. Además, durante esta asamblea se integraron los Consejos Supremos Judiciales de Grecia como miembros plenos. La participación de España en la RECJ ha sido notable, con varios representantes ostentando la presidencia de la organización. La RECJ tiene como objetivo fortalecer la cooperación entre los Consejos Judiciales de Europa en temas como la independencia judicial, el intercambio de experiencias sobre la organización del sistema judicial y la contribución a la mejora de las estructuras judiciales. Asimismo, trabaja en áreas como la justicia digital, la rendición de cuentas y la evaluación de jueces, mediante la creación de grupos de trabajo cuyos informes son aprobados en las Asambleas Generales y disponibles al público.

individual, gocen de autonomía. Sin embargo, es igualmente crucial diferenciar entre la independencia institucional y la individual. Aunque la independencia del poder judicial como institución es una condición necesaria para la autonomía de los jueces, esta no garantiza automáticamente que cada juez, en su esfera personal, esté libre de influencias indebidas.

La independencia individual puede ser amenazada por factores externos, como presiones de organismos estatales o actores privados, pero también por dinámicas internas dentro del propio sistema judicial. En este sentido, la rendición de cuentas no debe limitarse al cumplimiento de requisitos formales, sino que es imprescindible que la ciudadanía perciba al poder judicial como responsable y comprometido con su función. Incluso con mecanismos formales que aseguren transparencia, la percepción subjetiva de los ciudadanos respecto de la integridad y responsabilidad del sistema judicial resulta determinante. No es infrecuente que se perciba a los jueces y al aparato judicial como una élite cerrada, desconectada de las preocupaciones del ciudadano y más enfocada en preservar sus propios intereses que en actuar como garantes del bien común. Por esta razón, la responsabilidad y la independencia deben abarcar tanto a la judicatura en su conjunto como a cada juez en su dimensión individual. A nivel institucional, la responsabilidad se traduce en la transparencia en la gestión y el desempeño del sistema; mientras que, a nivel individual, implica un escrutinio sobre los factores personales que puedan influir en las decisiones judiciales.

El TJUE ha adoptado una postura activa en defensa de la independencia judicial, en relación al art. 2 TUE, como valor de la propia UE. Recoge Vidal Fernández, citando a Fonseca Morillo, que "el respeto de los principios del Estado de Derecho constituye una obligación de resultado para los Estados miembros que deriva directamente de su pertenencia a la Unión Europea"[258]. Esto ha conllevado una amplia defensa del Estado de Derecho a nivel europeo, que se ha derivado en un conjunto de jurisprudencia que lo concreciona y consagra como un nuevo derecho fundamental[259], que tuvo su inicio en el asunto *Associação sindical dos juízes portugueses*, se desarrolló en el asunto *Associação Sindical dos*

---

258 VIDAL FERNÁNDEZ, B. "Independencia judicial y proceso penal europeo: el derecho a un juez independiente y su incidencia en el espacio de libertad, seguridad y justicia". *Revista de Estudios Europeos*, n. 85, 2025, pp. 221-252, esp. p. 224, nota 6, citando a FONSECA MORILLO, F.J. *El Estado de Derecho en la Unión Europea: de un valor político a su dimensión financiera. Discurso de ingreso en la Real Academia Europea de Doctores*. Barcelona, Colección de la Real Academia de Doctores, 2024, p. 125.

259 VIDAL FERNÁNDEZ, B. "Independencia judicial y proceso penal europeo: el derecho a un juez independiente y su incidencia en el espacio de libertad, seguridad y justicia". Op. Cit., p. 225.

Juízes Portugueses y *Tribunal das Contas*[260], y se terminó de elaborar a través de las vulneraciones habidas en la República de Polonia[261].

260 En tal cuestión, opina Campos SÁNCHEZ-BORDONA, M. "La protección de la independencia judicial en el derecho de la Unión Europea". *Revista de Derecho Comunitario Europeo*, n. 65, 2020, pp. 11-31, esp. pp. 12-14, que el TJUE subrayó la importancia primordial que tienen los tribunales nacionales en la salvaguarda del derecho, especialmente en la interpretación y aplicación de los tratados, función que asegura una tutela judicial efectiva en el ámbito del derecho comunitario. En este contexto, resaltó que la independencia de estos órganos resulta imprescindible para garantizar dicha tutela, conforme a lo dispuesto en el artículo 47 de la Carta de Derechos Fundamentales de la Unión Europea. Esta independencia exige que los jueces desempeñen sus funciones libres de vínculos jerárquicos, presiones externas o cualquier tipo de interferencia que pudiera comprometer la imparcialidad de sus decisiones. La sentencia emitida en el caso *Associação Sindical dos Juízes Portugueses* reafirmó que la autonomía judicial constituye un elemento esencial de la labor jurisdiccional. No obstante, el análisis realizado en esta resolución plantea interrogantes sobre los límites de aplicación del artículo 47 de la Carta en situaciones que escapan a su ámbito explícito. Asimismo, el fallo se enmarca en un contexto histórico marcado por cuestionamientos a la independencia judicial en ciertos Estados miembros, como evidenció la Comisión Europea en su preocupación por el deterioro del Estado de derecho en Polonia.

261 Manifiesta la STUE, de 5 de abril, asunto Pál Aranyosi y Robert Căldăraru, Asuntos acumulados C-404/15 y C-659/15 PPU, que las reglas sobre la composición de los órganos judiciales, así como el nombramiento, la duración del mandato y las causas de inhibición, recusación y cese de sus miembros, deben garantizar la impermeabilidad frente a influencias externas y la neutralidad en los litigios. Para cumplir con el requisito de independencia, la jurisprudencia exige que las causas de cese estén previstas explícitamente en la legislación. Asimismo, el régimen disciplinario de los jueces debe incluir garantías esenciales para evitar su uso como herramienta de control político sobre las resoluciones judiciales. Estas garantías comprenden normas claras sobre las conductas sancionables, las sanciones aplicables y la intervención de un órgano independiente, asegurando un procedimiento que respete plenamente los derechos de defensa y las garantías establecidas en los artículos 47

En este marco, y conforme los indicadores expuestos por el

---

y 48 de la Carta de Derechos Fundamentales de la UE. En cuanto al STJUE, de 24 de junio de 2019, asunto Comisión Europea/Polonia, C-619/18, el órgano determinó que el Tribunal Supremo polaco, al formar parte del sistema de recursos del derecho de la Unión, está sujeto a las garantías de tutela judicial efectiva previstas en el artículo 19 TUE. El Tribunal de Justicia consideró que las reformas legislativas en Polonia, como la reducción de la edad de jubilación de los jueces y la facultad discrecional del presidente para extender sus mandatos, vulneraban la independencia judicial y el principio de inamovilidad. Asimismo, destacó la relevancia de la percepción pública sobre la imparcialidad judicial, subrayando que las normativas deben disipar cualquier duda legítima. También señaló que las reformas podían interpretarse como un intento de apartar a ciertos jueces. Finalmente, abordó con cautela el rol del Consejo Nacional del Poder Judicial, resaltando su falta de independencia como un obstáculo para garantizar la objetividad. En tercera ocasión, y a través de STJUE, de 5 de noviembre de 2019, asunto Comisión Europea/Polonia, C-192/18, corrobora su postura anterior, estimando un incumplimiento por parte de la República de Polonia en las obligaciones derivadas del art. 19 TUE. En cuarta ocasión, y a través de STJUE, de 19 de noviembre de 2019, asunto A.K. y otros, asuntos acumulados C585/18, C624/18 y C625/18, se abordó la cuestión de la independencia de la Sala Disciplinaria del Tribunal Supremo de Polonia, responsable de asuntos relacionados con la jubilación forzosa de jueces. Subrayó que la independencia de los tribunales debe garantizarse frente a posibles influencias de los poderes ejecutivo y legislativo y evaluó si las reglas que rigen la creación de la Sala Disciplinaria y el nombramiento de sus miembros cumplían con los estándares de imparcialidad. Aunque el hecho de que los jueces sean nombrados por el presidente no implica una dependencia automática, el Tribunal enfatizó que las condiciones de esos nombramientos no deben generar dudas legítimas sobre la neutralidad del órgano. El análisis se extendió al papel del Consejo Nacional del Poder Judicial, que propone a los jueces de la Sala. Según el Tribunal, este Consejo debe ser independiente de los poderes político y legislativo, y corresponde al tribunal remitente verificar si dicha independencia está garantizada. Además, el Tribunal de Justicia instó a considerar el conjunto de factores que rodean la creación y funcionamiento de la Sala para evaluar su imparcialidad.

RECJ[262], la independencia judicial y la responsabilidad de jueces y magistrados se ordena en un conjunto de categorías evaluativas. En primer lugar, los indicadores de la independencia formal del poder judicial en su conjunto abarcan diversos aspectos clave. En primer lugar, la base legal que sustenta esta independencia, evaluada a través de subindicadores como las garantías normativas de independencia judicial, la certeza de que los jueces están sujetos exclusivamente a la ley, la existencia de disposiciones que aseguren el nombramiento permanente de los jueces hasta su jubilación, los procedimientos formales para la determinación y ajuste de sus salarios, y los mecanismos que permiten la participación de los jueces en la elaboración de reformas legales y judiciales.

En segundo lugar, y en cuanto a la autonomía organizativa del poder judicial, se examina la existencia de un Consejo Judicial o un órgano independiente equivalente. Aquí se consideran aspectos como el estatus formal del Consejo, su conformidad con las directrices de la ENCJ y las responsabilidades asignadas a dicho organismo. En los casos donde no existe tal consejo o donde sus competencias son limitadas, se valora la influencia de los jueces en diversas decisiones. La independencia financiera también es un aspecto crucial y se evalúa a través de los arreglos presupuestarios, el sistema de financiación y los mecanismos de resolución de conflictos presupuestarios. Además, la gestión del sistema judicial también se somete a escrutinio, prestando especial atención al alcance de la responsabilidad en la administración de los tribunales.

262 "Indicators Independence, Accountability and Quality of the Judiciary Reenforcing judicial protection". ENCJ Report on Independence, Accountability and Quality of the Judiciary 2022-2023 – adoptado por la Asamblea General, Ljubljana 9 junio 2023. Recuperado de: https://pgwrk-websitemedia.s3.eu-west-1.amazonaws.com/production/pwk-web-encj2017-p/GA%20Ljubljana/ENCJ%20Report%20Indicators%20IAQ%202022-2023%2025%20May%202023%20with%20links.pdf (Fecha de consulta: 05/06/2024).

En tercer lugar y en relación a los indicadores de la independencia formal del juez individual, enmarcados en un análisis detallado de las decisiones relativas a los recursos humanos que afectan a los jueces, abarcan aspectos esenciales como la selección, el nombramiento y la destitución de jueces y presidentes de tribunales, así como de los miembros del Tribunal Supremo y su presidente. En este contexto, se evalúa el cumplimiento de las directrices de la ENCJ en materia de nombramientos, la evaluación, promoción y formación de los jueces, los períodos de prueba tras el nombramiento y las normas sobre promoción. En lo que respecta a las medidas disciplinarias, se valoran la conformidad con los estándares de la ENCJ, el órgano competente para tomar decisiones disciplinarias y las garantías de que los jueces no pueden ser sancionados por la interpretación de la ley, la valoración de los hechos o la ponderación de pruebas, salvo en casos de malicia o negligencia grave. También se garantiza que los jueces no pueden ser objeto de medidas disciplinarias por pronunciarse cuando la democracia o las libertades fundamentales estén en peligro.

La intransferibilidad de los jueces, concretada en cuarto lugar, se asegura mediante garantías formales que protegen a los jueces de ser trasladados sin su consentimiento, excepto en circunstancias específicas permitidas, y se prevén mecanismos para asegurar que un juez no pueda ser retirado de un caso sin justificación. En relación con la asignación de casos, se valora la existencia de procedimientos transparentes y claramente definidos que contribuyan a preservar la imparcialidad y autonomía del juez.

En este sentido, la percepción social de la independencia judicial se mide a través de instrumentos como el Flash Eurobarometer 503 (2022) y el Índice de Estado de Derecho del World Justice Project (2022). También se incluyen encuestas nacionales dirigidas a usuarios de los tribunales y la percepción de abogados y jueces sobre su independencia. Se toma en cuenta, además, la percepción de ausencia de corrupción judicial entre los ciudadanos y el nivel de confianza en el sistema judicial y legal en comparación con otras instituciones estatales.

En sexto lugar y en relación con la responsabilidad formal del poder judicial en su conjunto, un elemento esencial es la transparencia en su funcionamiento. Esto se refleja en la elaboración de informes anuales, cuya publicación y alcance son objeto de evaluación. También se valora la relación del poder judicial con los medios de comunicación, considerando actividades como la explicación de decisiones judiciales a través de la prensa, la disponibilidad de directrices específicas para los medios y la posibilidad de transmitir casos judiciales. Además, las actividades de divulgación destinadas a la sociedad civil son fundamentales; entre ellas destacan las jornadas de puertas abiertas en los tribunales, los programas educativos en escuelas y la producción de contenido informativo en formatos televisivos, radiales o digitales, que permitan aproximar a la ciudadanía al funcionamiento de la justicia. La revisión externa del poder judicial también adquiere relevancia, valorándose el uso de mecanismos independientes para llevar a cabo dichas revisiones y la autoridad que respalda su implementación.

En séptimo y último lugar, la participación de la sociedad civil en los órganos de gobernanza del poder judicial es otro aspecto clave. Esta participación resulta crucial, especialmente en procesos relacionados con la selección y nombramiento de jueces, la adopción de medidas disciplinarias y la tramitación de quejas contra jueces o tribunales. En lo que respecta a la responsabilidad individual del juez y del personal judicial, se incluyen mecanismos para evaluar el desempeño y promover estándares éticos. Entre estos destacan los procedimientos para la presentación y tramitación de quejas, las disposiciones sobre recusación y abstención, y las políticas que regulan la admisibilidad de funciones accesorias y la declaración de intereses. La existencia de un código de ética judicial, complementada con programas de formación específica en esta materia, constituye un elemento esencial dentro de este marco.

4.2.5.c Garantizar la independencia judicial: misión esencial del CGPJ

Según datos obtenidos a partir de la encuesta realizada por la RECJ[263], sobre la independencia judicial, la percepción de los jueces respecto a la protección de su independencia por parte del CGPJ refleja una tendencia claramente negativa. Casi dos terceras partes de los encuestados opinan que el Consejo carece de mecanismos eficaces para garantizar su independencia frente a las injerencias externas, mientras que el 13% considera que los partidos políticos han vulnerado este principio fundamental. A estas preocupaciones se suman las internas, donde un dato especialmente alarmante señala que un 1% de los jueces encuestados percibe que el propio Tribunal Supremo no ha respetado la independencia judicial de los demás jueces y magistrados. Este resultado posiciona a España con los peores índices en este ámbito dentro del conjunto de países europeos, destacando una seria problemática en el cumplimiento del mandato primordial del Consejo.

Como puede observarse, las cifras expuestas a nivel europeo subrayan la insuficiencia del CGPJ en el desempeño de su función esencial como garante de la independencia judicial. Este cometido, que reviste un carácter fundamental para la preservación del Estado de Derecho, ha llevado a que gran parte de las Constituciones europeas desarrollen instrumentos jurídicos específicos dirigidos a proteger la labor jurisdiccional de cualquier perturbación o interferencia. Desde la Constitución de la República Italiana, adoptada el 22 de diciembre de 1947, pasando por la Constitución francesa de 4 de octubre de 1958, hasta la Constitución portuguesa de 2 de abril de 1976, las principales

---

263 Independence and Accountability of the Judiciary. ENCJ Survey on the independes of Judges 2019, EEuropean Network of Councils for the Judiciary. Recuperado de: https://pgwrk-websitemedia.s3.eu-west-1.amazonaws.com/production/pwk-web-encj2017-p/Reports/Data%20ENCJ%202019%20Survey%20on%20the%20Independence%20of%20judges.pdf (Fecha de consulta: 05/05/2024).

cartas fundamentales del continente han previsto la figura de los Consejos Superiores de Justicia como órganos de gobierno del Poder Judicial, encargados, entre otras responsabilidades, de garantizar la independencia de sus miembros.

Estos primeros modelos constitucionales europeos han servido como referentes para la creación y evolución de otros sistemas similares en el territorio europeo. No obstante, han surgido significativas diferencias en aspectos clave, como la composición de los Consejos y los métodos de elección de sus miembros. Estas variaciones han generado debates sobre cuál es el diseño institucional más adecuado para cumplir con la misión primordial de estos órganos: asegurar que la independencia judicial no se vea comprometida, ni por influencias externas ni por presiones internas dentro del sistema judicial.

El Consejo se ha convertido en el órgano vigilante de la defensa de la independencia judicial, cuestión que debe trascender de mandato en mandato[264]. Esta facultad nace de su propia naturaleza, debiendo de articular todas aquellas funciones para evitar que jueces y magistrados puedan ver afectada su actuación por estas injerencias externas. Esta es la vía que adopta el art. 14.1 LOPJ al señalar que "Jueces y Magistrados que se consideren inquietados o perturbados en su independencia lo pondrán en conocimiento del Consejo General del Poder Judicial". Un precepto escaso que no se complementa en ningún otro artículo de otro cuerpo normativo, lo que genera una función del Consejo ampliamente abierta sin un real amparo legislativo ni

---

264 Véanse las palabras del Presidente en funciones del CGPJ, Vicente Guilarte, quien pedía al nuevo Consejo que siga defendiendo "con ahínco" la independencia judicial. Recuperado de: https://www.poderjudicial.es/cgpj/es/Poder-Judicial/Consejo-General-del-Poder-Judicial/En-Portada/El-presidente-del-CGPJ-pide-que-el-nuevo-Consejo-siga-defendiendo—con-ahinco—la-independencia-judicial- (Fecha de consulta: 03/07/2024).

un procedimiento claro acerca del cómo actuar para otorgar protección al juez afectado por la intromisión externa, así como si realmente este órgano sustenta suficiente potestad para hacer efectiva la garantía de la defensa de la independencia judicial.

La Comisión Permanente del Consejo es el órgano encargado de recibir y analizar las comunicaciones provenientes de jueces o magistrados que denuncien posibles injerencias en el ejercicio de su función jurisdiccional. En este análisis, la Comisión puede contactar al órgano señalado como responsable de la influencia indebida si lo considera necesario, abriendo un trámite de alegaciones en caso de estimarlo oportuno. Concluido este proceso, decide si procede otorgar el amparo solicitado, momento en el cual se inicia el trámite para hacer efectiva la defensa del juez o magistrado afectado. Sin embargo, las herramientas del Consejo en estos casos son limitadas: su actuación se reduce a emitir reclamaciones dirigidas a cesar las conductas denunciadas y a emitir dictámenes en defensa de los jueces. Este acuerdo que adopta el Consejo, impugnable ante el TS, tiene un carácter meramente simbólico. Este tipo de comunicados que realiza la Comisión Permanente únicamente buscan visibilizar públicamente la existencia de actos que contrarían los principios de independencia judicial, pero carece de mecanismos reales de protección o sanción. El CGPJ no dispone de potestad sancionadora frente al órgano que incurre en estas conductas, dejando desprotegidos a los jueces y magistrados frente a ataques a uno de los pilares fundamentales del sistema democrático. Dichas actuaciones del Consejo pueden dirigirse tanto a proteger a un juez en particular como a la totalidad de jueces y magistrados, incluyendo manifestaciones que busquen controlar el ejercicio de la función jurisdiccional o realizar valoraciones políticas sobre resoluciones judiciales[265].

---

[265] En tal cuestión véase el Comunicado de la Comisión Permanente de 10 de junio de 2024, ante la carta del Presidente del Gobierno en la que mantenía la necesidad de realizar una valoración política a un

Para que el órgano de gobierno de los jueces pueda actuar en esta materia, es necesario que la manifestación provenga de un organismo relevante, ya sea público o privado, y que dicha descalificación haya sido difundida en un medio de comunicación o por cualquier otro canal accesible públicamente[266]. Esta idea ha de ser interpretada, puesto que la crítica de resoluciones judiciales se enmarca dentro del derecho a la libertad de expresión y, por ende, es admisible en tanto no trascienda al ámbito de la afectación grave de la independencia judicial. Así, la intervención del Consejo se justifica únicamente en aquellos casos en que la presión externa sobre el juez genera una duda pública significativa respecto al ejercicio de su función jurisdiccional, situándolo en una posición que pueda comprometer su resolución del caso[267].

La idea de afectación de la independencia judicial y necesidad de intervención del Consejo va ligada a la existencia de una grave presión externa sobre el juez, y a su vez, a la duda pública acerca de su ejercicio de la función jurisdiccional, llevándole a una situación de presión suficiente como para afectar en la resolución del asunto[268]. El propio juez afectado no puede res-

---

juez en particular por sus actuaciones jurisdiccionales, y que posteriormente sirvió para que otros grupos parlamentarios afines igualmente se sumaran a la posibilidad de realizar controles parlamentarios a jueces y magistrados. Recuperado de: https://www.poderjudicial.es/cgpj/es/Poder-Judicial/En-Portada/Comunicado-de-la-Comision-Permanente-de-10-de-junio-de-2024 (Fecha de consulta: 03/07/2024).

266 STS, Sala de lo Contencioso-Adminsitrativo, 4483/2008, de 13 de junio, FJ. 8.

267 Cabellos Espiérrez, M.A. *El Poder Judicial. Configuración constitucional, desarrollo y retos.* Op. Cit., p. 211.

268 En tal cuestión expone Castillo Felipe, R. "El Consejo General del Poder Judicial y sus miserias: partitocracia e independencia judicial en España", en A. R. do Nascimento (coord.) y M. Ferrari Luz (coord.), *Pesquisa científica em direito e democracia: o papel dos Direitos Humanos como arma de construção ou de destruição*, Sao Paulo, LiberArs, 2024, pp. 33-52, esp. p. 37, que usualmente, esta afectación viene realizada por

ponder públicamente a dichas presiones, ya que al hacerlo podría comprometer su imparcialidad y contravenir las disposiciones de su Estatuto. Es aquí donde el CGPJ debe asumir el rol de defensa pública de los miembros de la judicatura, asegurando que el juez no se vea obligado a intervenir directamente en el debate público y preservando la distancia necesaria respecto al fondo de la cuestión litigiosa.

A pesar de su carácter simbólico y, en muchos casos, inoperante[269], la actuación del CGPJ resulta paradójicamente trascendental. Es un órgano que carece de potestad sancionadora, y sus actuaciones no pueden generar una finalización en la injerencia externa ni un castigo en el sujeto autor de la misma. Como señala Guilarte Gutiérrez[270], no existen mecanismos para garantizar la independencia judicial frente a ataques externos, limitándose el Consejo a emitir declaraciones o manifestaciones públicas que, aunque amortiguadas por los medios de comunicación, tienen el mérito de señalar la existencia de un funcionamiento inadecua-

---

las fuerzas políticas que, a través de la partitocracia habida, permite influir en los órganos judiciales para amplificar o reducir los efectos de aquellos pronunciamientos que generan un efecto sobre ellos o sus rivales políticos. Este modo de actuar permite una evidente duda pública y afectación de la independencia judicial, pues genera una sumisión del Poder Judicial a las ideologías políticas, y no así al imperio de la ley. Ello se observa del continuo descrédito hacia la justicia proveniente de las diferentes fuerzas parlamentarias y sus medios de comunicación afines.

269 En tal cuestión se posiciona Íñiguez Hernández, D. *El fracaso del autogobierno judicial.* Madrid, Civitas, 2008, p. 38, quien entiende que esta función del Consejo se transforma en inoperante cuando los asuntos a resolver por los jueces presionados tienen un componente político dada la propia división en bloques políticos mediante la cual funciona el propio Consejo.

270 Guilarte Gutiérrez, V. "El Consejo General del Poder Judicial: funciones y disfunciones". Op. Cit.

do en el órgano o persona responsable de la injerencia[271]. Esta publicidad de los acuerdos, aunque insuficiente para erradicar las presiones externas, constituye una herramienta clave para denunciar ataques a la independencia judicial y poner de manifiesto las irregularidades. Los medios de comunicación, que operan como un verdadero "cuarto poder" dentro del Estado, representan una de las principales fuentes de presión sobre la judicatura, convirtiéndose en un actor decisivo en la formación de percepciones públicas sobre la justicia[272]. En esta cuestión, la intervención del Consejo es necesaria y evita que el juez, de manera individual, se vea obligados a responder públicamente para proteger su imagen, lo que podría generar un efecto contrario al deseado. La actuación del Consejo es representativa de los intereses individuales y colectivos de los miembros de la carrera judicial, y aunque su resolución en esta materia es un mero apoyo moral[273] al juez afectado, supone una defensa pública.

4.2.5.d. Evaluación de la independencia judicial: encuestas e indicadores clave

La independencia judicial constituye uno de los valores esenciales que el Consejo debe salvaguardar, no limitándose únicamente

---

271 Véase, a modo de ejemplo, el comunicado de la Comisión Permanente de 10 de junio de 2024 ante las manifestaciones realizadas por el Presidente del Gobierno pidiendo una "valoración política de las actuaciones judiciales". Recuperado de: https://www.poderjudicial.es/cgpj/es/Poder-Judicial/Consejo-General-del-Poder-Judicial/En-Portada/Comunicado-de-la-Comision-Permanente-de-10-de-junio-de-2024 (Fecha de consulta: 03/07/2024).

272 Señala NIETO GARCÍA, A. *El malestar de los jueces y el modelo judicial.* Madrid, Trotta, 2010, p. 57, que, para resistir injerencias del Gobierno, el juez debe de ser digno, pero que cuando estas provienen de organismos mediáticos, el juez debe de convertirse en héroe.

273 CABELLOS ESPIÉRREZ, M.A. *El Poder Judicial. Configuración constitucional, desarrollo y retos.* Op. Cit., p. 211.

a la ausencia de injerencias externas en la labor de jueces y magistrados, sino extendiéndose también a la percepción, tanto interna como externa, de que dicha independencia no está comprometida. Este principio adquiere relevancia no solo en la práctica, sino también en la confianza que genera en la ciudadanía y en los propios miembros del poder judicial. En este contexto, el presente análisis aborda la valoración existente en España sobre la independencia judicial, con particular atención al "Documento de Trabajo de los Servicios de la Comisión: Informe sobre el Estado de Derecho en 2023 en España", elaborado por la Comisión Europea[274].

Los datos reflejan una percepción preocupantemente baja de independencia judicial entre la ciudadanía y el sector empresarial en España. Apenas el 34% de los encuestados consideran que la misma es bastante buena o muy buena. Este porcentaje ha experimentado un ligero descenso respecto al 38% registrado en el año anterior, aunque supera el 30% observado en 2016. Esto muestra una clara variación en la opinión de la ciudadanía que, en todas las anualidades, muestra una amplia disconformidad con la independencia judicial. En un Estado de Derecho no debería de existir la menor duda social acerca del ejercicio de la función jurisdiccional por parte de los jueces y magistrados, pero el clima político, social y mediático en España genera serias incertidumbres. Estas dudas no se limitan a cuestiones institucionales, como la falta de renovación del Consejo General del Poder Judicial durante más de cinco años, sino que encuentran en las propias declaraciones de actores políticos un factor clave para minar la confianza pública. Los políticos, con

---

274 Documento de Trabajo de los Servicios de la Comisión Informe sobre el Estado de Derecho en 2023. Capítulo sobre la situación del Estado de Derecho en España. Recuperado de: https://commission.europa.eu/document/download/2bd09a6f-ef56-494a-8303-e0de808ee981_es Fecha de consulta: 10/08/2024. La base de tal estudio se encuentra en la Encuesta del Eurobarómetro FL519, llevada a cabo entre el 16 y el 24 de enero de 2023.

frecuencia, proyectan la idea de un poder judicial politizado y contrario a sus intereses ideológicos, llegando incluso a considerarlo un peligro para la democracia[275]. Estas declaraciones públicas fueron condenadas por el CGPJ y las asociaciones de jueces y magistrados a través de comunicados, al señalar a la totalidad del poder judicial, pero debidamente neutralizadas por las diferentes fuerzas mediáticas.

Este análisis se desarrolla, además, en el marco de la crisis del CGPJ derivada de su bloqueo institucional, una situación que ha exacerbado la percepción pública de politización. Aunque cabe precisar que la politización del Consejo no implica necesariamente la politización de la justicia en su conjunto, la ciudadanía tiende a asociar ambos fenómenos, especialmente

---

275 A modo de ejemplo véase: "Unidas Podemos critica en el Congreso a jueces y policías que actúan por ideología", Onda Cero, 15 de diciembre de 2021. Recuperado de: https://www.ondacero.es/noticias/espana/unidas-podemos-critica-congreso-jueces-policias-que-actuan-ideologia_2021121561ba509b8446eb00012b4047.html Fecha de consulta: 11/08/2024; "Podemos pide juzgar por "lawfare" a los jueces de Neurona tras el cierre del caso", El Diario, 11 de septiembre de 2023, Recuperado de: https://www.eldiario.es/politica/pide-jueces-han-cometido-lawfare-partido-sean-juzgados-cierre-caso-neurona_1_10503389.html Fecha de consulta: 11/08/2024; "Moncloa endurece sus críticas a los jueces conservadores tras sus movimientos en plena campaña", La Sexta, 7 de junio de 2024, Recuperado de: https://www.lasexta.com/noticias/nacional/moncloa-endurece-sus-criticas-jueces-conservadores-sus-movimientos-plena-campana_202406076662d4d9fc83ee0001dae806.html. Fecha de consulta: 11/08/2024; "El PP recibe críticas internas por su ataque a los jueces de 'Gürtel'", El Mundo, 20 de abril de 2017, Recuperado de: https://www.elmundo.es/espana/2017/04/20/58f7d3b8e2704ec9028b459b.html, Fecha de consulta:: 11/08/2024; "Cuando el PP criticaba a los jueces y presionaba a los fiscales generales a su favor", Público, 16 de enero de 2020, Recuperado de: https://www.publico.es/politica/hemeroteca-pp-pp-criticaba-jueces-presionaba-fiscales-generales-favor.html, Fecha de consulta: 11/08/2024.

cuando se nutre de narrativas mediáticas que refuerzan esa errónea interpretación. En este sentido, el Informe sobre el Estado de Derecho en el año 2022, iniciaba en su segunda página la urgencia de renovar el Consejo, pues su prolongada situación de provisionalidad estaba afectando negativamente al Estado de Derecho en España. El Consejo, al ser el órgano de gobierno del poder judicial y la principal cara visible de su estructura institucional, proyecta la imagen de la independencia del sistema; cualquier deterioro en su funcionamiento o percepción repercute directamente en la confianza en el sistema judicial.

El estudio efectuado por Hernández González[276] muestra datos similares. En base a los datos de EU *Justice Scoreboard* 2020, determina la autora que la percepción de independencia de los tribunales por los ciudadanos españoles es muy reducida. De esta forma, no llega a un 10% de los encuestados quienes entienden que es "muy buena", un 15% considera que es "muy mala", y el resto de la ciudadanía parte de señalarla como bastante mala y bastante buena, ambos en un porcentaje cercano al 35%. Esto ha de observarse en relación a los restantes Estados Miembros que disponen de Consejo, en los cuales, la percepción negativa no supera un total del 24%, siendo, de este porcentaje, muy mala un 11% y bastante mala un 23%. En comparación con nuestros homólogos europeos, estos datos sitúan a España en un séptimo puesto de entre los Estados que cuentan con un Consejo y peor valoran la independencia judicial de su país. Los problemas relativos a la independencia residen especialmente, en opinión de los ciudadanos, en la injerencia que realiza el poder político (74%) sobre los miembros de la carrera judicial, seguida en un 65% y 53% por las presiones ejercidas por los poderes económicos y por las propias deficiencias del status de los jueces res-

276 HERNÁNDEZ GONZÁLEZ, G. *La independencia del Consejo General del Poder Judicial en España. Una perspectiva comparada con los países del entorno y propuestas de mejora.* Madrid, Fundación alternativas, 2021, pp. 8-62.

pectivamente. Estos tres problemas se reiteran desde el prisma europeo, coincidiendo en porcentajes (con una breve variación en los mismos), suponiendo así un denominador común, y es la desprotección de jueces y magistrados ante las actuaciones de los gobiernos y los partidos políticos, suponiendo la principal razón de injerencia en la justicia en opinión ciudadana.

Del estudio de los datos se observa una dinámica, y es la mejor valoración de la independencia judicial en dos circunstancias. La primera es que los ciudadanos perciben que este principio es mayormente respetado en aquellos Estados sin Consejo Judicial, donde las competencias que estos ejercen en otros países recaen en el Ministerio de Justicia. La segunda radica ya en los modelos, y es que se observa una percepción más positiva en países como Países Bajos o Dinamarca, en cuyos sistemas de designación han permeado más los poderes ejecutivo y legislativo, permitiéndose una mayor interacción y actuaciones de los restantes poderes. Esto es, los ciudadanos valoran que existe mayor grado de independencia judicial en los Consejos que no respetan el Euromodelo y, por tanto, la elección de los vocales provenientes de la carrera judicial no se realiza por sus propios pares, o estos tienen un menor grado de participación. En estos sistemas, los poderes políticos tienen una mayor influencia en la designación de los vocales judiciales, y esta menor rigidez en la autonomía formal del sistema parece traducirse en una mayor confianza ciudadana. Acertadamente, la autora del informe manifiesta, y siguiendo la línea que veníamos expresando, la existencia de una peor valoración al Consejo y a la independencia judicial en los países del sur de Europa y del Este, quienes disponen de un sistema más cercano al euro-modelo. Este fenómeno no solo responde a diferencias en el funcionamiento institucional, sino también a factores culturales y sociológicos. La mentalidad ciudadana en el norte de Europa es menos tolerante con la corrupción y más confiada en la articulación de sus instituciones[277], lo que genera un efecto positivo en la percepción de todos los poderes del Estado[278], incluido el judicial. En contraste, en el sur de Europa, una mayor sensibilidad a las críticas y a las debilidades institucionales contribuye a una percepción más desfavorable, incluso en situaciones comparables. Este contexto evidencia que, más allá de las diferencias en los modelos organizativos, la confianza en la justicia está profundamente influenciada por el entorno cultural y político en el que opera.

4.2.6 Publicación de sentencias: transparencia y acceso público

Aunque pudiera parecer que la labor de publicación oficial y custodia de las resoluciones judiciales carece de relevancia, se trata en realidad de una función de suma trascendencia, intrínsecamente vinculada al principio de publicidad de las actuaciones judiciales consagrado en el artículo 120 de la Constitución Española. Dicho precepto establece que los actos judiciales serán públicos y, en algunos casos, podrán pronunciarse en audiencia pública. Esta disposición encuentra un desarrollo complementario en el artículo 266.1 de la Ley Orgánica del Poder Judicial, que ordena el depósito de las sentencias en la Oficina Judicial, garantizando su acceso libre a cualquier interesado. En este marco normativo, el Centro de Documentación Judicial (Cendoj) se configura como un órgano técnico del Consejo General del Poder Judicial, cuya regulación se encuentra en el artículo 619 de la LOPJ. Su misión abarca la selección, ordenación, tra-

---

277 Lo que denominan Høyer, H. C. y Mønness, E. "Trust in public institutions – spillover and bandwidth". *Journal of Trust Research*, Vol. 6, n. 2, 2016, pp. 151–166 como "spillover effect".

278 En esta cuestión véase a Van de Valle, S. "Trust in the Justice System: A Comparative View Across Europe". *Prison Service Journal*, n, 183, 2009, pp. 22-26.

tamiento, difusión y publicación de información jurídica, tanto legislativa como jurisprudencial y doctrinal. Además, presta servicios de apoyo e información a los órganos judiciales, facilitando el acceso a fuentes documentales de interés. Una de sus tareas esenciales, aunque frecuentemente subestimada, es la armonización de los sistemas informáticos, una labor destinada a optimizar la eficiencia en la actividad judicial. El organigrama del Cendoj lleva a una división en secciones interrelacionadas entre las mismas en aras de ofrecer una mejor respuesta -conjunta, coordinada y cohesionada- al plan estratégico sobre el que se asienta. Sus secciones se dividen en materias como la Documentación y Derecho comparado, jurisprudencia, análisis de jurisprudencia y tesauro, entornos web del Poder Judicial, informática, compatibilidad y equipamiento de sistemas.

En particular, resulta especialmente relevante la labor del Cendoj en la publicación de la jurisprudencia. Esta función, aunque pueda carecer de la visibilidad social o política que acompaña a otras atribuciones del Consejo, es de una importancia capital. El centro se ocupa de recopilar, archivar, certificar y custodiar las sentencias emitidas por los órganos judiciales, asegurando un tratamiento técnico que garantice la anonimización y protección de los datos personales de las partes involucradas, con el objetivo de preservar su privacidad y evitar su identificación[279]. Asimismo, coordina la difusión de las resoluciones y gestiona las bibliotecas judiciales.

---

[279] En tal cuestión véase STS, 22 de diciembre de 2008, ECLI:ES:TS:2008:7106 FD, 3:
"Cuando la publicación de una resolución judicial puede afectar al honor de la persona que ha obtenido un resultado desfavorable en el proceso, es necesario determinar si concurre la excepción que la LPDH establece en el sentido de considerar inexistente la vulneración del ámbito protegido por este derecho cuando es producto del ejercicio de un derecho reconocido por el ordenamiento jurídico (art. 2.2 LPDH : "No se apreciará la existencia de intromisión ilegítima en el ámbito protegido cuando estuviere expresamente autorizada por ley").

Esta publicidad es instrumento que garantiza la independencia e imparcialidad de los órganos judiciales y su actuación bajo el imperio de la ley en el ejercicio de su función jurisdiccional. Esta publicación de las resoluciones judiciales permite a toda la ciudadanía acceder a la jurisprudencia de los diferentes órganos judiciales, especialmente de aquellos de carácter colegiado, fortaleciendo así la transparencia del sistema judicial. La visibilidad de las resoluciones evita que la justicia se perciba como una instancia abstracta y oscura, ajena al conocimiento y escrutinio público. Por el contrario, fomenta un control legítimo por parte de los diversos actores sociales y políticos sobre el ejercicio de la función judicial. La transparencia del sistema permite ejercer un control de la función judicial por los diferentes actores que

---

El contraste entre el derecho al honor y el derecho a dar a conocer el contenido de la sentencia, que resulta del principio de publicidad, debe dar lugar a una ponderación en la que se tenga en cuenta, en primer lugar, el cumplimiento de los fines institucionales que el principio de publicidad persigue. Este aspecto, a su vez, exige tomar en consideración la forma en que la publicación se ha producido, teniendo en cuenta si se trata de una comunicación neutral del contenido de la sentencia o si se añaden o restan elementos que sean susceptibles de desvirtuar el conocimiento objetivo de lo resuelto por el tribunal para convertir la publicación del fallo en un procedimiento apto para menoscabar el honor de la persona afectada, más allá de lo que implica objetivamente en el terreno de la reputación el fracaso de una acción u oposición mantenida ante los tribunales de justicia. [...] es necesario ponderar, en atención a las circunstancias concurrentes, el interés legítimo de quien comunica una resolución judicial, que puede consistir en el interés del que obtiene un resultado favorable en un pleito para hacer conocer su resultado a sus allegados y a quienes pueden tener relación con el objeto del pleito, vinculado al hecho de que esta comunicación no sea desproporcionada por el ámbito subjetivo a que se extienda o por el modo en que se produzca y esté justificada atendiendo a la naturaleza y objeto del proceso de que se trate y al conjunto de circunstancias, incluyendo el carácter de actor o demandado que quien da publicidad a la sentencia haya ostentado en un proceso civil".

componen los distintos poderes del Estado y las distintas fuerzas sociales. Aun cuando esto pueda suponer una confrontación con el derecho de intimidad de los litigantes, debiéndose de seguir las indicaciones expuestas por la Agencia de Protección de Datos[280], necesitándose realizar, tal y como ya se ha manifestado anteriormente, un proceso de disociación para evitar que las partes del proceso puedan ser identificadas. Cabe aquí la excepción en el supuesto de estar involucrada una persona de notoriedad pública, en el cual, por el propio *status* público del ciudadano, puede omitirse este tratamiento a la sentencia.

4.2.7 Formación judicial

La formación de Jueces y Magistrados se convierte en pieza clave para el desarrollo del Poder Judicial en España. Compete al Consejo, mediante su órgano técnico de la Escuela Judicial, el desarrollo de los diferentes procesos de selección de Jueces y Magistrados. Este aspecto es trascendental para garantizar la independencia judicial. Si el acceso a esta profesión se llevaría a cabo mediante una designación directa por las cámaras legislativas, el poder ejecutivo o un miembro de la carrera judicial de

---

[280] En tal cuestión véase la res. R/01239/2007 de la Agencia Española de Protección de Datos: "Se acredita que las sentencias no son públicas, ni se publican para general conocimiento, aunque en virtud del derecho de información, como en el caso que se examina existan noticias relacionadas con el denunciante y los hechos [...] La publicidad a la que se refieren dichos preceptos tiene por objeto asegurar el pleno desenvolvimiento del derecho de las partes a obtener la tutela efectiva de los jueces y tribunales en el ejercicio de sus derechos, sin que en ningún modo pueda producírseles indefensión, consagrado por el artículo 24.1 de la Constitución. Por ello, no puede ampararse en un precepto cuyo fundamento es la salvaguarda de los derechos de los ciudadanos la realización de otras actividades que pueden producir una merma de otros derechos fundamentales, como en este caso, el derecho a la protección de datos personales".

mayor rango, este sujeto designado dispondría de una amplia dependencia y sumisión respecto del poder que le ha nominado en su cargo, no pudiendo articular una función jurisdiccional plena y ajena a intereses externos. En cambio, el sistema de acceso regulado en la actualidad, con excepción de aquello relativo a los nombramientos discrecionales, permite que la persona tenga que superar un conjunto de pruebas que demuestran su valía, aun con las posibles críticas que pueda suponer el modelo de oposición actual[281]. Un sistema que garantice el acceso por méritos, en este caso la superación de una oposición, supone automáticamente una posición de autonomía, al haber conseguido por sí mismo la plaza, que redunda en la calidad de la justicia en favor de los justiciables.

---

281 Son muchas las voces que plantean el cambio en el modelo actual, siendo muy variados los mismos. En tal línea, HAZAS VIAMONTE, F. "El acceso a la judicatura ¿en tela de juicio? ". *El Notario del siglo XXI*, n. 116, 2024. Recuperado de: https://www.elnotario.es/opinion/opinion/9894-el-acceso-a-la-judicatura-en-tela-de-juicio (Fecha de consulta:13/01/2025), recoge las diferentes críticas existentes en la actualidad, como aquellos que ponen en tela de juicio la actual preponderancia que se le otorga a la memoria en detrimento de otro tipo de facultades, la abstracción social que supone la dedicación plena de estudio, la falta de experiencia de quienes acceden al cuerpo de jueces, y el "posible coto cerrado" que supone este modelo a consecuencia del coste que puede suponer. Respecto a este último, desde las formaciones Más País y Sumar han propuesto diferentes modelos. El primero de ellos, en propuesta a la que posteriormente se adhirió Podemos, mediante una especia de MIR que "corrija el sesgo en favor de los hijos de familias adineradas", y el segundo de ellos, y bajo la misma intención, Sumar señala que "el acceso a la Carrera Judicial se efectuaría mediante un sistema de preparación continua desde las Facultades de Derecho, en el que el estudiantado con expedientes académicos con altas calificaciones puede acceder a la Escuela Judicial y seguir formándose" (Proposición de Ley Orgánica sobre reforma del sistema de acceso a la carrera judicial. Presentada por el Grupo Parlamentario Plurinacional SUMAR, en fecha de 7 de junio de 2024. Disponible en: https://www.congreso.es/public_oficiales/L15/CONG/BOCG/B/BOCG-15-B-121-1.PDF).

La formación a quienes ya han superado este modelo de acceso es igualmente clave para conseguir un sistema de justicia eficaz y eficiente, cuestión que se integra dentro del Estatuto de jueces y magistrados. De ahí que la Escuela Judicial igualmente se ocupe de tales materias formativas, ya sean aquellas de carácter inicial, en la Escuela Judicial durante los dos años posteriores a la superación de la oposición, así como a la formación continua de jueces y magistrados, mediante programas de formación continua y actividades que perfeccionen y actualicen a los profesionales.

4.2.8 Relaciones internacionales: proyección y cooperación global

La proyección del Consejo se realiza desde un plano nacional con las diversas funciones que han venido exponiéndose, pero también desde un prisma internacional. Un conjunto de competencias que, inicialmente, podrían entenderse conflictivas, pues el ámbito competencial del Consejo en esta materia puede suponer una invasión en aquellas asumidas por otros órganos o incluso Ministerios, como el de Justicia. No obstante, y para no suponer una extralimitación, la Ley Orgánica 4/2013, de 28 de junio a través la cual se reformó el CGPJ, estableció que todas las actuaciones de carácter internacional llevadas a cabo por el CGPJ deberán desarrollarse en coordinación con el Ministerio de Asuntos Exteriores, respetando las directrices establecidas en el ámbito de la política exterior dentro del ejercicio de sus competencias. No obstante, ello se llevará a cabo sin menoscabo de las atribuciones que correspondan al Consejo en materia de cooperación jurisdiccional internacional (art. 562 LOPJ).

Se observa así una amplia restricción al Consejo en esta materia, obligándole a realizar una coordinación con el Gobierno de la Nación para una efectiva tarea de internacionalización. Pero, ¿cuáles son estas funciones? Pueden resumirse en tres: Cooperación al desarrollo; Auxilio Judicial: Relaciones Institucionales. En relación a la primera de ellas, el Consejo tiene una relación directa con los poderes judiciales de otros países, sirviéndoles apoyo a través del soporte económico de la Agencia Española de Cooperación Internacional para el Desarrollo y de la Comisión Europea. Para ello se coordinará con las políticas exteriores nacionales, así como con otros actores supranacionales como la UE, el Banco Mundial, el Banco Interamericano del Desarrollo o Naciones Unidas.

El auxilio judicial internacional permite al Consejo convertirse en actor clave para facilitar y agilizar la tramitación de causas que tengan conexiones más allá de las fronteras nacionales. La actuación se desarrollará a través de una solicitud, ya provenga de los tribunales nacionales o extranjeros, creando el Consejo una red de jueces y magistrados especialistas que le permite poder articular las diferentes actuaciones necesarias para la satisfacción de la solicitud dentro de las competencias que le son asignadas. Es punto de contacto de redes como Eurojust, Red Judicial Europea Penal (RJEP), Red Judicial Europea Civil y Mercantil y Red Judicial Iberoamericana (IberRed). El CGPJ igualmente mantiene relaciones institucionales con órganos extranjeros, como Cortes Supremas a nivel europeo o americano, o inclusive otros Consejos judiciales. Se elaboran de esta manera un conjunto de redes de cooperación en aras de la mejora y fortalecimiento del Estado de Derecho. Para ello es factor clave el Servicio de Relaciones Internacionales, que le permite a este órgano ser miembro de la Red Europea de Consejos de Justicia y de la Cumbre Judicial Iberoamericana.

Por último, ha de tenerse en cuenta que el Centro de Documentación Judicial efectúa una tarea de colaboración internacional, pues es activa y notable su participación en proyectos de la Unión Europea, tales y como el Portal *e-Justice*, *European Case Law Identifier*, *Legivoc* y los proyectos *Twinning*. En relación al primero de ellos, *e-Justice*, y siguiendo las indicaciones de su página web, este centro dependiente del CGPJ tiene una alta participación en el proyecto "Working party e-Justice–e-Law"[282].

El segundo de los proyectos, ECLI, es un desarrollo de un identificador único de jurisprudencia común en la UE, permitiendo la búsqueda de jurisprudencia en los distintos repositorios, simplificando el procedimiento para el rastreo de resoluciones judiciales, especialmente a nivel de jurisprudencia comunitaria, mejorando la investigación jurídica y la aplicación de este Derecho comunitario. Por su parte el tercero de los proyectos se enfoca en una base de datos de términos jurídicos para poder entender los diferentes sistemas legales comunitarios y hacerles interoperables, facilitando el intercambio de información jurídica y legal. En cuarto y último lugar, el proyecto *Twinning* es un conjunto de trabajos de colaboración entre dos o más instituciones europeas con diferentes países, en aras de la modernización de la jurisdicción en un lugar concreto y, entre otras, el desarrollo de aplicaciones informáticas, habiendo participado países como Marruecos, Polonia, Portugal, Croacia, Bulgaria, Albania, Turquía, República Dominicana, Bolivia y Mozambique.

4.2.9. Supervisión y Control de Protección de Datos

A través de la LO 1/2025, de 2 de enero, de medidas en materia de eficiencia del Servicio Público de Justicia, se modifica el apartado segundo del art. 595 LOPJ, incluyéndose una nueva Comisión relativa a la Supervisión y Control de Protección de Datos, cuya finalidad se enmarca en la propia nomenclatura de la misma. Empero, conforme la Disposición transitoria decimoquinta, dicha Comisión no será de aplicación hasta la constitución del primer consejo tras la entrada en vigor de la norma. El nuevo art. 610 ter determina la composición de la Comisión, que se

---

[282] Para más información acúdase a https://www.eumonitor.eu/9353000/1/j9vvik7m1c3gyxp/vj6ipnk49czn

configura por un mandato de cinco años y por un total de tres vocales, dos de ellos del turno judicial y uno de ellos del turno de juristas de reconocida competencia. Su finalidad se enmarca dentro de las operaciones de tratamiento de información y datos efectuadas con fines jurisdiccionales por los Juzgados, Tribunales, Fiscalías, y las Oficinas judicial y fiscal dentro del marco del art. 236 octies LOPJ, en consonancia con la Fiscalía General del Estado y la Agencia Española de Protección de Datos.

En el marco de actuación se identifican las siguientes funciones y responsabilidades: (a) Se establece la obligación de supervisar el cumplimiento de las normativas de protección de datos personales. Para ello, se ejercerá una función inspectora conforme a las competencias definidas por la Ley y el Estatuto Orgánico del Ministerio Fiscal; (2) Se impulsa la sensibilización de los profesionales de la Administración de Justicia respecto a los riesgos, normas, garantías, derechos y obligaciones relacionados con el tratamiento de datos personales. Esta labor busca fomentar una comprensión integral de los principios rectores en esta materia; (3) Dentro de sus competencias, se incluye la emisión de informes técnicos sobre códigos de conducta. Estos documentos están orientados a garantizar la correcta aplicación de la normativa de protección de datos en las oficinas judiciales y fiscales; (4) A solicitud de cualquier interesado, se facilitará información sobre el ejercicio de sus derechos en el ámbito de la protección de datos. Este servicio busca empoderar a los individuos mediante un acceso claro y directo a los mecanismos disponibles para la defensa de sus derechos; (5) se gestionarán y responderán las reclamaciones presentadas por personas interesadas, asociaciones, organizaciones y entidades con capacidad procesal o legitimación para representar intereses colectivos. Esta función incluye informar al reclamante sobre el estado y el resultado del procedimiento, llevando a cabo las investigaciones pertinentes cuando sea necesario, y garantizando una respuesta en un plazo razonable conforme a las leyes aplicables.

La Comisión de Supervisión y Control de Protección de Datos surge como una extensión natural de las competencias ya atribuidas al CGPJ, orientándose a subsanar la ausencia de un tratamiento específico en la materia. Su creación responde a la necesidad de consolidar un marco que garantice la transparencia, la eficacia y la responsabilidad en la gestión de los datos personales utilizados con fines jurisdiccionales por los tribunales. Para asegurar un adecuado desarrollo de estas funciones, el artículo 620 bis introduce la Dirección de Supervisión y Control de Protección de Datos, concebida como el órgano técnico responsable de prestar apoyo y asistencia a la Comisión en el ejercicio de sus competencias. Esta Dirección se posiciona como una piedra angular en la implementación efectiva de las normativas de protección de datos en el ámbito del poder judicial, dotando al sistema de un enfoque especializado que atiende las particularidades de esta área jurídica.

La designación de la persona titular de esta Dirección es competencia del Pleno del CGPJ, que debe seleccionar a un jurista de reconocida solvencia profesional. Entre los requisitos indispensables para este cargo figuran al menos quince años de ejercicio profesional, así como conocimientos y experiencia acreditados en protección de datos. Tales exigencias buscan asegurar que la Dirección esté encabezada por figuras de excelencia técnica y profesional, con la capacidad necesaria para enfrentar los retos complejos y dinámicos que plantea este ámbito del derecho. En el ejercicio de sus funciones, el titular de la Dirección actúa siguiendo las directrices e instrucciones de la Comisión de Supervisión y Control de Protección de Datos, aunque conserva autonomía técnica en la ejecución de sus competencias. Asimismo, se encuentra sujeto al régimen jurídico aplicable a los letrados del CGPJ en lo relativo a situaciones administrativas, incompatibilidades, duración del mandato y retribuciones. Un aspecto esencial de este rol es el deber de secreto profesional, que vincula tanto al titular de la Dirección como al personal adscrito, no solo durante el ejercicio de sus funciones, sino también una vez concluido su mandato. Este deber adquiere particular relevancia en relación con la información confidencial proporcionada por personas físicas, especialmente en el contexto de denuncias sobre infracciones de la normativa de protección de datos. Consciente de la trascendencia de esta Dirección, el CGPJ asume la obligación de dotarla de los recursos humanos y materiales necesarios para el cumplimiento efectivo de sus objetivos. Esta garantía de medios resulta fundamental para consolidar un modelo de gestión que responda a los más altos estándares de protección de datos personales dentro del sistema judicial.

Finalmente, el desarrollo reglamentario se encargará de precisar los aspectos relacionados con la composición, organización y funcionamiento de esta Dirección. Dicho desarrollo normativo busca afianzar su estructura y asegurar que su actuación se ajuste a los principios de independencia técnica, rigor profesional y compromiso con la salvaguarda de los derechos fundamentales inherentes a la protección de datos personales en el ámbito jurisdiccional. Este enfoque integral ratifica el compromiso institucional con la protección de la privacidad y los derechos fundamentales de los ciudadanos en el contexto de la administración de justicia.

5. SISTEMA DE ELECCIÓN: EVOLUCIÓN Y CRÍTICA DEL MODELO ESPAÑOL

En el presente apartado se va a proceder a analizar el modelo de elección de los vocales que componen el CGPJ. Para ello, se dará estudio de los diferentes sistemas habidos, dando inicio en el mandato constitucional, para ir analizando el modelo corporativista integrado en el CGPJ de 1980 y las continuas modificaciones que se han venido llevando a cabo desde la LOPJ de 1985 hacia un sistema parlamentario.

5.1 Mandato constitucional: marco originario

La Constitución de 1978 introdujo en el panorama institucional español un órgano inédito hasta entonces: el Consejo General del Poder Judicial. Este órgano, de carácter constitucional, fue concebido para el gobierno del Poder Judicial, aunque la norma fundamental no lo desarrolló en profundidad, limitándose a abordar su configuración en los apartados segundo y tercero del artículo 122. Así, el desarrollo efectivo de este trascendental órgano quedó delegado a una futura ley orgánica, tal como prevé el propio texto constitucional. En lo que respecta al modelo de elección de los vocales, el constituyente tampoco estableció un sistema específico. El artículo 122.3 CE dispone que el Consejo estará compuesto por 20 vocales, cuyo mandato será de cinco años, más un presidente que, además, ejercerá como presidente del Tribunal Supremo. No obstante, deja abierto el modelo de designación de los vocales al prever que doce de ellos procederán de entre las diversas categorías de la carrera judicial, mientras que los otros ocho serán seleccionados entre abogados y juristas de reconocida competencia con al menos quince años de ejercicio profesional. Únicamente respecto a estos últimos, la Constitución detalla el procedimiento de designación, asignando dicha competencia a las Cámaras Parlamentarias, que deben elegir a cuatro vocales cada una, con mayoría de tres quintos. Este diseño inicial merece varias observaciones y matices.

En primer lugar, a pesar de la escasa densidad regulatoria, es correcto haber delimitado el número de vocales, así como la duración del mandato. Aunque se ha argumentado que el número total de integrantes del Consejo (21, incluyendo al presidente) es elevado[283], su configuración responde a las pro-

[283] En tal cuestión expone CABELLOS ESPIÉRREZ, M.A. *El Poder Judicial. Configuración constitucional, desarrollo y retos*. Op. Cit., p. 152, que han sido varias las modificaciones de la LOPJ en aras de reformar la composición del Consejo, no pudiendo reducirse el número de in-

pias características y funciones del órgano, que demandan una composición plural. Tal pluralidad garantiza la representación de diversas categorías judiciales, procedencias y perspectivas ideológicas, fomentando un órgano colegiado capaz de articular visiones diversas en el cumplimiento de sus funciones. La limitación del mandato a cinco años, sin posibilidad de renovación inmediata, excepto para el presidente, asegura además que la composición del Consejo no dependa de los vaivenes políticos inmediatos, evitando una vinculación excesiva entre el mandato de los vocales y los ciclos parlamentarios o gubernamentales.

En segundo lugar, el texto constitucional determina un doble origen de los vocales: jueces y magistrados, por un lado, y juristas de reconocida competencia, por otro. Los constituyentes optaron por decretar dos vías de acceso muy distintas. Mientras que para los juristas la Constitución determina con precisión el procedimiento de designación parlamentaria, respecto de los vocales de origen judicial se adopta una redacción ambigua, delegando su regulación a la ley orgánica. Esta vaguedad contrasta con el anteproyecto de Constitución, cuyo artículo 112.3 preveía que los doce vocales judiciales serían designados "a propuesta y en representación de las distintas categorías de la carrera judicial". Esta vía permite dos sistemas muy diferenciados que se han ocasionado a posteriori, como son la designación por los propios miembros de la carrera judicial a través de candidaturas y votación, y un modelo de designación parlamentaria, el cual ha venido variando conforme las distintas modificaciones legales, otorgando mayor o menor poder a las asociaciones judiciales. La interpretación que inicialmente se efectuó de este precepto es la existencia de una dualidad doble, tanto en el origen de los vocales como en el modelo de designación, punto de partida sobre el que se asentó

tegrantes, pero sí se ha optado por limitar su actividad, teniendo un régimen de dedicación parcial todos aquellos vocales que no estén integrados en la Comisión Permanente.

la Ley Orgánica 1/1980, de 10 de enero, del Consejo General del Poder Judicial. Al determinarse expresamente el modelo de designación de los vocales de origen no judicial, recayendo en las Cámaras Parlamentarias tal tarea, se podía interpretar, tal y como sucedió al inicio, que aquellos que proviniesen de la carrera judicial iban a ser designados por los propios jueces y magistrados, idea expresada en el anteproyecto de Constitución y que parecía ser la interpretación más adecuada conforme el texto constitucional.

La doctrina ha ofrecido varias razones para justificar este modelo dual. Entre ellas, CABELLOS ESPIÉRREZ destaca dos argumentos principales[284]. En primer lugar, si el constituyente hubiera querido que los doce vocales judiciales fuesen también designados por el Parlamento, lo habría señalado expresamente en el texto constitucional. En segundo lugar, la pluralidad de orígenes en la composición del Consejo refuerza su legitimidad al combinar la representación ciudadana, encarnada en las mayorías parlamentarias, con la representación profesional, asegurada por los propios jueces. Esto es, el órgano tendría plena legitimidad al ser elegidos sus miembros por el parlamento y por los propios jueces y magistrados. A estos razonamientos cabe añadir un tercero: el constituyente, al inspirarse en los modelos europeos de Consejos Judiciales, especialmente los de Italia y Francia, parecía inclinarse hacia un sistema en el que los jueces eligieran a sus propios representantes, pues así operaban los sistemas de referencia en el derecho comparado. Son así las tres razones para entender que la idea expuesta por el constituyente en la norma procesal se acercaba a un concepto de CGPJ legitimado por una doble vertiente, parlamentaria y judicial, pues el modelo de designación de los vocales se realizaba en base al origen de los mismos.

Tal y como ya se ha expresado, y pese a estas bases interpretativas, la evolución legislativa ha introducido cambios significativos

---

[284] Ibidem, p. 153.

en el modelo de designación, dando lugar a tres configuraciones distintas del Consejo: corporativo, parlamentario y parlamentario-corporativo. Cada modificación legislativa ha reavivado la controversia, especialmente en los momentos en que, al expirar el mandato de cinco años, la renovación del Consejo recaía en las Cámaras Parlamentarias[285]. A partir de los próximos apartados van a desarrollarse los tres modelos diferentes que han existido -corporativo, parlamentario y parlamentario corporativo[286]-, integrados en dos leyes orgánicas, para desembocar en la situación de crisis y bloqueo que ha vivido el Consejo por un periodo de 5 años y ha propiciado múltiples voces en aras de modificar este modelo de designación.

5.2 Ley Orgánica 1/1980: el modelo fundacional

Uno de los temas más controvertidos del actual escenario político es la renovación de los miembros del Consejo. No es desconocido que este proceso tiende a generar problemas, especialmente en relación al reparto de cuotas que se realizan entre las fuerzas políticas que componen el hemiciclo parlamentario. Sin embargo, conviene recordar que el primer Consejo se constituyó bajo un enfoque diferente del que ha caracterizado a los modelos posteriores. La idea del constituyente giraba en torno a un sistema basado en una doble legitimidad, y así se reflejó en la Ley Orgánica 1/1980, de 10 de enero, que inauguró el modelo corporativo del Consejo, inspirado en las propuestas contenidas en el anteproyecto de Constitución.

---

285 Rosado Iglesias, G. "La constitucionalización del Gobierno Judicial: cuarenta años de Consejo General del Poder Judicial, régimen actual y cuestiones pendientes". *Revista de derecho político*, n. 101, 2018, pp. 353-391, esp. p. 356.

286 Pérez Alonso, J. "La independencia del Poder Judicial en la historia constitucional española". Op. Cit., p. 82.

Esta norma específica para el órgano constitucional mantenía que los vocales "juristas de reconocida competencia" serían designados conforme el modelo previsto por la Constitución. Sin embargo, su mayor interés radica en los artículos 12 a 19, que desarrollaban el modelo corporativo, al fijar el procedimiento para la elección de los vocales de procedencia judicial. Según el artículo 12, estos serían elegidos directamente por los jueces y magistrados en servicio activo, mediante un voto personal, igual, directo y secreto, emitido en circunscripción única, con posibilidad de voto por correo (art. 13). Este proceso debía ser convocado por el presidente del Consejo con al menos tres meses de antelación al fin del mandato del Consejo saliente. El procedimiento electoral es desarrollado por el Reglamento de Organización, no siendo interés del presente trabajo el análisis exhaustivo de tal materia. Empero, es necesario reseñar que las candidaturas deben de ser completas, señalándose un candidato titular y un suplente para los puestos a cubrir; siendo de carácter abierto, facilitando que cada elector pueda combinar nombres procedentes de diferentes candidaturas; el sistema permitirá la representación de sectores minoritarios; las candidaturas estarán avaladas por un diez por ciento de los electores, que comprendan un cinco por ciento de cada categoría o asociación profesional. El decimosexto artículo imposibilita ser candidato a quienes no se hallen en servicio activo, a los miembros del Consejo saliente, a quienes ejerzan algún cargo en los órganos técnicos del Consejo y a quienes formen parte de la Junta Electoral. Este último órgano, cuyas funciones pueden resumirse en convocar las elecciones, organizarlas, proceder al escrutinio y proclamar los resultados, tendrá sede en el Tribunal Supremo, con un carácter permanente y contará con el Presidente del TS junto con el Presidente de la Audiencia Territorial de Madrid y por los Jueces Decanos de los Juzgados de Partido y de Distrito de Madrid, estos últimos ejerciendo el cargo de vocal.

En sus inicios, este modelo corporativo parecía ofrecer un mecanismo relativamente libre de controversias, permitiendo a los jueces y a los políticos designar a los vocales a través de sistemas distintos. El objetivo era minimizar la influencia de los poderes ejecutivo y legislativo. Este último, aun disponiendo de la capacidad de designar el cuarenta por ciento de los vocales del Consejo, ostentaba un papel limitado, pues nunca podría controlar la totalidad del Pleno. Así, el modelo corporativista de 1980 partía de una premisa: un sistema diseñado para promover la autonomía, evitar la politización del Consejo y que los posibles bloques -conservador y progresista- tuviesen una compensación por un bloque profesional o técnico designado por jueces entre los propios jueces. Empero, la realidad fue opuesta a la expectativa.

El primer Consejo, constituido en 1980, no reflejó una auténtica diversidad ideológica. Por el contrario, la mayoría de los vocales judiciales compartían una marcada orientación conservadora, algo comprensible en un país que emergía de una dictadura de dicha ideología. Este sesgo generó críticas desde el inicio y evidenció problemas como la insuficiente representación de todas las categorías judiciales. Además, la Asociación Profesional de la Magistratura (APM), única asociación judicial existente en ese momento, ejerció un control predominante sobre las candidaturas, perpetuando la orientación conservadora del Consejo y limitando la participación de jueces ajenos a ese sector. Esta situación se veía favorecida por un proteccionismo hacia la APM, destinado a prevenir la aparición de nuevas asociaciones que pudieran disputarle el control de la representatividad judicial[287].

Esta orientación ideológica del Consejo fue solo una de las manifestaciones de un problema más amplio. Los vocales comenzaron a atribuir al órgano competencias más amplias que las previstas legalmente. El Consejo se convirtió en una oposición a las mayorías parlamentarias y en un órgano de autogobierno del

---

287 Véase la Disposición adicional segunda de la LO 1/1980 y las amplias limitaciones que regula para la constitución de una nueva asociación: al menos, el quince por ciento de Jueces y Magistrados en servicio activo.

Poder Judicial por el cual debía de disponer de competencias para actuar en cualquier decisión que afectase a este ámbito. De este modo, sus facultades se pretendían expandir más allá de las cuestiones vinculadas al estatuto de jueces y magistrados, llegando a aducirse una potestad legislativa[288], ampliamente visible en su extralimitada potestad reglamentaria. Esta situación expuesta por el Consejo ofrecía un autocontrol del Poder Judicial a los propios jueces y trataba de eliminar todos los posibles pesos y contrapesos clave de un sistema democrático[289]. Suponía así un modelo corporativo que rompía con el rendimiento de cuentas propio de un modelo estatal basado en la división de poderes, peligroso para la estabilidad del sistema democrático.

El debilitamiento del gobierno de UCD propició un Consejo muy activo, que llegó a presentarse como una verdadera oposición a los gobiernos de Adolfo Suárez, pero especialmente al de Leopoldo Calvo-Sotelo. Aunque su enfrentamiento más evidente fue ante el Gobierno de Felipe González[290]. Aun cuando este último disponía de un amplio respaldo parlamentario y social, el Ejecutivo socialista se encontró con un Consejo que presentó tres conflictos de atribuciones contra las Cámaras Legislativas en relación con la tramitación de la nueva Ley Orgánica del Poder Judicial (LOPJ). Dicha norma limitaba la potestad reglamentaria del Consejo y reformaba el modelo de designación de sus miembros, sustituyendo el sistema corporativo por un modelo parlamentario. Estos conflictos fueron desestimados por la Sentencia del Tribunal Constitucional 45/1986, al carecer el Consejo de legitimación procesal para representar los intereses

---

288 CABELLOS ESPIÉRREZ, M.A. El Poder Judicial. Configuración constitucional, desarrollo y retos. Op. Cit., p. 152.

289 IÑIGUEZ HERNÁNDEZ, D. *El fracaso del autogobierno judicial.* Op. Cit., p. 228.

290 En tal cuestión señala IÑIGUEZ HERNÁNDEZ, D. *El fracaso del autogobierno judicial.* Op. Cit., p. 225 que el CGPJ “hizo lo posible por obstaculizar las políticas reformadoras de los cada vez más débiles gobiernos de la UCD y de los más fuertes, sucesivos, del PSOE”.

de los miembros de la carrera judicial[291]. Este proceso marcó el fin del modelo corporativo y evidenció sus profundas limitaciones, poniendo de manifiesto los riesgos de un diseño que, pese a pretender garantizar la independencia judicial, terminó por generar dinámicas que socavaban los principios esenciales de un Estado democrático de derecho.

5.3 Ley Orgánica 6/1985 y las reformas parlamentarias posteriores

El final del primer mandato del Consejo venía acompañado por un nuevo texto legal, la LOPJ de 1985, que ofrecía una remodelación de todo el Poder Judicial, adaptándolo a las necesidades y demandas de la época. El texto original no pretendía atribuir a las Cámaras Parlamentarias la designación de los vocales provenientes de la carrera judicial, pero la enmienda presentada por el Grupo Parlamentario Euskadiko Ezquerra encontraría el apoyo del grupo parlamentario socialista, sirviendo así para el establecimiento del modelo parlamentario, efectuándose una dura crítica al sistema previo, tachándose de contradecir al principio de soberanía popular[292]. El nuevo mo-

---

[291] Señala Porras Nadales, A. J. "El Consejo General del Poder Judicial, según la STC 108/1986, de 29 de julio, sobre la Ley Orgánica del Poder Judicial". Op. Cit., p. 230, que la idea expresada por el TC se basa en la existente de dos posiciones, una *ad extra*, que se representa en la proyección de la imagen del Poder Judicial efectuada por el Consejo, y otra *ab intra*, relativa a la posibilidad de ostentar legitimación para actuar en nombre de los miembros de la carrera judicial. Esta última es rechazada por el TC, considerando que ser un órgano de gobierno de la justicia no faculta para ostentar representación procesal de los intereses de todos los miembros que componen la carrera judicial.

[292] En tal cuestión el diputado Bandrés, Diario de Sesiones, Congreso, n. 194, 26 de marzo de 1985, p. 8894. Recuperado de: https://www.congreso.es/public_oficiales/L2/CONG/DS/PL/PL_194.PDF (Fecha de consulta: 09/09/2024), señaló la importancia del nuevo modelo, atacando duramente el sistema corporativista:

delo, conocido como el de "cuotas por partidos"[293], tenía como objetivo evitar que el Consejo continuara bajo el predominio de las mayorías conservadoras de la judicatura[294], sirviendo así para "democratizar"[295] el Pleno a través de vocales de muy dispares ideologías. Las Cámaras parlamentarias se atribuyen la potestad de designación de los veinte vocales, sin importar su procedencia, conforme a un modelo de legitimidad popular[296].

"Falta a la verdad, infunde confusión, injuria a la Magistratura y al Parlamento quien afirma que si los representantes del pueblo nombran a todos los miembros del Consejo General del Poder Judicial se ha asestado un golpe mortal a la independencia del mismo. [...] Los jueces van a seguir siendo independientes, van a poder seguir siendo independientes ante su conciencia y van a poderlo ser más todavía, si cabe, porque en lo sucesivo el órgano que les gobierne, el que garantiza precisamente su libertad, va a tener el respaldo más noble y más poderoso que pueda concebirse en democracia, el propio pueblo a través de sus exclusivos y legítimos representantes. En el antiguo régimen estaba claro que el Rey ennoblecía a sus vasallos, pero en la sociedad moderna es el pueblo quien ennoblece y legitima todo lo que toca. Nadie debe sentirse pretendido porque un colectivo electoral, respetabilísimo, pero reducido a dos mil y pico jueces, sin otra representatividad que un título obtenido mediante una oposición, sea sustituido por quienes genuinamente representan al pueblo español. Lo otro, el insistir en la cooptación del 60 por ciento, es sencillamente -y permítanme la expresión un poco vulgar, señores Diputados- confundir el Poder Judicial con un casino y su órgano de gobierno con una junta directiva". Diario de Sesiones, Congreso, n. 194, 26 de marzo de 1985, p. 8894. Recuperado de: https://www.congreso.es/public_oficiales/L2/CONG/DS/PL/PL_194.PDF (Fecha de consulta: 09/09/2024).

293 JAIME MARTÍNEZ, J. *El Consejo General del Poder Judicial: renovación y reforma.* Trabajo Fin de Grado, Burgos, Universidad de Burgos, 2022, p. 16.

294 IÑIGUEZ HERNÁNDEZ, D. (2014). "La contrarreforma del Consejo General del Poder Judicial". Op. Cit., p. 335.

295 ROSADO IGLESIAS, G. "La autonomía judicial en España". *Revista de la Facultad de Derecho de México*, n. 282, 2022, pp. 271–292, esp. p. 277.

296 TEROL BECERRA, M.J. *El Consejo General del Poder Judicial, Madrid.* Madrid, Centro de Estudios Políticos y Constitucionales, 1990, pp. 76-79.

Una designación parlamentaria de los miembros que componen el Consejo es una realidad que en 1985 suponía una alta controversia. Algunos grupos parlamentarios partían de entender que este viraje hacia el modelo parlamentarista podía alterar el equilibrio inherente al sistema de doble designación previsto inicialmente. La interferencia de las Cámaras podía afectar al Consejo, perdiendo este su carácter de contrapeso en el sistema de división de poderes en favor de vocales subordinados a directrices políticas. Este desacuerdo culminó en la impugnación de la LOPJ ante el Tribunal Constitucional, argumentándose que el texto constitucional debía interpretarse conforme a un modelo corporativo. La célebre STC 108/1986, de 29 de julio, ofreció un pronunciamiento a través del cual se rechazaba el postulado de la parte actora, entiendo el órgano como errónea la concepción del CGPJ como un órgano de Gobierno. Si se acude al texto constitucional no se encuentra referencia a manifestaciones en tal línea, sino que exclusivamente lo tilda como un órgano que ejerce funciones "cuya asunción por el Gobierno podría enturbiar la imagen de la independencia judicial" (FJ. 8). No obstante, esta interpretación ha sido objeto de controversia, ya que el artículo 122.2 de la Constitución señala expresamente que "El Consejo General del Poder Judicial es el órgano de gobierno del Poder Judicial". Dado que el Poder Judicial está integrado por jueces y magistrados, podría entenderse que el Consejo actúa como un órgano de autogobierno de los mismos.

En este parecer, declaraba la constitucionalidad de la LOPJ, tanto en relación a las funciones como al modelo de designación. Entiende el TC que la reducción de facultades no supone una infracción del mandato constitucional, puesto que se mantienen las allí expuestas (FJ. 8), y entre ellas la garantía de la independencia judicial (FJ. 6). En relación a la designación, cuestión de mayor trascendencia en el objeto del presente estudio, es materia ampliamente controvertida que el TC debía de justiciar. Se ha de partir que la regulación de 1985 no supone una infracción del precepto constitucional, puesto que la Carta

Magna no especifica el modelo de designación de los 12 vocales judiciales, utilizando para ello la expresión "en los términos que establezca la ley orgánica". Aunque el espíritu del texto constitucional parecía alinearse con el modelo corporativo previsto en el anteproyecto de Constitución, la ausencia de una disposición explícita permitió al legislador ordinario optar por un modelo diferente, siempre que respetara las exigencias constitucionales en la designación de los ocho vocales restantes. El TC desarrolló esta argumentación en su FJ 13, diferenciando entre el juez en su condición de juez y el juez en su calidad de ciudadano. Según esta perspectiva, mientras el juez ejerciendo su función jurisdiccional debe ser absolutamente independiente y ajeno a cualquier ideología o interés, en su faceta de ciudadano, y por ende como vocal del Consejo, puede expresar posiciones políticas que reflejen el pluralismo ideológico presente en la carrera judicial. De este modo, la elección de un juez por una formación política para desempeñarse como vocal no debe considerarse negativa, sino positiva, en tanto que enriquece el Consejo con la diversidad ideológica inherente a una sociedad democrática.

Empero, no se olvida el TC de los posibles peligros que esto puede suponer, Aun considerando más óptimo el modelo parlamentario, no olvida el Tribunal el riesgo innato de este modelo: "que el procedimiento electoral traspase al seno de la Carrera Judicial las divisiones ideológicas existentes en la sociedad (con lo que el efecto conseguido sería distinto del perseguido)". Para mitigar este potencial peligro, se estableció la exigencia de una mayoría cualificada de tres quintos en cada cámara para la designación de los vocales, tanto para los provenientes de la carrera judicial como para los juristas de reconocida competencia. Este requisito buscaba garantizar que el Consejo no se politizara, evitando que se convirtiera en un instrumento para la distribución de cargos entre las fuerzas parlamentarias. Sin embargo, la experiencia acumulada en las últimas décadas ha demostrado que esta previsión no ha sido eficaz. La mera designación parlamentaria ha promovido una politización de los vocales, dividiendo al Consejo en bloques ideológicos —conservador y progresista— que operan según las directrices de los partidos políticos que impulsaron sus nombramientos.

Aunque el Tribunal Constitucional fundamentó adecuadamente su sentencia, concluyendo que el modelo normativizado no era inconstitucional dado que la Constitución no impone un sistema específico de designación, no puede ignorarse que el esquema adoptado por la Ley Orgánica del Poder Judicial de 1985 representa un riesgo claro de interferencia política en el Consejo y, por ende, en el Poder Judicial. Si bien el modelo propuesto contenía ciertas garantías, estas han resultado insuficientes frente a las dinámicas políticas que han prevalecido desde entonces. En la práctica, la sentencia del Tribunal ha sido desatendida, y los problemas que ya se vislumbraban en su momento han quedado sin resolver[297].

Íñiguez Hernández[298] interpretó este nuevo modelo de Consejo como una suerte de castigo impuesto al órgano, el cual perdió parte de su autonomía como consecuencia de los excesos cometidos durante su primer mandato. Y se iniciaba así un modelo con ciertos peligros, que ya habían sido adelantados en el año 1970 por Prieto Castro[299], entendiendo que, si la elección de los diferentes vocales se realizara a través del Parlamento, esto podía provocar que los miembros del órgano de gobierno de la justicia no serían portadores del signo representativo de la soberanía nacional, desvirtuándose el sistema y afectando negativamente a la administración de justicia. Una hipotética realidad que fue traduciéndose en un modelo de elección de

---

297 Aparicio Pérez, M.A. "El control del nombramiento de los consejeros del Poder Judicial". *Jueces para la Democracia*, n. 12, 1991, pp. 3-6, esp. p. 3.

298 Íñiguez Hernández, D. "*El fracaso del autogobierno judicial*", Madrid, Civitas, 2008, p. 226.

299 Prieto-Castro y Ferrándiz, L. "El autogobierno de la Magistratura". *Revista de Derecho Procesal Iberoamericana*, n. 2, 1970, pp. 251-282.

vocales en el cual las dos principales formaciones, PSOE y PP (en origen, Alianza Popular y los restantes partidos políticos de ideología conservadora que se anexionaron al primero para formar el actual Partido Popular) se repartirían los candidatos. De esta forma, no se impugnarían los candidatos propuestos por la otra formación si esta no impugna los suyos. Este esquema permitió además que partidos de menor representación en el Congreso propusieran candidatos a cambio de apoyos en otras negociaciones parlamentarias, como la aprobación de leyes o de los Presupuestos Generales del Estado. Asimismo, el nombramiento del Presidente del Consejo dejó de ser una decisión colegiada entre los vocales para convertirse en un acuerdo previo entre los principales partidos, o incluso en una designación unilateral del Gobierno. Esta situación se ha hecho evidente en múltiples ocasiones, como muestran las filtraciones a la prensa, en las que el nombre del Presidente se conoce incluso antes de que el Consejo esté formalmente constituido.

Este nuevo Consejo elaborado en 1985 viraba hacia una idea de prudencia y reduccionismo, contraria al primer mandato. Su efecto expansionista, e inclusive oposicionista al Gobierno, desaparecía en favor de una postura colaborativa con el Parlamento, lo que ha iniciado un clima de politización en el órgano. El propio diputado Bandrés mostraría su lamento por el sistema que propuso y defendió, lamentando que "en el Congreso se ha pervertido el sistema, cayendo en un inadmisible reparto de puestos[300] y mercadeo de compromisos que nada tiene que ver con la configuración político-constitucional del

---

300 A quienes ha definido MURILLO DE LA CUEVA, P. L. "Modelos de Gobierno del Poder Judicial", en J. Asensi Sabater (coord), *Ciudadanos e instituciones en el constitucionalismo actual.* Valencia, Tirant lo Blanch – Publicaciones de la Universidad de Alicante, 1996, pp. 1025-1068, esp. p. 1032.

Consejo"[301]. Señala Aparicio Pérez[302] que son los jueces y magistrados quienes se encuentran afectados por los nombramientos con vicio de inconstitucionalidad, debiendo de articular todos los instrumentos que el ordenamiento ofrece para proceder a su corrección. Empero, y en este tipo de actos que pueden generar una infracción de la norma constitucional, los cuales pueden y deben ser corregidos, la incorrección deriva más de la inoperancia que de imposibilidad.

El modelo defendido por el TC y naciente a través de la LOPJ de 1985 generó una importante oleada de críticas durante los años venideros. Esas cautelas que el TC manifestaba se cumplieron, observándose un Consejo politizado en bloques ideológicos. Los vocales designados por los partidos políticos se han venido manteniendo dentro de la línea de partidos, siendo más activistas que vocales, sin que ello sirva para desmerecer el trabajo realizado por estos en materias ajenas al ámbito ideológico, tal y como la escuela judicial. Este modelo de elección se ha visto ligeramente afectado cuando los dos partidos mayoritarios que componen las cámaras no han llegado a un acuerdo (véase, a modo de ejemplo, el bloqueo durante el quinto mandato), lo que ha supuesto el nacimiento de dudas acerca de la viabilidad de este modelo.

En el año 2001, la LO 2/2001, de 28 de junio, sobre composición del Consejo General del Poder Judicial, modificó los arts. 111 a 116 LOPJ. En materia de designación de los vocales, el art. 112 LOPJ vio reformado el modelo de elección de aquellos procedentes de la carrera judicial, dándose inicio al sistema parlamentario corporativo, puesto que los propios jueces participan en la designación de los candidatos que las Cámaras

---

301 Bandrés, J.M. "Yo tuve la culpa". El País. 31 de octubre de 1990. Recuperado de: https://elpais.com/diario/1990/10/31/opinion/657327610_850215.html (Fecha de consulta: 09/09/2024).

302 Aparicio Pérez, M.A. "El control del nombramiento de los consejeros del Poder Judicial". Op. Cit., p. 4.

parlamentarias nominan[303]. De esta forma, 36 eran los jueces o magistrados designados desde la carrera judicial, lo que suponía volver a otorgar a este colectivo un cierto poder decisorio en el modelo. Si bien es cierto, el modelo interno se desarrollaba con una distribución entre aquellos candidatos avalados por las asociaciones judiciales y aquellos que obtuvieran un 2% de apoyo de entre los jueces en servicio activo, y especialmente no asociados en las corporaciones. La idea original era que, del total de candidatos propuestos, la mitad de ellos estuviesen asociados y la otra mitad no, representando así a la totalidad de la judicatura. Una mejora del sistema que evitaba, en teoría, el reparto de vocales entre los partidos por meras ideologías.

Empero, tal y como señala CABELLOS ESPIÉRREZ, cualquier intento de mejora en el modelo de designación del Consejo General del Poder Judicial puede verse neutralizado por las dinámicas propias del sistema[304], y esto es precisamente lo que ocurrió. La reforma legal emprendida únicamente sirvió para fortalecer el poder de las asociaciones judiciales dentro del órgano, generando un evidente deterioro del sistema[305]. La elección de los vocales provenientes de la carrera judicial pasó a ser monopolizada[306] por dichas asociaciones, en particular por las dos de mayor peso, la Asociación Profesional de la Magistratura (APM) y Jueces para la Democracia (JpD). Estas asociaciones no solo proponían la mayor cantidad de candidatos, sino que, además, sus postulaciones eran sistemáticamente preferidas por los

303 PÉREZ ALONSO, J. "La independencia del Poder Judicial en la historia constitucional española". Op. Cit., p. 85.

304 CABELLOS ESPIÉRREZ, M.A. *El Poder Judicial. Configuración constitucional, desarrollo y retos.* Op. Cit., p. 163.

305 MARTÍN GUARDADO, S. "Polarización política y crisis en la renovación del Consejo General del Poder Judicial". *Revista de Derecho Político*, n. 117, 2023, pp. 131-152, p. 137.

306 GERPE LANDÍN, M. "La reforma permanente: el Consejo General del Poder Judicial a la búsqueda de un modelo". Op. Cit., p. 16.

grupos parlamentarios. Como resultado, los jueces no asociados quedaron severamente infrarrepresentados, al punto de que en 2001 solo 14 de ellos se postularon, de los cuales únicamente 3 obtuvieron vocalías. De manera similar, las asociaciones de menor relevancia también se vieron relegadas, consolidándose así una clásica división en bloques ideológicos que reflejaba los intereses de los principales partidos políticos.

La inestabilidad política, social y económica de los años venideros provocó complicaciones en la conformación del Consejo en el siguiente mandato, propiciando un debate sobre la necesidad de modificar nuevamente el sistema. Surgió entonces la idea de regresar al modelo original de 1980, propuesta que fue defendida por el entonces ministro de Justicia, Alberto Ruiz Gallardón. No obstante, este renunció a su propuesta con el objetivo de alcanzar un acuerdo político que permitiera la renovación del órgano[307]. Por ello, la reforma operada mediante la LO 4/2013, de 28 de junio, no significó el cambio esperado, retocándose el modelo de elección de los vocales provenientes de la carrera judicial. El objetivo de la misma es limitar las facultades de las asociaciones judiciales, las cuales podrán avalar candidatos, pero no presentarlos[308]. Se genera así un sistema de

---

307 "Gallardón se enorgullece de "ceder" en su modelo de CGPJ para un acuerdo", *Europa Press Nacional*, 18/04/2013. Recuperado de: https://www.europapress.es/nacional/noticia-gallardon-enorgullece-ceder-modelo-cgpj-acuerdo-20130418103940.html (Fecha de consulta: 12/09/2024): "Digo ceder, cosa que no oculto sino de lo que me enorgullezco, creo que es el ejemplo que nos fueron los legisladores constituyentes hasta todos aquellos que día a día, cediendo en sus planteamientos y buscando por encima de la diferencia ideológica, esos espacios de consensos, que son los que dan tranquilidad y seguridad a la ciudadanía".

308 Si bien es cierto, tal y como expresa Rosado Iglesias, G. "La constitucionalización del Gobierno Judicial: cuarenta años de Consejo General del Poder Judicial, régimen actual y cuestiones pendientes". Op. cit., pp. 363-364, esta modificación no generó el efecto deseado,

participación de los jueces en este proceso de candidaturas a través del cual, el juez que desee presentar su candidatura necesitará el aval de 25 jueces o magistrados en activo (reduciéndose de la anterior cifra, cercana a los 100 jueces), o el aval de una asociación judicial. Si bien es cierto, esta norma no genera una proporcionalidad entre afiliados y no afiliados, no suponiendo un real avance. De igual manera, y para evitar que existieren disfuncionalidades en cuanto a una posible infrarrepresentación de los estamentos inferiores de la carrera judicial, el art. 578.3 LOPJ referencia una proporción necesaria en los 12 vocales de "tres Magistrados del Tribunal Supremo; tres Magistrados con más de veinticinco años de antigüedad en la carrera judicial y seis Jueces o Magistrados sin sujeción a antigüedad".

Otro elemento novedoso introducido por la reforma, y que hasta la fecha no ha sido implementado, es la posibilidad de proceder a una renovación parcial del Consejo en caso de bloqueo en una de las cámaras legislativas. Según este mecanismo, si una de las cámaras lograra alcanzar la mayoría cualificada de tres quintos requerida para designar a 10 vocales, estos podrían incorporarse al Consejo mientras continuaran las negociaciones en la otra cámara. Esta cuestión, la cual admite la anomalía y parálisis dentro de la normalidad del Consejo[309], se encuentra inédita a día de hoy[310]. De este modo se podría levantar un veto en una Cámara y mantener una cierta estabilidad dentro de un panorama político caracterizado por mayorías divergentes en ambas cámaras. No obstante, la actual fragmentación política

---

pues continuó existiendo una amplia diferencia entre jueces afiliados y no afiliados, y especialmente, un mayor número de candidaturas de la categoría más alta de la magistratura en perjuicio de las inferiores.

309 CABELLOS ESPIÉRREZ, M.A. El Poder Judicial. Configuración constitucional, desarrollo y retos. Op. Cit., p. 165, nota 27.

310 CARMONA CONTRERAS, A. "Democracia, estado de derecho e independencia judicial en España: un análisis en perspectiva europea". Op. Cit., p. 152.

y la dispersión de fuerzas en el escenario nacional dificultan enormemente la consecución de mayorías suficientes en cualquiera de las cámaras, y mucho más en ambas simultáneamente. Así, como se ha observado en la última renovación del Consejo, cualquier avance requiere inevitablemente un acuerdo entre los dos principales partidos políticos. Este contexto perpetúa la politización del órgano, socavando los principios de independencia y autonomía que deberían caracterizar su funcionamiento.

6. PRESIDENCIALISMO Y POLITIZACIÓN: DIAGNÓSTICO DE UNA CRISIS

El modelo parlamentario de designación de los vocales del Consejo se ha venido mostrando deficiente, no siendo eficaz para generar la necesaria confianza social en el órgano constitucional. El hecho de que su composición dependa de un reparto de cuotas entre los partidos políticos es una evidencia de la intromisión de la política en el ámbito de un órgano que debería preservar su independencia. El peligro que supone tal situación supera el beneficio alegado por el TC en 1985, o lo que es lo mismo, la transformación del CGPJ en una extensión de las Cámaras legislativas no compensa la legitimación democrática que justifica el modelo parlamentario de 1985 y sucesivas modificaciones. El sistema de cuotas genera una dependencia del Consejo a los bloques parlamentarios, a sus acuerdos y desacuerdos y, por tanto, exacerba la problemática estructural de la justicia, dejando desprotegidos a los miembros de la carrera judicial y erosionando la confianza en el Tribunal Supremo, que se convierte en blanco de críticas y expectativas desmedidas. Aunque la justicia en España opera de manera eficiente, como es innegable, lo hace a pesar del olvido sistemático por parte de los sucesivos Gobiernos de la Nación, que no han satisfecho sus legítimas demandas de mayor dotación de medios humanos y materiales. Sin embargo, el progresivo deterioro del Consejo, como órgano de gobierno del Poder Judicial, amenaza con proyectar una influencia negativa sobre aquellos que realmente ejercen la potestad jurisdiccional. De esta forma, y más allá de la problemática recaída en la designación de sus vocales y las renovaciones tardías, materia que se abordará en el siguiente apartado, es momento de analizar una cuestión que tiene que ver con la infiltración política, y es el carácter presidencialista del órgano.

La reforma de 2013 introdujo cambios significativos en su estructura, especialmente en lo que respecta a la Comisión Permanente, que puede considerarse el "ejecutivo" del Consejo. Esta Comisión ha asumido un protagonismo desmesurado, concentrando gran parte de las facultades del órgano en manos de sus integrantes, quienes desempeñan sus funciones a tiempo completo. Esto ha llevado a la percepción de una jerarquización interna que distingue entre vocales de primera categoría, aquellos que forman parte de la Comisión Permanente, y vocales de segunda categoría, que quedan relegados al margen de las decisiones fundamentales[311]. De esta forma, queda en manos de 7 vocales y del Presidente, el gobierno del órgano de gobierno de la justicia[312], con la salvedad de aquellas actuaciones que estén legalmente encomendadas al Pleno u otra Comisión.

En esta cuestión entra en juego la figura del Presidente. Ejerce el cargo de primera autoridad judicial de la Nación y representante del Poder Judicial, al presidir el Tribunal Supremo. Su nombramiento, por un periodo de tiempo igual al del Consejo que lo elige, cabiendo la posibilidad de ser reelegido en una oca-

---

311 IÑIGUEZ HERNÁNDEZ, D. "La contrarreforma del Consejo General del Poder Judicial". Op. Cit., p. 339.

312 Su actual papel como órgano ejecutivo del Consejo, aunando en sí múltiples facultades, conlleva que la Comisión Permanente pueda ser designado como el verdadero órgano de gobierno del Poder Judicial. MURILLO DE LA CUEVA, P.L. "La posición constitucional del Consejo General del Poder Judicial y sus relaciones con los órganos constitucionales". Op. Cit., p. 78.

sión, se lleva a cabo por el Pleno del Consejo, en sesión celebrada entre tres o siete días más tarde a la sesión constitutiva del CGPJ. Para postularse a este cargo, se requiere pertenecer a la carrera judicial con la categoría de Magistrado del Tribunal Supremo o, en su defecto, ser un jurista de acreditada excelencia, con una trayectoria profesional de al menos veinticinco años de ejercicio. En la práctica, la figura del Presidente es ampliamente controvertida. El nombramiento del mismo se encuadra dentro de las facultades de nombramientos discrecionales del Consejo, lo que genera dudas sobre si este se basa en criterios de meritocracia. Previo a la designación de los vocales y su constitución, es por todos conocidos los candidatos que suenan para ser Presidentes. Estos nombres no salen de los vocales, aun cuando la norma así lo exige. Usualmente, el Gobierno de la nación, la oposición o los partidos más representativos de la política española, confeccionan una terna de nombres para que el Pleno del Consejo elija bajo el principio de la mayoría democrática. Este fenómeno se conecta directamente con el modelo de Presidente que se consolidó tras la reforma de 2013. Dicha reforma acentuó el carácter monocrático del Consejo[313], debilitando su naturaleza colegiada. En este modelo presidencialista, el máximo representante del órgano y la Comisión Permanente concentran un conjunto de poderes y funciones que pueden calificarse como excesivos. Esta concentración de poder no solo exacerba los conflictos internos del Consejo, sino que también pone en evidencia la proximidad de los vocales y del Presidente con los grupos parlamentarios, acentuando la percepción de politización y erosionando aún más la confianza en la independencia del órgano.

---

313 Murillo De La Cueva, P.L. "La posición constitucional del Consejo General del Poder Judicial y sus relaciones con los órganos constitucionales". Op. Cit., p. 78; Iñiguez Hernández, D. "La contrarreforma del Consejo General del Poder Judicial". Op. Cit., p. 335.

Los valores que inicialmente configuraban el Consejo han ido virando hacia direcciones que contrastan notablemente con las ideas y principios que inspiraron a los constituyentes. Su composición actual no refleja un equilibrio adecuado entre los distintos estamentos de la carrera judicial, acentuándose significativas diferencias entre las diversas categorías. Aunque no sería razonable plantear una representación estricta de cada categoría judicial, pues ello lo convertiría en un ente corporativista, resulta innegable la necesidad de otorgar una mayor visibilidad a la categoría de jueces, que constituye el grupo más numeroso dentro del Poder Judicial. Este desequilibrio se reproduce igualmente en el ámbito de las asociaciones judiciales, donde no todas cuentan con una representación proporcional en el Consejo, perpetuándose una brecha que limita su capacidad de intervención. El Consejo no logra articular una respuesta adecuada a los problemas que enfrentan los juzgados de los partidos judiciales y las provincias, en gran medida porque su representación dentro del órgano es tan reducida que su presencia resulta apenas perceptible.

Este déficit estructural se agrava por la manifiesta intrusión política en el ámbito judicial, un fenómeno que Vicente Guilarte describe con claridad al afirmar que “la política tiende a acaparar todos los espacios que puede, y el judicial les interesa”[314]. Esta invasión se manifiesta, entre otros aspectos, en el modelo mismo de nombramiento de los vocales, cuya designación a menudo se ve retrasada por la incapacidad de las fuerzas políticas para alcanzar un acuerdo. Tales dilaciones no solo paralizan al órgano, sino que también generan un clima de desconfianza entre la ciudadanía, que percibe al Poder Judicial como un ente politizado, idea espuriamente lanzada desde medios de comunicación y partidos políticos contrarios a la independen-

---

314 GUILARTE GUTIÉRREZ, V. “El Consejo General del Poder Judicial: funciones y disfunciones”. Op. cit.

cia del judicial. Empero, la politización sí que se observa en el ámbito judicial. A través de la invasión política en el Consejo, los nombramientos discrecionales que este realiza están en tela de juicio. Parte de los mismos se realizan por afinidades políticas o personales, suponiendo una grave afectación al principio de mérito y capacidad. Los magistrados del TS deberían ser los primeros en erigirse como profesionales independientes, abstraídos de intereses ajenos, y recaer en ellos la mejor de todas las capacidades para la resolución de conflictos. No se pretende a través de las presentes líneas aducir una falta de competencia en los mismos, pero sí es importante señalar la existencia de un fino hilo que les une a los grupos parlamentarios que conforman las Cámaras legislativas. Que los nombramientos de los magistrados de las más altas esferas de la justicia se vean afectados por condicionantes políticos no hace más que arrastrar a los restantes miembros de la carrera judicial. Este fenómeno genera un efecto de inseguridad en el seno de la carrera judicial, donde se percibe que la proximidad a ciertas ideologías o figuras políticas es un factor determinante para alcanzar los niveles más altos del escalafón judicial.

El deterioro constitucional del Consejo no puede atribuirse a una sola ideología, pues todas las fuerzas políticas que han ostentado el poder legislativo y ejecutivo han contribuido a este proceso. Este fenómeno, que recuerda los postulados autoritarios conservadores, visibles en Europa a través del *berlusconismo*, entre otros muchos[315], no es exclusivo de una orientación política; incluso aquellas ideologías contrarias a los postulados conservadores han incurrido en prácticas similares. Igualmente, desde los propios vocales no esconden la división del mismo en bloques. El concepto de separación de poderes, y del Consejo como mecanismo de contrapeso para garantizar el principio

---

315 Iñiguez Hernández, D. "La contrarreforma del Consejo General del Poder Judicial". Op. cit., p. 347.

perfeccionado por Montesquieu, parecen no encontrar cabida en el modelo actual del órgano, viéndose distorsionado por las dinámicas actuales. Cabe aquí plantearse si la politización del Consejo es una mera demostración de la impracticabilidad de separar el poder judicial de los restantes, de la imposibilidad de saciar el hambre autoritario del que denominamos como poder Gubernativo o simplemente de la ineficacia del Consejo como órgano de gobierno de la justicia. Lo que resulta evidente es que el modelo actual no encuentra su fundamento en la Constitución. El legislador de 1978 no podía prever el papel que desempeñarían las asociaciones judiciales, las cuales, aunque adoptan un modelo corporativista, no logran sustraerse de la lógica partidista que rige a los grupos parlamentarios[316]. Ser vocal del Consejo parece exigir, de manera casi inexorable, una militancia previa en una asociación judicial, y estas, lejos de limitarse a defender los intereses de sus miembros, han adoptado un papel político activo que compromete su independencia y el equilibrio institucional del órgano[317].

7. EL BLOQUEO INSTITUCIONAL: CAUSAS Y CONSECUENCIAS

El análisis del presente capítulo permite identificar de manera contundente la penetración de las fuerzas políticas en el Consejo General del Poder Judicial, un fenómeno que no solo ha generado dificultades en el ejercicio de sus facultades legales, sino que también ha ocasionado consecuencias particularmente graves,

---

316 MORELLI, A. "La libertad de asociación política de los Jueces en Europa frente a los principios de independencia e imparcialidad". Op. Cit., p. 10.

317 SERRA CRISTÓBAL, R. "El derecho de asociación de los jueces: asociacionismo profesional y asociación del juez a asociaciones no profesionales". *Revista Española de Derecho Constitucional,* n. 83, 2008, pp. 115-145, esp. pp. 139-140.

como la persistente dificultad para llevar a cabo su renovación. Al llevarse a cabo mediante un modelo de reparto de cuotas entre las fuerzas parlamentarias, la renovación del Consejo depende del acuerdo entre los partidos. El carácter obstruccionista ha superado ese incentivo de renovación por una mayoría de 3/5 que señalaba la STC 108/86, mostrándose un mecanismo de bloqueo[318]. Usualmente, esto ha sido un trámite, pues la división parlamentaria determina a su vez la división de vocalías, eligiendo cada grupo parlamentario al número de vocales que le han "tocado" proporcionalmente al número de diputados que haya conseguido en las elecciones, y a su vez no impugnando los vocales designados por los restantes partidos. Esto es, es un sistema basado en un acuerdo implícito que permite a todos los implicados poder repartirse parte del "pastel". No existe problemática alguna cuando todo ello se cumple, pero la situación se torna complicada cuando existen fricciones entre ambos partidos.

Los retrasos en la renovación del Consejo han sido recurrentes. Un ejemplo notable ocurrió al finalizar el tercer mandato del CGPJ en noviembre de 1995, cuya renovación no se produjo hasta junio de 1996. En aquella ocasión, la cercanía de las elecciones generales propició un bloqueo liderado por el Partido Popular, cuyo líder, José María Aznar, aguardó los resultados electorales que le favorecieron para fortalecer su posición negociadora. Este impasse generó la dimisión de seis vocales, lo que impidió al órgano celebrar plenos y dejó todas las decisiones en manos de la comisión permanente, una circunstancia que carecía de previsión constitucional o legal[319]. De manera similar, el cuarto

318 Carmona Contreras, A. "Democracia, Estado de Derecho e independencia judicial en España: Un análisis en perspectiva europea". Op. Cit., pp. 151-152.

319 De la Cuadra, B. "El presidente del Poder Judicial disuelve el Consejo al aceptar la división de seis vocales", *El País*, 28 de marzo de 1996. Recuperado de: https://elpais.com/diario/1996/03/28/espana/827967621_850215.html (Fecha de consulta: 13/09/2024).

mandato enfrentó un retraso de cuatro meses en su renovación, que finalmente se produjo en noviembre de 2001, cuando el PSOE, liderado por José Luis Rodríguez Zapatero desde la oposición, recurrió al bloqueo en medio de acusaciones mutuas de "vetos personales" entre los principales partidos.

El quinto mandato, cuyo término tuvo lugar en noviembre de 2006, experimentó un retraso aún más significativo. Ante la falta de apoyos suficientes en las Cámaras para garantizar la renovación de los vocales, las negociaciones se prolongaron durante un año y diez meses. Este proceso incluyó la participación de otras fuerzas parlamentarias, como el PNV y CiU, en un acuerdo alcanzado tras tensas negociaciones entre el PSOE y el PP, en las que ambos partidos se deslegitimaron mutuamente acusándose de no querer renovar el órgano[320] y de querer ocupar la justicia[321].

---

320 "Zapatero achaca al PP un plantón sistemático a la renovación del CGPJ y le recuerda el mandato constitucional", *Europa Press Nacional*, 17 de septiembre de 2007. Recuperado de: https://www.europapress.es/nacional/noticia-zapatero-achaca-pp-planton-sistematico-renovacion-cgpj-le-recuerda-mandato-constitucional-20070917144107.html (Fecha de consulta: 13/09/2024).

321 En esta cuestión puede acudirse a "Comienza el nuevo Año Judicial con la polémica por el bloqueo de la renovación del CGPJ", *Cadena Ser*, 17 de septiembre de 2007. Recuperado de: https://cadenaser.com/ser/2007/09/17/espana/1189986613_850215.html (Fecha de consulta: 13/09/2024), a través los cuales, el entonces Presidente del Gobierno, José Luis Rodríguez Zapatero, manifestaba: "Es necesario, muy conveniente que se produzca la renovación del Consejo General del Poder Judicial. Y el Partido Popular ha dado un plantón sistemático a la posibilidad de llegar a un acuerdo como han denunciado todos los grupos parlamentarios. La obligación del Gobierno es seguir insistiendo, haciendo una apelación al Partido Popular para renovar al órgano de gobierno de la justicia. Porque es cumplir con el mandato constitucional". Por su parte, ángel Acabes, en aquel entonces secretario general del Partido Popular aseguraba que el PP "ha estado permanentemente dispuesto a renovar el Consejo General del Poder judicial" y que se había acudido "a todas las reuniones convocadas, y que el Partido Popular a

Sin embargo, el bloqueo más grave y prolongado fue el que afectó al séptimo mandato del Consejo, cuya duración se extendió por once años, dejando al órgano en funciones durante casi seis de ellos. Los vocales nombrados el 3 de diciembre de 2013 continuaron ejerciendo hasta bien entrado 2024, una anomalía institucional de enorme envergadura. A diferencia de los bloqueos anteriores, vinculados en gran medida a la cercanía de elecciones y los cambios en el partido gobernante[322], este retraso tuvo su origen en las tensiones generadas por el filtrado de un mensaje de WhatsApp del entonces portavoz del PP en el Senado, Ignacio Cosidó. En dicho mensaje, Cosidó describía el reparto de vocales acordado entre el PP y el PSOE como "una jugada estupenda que he vivido desde la primera línea [...] Y además controlando la Sala Segunda desde detrás y presidiendo la sala 61 [...] Ha sido una jugada estupenda que he vivido desde la primera línea. Nos jugábamos las renovaciones futuras de 2/3 del TS y centenares de nombramientos en el Poder Judicial, vitales para el PP y para el futuro de España"[323]. Este bloqueo ha dado origen a situaciones inauditas, como la dimisión del Presidente y la jubilación del presidente suplente.

A diferencia de los tres retrasos estudiados, el bloqueo del séptimo mandato se desarrolla durante un clima de crispación y excesiva polarización en la sociedad española, que se manifiesta en un Congreso muy variado y con múltiples ideales, inclusive aquellos de carácter menos moderados. Las filtraciones de los

---

lo que no está dispuesto es a ser cómplice en la ocupación de la Justicia por parte del PSOE y de los nacionalistas más radicales".

322 Martín Guardado, S. "Polarización política y crisis en la renovación del Consejo General del Poder Judicial". Op. Cit., pp. 139-140.

323 Expone Cuesta Martínez, A. "La degradación institucional del Consejo General del Poder Judicial". Op. Cit., p. 24, que la idea de las derechas españolas era "reventar el sistema diseñado en nuestra Constitución y en la Ley Orgánica del Poder Judicial, provocando el desprestigio y fracaso de la elección parlamentaria".

mensajes llevaron a la ruptura del pacto, y el magistrado Marchena, el Presidente elegido por ambos partidos, rechazó ser candidato a la Presidencia del órgano[324]. La situación se agravó con los reproches cruzados entre PP y PSOE y las restricciones impuestas por el primero a la participación de Unidas Podemos en la designación de candidatos[325], profundizando el clima de desconfianza y paralizando la renovación del Consejo.

Las consecuencias para la justicia de un retraso tan duradero fueron evidentes. De la lectura del Informe del Gabinete Técnico del Tribunal Supremo de enero de 2023, se observa una reducción de 1230 resoluciones dictadas de forma anual en las Salas Tercera y Cuarta del Tribunal[326], las cuales vienen ampliamente afectadas por la imposibilidad de realizar nombramientos mientras el Consejo saliente se encuentre en funciones[327]. Esta cuestión conlleva una mayor lentitud de la justicia, que se torna en ineficaz al incrementarse la duración[328] de los procedimientos judiciales

---

[324] "El juez Marchena renuncia a presidir el Supremo y el CGPJ tras el acuerdo entre PSOE y PP". *El Mundo*, 20 de noviembre de 2018. Recuperado de https://www.elmundo.es/espana/2018/11/20/5bf3b05b468aeb79228b45eb.html (Fecha de consulta: 13 de septiembre de 2024).

[325] CUÉ, C. E. "Casado rechaza renovar los órganos constitucionales mientras esté Podemos". *El País*, 2 de septiembre de 2020. Recuperado de: https://elpais.com/espana/2020-09-02/casado-rechaza-renovar-los-organos-constitucionales-mientras-este-podemos.html (Fecha de consulta: 13/09/2024).

[326] Gabinete Técnico del Tribunal Supremo, 2023, I*nforme sobre el impacto que para la actividad de cada Sala del Tribunal Supremo provoca la imposibilidad legal de efectuar nombramientos discrecionales*, pp. 20 y 22

[327] Tal y como informa González VEGA, I. "Las consecuencias para el sistema judicial del bloqueo en la renovación del Consejo General del Poder Judicial". Op. Cit., p. 34, más de una tercera parte de los puestos discrecionales se han encontrado vacantes durante el periodo de bloqueo.

[328] El plazo de Tramitación de los asuntos civiles y mercantiles en la Sala Primera del TS tiene una media de 826 días. Véase el séptimo gráfico del Cuadro de Indicadores de la Justicia en la UE de 2023.

ante el Tribunal Supremo[329] en perjuicio de los intereses de la ciudadanía. Todo ello sin contar con las múltiples plazas vacantes que se fueron generando en las presidencias de los Tribunales Superiores de Justicia, Audiencias Provinciales y Audiencia Nacional, lo que supone igualmente una afectación en las salas de gobierno, y por tanto, en el funcionamiento interno de la justicia.

En el contexto descrito, los partidos en el Gobierno de la Nación, PSOE y Unidas Podemos, registraron una propuesta de ley para rebajar a mayoría simple el modelo de designación de los vocales, medida que fue ampliamente criticada desde el GRECO[330], desde la Asociación Europea de Jueces[331] y puesta en

---

Recuperado de: https://ec.europa.eu/commission/presscorner/detail/es/ip_23_3127 (Fecha de consulta: 16/09/2024).

329 Ibidem, p. 2.

330 Véase la carta enviada por el Presidente del GRECO a la delegación española en fecha de 14 de octubre de 2020, manifestando:
"la propuesta [...] se aparta de las normas del Consejo de Europa relativas a la composición de los consejos judiciales y la elección de sus miembros y puede ser una violación de las normas anticorrupción del Consejo de Europa [...] los consejos de la judicatura [...] están destinados a ser órganos independientes que buscan salvaguardar la independencia del poder judicial y de los jueces individuales, lo que, a su vez, es condición sine qua non para una lucha eficaz contra la corrupción [...]nuestras normas establecen que al menos la mitad de los miembros del consejo deben ser jueces elegidos por sus pares de todos los niveles del poder judicial".

331 Comunicado:
"La Asociación Europea de Jueces Expresa su profunda preocupación por el hecho de que España está retrocediendo en los requisitos fundamentales para la independencia del poder judicial. En lugar de aprovechar esta oportunidad legislativa para reformar el sistema de nombramiento de jueces en el Consejo Judicial, reforzando las garantías de independencia del poder judicial como un pilar esencial del estado de derecho, y volviendo al sistema anterior en el que los jueces miembros del Consejo Judicial eran elegidos por sus pares, una alternativa oportunamente propuesta, la opción actual aumentará el

duda por organismos europeos ante la gran preocupación que venía generando la falta de renovación del órgano[332]. Esta medida evitaría los bloqueos, pero a su vez diseñaría un sistema de total ligación entre el Ejecutivo y el Consejo, puesto que la designación de sus vocales provendría exclusivamente de este poder. Empero, y conforme la Constitución, sería inviable la aplicación del mismo para todos los vocales, puesto que la norma constitucional remarca la necesidad de un acuerdo de 3/5 partes de cada cámara para la designación de los vocales juristas de reconocida competencia. Esta reforma sirvió de órdago, pues el PSOE y PP se sentaron a negociar, consiguiéndose que se retirase la misma y algunos acuerdos para la renovación de otros órganos constitucionales en similares situaciones de retraso, como el Tribunal de Cuentas, el Tribunal Constitucional, el Defensor del Pueblo o la Agencia Española de Protección de Datos. Al no haber acuerdo en materia del Consejo, el Gobierno limitó las capacidades para efectuar nombramientos discrecionales mientras estuviera en funciones. La llegada de Alberto Núñez Feijóo al liderazgo del Partido Popular y la dimisión de Carlos Lesmes como presidente del Consejo parecían abrir una nueva ventana de oportunidad para retomar las negociaciones. Sin embargo, hacia finales de 2022, las tensiones volvieron a intensificarse, esta vez como resultado de la polémica reforma del delito de sedición, lo que llevó nuevamente al PP a frenar el proceso. A medida que se acumulaban las modificaciones legislativas propuestas en torno a estas materias, el Tribunal Constitucional intervino, suspendiendo cautelarmente las iniciativas legislativas del Parlamento en este ámbito.

---

riesgo de una indebida influencia política en el nombramiento de los miembros del Consejo Judicial, perjudicando la percepción de la sociedad sobre una efectiva independencia judicial".

332 Véanse los Informes sobre el Estado de Derecho en España de la Comisión Europea en el periodo comprendido entre el año 2020 al 2024.

En medio de este complejo panorama, el Presidente en funciones del Consejo, Vicente Guilarte Gutiérrez, propuso como medida para desatascar la renovación del Consejo, retirar a este las competencias relativas a los nombramientos discrecionales que efectúa. De esta forma, y de manera muy acertada, diluiría el interés de los partidos políticos en el control del órgano[333]. De manera paralela, se daba inicio a un conjunto de negociaciones en Bruselas, con la mediación de la Comisión Europea, a partir del 31 de enero de 2024, bajo la amenaza del PSOE de seguir mermando las competencias del Consejo si no existía acuerdo. Estas negociaciones pondrían punto y final el 25 de junio de 2024, cuando ambos partidos llegaron al acuerdo de repartirse al cincuenta por ciento las vocalías del Consejo, siendo nombrados los vocales los días 23 y 24 de julio, y constituyéndose el nuevo CGPJ el 25 de julio de 2024. El 3 de septiembre el Pleno elegiría a la magistrada María Isabel Perelló Doménech como presidenta del TS y del CGPJ.

Durante los casi seis años en que el Consejo permaneció en funciones, surgieron numerosas propuestas para modificar el sistema de renovación de los vocales, todas ellas desestimadas por el Gobierno[334], que reiteró su disposición a reducir la mayoría parlamentaria necesaria para la designación. De esta forma, no han sido pocos los que se han venido aventurando a generar un nuevo diseño en el órgano que pueda evitar este tipo de retrasos. Una de las soluciones más sencillas sería el cese automático de

---

333 GUILARTE GUTIÉRREZ, V. "Diluir la tensión", *El País*, 2 de diciembre de 2023. Recuperado de: https://elpais.com/espana/2023-12-02/diluir-la-tension.html (Fecha de consulta: 14/09/2024).

334 RINCÓN, R. "El Gobierno descarta dejar la elección del Poder Judicial en manos de los jueces como piden PP y Ciudadanos", El País, 17 de febrero de 2020, Recuperado de: https://elpais.com/politica/2020/02/17/actualidad/1581938001_211055.html Fecha de consulta: 13 de septiembre de 2024

todos los vocales en el momento de la finalización del mandato[335], obligando a los grupos parlamentarios a ponerse de acuerdo inmediatamente para no dejar el órgano sin vocales, y por tanto, totalmente paralizado, con las consecuencias que ello puede suponer en el ámbito del Poder Judicial. Esta propuesta no generaría una real solución, sino que podría agravar la situación. Si lo trascendental entre los partidos políticos es el mero control del Consejo a través de poder disponer de un nombramiento mayor de vocales, seguiría existiendo un bloqueo, con una consecuencia trascendental: la paralización total de las actuaciones del Consejo al no permanecer en funciones los vocales.

Por su parte, el grupo parlamentario de Ciudadanos efectuó una propuesta, a la que posteriormente se ha venido adhiriendo el Partido Popular, aun sin una real intención práctica, que realmente se consolida como la única y real intención de modificar el sistema actual, como una alternativa para evitar retrasos en la designación del Consejo. En este caso se valora la Enmienda n.1 de modificación del artículo 570 bis LOPJ, propuesta el 20 de julio de 2022 por el Grupo Parlamentario Ciudadanos, a través la cual, y entre otras modificaciones, se pretendía el retorno al sistema de elección directa "por y entre todos los Jueces y Magistrados pertenecientes a todas las categorías judiciales". Si bien dicha propuesta tiene una lógica intrínseca al buscar reforzar la autonomía judicial, su viabilidad es objeto de debate, especialmente en lo que respecta al riesgo de corporativismo que caracterizó el modelo vigente en 1980.

Aunque la propuesta formulada por el Grupo Parlamentario de UPyD en fecha de 19 de marzo de 2011 es anterior al bloqueo

---

335 BUSTOS GISBERT, R., DELGADO DEL RINCÓN, L.E., FIGUERUELO BURRIEZA, A., LÓPEZ AGUILAR, J.F., LÓPEZ GUERRA, L. M., MURILLO DE LA CUEVA, P.L., ROSADO IGLESIAS, G. y SERRA CRISTÓBAL, R. "Encuesta sobre el Poder Judicial". *Teoría y Realidad Constitucional*, n. 50, 2022, pp. 15-114, esp. p. 43.

del séptimo mandato, resulta relevante analizar su contenido, aun cuando su viabilidad práctica sea objeto de debate. Dicha iniciativa contemplaba la implicación de diversos actores de la Administración de Justicia en la elección de los vocales del Consejo General del Poder Judicial (CGPJ), permitiendo la participación de jueces (4 vocales), secretarios judiciales (3 vocales), fiscales (3 vocales) y abogados (2 vocales). Si bien parte de una premisa razonable, al reconocer que el CGPJ, como órgano de gobierno del Poder Judicial, no debería estar limitado únicamente a jueces y magistrados, sino reflejar una representación más amplia de sectores implicados, la propuesta adolece de cierta redundancia. Esto se debe a la ya existente representación de ocho vocales provenientes del ámbito de juristas de reconocida competencia, aunque su elección actualmente esté condicionada por influencias políticas. Si el objetivo es otorgar una verdadera representación a todos los agentes de la Administración de Justicia, resultaría más eficiente reformar el artículo 122.3 de la Constitución Española para que los 20 vocales del Consejo sean elegidos mediante un proceso de votación directa entre dichos actores, eliminando así la discrecionalidad que actualmente ostentan las Cámaras en su designación. Esta reforma requeriría un consenso político significativo, pero sería una solución estructural al problema de la politización del órgano.

El sorteo como medio de designación de los nuevos vocales es otra de las plausibles opciones que han sido expuestas tanto por la doctrina como por diferentes grupos parlamentarios. Para Murillo de la Cueva es de interés aplicar un sorteo entre los diferentes miembros de la carrera judicial una vez alcanzado un determinado retraso temporal sin poder renovar el CGPJ[336], cumpliéndose así con el mandato constitucional en relación a los doce vocales. En esta misma línea se mostró el grupo parlamen-

---

336 Ibidem, p. 46.

tario Más País[337], quien avanzaba la propuesta de modificación de LOPJ que su grupo parlamentario iba a realizar, en aras de establecer como modelo de designación el sorteo. Esta vía se entiende como positiva, pero en la misma se puede encontrar una problemática, y es qué sucede con los vocales que, conforme el mandato constitucional, han de ser elegidos sí o sí por las cámaras, tal y como sucede con los juristas de reconocida competencia. En tales supuestos, aun existiendo un sorteo que complete el sesenta por ciento del Consejo, si no existiera un acuerdo entre los partidos políticos para la designación de los ocho vocales que les compete, este modelo de sorteo no solucionaría el bloqueo. La única solución a ello sería, tal y como se verá en el capítulo relativo a las propuestas de Lege Ferenda, modificar la LOPJ para permitir que el nuevo Consejo pueda funcionar con los doce vocales elegidos por sorteo y los ocho todavía en funciones. Empero, si el retraso se extendiese en el tiempo, se generaría problemas relativos a la duración de los mandatos, los cuales, si se quisiese que todos tuvieran una duración de cinco años, serían asíncronos.

Sin embargo, este mecanismo presenta desafíos importantes. En primer lugar, persiste la cuestión de los ocho vocales que deben ser elegidos por las Cámaras en virtud de su condición de juristas de reconocida competencia. Aunque el sorteo podría resolver el 60% de la composición del Consejo, si no se alcanza un acuerdo político para la designación de los restantes vocales, el bloqueo no se solucionaría. Una posible alternativa sería permitir que el Consejo comenzara a funcionar con los doce vocales seleccionados mediante sorteo, mientras los otros ocho

---

337 "Errejón propone una reforma alternativa al CGPJ para elegir a parte de sus miembros mediante sorteo y un MIR judicial", *Europa Press*, 20 de octubre de 2020. Recuperado de: https://www.europapress.es/nacional/noticia-errejon-propone-reforma-alternativa-cgpj-elegir-parte-miembros-sorteo-mir-judicial-20201020130931.html (Fecha de consulta: 10/05/2024)

permanecen en funciones hasta su renovación. No obstante, esta solución genera complicaciones adicionales relativas a la duración de los mandatos. Si se considera que el Consejo comienza con la designación de los vocales sorteados, sus mandatos durarían cinco años, mientras que los de los ocho vocales restantes, nombrados posteriormente, tendrían una duración inferior. Si, en cambio, se interpreta que el mandato comienza cuando todos los vocales están designados, los sorteados verían extendido su mandato más allá de lo previsto constitucionalmente. Estas desincronizaciones dificultarían una gestión coherente del órgano.

En este escenario, numerosos analistas consideran que el retorno al modelo corporativista de 1980, en el cual los jueces y magistrados elegían directamente a los vocales judiciales, es la opción más razonable para evitar la politización del Consejo y los prolongados retrasos en su renovación. No obstante, esta solución no garantizaría una ruptura absoluta con la influencia política, ya que los vocales no judiciales seguirían siendo designados por las Cámaras. En consecuencia, se han propuesto modelos más innovadores que podrían despolitizar el Consejo de manera más efectiva.

Entre los partidos que han mostrado un interés genuino en la despolitización del CGPJ, destacan Ciudadanos y UPyD. Aunque sus propuestas han sido rechazadas o consideradas inaplicables en la práctica, estos partidos han buscado recuperar los valores de independencia y neutralidad que definieron al órgano en su origen. Sin embargo, las actuaciones de los vocales actuales, frecuentemente vinculados a "una notable disciplina" hacia los partidos que los designaron, reflejan la necesidad urgente de reformas profundas que trasciendan el mero reparto de cuotas políticas y refuercen la legitimidad del órgano como garante de la independencia judicial.[338].

[338] Iñiguez Hernández, D. (2014). op. cit., p. 336.

Capítulo III
Los Consejos Judiciales en Europa: diversidad de modelos y estándares comunes

"Unida en la diversidad"
Lema de la Unión Europea adoptado en el año 2000

1. A MODO DE APROXIMACIÓN

El interés europeo por la independencia judicial y, por consiguiente, por la configuración y funcionamiento de los órganos de gobierno del poder judicial, se ha convertido en una cuestión de política esencial en el seno de los organismos comunitarios. Desde la Comisión de Venecia hasta las agendas más recientes lideradas por la Comisión Europea bajo la presidencia de Ursula von der Leyen[339], pasando por la RECJ o el propio Consejo de Europa. Todas estas políticas vienen acrecentándose a consecuencia de la deriva que está sufriendo el Estado de Derecho en las fronteras comunitarias, bajo gobiernos que restringen la

---

339 En tal cuestión acúdase a VON DER LEYEN, U. *Una Unión que se esfuerza por lograr más resultados: mi agenda para Europa: orientaciones políticas para la próxima Comisión Europea 2019-2024*, Bruselas: Oficina de Publicaciones de la Comisión Europea, 2019. Recuperado de: https://op.europa.eu/es/publication-detail/-/publication/43a17056-ebf1-11e9-9c4e-01aa75ed71a1 (Fecha de consulta: 11/12/2024).

autonomía del poder judicial, utilizándola como herramienta subordinada al poder ejecutivo y legislativo.

La consecución de las políticas económicas y sociales en la Unión Europea requiere de un poder judicial eficiente e independiente, lo que convierte la integridad de los sistemas judiciales en una prioridad. Los órganos jurisdiccionales nacionales aplican el Derecho de la Unión, y por tanto, garantizan el cumplimiento y aplicación efectiva de los derechos y obligaciones previstos en el Tratado de Funcionamiento de la Unión Europea. Pero el interés comunitario en el sistema de justicia no únicamente radica en cuestiones meramente jurídicas, puesto que un sistema judicial eficaz fomenta un clima de inversión y de sostenibilidad a corto, medio y largo plazo. Una justicia independiente y eficaz es parte de la política en materia económica de la Unión, mostrando un fuerte vínculo entre diferentes agentes que operan en el marco comunitario. El mercado único se afianza sobre diferentes pilares, y uno de ellos es una justicia que proteja la inversión, que contribuya indirectamente en la productividad, que garantice la ejecución transfronteriza de los contratos y resoluciones administrativas, así como resuelva los diferentes conflictos entre las personas, tanto físicas como jurídicas, tanto privadas como públicas.

En este contexto, la Comisión Europea ha instituido un ciclo anual de análisis del Estado de Derecho en los Estados miembros, elaborando informes que evalúan aspectos fundamentales como la eficiencia de los tribunales, el volumen de asuntos procesados, la accesibilidad de la justicia para todas las personas —superando barreras económicas o tecnológicas— y la integración de tecnologías digitales en los órganos judiciales. Particularmente relevante para el presente análisis es el estudio sobre la independencia judicial, cuya garantía recae en los Consejos Judiciales nacionales. La Comisión, a través del Cuadro de Indicadores de la Justicia en la Unión Europea[340], subraya la importancia de preservar la

---

340 Cuadro de Indicadores de la Justicia en la UE de 2023. Recuperado de: https://ec.europa.eu/commission/presscorner/detail/es/

independencia judicial como condición indispensable para la protección de los valores comunes. Como ya se ha analizado, la percepción pública sobre la independencia judicial es un factor determinante en el desarrollo de políticas económicas y sociales. Una percepción positiva fomenta la confianza en la justicia y el Estado de Derecho, promoviendo un entorno social y empresarial dinámico. En contraste, una percepción negativa puede disuadir inversiones y desalentar la utilización de los tribunales, propiciando un aumento de mecanismos privados de resolución de conflictos que carecen de las garantías inherentes al sistema judicial.

De este modo, los organismos europeos han manifestado un interés prioritario en el correcto desarrollo y funcionamiento de los Consejos Judiciales, concebidos como instrumentos fundamentales para garantizar la independencia judicial y la eficacia de los sistemas de justicia. Para ello, resulta imprescindible dotar a estos órganos de facultades amplias y asegurarse de su independencia frente a injerencias externas. La renovación de sus miembros debe realizarse con estricta observancia de los plazos legalmente establecidos y sin que medien intereses espurios que comprometan su autonomía.

En esta línea se ha llevado a cabo la Red Europea de Consejos de Justicia, órgano cuyos informes y reuniones de trabajo han facilitado un intercambio de información acerca de las funciones que han de ser respetadas por los gobiernos nacionales. Estos documentos[341] sirven para que los diferentes organismos de la Unión Europea, así como de los Estados Miembros, puedan elaborar nuevas estrategias en la configuración del Consejo.

---

ip_23_3127 (Fecha de consulta: 16/09/2024).

341 Puede accederse en el siguiente enlace a toda la documentación e informes de la RECJ: https://www.encj.eu. Igualmente, la web española del Poder Judicial recoge parte de los informes de la Red: https://www.poderjudicial.es/cgpj/es/Temas/Relaciones-internacionales/Relaciones-internacionales-institucionales/Europa/Red-Europea-de-Consejos-de-Justicia/Informes-RECJ/

De igual manera, el Grupo de Estados contra la Corrupción (GRECO) ha expresado preocupación por el prolongado bloqueo en la renovación del Consejo General del Poder Judicial español, que se extendió por más de cinco años y medio. Aunque inicialmente centrado en la falta de renovación, el GRECO, en su quinto informe (apdos. 36-43)[342], formuló una serie de recomendaciones orientadas a fortalecer la independencia del CGPJ. Estas incluyen la necesidad de revisar el marco legislativo para proteger al órgano de influencias indebidas, eliminar la intervención política en la designación de los vocales judiciales, prevenir bloqueos en el proceso de renovación, y garantizar que el poder judicial tenga voz en el diseño y funcionamiento del Consejo. Particular inquietud ha generado la propuesta del Gobierno español de reducir la mayoría cualificada de tres quintos para la designación de los vocales, lo que, según el GRECO, podría agravar la influencia política en el órgano.

Se deduce de tales ideas una importante preocupación supranacional en aras de consolidar los Consejos judiciales dentro del marco de la UE, en consonancia con los valores comunitarios. De esta forma, se observa un principal interés en regular un modelo lo más apolítico posible, en el cual la influencia de las Cámaras en la designación de los diferentes vocales ha de ser mínima, primándose desde estos organismos la regulación de un modelo corporativista, en el cual sean los propios jueces quienes elijan a sus representantes en el Consejo, recayendo en el Parlamento la elección de los juristas de reconocida competencia. En este contexto, el presente análisis se orientará a examinar los diferentes modelos de Consejos Judiciales existentes en los Estados miembros de la Unión, así como la viabilidad de un modelo unificado

---

[342] Segundo Informe de Cumplimiento. España. GRECO, Estrasburgo, 22 a 25 de marzo de 2021. Recuperado de: https://rm.coe.int/cuarta-ronda-de-evaluacion-prevencion-de-la-corrupcion-con-respecto-a-/1680a3fd52 (Fecha de consulta: 18/09/2024).

a nivel comunitario, el llamado Euro-modelo, que recientemente ha ganado protagonismo en los debates promovidos por los organismos europeos como una solución integral y sostenible.

2. MODELOS DE GOBIERNO JUDICIAL: TIPOLOGÍAS Y CARACTERÍSTICAS ESENCIALES

En el presente apartado se va a proceder a realizar una aproximación de las distintas variantes de modelos de Consejo Judicial habidas en territorio europeo. Se dará inicio con las recomendaciones expuestas por la Red Europea de Consejos Judiciales para, y a posteriori, analizar, a grandes rasgos, los tres modelos de designación de las vocalías habidas. Por último, y tras un estudio del euro-modelo, se procederá al desarrollo de las características más destables de los Consejos de la judicatura de los diferentes Estados miembros de la UE.

2.1 Directrices de la RECJ sobre la designación de consejos

Para garantizar un sistema de justicia eficaz e independiente, resulta necesario que exista un control judicial y una organización del mismo. Tal cometido se confía a los diversos modelos de Consejos Judiciales, órganos cuya función esencial es proteger a los órganos jurisdiccionales, adoptando todas las medidas necesarias para que estos puedan desarrollar sus actividades de manera independiente[343]. Esta garantía es piedra angular del sistema de pesos y contrapesos para asegurar la existencia de una sociedad democrática, puesto que a través del mismo se persigue que el

---

343 Ha de recordarse que, conforme el art. 47 de la Carta de Derechos Fundamentales de la Unión Europea, el derecho a la tutela judicial efectiva y al respeto de todas las garantías del debido proceso únicamente puede llevarse a cabo bajo la actuación de un "juez independiente".

poder judicial cumpla con sus funciones sin sufrir injerencias externas, preservando así una separación efectiva de poderes. La autonomía judicial, a su vez, posibilita una protección integral de los derechos de la ciudadanía, alcanzada mediante un modelo de autogobierno que incluye competencias esenciales como la estructuración del sistema de justicia, la regulación del acceso a la carrera judicial, el nombramiento de magistrados, el diseño de sistemas de promoción y la gestión de procedimientos disciplinarios, entre otras facultades inherentes a su función. Dada la trascendencia de las competencias atribuidas a estos Consejos, cuya naturaleza y alcance varían significativamente entre Estados, resulta crucial que ellos mismos dispongan de independencia tanto externa como interna. Este principio refuerza su legitimidad y asegura su capacidad de actuar sin interferencias indebidas, garantizando al mismo tiempo el cumplimiento de los valores fundamentales que sustenta el Estado de Derecho.

En el contexto de la Unión Europea, la disparidad de sistemas jurídicos responde a trayectorias históricas, culturales y sociales específicas de cada Estado miembro, lo que ha llevado a que los Consejos Judiciales asuman funciones originarias diversas. Sin embargo, en el ejercicio de sus atribuciones, estos órganos convergen en desafíos comunes, lo que dificulta la identificación de un modelo ideal único. No obstante, puede advertirse la existencia de tres sistemas diferenciados, cuya principal variación radica en el modelo de designación de los vocales, aunque también divergen en la extensión de las competencias que les son asignadas.

En cuanto a su composición y estructura, la heterogeneidad es notoria. Conforme el informe del RECJ[344], Parece ser que los Consejos de mayor éxito son aquellos que muestran una re-

---

344 Compendio de la RECJ sobre los Consejos de Justicia.–Vilnius, 29 de octubre de 2021. Recuperado de: https://www.poderjudicial.es/cgpj/es/Temas/Relaciones-internacionales/Relaciones-internacionales-institucionales/Europa/Red-Europea-de-Consejos-de-Justicia/Infor-

presentación variada, esto es, combinan a jueces, normalmente elegidos por sus pares, con profesionales de diversas disciplinas jurídicas, como abogados, fiscales o académicos. Entiende la RECJ[345] que una cifra recomendada en esta estructura llevaría a que los jueces superen más del cincuenta por cierto de los vocales, pero siempre con un total inferior a 2/3 partes de los miembros. Esto lleva a que el límite inferior de vocales no judiciales sea 1/3, y el máximo ronde por el cincuenta por ciento. El nombramiento de los vocales no judiciales o laicos ha de basarse en los principios de mérito, capacidad y transparencia, siendo necesario que, si la designación es parlamentaria, obedezca a mayorías cualificadas en la cámara. Una conjugación de ambos puede permitir un sistema más plural y defensor de la independencia judicial, aislándole de cualquier interferencia política. La RECJ[346] enfatiza que, aun en un modelo mixto, al menos el cincuenta por ciento de los vocales deben ser provenientes de la carrera judicial, recomendando que esta cifra sea incluso superior, y que todos los integrantes del Consejo sean representativos del conjunto del poder judicial en su respectivo Estado.

La duración del mandato de los vocales debe de estar fijada, ya que permite establecer ciclos definidos para el desarrollo de los procesos internos del Consejo. Este periodo no debe ser ni demasiado breve, lo que podría obstaculizar la continuidad de las tareas encomendadas, ni excesivamente largo, pues esto podría derivar en

---

mes-RECJ/Compendio-de-la-RECJ-sobre-los-Consejos-de-Justicia—-Vilnius—29-de-octubre-de-2021 (Fecha de consulta: 18/09/2024).

345 Ibidem

346 Development of Minimum Judicial Standards Report 2010-2011 (Informe del Grupo de Estándares en la Justicia del ENCJ), p. 17. Recuperado de: https://www.poderjudicial.es/cgpj/es/Temas/Relaciones-internacionales/Relaciones-internacionales-institucionales/Europa/Red-Europea-de-Consejos-de-Justicia/Informes-RECJ/Development-of-Minimum-Judicial-Standards-Report-2010-2011—Informe-del-Grupo-de-Estandares-en-la-Justicia-del-ENCJ- (Fecha de consulta: 18/09/2024).

situaciones cercanas a la perpetuación en el cargo, con los riesgos inherentes a una actuación vitalicia. Según la RECJ, como máximo deberían permitirse dos mandatos consecutivos, a fin de evitar "el desapego del poder judicial o la percepción de que el Consejo está gobernado por una camarilla de los mismos jueces"[347].

En cuanto a la figura del Presidente, desde los organismos internacionales han propuesto distintas posibilidades. Aceptando la trascendencia de su cometido, la tipología de presidentes es de dos tipos. De esta forma, puede ser un presidente nato, que accede al cargo en virtud de su posición dentro del poder judicial, o de un presidente electo por los demás miembros del órgano. La experiencia comparada sugiere que un modelo rotatorio, con una duración de mandato suficientemente extensa, permite una mayor flexibilidad y eficiencia en el ejercicio de las funciones presidenciales, asegurando al mismo tiempo la renovación periódica del liderazgo y evitando la acumulación de poder en manos de un único individuo. Este sistema favorece, además, la implementación de políticas más dinámicas y representativas dentro del Consejo, contribuyendo a una gestión más inclusiva y equitativa de sus competencias.

2.2 Los tres modelos de designación de las vocalías en la Unión Europea.

Determinar con precisión la existencia de un modelo uniforme de Consejo Judicial entre los Estados miembros de la Unión Europea resulta una tarea compleja, si no imposible. Incluso ha-

---

[347] Compendio de la RECJ sobre los Consejos de Justicia.–Vilnius, 29 de octubre de 2021, p. 6. Recuperado de: https://www.poderjudicial.es/cgpj/es/Temas/Relaciones-internacionales/Relaciones-internacionales-institucionales/Europa/Red-Europea-de-Consejos-de-Justicia/Informes-RECJ/Compendio-de-la-RECJ-sobre-los-Consejos-de-Justicia—Vilnius—29-de-octubre-de-2021 (Fecha de consulta: 18/09/2024).

blar de modelos podría ser una simplificación excesiva, dado que los Consejos Judiciales presentan una marcada heterogeneidad, adaptándose en cada caso a las necesidades específicas de sus respectivos sistemas jurídicos. Aunque comparten fundamentos similares, el Consejo de la Magistratura italiana es parcialmente diferente a sus homólogos en Francia, Portugal o España. Estas diferencias abarcan funciones, composición, procesos de designación de los vocales y demás características, lo que conduce a la conclusión inicial de que podrían existir hasta 19 sistemas distintos en Europa. Por otra parte, países como Alemania, Austria y la República Checa ofrecen un modelo que, desde la perspectiva de Bruselas, parece anacrónico. En estos casos, la administración de jueces y magistrados no recae en un Consejo Judicial, sino en el Ministro de Justicia, lo que genera un evidente riesgo para la independencia judicial debido al estrecho vínculo que esto establece entre el Poder Ejecutivo y el gobierno de la judicatura.

En el resto de los países europeos pueden identificarse dos modelos principales. Por un lado, aquellos que han optado por la fórmula conocida como *Court Services*, como es el caso de Dinamarca, Irlanda y Bélgica, países en los cuales, las facultades del órgano de gobierno están ampliamente restringidas, y algunas de ellas, como en materia de nombramientos, residen total o parcialmente en otros organismos o departamentos, como el Ministerio de Justicia o el Gobierno de la Nación. Estos Estados, los cuales, tal y como ya se ha manifestado, muestran una mayor satisfacción ciudadana en relación a la independencia judicial, permiten una cerca interacción entre el Poder Ejecutivo y el Poder Judicial, no existiendo una real división de los poderes al ejercer tareas tan trascendentes como el nombramiento de los vocales. En el otro lado de la moneda, aquellos que parten de una mayor búsqueda de autonomía en el Consejo Judicial, y por tanto, de independencia judicial, confeccionan un modelo de órgano (parcialmente) autosuficiente, dotado de amplias facultades para el ejercicio del gobierno de la justicia.

Este modelo ha sido particularmente explorado en los Estados de tradición jurídica romanística. Además, en democracias jóvenes o países en transición democrática, el Consejo Judicial se ha adaptado como respuesta a la necesidad de garantizar de manera más inmediata la independencia judicial[348]. Esto expulsa ampliamente a los restantes poderes estatales de las tareas del Consejo. Todos ellos se podrían confeccionar dentro del denominado Euro-modelo, caracterizado no solo por su modelo de designación, sino también por las amplias facultades conferidas a los Consejos. Sin embargo, este modelo presenta variaciones significativas, especialmente en cuanto al procedimiento para la elección de los vocales, lo que da lugar a una mera aproximación o adaptación al sistema común europeo, salvo en los casos excepcionales de Italia y Rumanía.

Conviene recordar que el Euro-modelo no es una creación original de Bruselas, sino que ha sido confeccionado a imagen y semejanza del sistema de Italia, y de ahí la dificultad de su adaptación a otros contextos jurídicos. Si se observa un mapa territorial de los Estados que han partido de un Consejo más autónomo, y especialmente cercano al sistema europeísta, se observa que la mayor parte de los mismos se encontraban inmersos en transiciones democráticas, influenciados por el temor de que el Poder Ejecutivo concentrase en exceso las funciones de los otros poderes. Erróneamente, algunos autores[349] han partido de efectuar una diferenciación no solo terminológica entre ambos modelos, sino también geográfica, entendiendo que el *Court Service* es un "modelo del norte de Europa", y el Consejo es un modelo del Sur de Europa. Esta distinción, aunque extendida,

---

348 CASTILLO ORTIZ, P. "The politics of implementation of the judicial council model in Europe". *European Political Science Review*, Vol. 11, n. 4, 2019, pp. 503-520, esp. p. 513.

349 ALBERS, P. y VOERMANS, W. *Councils for the Judiciary in EU Countries.* Bruselas, Council of Europe, European Commission for the Efficiency of Justice (CEPEJ), 2003, p. 10-12.

no resulta del todo adecuada, pues no refleja las complejidades y matices de los diferentes sistemas nacionales ni las variaciones en su diseño institucional y funcional.

En el ámbito europeo pueden identificarse tres modelos principales de designación de los vocales de los Consejos Judiciales, aunque cada uno presenta particularidades que dificultan su categorización estricta. Este análisis ha de realizarse a grandes rasgos, puesto que cada sistema existente tiene sus propias peculiaridades, lo que significa que es difícil su categorización. Para ello, desde la presente se va a enfocar exclusivamente en señalar el sistema elaborado para la designación de aquellos vocales provenientes de la carrera judicial, dado que en lo referente a los vocales juristas de reconocida competencia existe un patrón ampliamente homogéneo: la gran mayoría de estados han optado por la estructuración de un mismo patrón, el cual tiene su base en otorgar esta facultad a las Cámaras legislativas, existiendo la posibilidad de participación en el mismo de otros agentes o departamentos estatales, como por ejemplo las universidades. De esta forma, son tres los modelos en los cuales pueden dividirse los nombramientos de los vocales judicial: elección por sus propios pares, elección por otros poderes estatales (ya sea el parlamento o el poder ejecutivo), elección por sorteo.

En relación al primero de ellos, el modelo de elección de los vocales judiciales por los propios jueces, o también denominado modelo corporativista, es el sistema desarrollado en algunos países de nuestro entorno, como Francia o Italia, y que se configura como pilar fundamental del euro-modelo, aun cuando no es el único elemento vertebrador del mismo. Este sistema se enfoca permite que parte de los miembros del órgano de gobierno del Poder Judicial sean seleccionados exclusivamente por jueces y magistrados mediante elecciones internas dentro de la carrera judicial. La premisa sobre la que se asienta este modelo es partir de que los propios jueces son los más adecuados para valorar las competencias y cualidades de los candidatos. Sin profundizar aún en las ventajas y desventajas de este enfoque, su característica principal es la promoción de la autonomía judicial, al excluir influencias externas del proceso de selección. Este diseño asegura que los vocales sean elegidos por méritos profesionales, aislándolos de posibles designaciones políticas y, en consecuencia, de la necesidad de corresponder favores durante su mandato.

El modelo corporativista se idea en un sistema que ofrece una mayor autonomía del Poder Judicial, expulsando injerencias externas en el proceso de selección. Esta cuestión no es baladí, puesto que permite que los vocales sean designados por sus propios méritos, alejando de ellos posibles designaciones políticas, y con ello, la posibilidad de "deber favores" durante la duración del mandato. Esta autonomía de cada vocal judicial repercute a su vez en ofrecer un mayor grado de independencia judicial a la totalidad del Poder Judicial, al blindarse las competencias del Consejo frente a presiones externas, ampliamente observable en materia de nombramientos discrecionales. De esta forma, se parte de un sistema en el cual los candidatos serán seleccionados bajo un proceso en que se priorice el mérito, la experiencia y las capacidades profesionales de los candidatos. Los electores tendrán que valorar la trayectoria profesional, el compromiso con la justicia y, por tanto, sus "promesas electorales", representándose más fielmente las preocupaciones y necesidades del colectivo judicial. En la otra cara de la moneda, el corporativismo del sistema puede generar amplias preocupaciones. Los jueces y magistrados también tienen su ideología, y la elaboración de un sistema de elección de los vocales judiciales por sus propios pares puede a su vez ocasionar fallas más gravosas que beneficios se proceden a buscar, como la falta de un control democrático sobre sus acciones, las posibles escisiones internas que se produzcan a consecuencia de la ideología de los diferentes jueces, carencia de responsabilidad o la elaboración de un gobierno de la judicatura resistente ante posibles cambios impulsados desde fuera del ámbito judicial, problemas que se sucedieron en el modelo del primer mandato de CGPJ en España.

El segundo de los sistemas, aquel en el que los jueces y magistrados sean designados por los poderes ejecutivo o, principalmente, legislativo, es el actualmente vigente en el panorama español. Este sistema ha sido concebido como un modelo basado en la legitimación democrática y la posibilidad de ejercer un control sobre el Poder Judicial, bajo la premisa de la rendición de cuentas de los órganos judiciales ante la ciudadanía. Al permitirse que sean los representantes políticos quienes designen a los vocales del Consejo, se asegura que el Poder Judicial esté alineado con la pluralidad política refrendada por la ciudadanía en la elección de sus representantes electos. Este sistema refuerza la idea de equilibrios de poder entre los diferentes poderes del estado, estableciendo el Parlamento o el Ejecutivo una red de control donde todos los poderes estatales carecen de autonomía plena frente a los pesos y contrapesos habidos.

La característica "democrática" que se alega en este modelo es evidente, puesto que la elección se realiza bajo los parámetros de las Cámaras legislativas. Empero, este pluralismo genera a su vez un control político del Consejo. Nace así el riesgo de que los vocales actúen bajo intereses partidistas, extendiéndose la influencia a las escalas judiciales, especialmente visible en aquellos nombrados bajo criterios discrecionales por el Consejo. Igualmente, aplicable aquí es el riesgo de bloqueos políticos. Al exigirse mayorías parlamentarias cualificadas, la falta de consenso entre las distintas fuerzas políticas puede generar una falta de renovación, con las consecuencias derivadas de ello, como mandatos en funciones. Este sistema genera desconfianza en la ciudadanía, puesto que la dependencia al poder político hará que se perciba al Poder Judicial carente de la independencia judicial necesaria para resolver los conflictos. Todas estas consecuencias son consecuencias que se han podido observar en el actual CGPJ.

En tercer y último aspecto, el último modelo a debatir en sede europea es la designación a través de sorteo. Un sistema menos común, que viene siendo expuesto como propuesta por algunos grupos parlamentarios en diferentes países, en aras de la búsqueda de una designación más neutral, ajena tanto al corporativismo como a la influencia política, caracteres de los dos modelos anteriores. Un sistema que rompe con las candidaturas y permite que sea el azar a quien acceda al órgano de gobierno, y no así intereses de gobernanza.

3. EL EURO-MODELO: UNA PROPUESTA PARA LA CONVERGENCIA JUDICIAL

3.1 Principios definitorios del euro-modelo

A nivel global, no existe un modelo único de organización de la justicia. Ni los Estados ni las distintas organizaciones internacionales han logrado consolidar una forma universal de administración de justicia que, por extensión, permita establecer un modelo único de gobierno del Poder Judicial. Las profundas disparidades entre los diversos ordenamientos jurídicos han obstaculizado cualquier intento de armonización, un desafío que resulta evidente incluso en el ámbito europeo y que se torna absolutamente inviable en una escala global. Ante la ausencia de un modelo universal, los parámetros para diseñar un Consejo Judicial deben extraerse de documentos y recomendaciones emitidos por diversas organizaciones internacionales, como Naciones Unidas, la Unión Europea y el Consejo de Europa. Sin embargo, es únicamente en Europa donde se ha observado un diálogo institucional orientado a consensuar estándares mínimos que caractericen a estos órganos[350].

La Comisión de Venecia y el Consejo Consultivo de Jueces han definido una serie de directrices para configurar un Consejo

---

350 BOBEK M. y KOSAŘ D. "Global Solutions, Local Damages: A Critical Study in Judicial Councils in Central and Eastern Europe". Op. Cit, p. 1262.

Judicial idóneo[351]: (1) tener status constitucional; (2) al menos la mitad de sus integrantes deberían ser jueces elegidos por sus pares; (3) el órgano debería ostentar facultades decisorias, no meramente consultivas; (4) sus competencias deben de enfocarse en asuntos relativos a la selección, el nombramiento, la promoción, la transferencia, la destitución y la disciplina de jueces y magistrados; (5) La presidencia debe de recaer en una figura neutral, como el Presidente del Tribunal Supremo. La idea de estos organismos era elaborar un modelo que estableciera estándares comunes dentro de la UE, lo que facilitaría una mayor cooperación entre Estados miembros y sus Consejos, y especialmente un incremento de la confianza de ciudadanos y empresas. Este modelo teórico, concebido en gran medida a partir de las opiniones de juristas europeos, encontró su inspiración en el sistema italiano y se construyó sobre un conjunto de principios emanados de instituciones europeas clave. Los criterios de Copenhague de 1993[352] venían estableciendo un conjunto de condiciones para el ingreso en la UE que, posteriormente, se detallaron a través de la Agenda 2000[353]. Entre estas condiciones figuraba la garantía de autogobierno del Poder Judicial y la independencia de sus miembros, entendidos como requisitos indispensables para formar parte del

[351] Véase: *European Network Of Councils For The Judiciary (ENCJ)*, Councils for the Judiciary Report 2010–2011, párrafos 1.4, 1.3, 3.1 y 3.4. Recuperado de: https://www.encj.eu/images/stories/pdf/workinggroups/report_project_team_councils_for_the_judiciary_2010_2011.pdf (Fecha de consulta: 07/07/2024).

[352] Conclusiones de la Presidencia, Consejo europeo en Copenhague de 21 y 22 de junio de 1993. Recuperado de: https://www.consilium.europa.eu/media/21225/72921.pdf (Fecha de consulta: 07/07/2024).

[353] Agenda 2000–Vol. I: Por una Unión más fuerte y amplia–Vol. II: El desafío de la ampliación. Recuperado de: https://eur-lex.europa.eu/legal-content/EN/ALL/?uri=CELEX%3A51997DC2000 (Fecha de consulta: 07/07/2024).

"club europeo"[354]. La autogestión del Poder Judicial se presentó como uno de los pilares fundamentales para la consolidación de Estados democráticos en el espacio europeo.

Un modelo que, en la práctica, no ha tenido una realización total, puesto que el mismo no deja de ser un deseo teórico con múltiples dificultades para llevarlo a cabo. Este el caso del denominado Euro-modelo. Un sistema que únicamente existía en un Estado miembro, sobre el que otros estados, inicialmente por recomendación y posteriormente como un requisito estricto -véase las ex repúblicas soviéticas[355]- se habían basado para la configuración de su órgano de gobierno del Poder Judicial. Las presiones ejercidas por asociaciones de jueces, académicos y organismos europeos llevaron a etiquetar este diseño como el modelo europeo por excelencia, dándole un carácter normativo casi vinculante.

La principal característica que tiene el euro-modelo es la autonomía que pretende generar en el órgano. Los cinco criterios previamente indicados tienen su base en esta presunta "autogestión"[356]. Esto es, la idea sobre la que se sustenta es la

---

354 BOBEK M. y KOSAŘ D. "Global Solutions, Local Damages: A Critical Study in Judicial Councils in Central and Eastern Europe". Op. Cit., p. 1276. En la misma idea se expresa CASTILLO ORTIZ, P. "The politics of implementation of the judicial council model in Europe". Op. Cit., pp. 515-516, quien recoge cómo la presión de las instituciones europeas ha influido en la adopción de consejos judiciales, sugiriendo que muchos países implementaron este modelo como una señal de compromiso con la democracia y la integración europea.

355 PREŠOVA, D., DAMJANOVSKI, I. y NECHEV, Z. *The Effectiveness of the 'European Model' of Judicial Independence in the Western Balkans: Judicial Councils as a Solution for a New Cause of Concern for Judicial Reforms*, La Haya, Centre for the Law of EU External Relations (CLEER), T.M.C. Asser Instituut, 2017, p. 7.

356 Ha de manifestarse que el término de autogestión o autogobierno no representa más que una de las facetas que componen el modelo de consejo judicial, siendo una terminología utilizable, pero limitada.

búsqueda de una separación del Consejo Judicial respecto al Ministerio de Justicia, al Gobierno de la Nación y al Poder legislativo. Ello, desde un prisma teórico, se consigue a través de dos vías. La primera de ellas radica en las propias facultades que le son otorgadas. Se posiciona así un Consejo con múltiples funciones, no compartidas con otras entidades o departamentos ministeriales, para el gobierno de la justicia. Este aspecto le otorga autonomía para la gestión de la carrera judicial en materia de nombramientos, ascensos o medidas disciplinarias, sin injerencias políticas de por medio. Esto le lleva a una falta de supeditación de las decisiones del Gobierno o de las Cámaras Legislativas, pues su principal objetivo es afianzar un Estado de derecho sólido. Tal y como ya se ha referenciado anteriormente, este sistema tiene su base en el modelo italiano, y al igual que la práctica totalidad de Estados que lo han venido aplicando y adaptando, su principal objetivo se enfocaba en la defensa de la democracia en los periodos de transición. Es por ello que se prima la soberanía del órgano, aun cuando ya se ha observado la insatisfacción que puede generar el modelo.

La autonomía del Consejo Judicial, pilar esencial del euro-modelo, implica una facultad de enorme trascendencia: la capacidad plena y exclusiva de este órgano para el nombramiento y promoción de jueces, una función particularmente relevante en la designación de los cargos más altos de la judicatura. Esta prerrogativa garantiza que las decisiones se adopten con base en los principios de mérito y capacidad, eliminando cualquier posible interferencia política. En el ámbito del régimen disciplinario, el modelo insiste en desvincular esta función de otros poderes del Estado, dado que el control disciplinario podría ser utilizado de manera maliciosa para sancionar conductas que, aunque ajustadas a derecho, puedan contrariar intereses ajenos a la justicia. Por ello, el euro-modelo confiere esta competencia al Consejo, asegurando que su actuación se limite a valorar estrictamente el incumplimiento de la legalidad, para lo cual cuenta con la colaboración de otros órganos de gobierno interno del Poder Judicial en las tareas de investigación y sanción de infracciones disciplinarias. A tales competencias hay que sumarle otras, como la independencia financiera, la supervisión del funcionamiento y gestión administrativa de los tribunales, informe consultivo de proyectos legislativos o la formación judicial.

Estas facultades generan una amplia independencia en el Consejo, pues le permite ejercer tareas clave para el desarrollo eficiente del Poder Judicial. A su vez, ello transforma a este Consejo en el garante de la independencia judicial, puesto que, al no estar vinculado a ningún otro poder político, económico o social, puede proteger este principio. Tal y como se observa, son funciones que los Consejos Judiciales europeos, con excepción de aquellos que más bien son *Courts Services*[357], han venido adoptando, ya sea total o parcialmente, lo que centraliza las competencias relacionadas con la carrera judicial en un órgano autónomo. Este modelo unifica la política de acción del Consejo y lo aísla de cualquier intervención politizada que pudiera surgir desde departamentos ministeriales, como el Ministerio de Justicia. La centralización contribuye a una gestión más efectiva de la carrera judicial, garantiza una mayor independencia judicial y, en consecuencia, mejora la eficiencia global del sistema de justicia. Sin embargo, no puede pasarse por alto que el euro-modelo tiende a ignorar una amenaza potencial que puede surgir desde el propio Poder Judicial. Aunque el diseño del modelo se orienta a blindarlo frente a injerencias externas, no aborda suficientemente los riesgos de interferencias internas, que podrían ser igualmente perjudiciales para la independencia de jueces y magistrados[358].

---

[357] Ha de entenderse que estos *Court Service* no han de verse ajenos a la totalidad de los estándares nacientes del modelo europeo. Las recomendaciones efectuadas por los diferentes organismos europeos deben siempre efectuarse desde un prisma inclusivo, lo que conllevaría a su posible implantación en aquellos estilos de administración judicial más dispares, siempre en aras de una búsqueda de mayor satisfacción.

[358] BOBEK M. y KOSAŘ D. "Global Solutions, Local Damages: A Critical Study in Judicial Councils in Central and Eastern Europe". Op. Cit., p. 1264.

Un elemento distintivo y crucial del euro-modelo es el mecanismo para la designación de los vocales que componen los Consejos Judiciales. Este diseño se fundamenta en un sistema mixto, en el que el Consejo se compone tanto de jueces como de juristas de reconocido prestigio, logrando así una representación equilibrada que otorga legitimidad democrática desde una doble perspectiva: social y judicial. En cuanto a los juristas, su designación generalmente recae en las Cámaras legislativas, siguiendo las disposiciones legales y mediante mayorías cualificadas, lo que limita el alcance de la politización dentro del Consejo. Este requisito de consenso amplio, expresado a través de mayorías cualificadas, busca garantizar que los vocales seleccionados cumplan con criterios de mérito y capacidad, minimizando la influencia de alineaciones partidistas. Aunque el reparto de cuotas políticas no puede eliminarse completamente, este enfoque favorece un efecto plural, ya que evita que un único partido pueda controlar todas las designaciones.

Por otro lado, los vocales provenientes de la carrera judicial deben constituir al menos la mitad de los miembros del Consejo, con un límite máximo de dos tercios. Esta composición mixta persigue no solo representar al Poder Judicial, sino también mantenerlo conectado con las preocupaciones y necesidades de la sociedad. La cuestión esencial radica en que estos vocales judiciales sean elegidos por los propios jueces mediante un proceso electoral interno. La lógica del euro-modelo parte del supuesto de que los jueces, por su conocimiento profundo del funcionamiento interno del sistema judicial, se encuentran en una posición óptima para seleccionar a sus representantes. Al mismo tiempo, este mecanismo elimina los intereses partidistas que podrían infiltrarse en un modelo de designación parlamentaria. La combinación de estos elementos refuerza la independencia del Consejo, consolidando su papel como garante de un sistema judicial eficaz, autónomo y comprometido con los principios fundamentales del Estado de derecho.

3.2 Críticas a la uniformidad en el gobierno judicial europeo

El modelo europeo, aunque ampliamente promovido como una solución ideal para la administración del poder judicial, aduce de un conjunto de deficiencias. La carencia de tratamiento sobre las mismas, especialmente ante una idea basada en catalogar al modelo como la panacea de los organismos o instituciones de administración del poder judicial, puede llevar a su implementación de manera acrítica y errónea. Esta imposición podría resultar en la creación de Consejos disfuncionales, incapaces de adaptarse a las particularidades sociales, políticas y jurídicas de los sistemas en los que operan.

La primera objeción que puede realizarse es que el euromodelo no es el producto de una construcción teórica cuidadosamente diseñada para adaptarse a la diversidad europea, sino que se origina en el sistema italiano, cuya configuración responde a circunstancias históricas, sociales y políticas propias de dicho país. Al trasladar este modelo a otros contextos sin considerar las diferencias inherentes de los sistemas jurídicos, se pueden generar serias dificultades para su integración. La diversidad jurídica de Europa, lejos de justificar la adopción de un estándar uniforme, exige soluciones que reconozcan las particularidades de cada jurisdicción. En algunos casos, podría resultar más efectivo optar por modelos híbridos o sistemas de tipo *Court Service* que se ajusten mejor a las necesidades locales. La imposición de un único modelo estándar corre el riesgo de ignorar aspectos esenciales de la administración de justicia en cada nación, lo que puede derivar en ineficiencias, particularmente en el ámbito de la justicia local y en la interacción del poder judicial con la sociedad. Incluso, bajo un aparente manto de independencia judicial, se corre el riesgo de secuestrar la institución al desvincularla de la realidad social.

Una segunda objeción se centra en el riesgo de corporativismo inherente al modelo, especialmente cuando los vocales del Consejo provenientes de la carrera judicial son elegidos exclusivamente por sus pares. Este sistema puede favorecer la concentración del poder en manos de un reducido grupo de jueces o asociaciones judiciales dominantes, excluyendo a sectores más amplios de la judicatura. Este riesgo se exacerba en contextos donde las élites judiciales ya ejercen una influencia significativa, como ocurre en algunos Estados miembros del este de Europa. La implementación de este modelo en tales entornos podría resultar en un verdadero "secuestro"[359] institucional, poniendo en peligro la independencia del resto de los jueces y debilitando el equilibrio de poderes. Además, en un intento por evitar la politización de la justicia, podría emerger un fenómeno inverso: la judicialización de la política, donde el órgano judicial asuma un papel indebido en la toma de decisiones políticas, llegando incluso a influir directamente en las Cámaras legislativas. Este corporativismo, además, puede aislar a la judicatura y debilitar los mecanismos de rendición de cuentas. La falta de una relación transparente entre los miembros del Consejo y sus representados puede agravar la desconexión con las realidades y demandas sociales, creando un sistema judicial que no responde a las necesidades prácticas que justificaron la creación del modelo. Así, la adopción generalizada del euro-modelo podría fracasar en su propósito de fortalecer la justicia, dejando sin resolver las deficiencias específicas de los distintos sistemas judiciales europeos.

En cuarto lugar, ha de valorarse el poder que pueden aunar algunos magistrados derivado del corporativismo habido en el órgano. Esta cuestión es especialmente visible en el modelo de designación de los vocales por sus propios pares. Un juez de cualquier categoría puede elegir como vocal a jueces de escalafones superiores, al no establecerse en el modelo ningún límite en cuanto a designaciones por categoría (cuestión que en algunos Consejos, como es el caso de la LO del Consejo judicial de 1980 española, sí que se restringe), generando un consejo

---

359 Ibidem, p. 1283.

judicial descompensado. Es cierto que el órgano no ha de ser obligatoriamente una institución representativa de todos los escalafones de la jerarquía judicial. Pero el resultado de ello es que la figura del autogobierno puede verse lastrada por un gobierno de unos pocos sobre el resto. Esta cuestión es especialmente visible en materia del ejercicio de poderes que pueden combinar los presidentes de los tribunales conjuntamente con los poderes del Consejo. Ello llevaría a un conjunto de jueces que controlan el Consejo y cuyas funciones e intenciones pueden ser más cercanas al funcionamiento de un poder ejecutivo que al funcionamiento de un órgano de gobierno judicial, transformándolo en un sistema oligárquico[360].

---

360 Ibidem, p. 1273, ambos autores exponen que, ante las críticas normativas que señalan esta tendencia, un enfoque realista podría advertir que, al proyectar sus ideas y objetivos en el foro internacional, los jueces de las últimas décadas no han hecho sino seguir el modelo previamente adoptado por los ejecutivos nacionales. Ambos autores sostienen que el fenómeno de "escape" del poder ejecutivo hacia niveles internacionales o europeos, como vía para sortear el control parlamentario nacional, es un rasgo notable de la política en Europa desde la posguerra. En el contexto europeo —y particularmente en el marco de la Unión Europea— esta práctica ha adquirido proporciones que antes eran difíciles de imaginar. Desde esta perspectiva, ambos autores destacan cómo los gobiernos nacionales, al encontrarse ante decisiones difíciles, necesarias, aunque impopulares a nivel doméstico —que podrían afectar su reputación o, en ocasiones, ser de difícil aprobación en los parlamentos nacionales— optan por elevar estos temas a la esfera europea o internacional. Allí encuentran respaldo entre sus homólogos de otras administraciones nacionales, quienes a menudo enfrentan problemas parecidos en sus propios países. Tras lograr acuerdos beneficiosos y adoptar nuevos tratados o disposiciones de la UE, los gobiernos vuelven a sus respectivos electorados amparados en el argumento de que "Bruselas lo ha decidido" en el caso de medidas europeas, o de que deben responder a "nuestros compromisos internacionales" cuando se trata de tratados. En este sentido, ambos autores se cuestionan si realmente hay algo sorprendente en que los jueces empiecen a imitar este proceder característico de las

En quinto lugar, y no menos importante, ha de valorarse si el modelo europeo de Consejo Judicial enfrenta importantes cuestionamientos sobre su capacidad para proteger eficazmente la independencia judicial y garantizar el adecuado funcionamiento de la judicatura. Si bien es cierto que la autonomía del órgano busca desvincularlo de intereses externos, aún no se han desarrollado medidas concretas y herramientas efectivas que aseguren esta protección de manera integral. Es cierto que la eliminación del modelo parlamentario rompe con la conexión directa entre el poder político y el Consejo, reduciendo así las posibles influencias externas sobre la carrera judicial. Sin embargo, este esfuerzo resulta insuficiente si no se aborda también la problemática de las presiones internas dentro del propio poder judicial, conocidas como independencia interna. El aumento del poder de los propios jueces y la carencia de rendición de cuentas, especialmente palpable cuando una o dos asociaciones puedan ejercer un control directo del Consejo, generará un aislamiento de la carrera judicial, la cual entrará en un modelo de autogestión, el cual generará efectos positivos, ya analizados, pero también negativos.

El euro-modelo pretende así dar una efectiva respuesta a la independencia judicial, pero ignora aquella de carácter interno, por el cual aquellos jueces de mayor rango o miembros de alguna asociación específica puedan dirigir órdenes, investiga-

---

administraciones nacionales. Tanto jueces como gobiernos, apuntan Bobek y Kosar, parecen alejarse de los principios de democracia y responsabilidad. Sin embargo, según subrayan, esta evolución no supone necesariamente que los jueces se hayan transformado en un "sacerdocio internacional" que busque "imponer a nuestros ciudadanos libres e independientes valores supranacionales que contradicen sus propios principios". En el ámbito internacional, los jueces sesionan de manera pública, y los resultados de estas sesiones se publican y son accesibles. Aun así, los autores observan que se ha producido un cambio significativo: los jueces se han constituido en una fuerza organizada con una dimensión internacional.

ciones y sanciones contra aquellos que no sigan sus designios. La crítica aquí es que el modelo no considera que la judicatura está compuesta por individuos ("they") y sí por una entidad monolítica ("it")[361]. Esto significa que las dinámicas de poder interno pueden influir en las decisiones judiciales o incluso ser utilizado para atacar a oponentes en el ámbito judicial, perdiendo así valor las virtualidades del modelo.

En sexto lugar, el verdadero funcionamiento del euro-modelo puede verse ampliamente afectado por los recursos que le sean asignados. Para que este órgano pueda desempeñar sus funciones con independencia y eficacia, es imprescindible que cuente con un presupuesto propio y suficiente. Aunque la aprobación de dicho presupuesto dependa de las Cámaras parlamentarias, el Consejo no debe estar subordinado económicamente a otros poderes del Estado. En contextos donde los recursos administrativos y financieros son limitados, la capacidad operativa del Consejo se verá comprometida, dejando al órgano vulnerable a posibles intervenciones externas y a la incapacidad de garantizar la independencia judicial en la práctica.

En séptimo lugar, un modelo global como es el euro-modelo, supone una desconexión de las realidades locales, perdiendo el Consejo la sensibilidad ante las condiciones y necesidades de una región europea. Esta desconexión puede ser ampliamente palpable en contextos de corrupción sistémica, esto es, en Estados donde la corrupción y el clientelismo están profundamente arraigados, generando un entorno hostil para la independencia judicial. En estos casos, se hace evidente la diferencia entre una independencia teórica y una independencia real. Aunque el Consejo pueda ser formalmente autónomo, su capacidad para

---

361 En tal cuestión acúdase a: VERMEULE, A. "The Judiciary is a They, not an It: Two Fallacies of Interpretive Thery". *Public Law and Legal Theory working Paper*, n. 49, 2003. Recuperado de: https://chicagounbound.uchicago.edu/public_law_and_legal_theory/318 (Fecha de consulta: 30/10/2024)

garantizar esta autonomía en un contexto adverso puede ser puramente nominal, lo que le impide proteger efectivamente el principio de independencia judicial.

Cuestión a tener en cuenta es la legitimidad democrática del órgano. Entiende Unger[362] que el euro-modelo se posiciona es una postura disonante con los principios democráticos. Esto tiene su justificación en dos aspectos del mismo. El primero de ellos es la restricción a la participación de las Cámaras legislativas en la elección de los vocales, pudiendo únicamente participar en la elección de un máximo de la mitad de los mismos. Este sistema promueve una composición mixta, existiendo vocales judiciales elegidos por sus pares y laicos de nominación parlamentaria. Esta crítica ha de ostentar reservas, puesto que, si bien es cierto que el modelo genera una sustracción de esta competencia a la ciudadanía, lo que se pretende es generar una protección ante posibles injerencias externas. Si la totalidad de los vocales fuesen designados por las cámaras, es verdad que el proceso le otorgaría legitimidad democrática, pero a su vez le acercaría peligrosamente a los designios espurios de los intereses políticos.

Por todo lo anterior, resulta evidente que un modelo único y simétrico para toda Europa no es, a día de hoy, una solución viable. La armonización entre los distintos Estados miembros continúa siendo una meta lejana, ya que las particularidades de cada sistema jurídico generan disparidades en los criterios y modelos de organización judicial. Las propuestas emanadas desde Bruselas deben integrarse con una mayor flexibilidad, permitiendo que los Estados adapten el euro-modelo a sus necesidades internas. Esto incluye la posibilidad de diseñar Consejos que no necesariamente posean todas las competencias establecidas en el modelo estándar o que modifiquen la composición y los procedimientos de nominación de sus vocales para ajustarse

---

362 UNGER, R. *What Should Legal Analysis Become?* Londres, Verso, 1996, pp. 72-73.

a sus realidades específicas. Solo mediante esta capacidad de adaptación se podrá avanzar hacia una verdadera mejora en la independencia y eficacia del poder judicial europeo.

3.3. Viabilidad e implementación de un modelo común: euro-modelo

La cuestión fundamental que debe plantearse en este punto es si el modelo europeo de Consejo Judicial constituye verdaderamente un sistema óptimo para su implementación uniforme en todos los países europeos. La práctica ha comenzado a ofrecer respuestas a esta interrogante, y lo ha hecho de manera controvertida. Reseñan BOBEK y KOSAŘ[363] que este sistema fue planteado a los países de Europa Central y del Este, los cuales tenían una mayor influencia jurídica en el derecho alemán y austríaco[364], transformándose en el modelo dominante, ofreciendo resultados poco óptimos. Esta imposición ha llevado a un escenario donde, combinadas con el deterioro de otras instituciones, las reformas basadas en el modelo europeo son hoy objeto de severas críticas

---

363 BOBEK M. y KOSAŘ D. "Global Solutions, Local Damages: A Critical Study in Judicial Councils in Central and Eastern Europe". Op. Cit., pp. 1274 y 1282.

364 En contraste debe situarse la República Checa. Pone de relieve KÜHN Z. "Judicial Independence in central-eastern Europe: The experience f the 1990s and 2000s", *The Lawyer Quarterly*, n. 1, 2011, pp. 31-42, esp. pp. 33-34, que las diferentes élites, tanto políticas como judiciales, rechazaron la creación de un consejo nacional de la judicatura, en base a la tradición histórica de la administración judicial checa. En el país centroeuropeo, corresponde al Ministerio de Justicia el gobierno de la justicia, efectuando las tareas de selección de candidatos judiciales y sanción de los mismos. Los jueces y magistrados actúan como representantes del Ministerio de Justicia, quien aúna en su poder gran parte del judicial, careciendo de una debida separación de poderes. El autor señala que el modelo adoptado básicamente se basa en un carácter histórico. Su valor inherente nace exclusivamente de la antigüedad y su prexistencia al régimen comunista.

ciudadanas y han generado algunos de los índices más bajos de confianza pública en la independencia judicial en Europa. Esto es, como señalan los autores citados, la adopción del modelo en los diferentes Estados suponía el cumplimiento de una misión que cerraba el capítulo de tareas a llevar a cabo, pero realmente suponía el inicio de diferentes problemáticas.

Sin embargo, esto no significa que el modelo europeo sea intrínsecamente defectuoso o que esté destinado a fracasar en los Estados que adopten sus principios. El núcleo del problema radica en que este euro-modelo no es, en realidad, un modelo europeo en sentido amplio, sino una adaptación directa del modelo italiano. Como tal, resulta plenamente operativo dentro del marco jurídico de Italia, donde encuentra un entorno favorable gracias a elementos como la promoción por antigüedad, la participación de los presidentes de tribunal en la distribución de asuntos entre salas, un sistema disciplinario específico, un modelo de designación parlamentaria legitimado en la soberanía popular, y una tradición histórica que respalda esta configuración. Sin embargo, estas características que garantizan su funcionalidad en Italia no son necesariamente trasladables a otras jurisdicciones, particularmente aquellas que poseen tradiciones judiciales marcadamente diferentes, como los países del norte de Europa o las exrepúblicas soviéticas[365].

Resulta evidente la imposibilidad de adaptar un único modelo a nivel europeo. Las propias características de los modelos socio-político y judiciales de cada Estado crean un conjunto de peculiaridades que dificultan la homogenización. La experiencia

---

365 Manifiesta PIANA, D. *Judicial Accountabilities in New Europe From Rule of Law to Quality of Justice.* Londres, Routledge, 2010, pp. 162-163, que en países post-comunistas, que el efecto derivado de la implantación del euro-modelo fue una consolidación de la distribución de poder entre diferentes agentes, quienes fueron incrementando el mismo de manera significativa, en detrimento de otros órganos existentes.

de los Estados que han adaptado su Consejo a este modelo europeísta no han sido positivas, lo que ha generado una negativa valoración ciudadana acerca de su Consejo y de la independencia judicial. Esto contrasta con la percepción más positiva asociada a otros modelos existentes. Empero, ¿las dificultades que genera este sistema radican en el propio euro-modelo o es una cuestión que trasciende al propio órgano y se instala en la sociedad, crítica con los diferentes órganos constitucionales? La respuesta a esta pregunta es más complicada.

Aunque es cierto que el modelo europeísta presenta carencias estructurales, también lo es que las dinámicas sociales en los países del Sur y Este de Europa tienden a ser más críticas con sus instituciones y gobiernos que en el Norte. En estos últimos, las sociedades tienden a mostrar mayor confianza en sus representantes legales y en el statu quo, lo que se traduce en menores tasas de corrupción y una percepción más favorable de la independencia judicial. Estas diferencias culturales y sociales dificultan evaluar la viabilidad de un modelo como el europeo exclusivamente en función de las percepciones ciudadanas, ya que estas están moldeadas por contextos profundamente distintos. Es, en última instancia, dentro de Italia donde el euromodelo encuentra su verdadero marco de operatividad, pues es ahí donde surgió y donde Bruselas tomó inspiración para su promoción. En otros Estados, aunque el sistema italiano ha influido significativamente, existen notables diferencias que alteran el modelo en su aplicación práctica, ya sea en las funciones asignadas al Consejo o en los procedimientos de designación de sus miembros. Un ejemplo claro es el caso español, que presenta divergencias sustantivas respecto al modelo europeo teórico.

El sistema propuesto desde la Comisión no puede, ni debe, catalogarse como la panacea para los problemas que aquejan a los Consejos Judiciales en el continente. Se trata de un modelo con notables deficiencias, pero que ha sido impulsado, en ocasiones, con una retórica que recuerda a estrategias de marketing, más que a un análisis jurídico riguroso. No obstante, sería un error rechazarlo de manera automática, ya que el modelo también ofrece ventajas importantes que podrían hacerlo viable, particularmente en una perspectiva de medio a largo plazo. Su capacidad para dotar a los Consejos de facultades que refuercen su autonomía y promuevan una mejora estructural del Poder Judicial es un aspecto que no debe ser desestimado.

Para que estos órganos puedan desempeñar sus facultades de manera autónoma y correcta, ha de garantizarse que la elección de sus miembros se realiza de una forma ajena a posibles intereses espurios, y que los propios vocales nominados actúen bajo una premisa común y no intereses personales o ajenos al poder judicial. Es en este punto donde el sistema de selección de vocales contemplado en el euro-modelo suscita controversias. La elección de jueces por sus propios pares introduce un modelo de autogobernanza judicial, en el cual el corporativismo inherente a la carrera judicial puede comprometer las funciones del Consejo de forma tan problemática como lo haría una elección parlamentaria. Este sistema podría parecer idóneo, pues permite que magistrados con mayor experiencia aporten un enfoque más capacitado a la administración de justicia. Sin embargo, plantea importantes discrepancias en Estados que atraviesan transiciones democráticas o cuentan con democracias jóvenes. En estos contextos, los magistrados con más años en la carrera judicial suelen estar ligados a valores heredados de sistemas autoritarios o no democráticos, lo que puede derivar en un control de la justicia por las categorías superiores que resulte opresivo y contrario a los principios fundacionales del Consejo Judicial[366].

---

366 En tal cuestión, Bobek M. y Kosař D. "Global Solutions, Local Damages: A Critical Study in Judicial Councils in Central and Eastern Europe". Op. Cit., p. 128, ponen de relieve la situación acaecida en las antiguas repúblicas soviéticas. Los jueces que ejercieron durante el régimen comunista fueron herederos de su ideología y, por tanto, al ser quienes más años de experiencia tienen, su inclusión en el Consejo como vocales es evidente. Empero, sus valores eran contrarios a un

Por esta razón, es evidente que el euro-modelo no puede considerarse un sistema universalmente aplicable a menos que se establezcan sólidos mecanismos de pesos y contrapesos que limiten el poder concedido a los propios jueces. Su integración en un Estado debe de hacerse cuando haya podido darse un asentamiento democrático, en el cual las categorías más antiguas de jueces y magistrados ya hayan sido renovadas o absorbidas por una cultura democrática sólida. Solo así se podrá prevenir que las reformas constitucionales sean revertidas o distorsionadas por valores anacrónicos. No obstante, esta circunstancia no se ha materializado en muchos Estados donde el euro-modelo ha sido implantado.

El diseño del euro-modelo nació como una respuesta para minimizar las influencias del poder ejecutivo sobre el judicial, pero en muchos de los Estados donde se ha implementado ha resultado en efectos contrarios, e incluso más perjudiciales. En tales casos, los tres poderes del Estado han interferido en el funcionamiento independiente del Consejo Judicial. El poder ejecutivo y el legislativo han ejercido esta influencia mediante la designación de vocales laicos que responden a afinidades ideológicas, mientras que los vocales judiciales han utilizado su posición para instrumentalizar la estructura del Consejo en beneficio propio, incluso oprimiendo a otros poderes.

---

sistema democrático, significando que este sistema de elección de los vocales puede generar un Consejo contrario a los intereses que constitucionalmente le han sido asignados. En la misma línea se sitúa KÜHN, Z "The Democratization and Modernization of Post-communist Judiciaries", en A. Febbrajo (Ed.) y W. Sadurski (Ed.), *Central and Eastern Europe after transition*, Londres, Routledge, 2010, pp. 177-200, esp. p. 181, quien aplica una pirámide inversa, en la cual, "cuanto más alto se va en la estructura del poder judicial, mayor es el porcentaje de ex-comunistas". Esta misma situación acaeció en el primer Consejo, en el cual, los vocales judiciales, quienes prácticamente la totalidad habían ejercido sus funciones durante la dictadura franquista, generando un clima de oposición contra el Gobierno de la Nación.

Es innegable que este modelo europeo, originalmente diseñado para operar en un solo Estado, Italia, fue promovido como una solución generalizada en virtud del proceso de europeización. Sin embargo, dicha promoción respondió más a la necesidad política de cumplir con ciertas expectativas del europeísmo que a una reflexión profunda sobre su idoneidad para ser adoptado en contextos nacionales heterogéneos. Este intento de "pasar del cero a cien" de manera apresurada ha dejado insatisfechos a muchos Estados que lo han asumido, y no por defectos inherentes al modelo en sí mismo, sino porque su diseño no puede calificarse como global ni aplicable sin matices en todos los países de la Unión Europea. Para que su implementación sea efectiva y sostenible, el poder judicial de cada Estado debe ser previamente reformado, con miras a erradicar patrones que desvirtúen los objetivos fundamentales del Consejo.

En última instancia, el euro-modelo refleja un diseño deficiente de Consejo Judicial, nacido bajo las presiones de un acelerado proceso de europeización. Esta precipitación ha generado adaptaciones inestables que, a su vez, han provocado descontento social hacia el poder judicial y han alimentado el escepticismo en torno al modelo mismo. Como consecuencia, las inquietudes derivadas de su implementación han llevado a plantear alternativas que podrían significar un retroceso en la protección de la independencia judicial. Entre estas opciones se encuentran modelos como el *Court Service* o el retorno al Ministerio de Justicia como órgano rector de la administración de justicia, soluciones que pondrían en riesgo las salvaguardias que protegen a los jueces de las influencias políticas[367].

---

367 En esta opinión se sitúa CASTILLO ORTIZ, P. "The politics of implementation of the judicial council model in Europe". Op. Cit., pp. 515-516.

4. MODELOS DE GOBIERNO JUDICIAL EN LOS DIFERENTES ESTADOS MIEMBROS

El presente apartado tiene como objetivo realizar un análisis comparativo de los modelos de Consejos de la Judicatura a nivel internacional. Para ello, se han seleccionado una serie de países representativos, entre los que se incluyen Bélgica, Bulgaria, Canadá, Croacia, Chipre, Dinamarca, Escocia, Eslovaquia, Eslovenia, Finlandia, Francia, Grecia, Hungría, Inglaterra y Gales, Irlanda, Irlanda del Norte, Italia, Letonia, Lituania, Luxemburgo, Macedonia, Malta, Países Bajos, Polonia, Portugal y Rumanía. Esta selección ha sido realizada con el fin de ofrecer una visión exhaustiva y matizada de los diversos modelos de Consejo Judicial, abarcando tanto aquellos que operan como sistemas de *Court Service*, con un enfoque administrativo, como aquellos que cuentan con una estructura más autónoma, con atribuciones judiciales propias. En particular, los Consejos que pueden considerarse auténticos "Consejos Judiciales" surgen en contextos políticos muy diversos, pero comparten un propósito fundamental: garantizar la independencia judicial y asegurar la separación de poderes, principios esenciales en la consolidación de la democracia. Este rasgo común resulta particularmente relevante en las democracias emergentes de la tercera ola democratizadora, como las de España y Portugal, y en los países que consolidaron sus instituciones judiciales tras la cuarta ola democratizadora, incluidas diversas repúblicas exsoviéticas. Por otro lado, los Estados que adoptaron modelos más cercanos a la figura del *Court Service* corresponden a democracias más consolidadas, que no han sufrido recientemente procesos autoritarios, como sucede en países como Dinamarca, el Reino Unido o Canadá[368]. El estudio abarcará una serie de paráme-

---

368 CASAL OUBIÑA, D. "La política de los jueces: el gobierno del poder judicial en los sistemas políticos. Un estudio del modelo de Consejos". Op. Cit., p. 44.

tros clave para cada uno de estos órganos de gobierno judicial, como su origen y evolución, los objetivos fundamentales que persiguen, su composición interna, el mecanismo de selección de sus miembros, la duración de sus mandatos, sus competencias específicas y el grado de alineación o divergencia con el llamado "euro-modelo". A través de este análisis, se pretende ofrecer una comprensión integral de las características estructurales y funcionales de los Consejos Judiciales, así como de los distintos enfoques adoptados en el contexto europeo para promover la independencia y eficiencia del poder judicial.

4.1 Bélgica: *Hoge Raad voor de Justitie*

El Consejo General de la judicatura de Bélgica, conocido en francés como *Conseil Supérieur de la Justice* y en neerlandés flamenco como *Hoge Raad voor de Justitie,* encuentra su regulación en el artículo 151.2 de la Constitución de 1831. Este órgano ejerce su potestad en todo el territorio belga, sin verse afectado por la división política entre las regiones de Valonia, Flandes y Bruselas-Capital. La Constitución establece claramente su función principal: garantizar la independencia de jueces y magistrados. Este Consejo fue concebido como un instrumento para incrementar la confianza de la población en el sistema judicial belga, siendo formalmente implementado por la ley del 20 de noviembre de 1998, aunque su operatividad no comenzó sino hasta dos años después, lo que lo convierte en un órgano relativamente reciente. Su integración en la Constitución del Bélgica le otorga una especial protección, convirtiéndolo en una institución independiente de los restantes poderes del Estado y con autonomía suficiente para cumplir su cometido. Su estructura, objetivos, funciones y mecanismos de designación están regulados conjuntamente por el artículo 259bis del Código Judicial y las disposiciones constitucionales pertinentes.

Ante la notable diversidad social y cultural del país, el Consejo se organiza en dos colegios lingüísticos, uno de habla francesa y otro de habla flamenca, que aseguran una representación equitativa de las comunidades. Cada colegio cuenta con un número igual de miembros, resultando en un total de 44 vocales, cuyo mandato es de cuatro años, prorrogable una vez. De estos, 22 son miembros judiciales elegidos por sus pares, mientras que los otros 22 son miembros no judiciales designados por el Senado mediante una mayoría cualificada de dos tercios. Entre los miembros no judiciales deben incluirse al menos cuatro abogados con una década de experiencia profesional, tres profesores universitarios o académicos con al menos diez años de ejercicio, y cuatro profesionales con un título universitario o equivalente y una trayectoria relevante de diez años. Esta configuración asegura una representación equilibrada entre integrantes de la carrera judicial y de otros sectores, aunque no cumple estrictamente con los postulados del euro-modelo, que favorecen una preponderancia judicial. La presidencia del Consejo es rotativa, recayendo cada año en uno de los cuatro miembros que integran la "oficina" o núcleo ejecutivo del órgano, quienes son los únicos en desempeñar sus funciones a tiempo completo.

Entre sus funciones más destacadas se encuentra la relativa a los nombramientos judiciales. El Consejo supervisa el acceso a las categorías de juez y fiscal, admitiendo a quienes superen las pruebas selectivas conforme a la normativa belga. Asimismo, propone candidatos para los cargos de juez, fiscal, presidente de tribunal o fiscal jefe. Sin embargo, el nombramiento definitivo de estos candidatos corresponde al monarca, quien puede rechazar las propuestas dentro de un plazo de 60 días mediante una decisión motivada, tras lo cual el Consejo debe proponer un nuevo candidato. Si el segundo candidato también fuera rechazado, se reabre el procedimiento de nominación. Esta facultad se complementa con la elaboración de perfiles generales para los presidentes de tribunales y fiscales jefes, asegurando la selección basada en los principios de mérito y capacidad. En materia de formación, el Consejo establece directrices generales para la capacitación continua de jueces y magistrados, asegurando su actualización profesional. También gestiona su propio presupuesto, manteniendo autonomía financiera, aunque está obligado a remitir un informe anual al Parlamento, detallando, entre otros aspectos, su ejecución presupuestaria. Además, desempeña un rol consultivo en relación con propuestas legislativas que impacten la organización o funcionamiento del poder judicial, emitiendo recomendaciones, opiniones y asesoramientos técnicos.

Una de las competencias más singulares del Consejo es la supervisión del funcionamiento interno del sistema judicial, así como la recepción y seguimiento de quejas ciudadanas. No obstante, a diferencia del euro-modelo, el Consejo belga carece de facultades disciplinarias, limitándose a informar a la autoridad correspondiente sobre las posibles infracciones, en aras de mantener su imparcialidad y evitar interferencias en los procesos sancionadores. En 2012, el Consejo elaboró un código de conducta para jueces y magistrados titulado "Guía para los magistrados: principios, valores y cualidades", inspirado en las directrices de la Red Europea de Consejos de Justicia (RECJ/ENCJ), con el fin de promover estándares éticos en la judicatura.

Tras esta breve introducción del modelo belga, ¿qué conclusiones pueden llevarse a cabo? Es interesante cómo el legislador constitucional, en un estado plural, con dos regiones totalmente diferenciadas, ha creado una división en dos colegios lingüísticos para favorecer la representación paritaria de ambas zonas de Bélgica, muy diferenciadas en cuanto a ideología y lengua. No difiere con sus homólogos europeos en materia competencial ni en modelo de designación de sus miembros. Si bien es cierto, no cumple con la totalidad de los requisitos exigidos desde la Comisión Europea. El Consejo Belga establece una paridad entre miembros judiciales y miembros no judiciales, mientras que el euro-modelo se muestra partidario de la existencia de un mayor número de los primeros, aun cuando determina el límite mínimo en un cincuenta por ciento del total, significando un cumplimiento del sistema belga con el modelo europeo. Mayores discrepancias se observan en materia de autonomía del órgano. Se observa una amplia intervención del monarca en el nombramiento de los jueces, cuestión que puede influir en la independencia de la carrera judicial y de su órgano de gobierno. Esta es la cuestión por la que, acertadamente, el Consejo belga carece de facultad para imponer sanciones disciplinarias a los jueces, en aras de evitar que las mismas puedan caer en otros poderes estatales.

Se observa de esta forma un Consejo adaptado al contexto histórico y político belga, marcado por el bilingüismo y el federalismo, que ha venido siendo legislado conforme las experiencias previas de otros sistemas de gobierno. Al fundarse en el año 1998, los legisladores constitucionales habían observado el funcionamiento de otros modelos, como el francés o el italiano, de los cuales obtuvo una amplia influencia, corrigiendo aquellas cuestiones que, conforme las necesidades del pueblo belga, le permitían adaptar este nuevo modelo. Representa de esta forma una adaptación exitosa del euro-modelo a las particularidades del contexto belga, ofreciendo un modelo muy similar al de sus homólogos europeos en materia de designación de sus vocales y funciones.

4.2 Bulgaria: *ВИСШ СЪДЕБЕН СЪВЕТ*

El Consejo Supremo Judicial de Bulgaria, denominado en búlgaro Висш съдебен съвет[369], es un órgano de carácter administrativo, cuya función es la organización y gobierno del Poder Judicial en el país. Tiene su origen en la Constitución de Bulgaria de 12 de julio de 1991, en los artículos 130-133, naciendo su primer mandato en fecha de 27 de septiembre de 1991. Como órgano de carácter permanente, sus principales facultades por las cuales se originó radican en la representación del poder judicial, asegurando y defendiendo

---

[369] Página web: https://vss.justice.bg/

la independencia de sus miembros. Es un órgano que ha venido siendo modificado conforme las enmiendas a la Constitución y a la Ley del Sistema Judicial, normativas que regulan su estructura y actividad. De esta forma, se articula un modelo que actuará bajo los principios de legalidad, independencia, proporcionalidad, autenticidad, igualdad, autonomía, accesibilidad, publicidad y transparencia, consistencia y previsibilidad.

En cuanto a la composición del Consejo, son 25 los miembros que integran la cámara, divido a su vez en dos colegios, el de jueces y el de fiscales, elegidos entre profesionales del derecho con una reconocida experiencia durante, al menos, quince años de práctica. La duración del mandado varía conforme el tipo de miembro, diferenciándose entre electos y natos. Respecto a los miembros electos, su mandato tiene una duración de cinco años, con la imposibilidad de ser reelegidos para mandatos consecutivos, aunque sí para posteriores. Por su parte, los miembros natos, consistentes en el Presidente del Tribunal Supremo de Casación, el Presidente del Tribunal Supremo Administrativo y el Fiscal General, ostentan un mandato de siete años. Estos últimos son designados por el Presidente de la República a propuesta del Consejo y actúan como miembros *ex officio*. La elección de los 22 vocales se lleva a cabo a través de dos procedimientos Por un lado, la Asamblea Nacional selecciona a la mitad de estos vocales, concretamente a seis miembros del colegio de jueces y cinco del colegio de fiscales, a través de una votación parlamentaria. Por otro lado, los restantes vocales, consistentes en seis miembros del colegio de jueces y cinco del colegio de fiscales, son elegidos por sus pares: jueces y fiscales, respectivamente. De estos últimos, un fiscal adicional es seleccionado específicamente por los "magistrados investigadores". En este esquema, se observa que catorce de los veinticinco miembros del Consejo pertenecen a la carrera judicial; sin embargo, no todos son elegidos exclusivamente por sus pares, pues la mitad proviene de elecciones realizadas por el Parlamento. En cuanto a la presidencia, esta será desarrollada a través del Ministerio de

Justicia, quien no ostentará derecho a voto para garantizar mayormente la autonomía del órgano. La presidencia del Consejo recae en el Ministerio de Justicia, aunque este no posee derecho a voto, una disposición que busca garantizar la autonomía del órgano. Este diseño institucional cumple con los requisitos mínimos establecidos por el euro-modelo, siendo el sistema italiano la principal referencia para su desarrollo, característica compartida con otros países del Este de Europa.

En lo que respecta a las competencias del Consejo, estas se asemejan a las atribuciones de otros órganos basados en el modelo italiano. La función primordial del Consejo es la representación del Poder Judicial, garantizando la independencia de sus miembros y asegurando la adecuada organización del trabajo de tribunales, fiscalías y órganos de investigación. Además, le corresponde gestionar los recursos financieros y técnicos necesarios para el funcionamiento del sistema judicial, sin interferir en la implementación de sus decisiones. Entre sus principales facultades destacan: (a) el nombramiento, asignación, traslado y promoción de jueces; (b) la participación activa en la formación judicial, con cinco vocales formando parte de la junta directiva del Instituto Nacional de Justicia, encargados de coordinar los programas de estudio y los recursos requeridos; (c) la investigación y adopción de sanciones disciplinarias que incluyan el descenso de categoría y la expulsión del servicio; (d) la emisión de informes sobre anteproyectos de leyes que afecten al Poder Judicial y al estatuto de los jueces; (e) la autonomía presupuestaria para establecer y gestionar las cuentas del sistema judicial, en coordinación con otros órganos, como el Tribunal Supremo de Casación y el Tribunal Supremo Administrativo; y (f) la promoción de la ética judicial.

El Consejo Supremo de la Magistratura de Bulgaria se concibe como una adaptación más del modelo italiano y, por extensión, del euro-modelo, ajustada al contexto histórico búlgaro, que estuvo bajo influencia soviética hasta 1990. Al igual que otras exrepúblicas soviéticas (tener en cuenta que Bulgaria no se integró en la URSS, pero si vivió bajo su influencia en una propia república comunista), se procedió a adoptar un modelo similar al de Italia, en aras de evitar que el Poder Ejecutivo pudiese extenderse más allá de sus propios límites, controlando a jueces y magistrados, evitando simultáneamente que una autonomía total del Poder Judicial le pudiese llevar a convertirse en un modelo autocrático. Un sistema de pesos y contrapesos, en el cual el presente órgano constitucional se convierte en un sistema bicéfalo, representativo en su composición de la carrera judicial y fiscal, pero a su vez de la soberanía popular, extirpando del Ministerio de Justicia funciones relativas a la organización del Poder Judicial.

4.3 Croacia: *Državno sudbeno vijeće*

El estado balcánico de Croacia, conocido como Državno sudbeno vijeće, fue establecido en 1993, conforme al artículo 124 de la Constitución y el segundo artículo de la Ley del Consejo Judicial del Estado. Este órgano, autónomo y soberano, tiene como misión garantizar la independencia del Poder Judicial en la República de Croacia. Desde su creación, sus competencias han sufrido variaciones, incluyendo la eliminación de atribuciones como el nombramiento y reasignación de fiscales, la potestad sancionadora o la función presupuestaria.

En relación a su composición, el órgano de gobierno de la judicatura de Croacia está compuesta por, exclusivamente, once miembros, consistentes en siete jueces (quienes pueden dividirse en dos jueces del Tribunal Supremo de la República de Croacia, dos jueces de tribunales de condado, dos jueces de tribunales municipales, un juez de un tribunal especializado), elegidos por sus pares; dos profesores universitarios de derechos, elegidos igualmente por los restantes profesores universitarios de derecho a propuesta de las facultades de derecho; y dos parlamentarios elegidos por el Parlamento, debiendo uno ser elegido por la oposición parlamentaria al gobierno de la nación. La presidencia del Consejo recae en uno de los jueces, seleccionado mediante votación secreta entre los miembros. El mandato tiene una duración de cuatro años, con posibilidad de reelección para un segundo periodo. Es importante destacar que los miembros no ejercen sus funciones a tiempo completo en el Consejo, sino que compaginan su labor con sus respectivas actividades profesionales, aunque con una carga reducida.

En cuanto al ámbito competencial del Consejo, el órgano no difiere en cuanto a su ámbito de facultades de los diferentes Consejos judiciales, pues la gran mayoría de ellos tienen la base en el modelo italiano. De esta forma, podría señalarse que la principal función del órgano se entronca dentro del ámbito de la carrera judicial, incluyendo el nombramiento y destitución de jueces y presidentes de tribunales, así como la reasignación, traslado, formación y evaluación de los miembros de la carrera judicial, materias igualmente aplicables al ámbito de los fiscales. La formación judicial se concreta como una trascendente actuación en el seno del órgano, aun cuando no ostenta la capacidad total sobre la misma. Esto es, el Consejo participa en la formación y desarrollo profesional de los jueces y fiscales, pero su actuación siempre estará supeditada a la Academia Judicial, institución pública fundada por el Gobierno, y que actúa de manera independiente. Sin embargo, su capacidad en materia disciplinaria es limitada, pues no puede iniciar procedimientos disciplinarios de oficio, sino que estos deben ser solicitados por autoridades específicas, como el presidente del tribunal donde ejerce el juez implicado o el ministro de justicia. Asimismo, el Consejo carece de competencias para atender quejas ciudadanas sobre el comportamiento de jueces o revisar de oficio su labor jurisdiccional. Se observa así un órgano con competencias disciplinarias limitadas en la materia.

Incide así el Consejo en un conjunto de funciones muy variadas, como la información previa sobre nuevos cuerpos legales, representación del poder judicial, la capacidad presupuestaria, y especialmente, la consolidación de la ética judicial. Se observa cómo, en todas las democracias jóvenes, el Consejo Judicial redunda en la necesidad de cumplir un Código de ética dentro de la carrera judicial. Legitima así a cualquier persona a "señalar" a aquellos jueces que su actuación sea contraria a las disposiciones del Código. Para ello, el Consejo creará una audiencia, permitiendo la contradicción del juez, en aras de poder entender que ha ocasionado una infracción del Código, interviniendo en la queja los presidentes de los diferentes tribunales y salas de gobierno o consejos de jueces de toda la República de Croacia.

En relación a si el modelo de Croacia cumple con los estándares del euro-modelo, la respuesta es positiva. Al tener su base en el modelo italiano, eje vertebrador del euro-modelo, el Consejo Judicial Estatal mantiene, en gran parte, con los requisitos establecidos por Bruselas. Se observa una elección de los jueces por sus propios pares, así como un número mayoritario de estos dentro del órgano, lo que supone un efectivo cumplimiento con las recomendaciones. En cuanto a materia competencial, igualmente el Consejo sirve para expulsar al Ministerio de justicia y Gobierno de las tareas de gobierno del poder judicial a través de un conjunto de facultades recogidas por el euro-modelo. Podría así señalarse que el *Državno sudbeno vijeće* es una correcta adaptación del sistema europeo considerando las propias peculiaridades político-sociales-jurídicas del país.

4.4 Chipre: *ΑΝΩΤΑΤΟ ΔΙΚΑΣΤΙΚΟ ΣΥΜΒΟΥΛΙΟ*

La isla de Chipre dispone del Consejo Supremo Judicial, denominado en griego como ΑΝΩΤΑΤΟ ΔΙΚΑΣΤΙΚΟ ΣΥΜΒΟΥΛΙΟ. Instaurado e por la Constitución de la República entró en funcionamiento el 1 de julio de 2023 como un órgano de carácter constitucional. Su propósito es ejercer una responsabilidad exclusiva sobre cuestiones fundamentales relacionadas con la judicatura, tales como la designación, promoción, traslado, cese, despido y procedimientos disciplinarios aplicables tanto a los jueces del Tribunal de Apelaciones como a los jueces de los tribunales de primera instancia. Sin embargo, este órgano no goza de plena autonomía, ya que el artículo 157.1 de la Constitución establece que el Consejo Supremo Judicial está integrado en el Tribunal Supremo, lo que implica que las funciones de gobierno de la judicatura recaen sobre un órgano judicial, limitando significativamente la independencia de este consejo. Su regulación se encuentra en la Ley 33/64 de Administración de Justicia y en el Reglamento del Consejo Judicial Supremo.

En cuanto a la composición del órgano, está conformado por siete magistrados del Tribunal Supremo, el Fiscal General, el Presidente de la Asociación de Abogados de Chipre y dos abogados de reconocido prestigio. Estos últimos participan únicamente con carácter simbólico, ya que no poseen derecho a voto, por lo que la influencia efectiva en la toma de decisiones recae exclusivamente en los magistrados del Tribunal Supremo. Los integrantes del Consejo desempeñan sus funciones de forma simultánea a sus responsabilidades como magistrados o fiscales, extendiéndose su mandato desde el momento de su nombramiento hasta su jubilación.

Respecto a sus competencias, la Constitución de Chipre le ha otorgado una serie de facultades que no distan con los modelos ya analizados. De esta forma, regula la carrera de jueces, ostentando la responsabilidad exclusiva de las competencias que incluyen el nombramiento, promoción, traslado, cese, despido y acciones disciplinarias de los jueces del Tribunal de Apelaciones y los jueces de los tribunales de primera instancia. Para acceder al cargo de juez de distrito, el Consejo debe valorar la alta moralidad del candidato, además de exigir una experiencia mínima de seis años en la abogacía. Este requisito se incrementa a diez años para quienes aspiren al cargo de presidente del Tribunal de Distrito, incluyendo servicio previo en un puesto judicial. Sin embargo, la evaluación de la moralidad del candidato introduce un alto grado de subjetividad en el proceso de selección, lo cual resulta incompatible con los estándares de transparencia y objetividad que caracterizan a los consejos judiciales modernos. En consecuencia, el Tribunal Supremo concentra un poder significativo, que puede ser percibido como autocrático, carente de responsabilidad y con un control mínimo, salvo la posibilidad de revisión de sus actos por el Tribunal Constitucional. Además, el Consejo Supremo Judicial ejerce competencias en formación y disciplina judicial, aunque estas funciones están directamente influenciadas por la integración del Consejo en el Tribunal Supremo.

Desde una perspectiva crítica, el modelo judicial chipriota presenta serias deficiencias y se aparta de los estándares exigidos por las instituciones europeas. La fusión entre el Consejo y el Tribunal Supremo suscita preocupaciones sobre su independencia y efectividad. Aunque se evita la interferencia del poder ejecutivo y legislativo en el gobierno de la justicia, este se transfiere a un reducido grupo dentro del ámbito judicial que detenta amplias facultades, especialmente en los nombramientos y en cuestiones disciplinarias, consolidando un control casi absoluto sobre el sistema judicial. La elección de los vocales judiciales por el propio órgano para cubrir vacantes evidencia un notable corporativismo en las altas instancias de la judicatura, comprometiendo la autonomía del Consejo. Los demás integrantes, al carecer de derecho a voto, no ejercen una influencia real, lo que disminuye la legitimidad democrática del órgano. Además, el carácter vitalicio del cargo, hasta la jubilación, contradice los principios democráticos en la gobernanza de los órganos judiciales, reforzando la perpetuación de un modelo corporativista que limita la transparencia y la rendición de cuentas. Por último, las competencias del Consejo están profundamente condicionadas por su subordinación al Tribunal Supremo, lo que impide una auténtica separación de poderes dentro de la administración de justicia.

4.5 Dinamarca: Domstolsstyrelsen

La Administración Judicial Danesa, conocida en su lengua original como *Domstolsstyrelsen*, se estableció en julio de 1999 como una institución autónoma destinada a garantizar la independencia organizativa del poder judicial en Dinamarca. Este avance se logró mediante la creación tanto de la Administración Judicial Danesa como del Consejo de Nombramientos Judiciales, en respuesta a un prolongado debate sobre la idoneidad de que el Ministerio de Justicia gestionara los tribunales y nombrara a los jueces. Tras el informe de un comité judicial y el consenso alcanzado en el parlamento, se decidió desvincular al poder judicial de la influencia del Ministerio de Justicia, fortaleciendo su autonomía organizativa y dotando al proceso de selección de jueces de mayor transparencia y apertura.

La función primordial de la Administración Judicial Danesa consiste en gestionar la administración del poder judicial, lo que incluye la asignación de fondos, la administración de los edificios judiciales y la gestión de los recursos materiales y personales necesarios para su funcionamiento. Esta reestructuración eliminó las competencias administrativas del Ministerio de Justicia en relación con el sistema judicial. La separación entre este órgano administrativo de la justicia y el departamento ministerial no ha sido absoluta, puesto que, aun cuando este último carece de facultades para dictar instrucciones o influir directamente en las decisiones de la Administración Judicial, se mantiene una cierta conexión práctica y administrativa entre ellos. Empero, la propia estructuración de esta institución obedece a la manifestación de la búsqueda de independencia organizativa de los tribunales en relación a sus homólogos poderes estatales, a pesar de no existir prueba alguna de la afectación a la independencia judicial en el modelo anterior. A diferencia de restantes Consejos de la judicatura, la presente institución no tiene su base en la constitución danesa, sino que su estatus viene definido por la Ley de la Administración Judicial Danesa del 26 de junio de 1998.

En cuanto a su composición, el órgano rector, denominado Consejo de Gobernadores, está integrado por 11 miembros con mandatos de cuatro años, renovables. Exceptuando al Director General, encargado de la gestión diaria de la Administración

Judicial Danesa, los miembros del Consejo no desempeñan sus funciones a tiempo completo. Ocho de los once miembros son representantes de los tribunales, de los cuales cinco deben ser jueces en ejercicio. Los tres restantes son un abogado y dos expertos en gestión y asuntos sociales. La designación de estos miembros sigue un proceso diversificado: los jueces son seleccionados por sus propios pares, aunque su nombramiento requiere la validación del parlamento, mientras que los restantes miembros son propuestos por diversas asociaciones sociales, colegios de abogados y universidades[370]. Ente modelo conlleva que el poder legislativo vea limitada su facultad en el modelo de designación de los vocales, al tener un grado de participación exclusivamente enfocado en la validación de aquellos propuestos por los propios jueces.

Respecto a sus competencias, la Administración Judicial Danesa presenta características que le distinguen de otros modelos europeos. Sus funciones son marcadamente administrativas, situándola más cerca de los *Courts Services* que de los consejos judiciales tradicionales. Carece de competencias en el nombramiento de jueces y magistrados, función que corresponde al monarca como jefe de Estado, actuando a propuesta del Ministerio de Justicia. Se observa aquí una amplia intromisión en tal trascendente función, en la cual un departamento perteneciente al poder ejecutivo proponer el nombramiento de los miembros de la carrera judicial. En esta cuestión surge con importancia el ya citado organismo Consejo judicial de nombramientos, quien asesora al Ministerio al desarrollo de tales funciones, interviniendo igualmente la Administración Judicial Danesa en forma de secretaría de este órgano. Los jueces suplentes son graduados en derecho que acaban de acabar sus estudios en la facultad o disponen de varios años de experiencia, siendo "reclutados" por esta institución.

---

370 Casal Oubiña, D. "La política de los jueces: el gobierno del poder judicial en los sistemas políticos. Un estudio del modelo de Consejos". Op. Cit., p. 41.

En relación a las restantes funciones, este Consejo dispone de la facultad de la formación de todos los miembros de la carrera judicial, sin importar la categoría que disponga, realizando un catálogo anual de actividades formativas que se van a celebrar. En materia legislativa, este órgano participa en la preparación de anteproyectos de leyes, realiza informes legales y propuestas. Desde un prisma negativo, carece de competencias en materia disciplinaria, recayendo la misma en los órganos internos dentro del poder judicial y en el Ministerio de Justicia. Una de sus responsabilidades más relevantes es su participación en la negociación del presupuesto anual destinado al sistema de justicia, aspecto crucial para garantizar un funcionamiento eficiente del mismo.

El modelo danés, al ser analizado críticamente, presenta una evidente desconexión respecto a las directrices emanadas de Bruselas. En primer lugar, partiendo de la composición del órgano, no existe un nombramiento de los jueces por los jueces en su totalidad, a pesar de ser denominado como sistema corporativista[371], puesto que interviene el parlamento, siendo este primer punto contrario al euro-modelo. En segundo lugar, no existe un mayor número de vocales judiciales, siendo únicamente cinco sobre 11, lo que genera que no exista tampoco paridad, aspecto igualmente que confronta con las recomendaciones europeas. Por último, sus facultades tampoco obedecen a las sugerencias de la Comisión Europea, siendo ampliamente más limitadas que las desarrolladas en el euro-modelo. Se parte de un órgano de gobierno muy restringido, enfocado en la mejora de la justicia, pero sin una gran intervención en el Poder Judicial, facultades que se dejan en manos del Ministerio. A pesar de estas diferencias, el sistema de justicia danés cuenta con un alto nivel de aceptación ciudadana. La percepción generalizada es que la justicia opera con independencia y sin interferencias externas, posicionando a Dinamarca como uno de los países con

---

371 Ídem, p. 41.

mayor confianza en su sistema judicial. Este éxito no se atribuye a la estructura del modelo, sino a las características sociales, culturales, jurídicas y políticas del país, que han consolidado un sólido estado de derecho basado en la igualdad y el respeto por las instituciones. Por tanto, aunque el modelo danés se aleje de las recomendaciones europeas, demuestra ser efectivo en su contexto particular, evidenciando que la eficacia de un sistema judicial no depende exclusivamente de su diseño institucional, sino también de un fuerte estado de derecho asentado[372], en el que prima la igualdad de todos los ciudadanos[373].

4.6 Eslovaquia: *Súdna rada Slovenskej republiky*

El Consejo Judicial de la República eslovaca, en eslovaco, Súdna rada Slovenskej republiky, tiene su origen en el informe la Misión de Expertos de la Comisión Europea y del Ministerio del Interior de Eslovaquia de noviembre de 1997. Este documento puso de manifiesto profundas deficiencias en el poder judicial del país, el cual dependía totalmente del poder ejecutivo, necesitándose una separación y creación de un órgano de autogobierno judicial. A consecuencia del mismo, se aprobó enmienda a la Constitución, entrando en vigor en fecha de 1 de junio de 2001, incorporando tanto el principio de independencia judicial como el reconocimiento del Consejo Judicial en el

---

[372] Tal y como se ha observado, los Estados que han venido adoptando un Consejo con un amplio ámbito competencial y un modelo de designación de los vocales judiciales corporativista, tienden a ser aquellos que, tras una época dictatorial, pretenden reforzar un conjunto de pesos y contrapesos para evitar que el poder ejecutivo pueda adueñarse del poder judicial y, por tanto, propiciar un uso abusivo de los instrumentos y poderes estatales.

[373] Es importante recordar aquí que el primer ministro de Dinamarca (*Statsminister*), tiene un ámbito de actuación *primus inter pares*, demostrando el compromiso social e igualitario que rige en la nación danesa.

artículo 141 de la Constitución. Dicho marco se complementó al año siguiente con la promulgación de la Ley n.º 185/2002, que regula específicamente la composición y competencias del Consejo Judicial de la República Eslovaca.

El órgano está integrado por un total de dieciocho miembros, con un mandato de cinco años, renovable por una vez más. Del total, nueve de sus vocales provienen de la carrera judicial y son elegidos por sus pares, tres son elegidos por el Parlamento (Consejo Nacional de la República Eslovaca), tres miembros por el gobierno, y los tres restantes son nominados por el Presidente de la República. Estos nueve vocales[374] son designados entre personas ajenas a la carrera judicial, lo que conlleva que el Consejo esté formado por un cincuenta por ciento de vocales judiciales, cumpliendo el mínimo que exige Europa. La idea de ello se enfoca en conseguir un Consejo conformado por representantes elegidos por los tres poderes del Estado, ofreciendo un máximo nivel de representatividad. El Presidente y el Vicepresidente, por su parte, son elegidos por los propios miembros del Consejo.

En materia competencial, esta puede dividirse en diferentes categorías. La primera de ellas, en relación a las funciones para el desarrollo de la carrera de jueces y fiscales, el Consejo emite una opinión sobre si un candidato a un cargo judicial cumple con los requisitos de idoneidad judicial, proponiendo al Presidente de la República los nombres de los candidatos para su nombramiento así como para su destitución. Igualmente, decide acerca de la asignación y traslado de jueces y magistrados. Aun cuando el Presidente de la República ejerce el nombramiento y cese del Presidente y Vicepresidente del Tribunal Supremo y del Tribunal

---

[374] Para poder ser designado como vocal por el Consejo Nacional, el Presidente o el Gobierno, se han de cumplir con un conjunto de requisitos, tales y como poseer titulación universitaria en derecho, experiencia en el ámbito jurista de quince años como mínimo, y ser una persona “intachable” en cuanto a la conducta.

Administrativo, los candidatos son propuestos por el Consejo. Igualmente, y en similares términos, recomienda a aquellos jueces que representarán al país en órganos judiciales internacionales. En segundo lugar, y en materia de formación judicial, elabora y aprueba el contenido de la formación judicial de los jueces, así como del temario de formación preparatoria de los candidatos al ejercicio de la labor jurisdiccional, eligiendo a los miembros que componen el Consejo de la Academia judicial, esto es, el organismo encargado de la impartición de tales materias. En tercer lugar, sus competencias disciplinarias son limitadas, restringiéndose a la selección de los miembros laicos que integran los órganos encargados de estas cuestiones. En cuarto lugar, el Consejo tiene la facultad de presentar propuestas legislativas al Ministerio de Justicia en relación con la organización del poder judicial, los procedimientos ante los tribunales y el estatuto de jueces y magistrados, además de emitir opiniones sobre proyectos de ley en estas materias. En quinto lugar, participa en la elaboración del borrador del presupuesto del poder judicial, aunque su intervención se reduce a la emisión de opiniones no vinculantes. En sexto lugar, asume la gestión y administración de los tribunales eslovacos. Por último, adopta medidas destinadas a fortalecer la confianza pública en el sistema judicial.

El modelo eslovaco refleja una aproximación significativa a los valores del euro-modelo, adoptado tras la caída del gobierno autocrático. En cuanto a la composición del órgano, que esta sea de carácter mixta y representativa de todas las ramas del Estado, proporciona un amplio balance. Igualmente, que los vocales judiciales conformen al menos un cincuenta por ciento de la cámara, y sean elegidos por sus pares, lleva a un amplio cumplimiento de los estándares europeos en la materia. En relación a sus competencias, aun cuando sería mayormente más interesante que los nombramientos les efectuaran directamente el Consejo, no es menos cierto que elige a la terna de candidatos que, posteriormente, son designados por el Presidente de la República, lo que lleva a que la capacidad discrecional de este último sea nula. En restantes facultades, como formación judicial, emisión de informes sobre proyectos de ley o cuestiones disciplinarias, se alinea con el euro-modelo. Tal y como expresan BOBEK y KOSAŘ [375], el modelo de Eslovaquia no ha generado un resultado positivo. La eficiencia o calidad del poder judicial no se ha incrementado; la despolitización del mismo tampoco ha sido un objetivo cumplido; la escena política ha irrumpido en escena constantemente, especialmente en cuestión de elección del presidente el órgano[376] y el poder

375 BOBEK M. y KOSAŘ D. "Global Solutions, Local Damages: A Critical Study in Judicial Councils in Central and Eastern Europe". Op. Cit., pp. 1283-1286.

376 De interés aquí resaltar el caso de Štefan Harabin. En 2009, la elección de Štefan Harabin a la presidencia del Consejo Judicial de Eslovaquia (JCSR) marcó un punto de inflexión en la percepción de la auto-administración judicial en el país, deteriorando su credibilidad pública y la confianza en el modelo Euro de consejo judicial como garante de la independencia judicial. Harabin, quien había asumido previamente el cargo de Ministro de Justicia en 2006, había anunciado su intención de reducir el "poder indebido" de la auto-administración judicial. Sin embargo, su posición cambió tras la vacante en la presidencia del Tribunal Supremo, cargo que lleva aparejado el liderazgo del JCSR. En 2009, el parlamento y el gobierno eslovacos aprobaron reformas promovidas por Harabin, que fortalecieron los poderes auto-administrativos del JCSR, extendiéndole competencias presupuestarias y de inspección que anteriormente correspondían al ministerio de justicia. Asimismo, Harabin ejerció una considerable influencia sobre la elección de los miembros del JCSR mediante la propuesta de sus candidatos preferidos, quienes, bajo presión, resultaron electos. Este apoyo le aseguró una elección unánime a la presidencia del Tribunal Supremo y del JCSR, consolidando un poder auto-administrativo en el que él ejercía control directo. Desde su nombramiento, Harabin enfrentó denuncias de corrupción, nepotismo y abuso de poder, empleando los mecanismos disciplinarios del Consejo Judicial de Eslovaquia (JCSR) para silenciar críticas, especialmente dentro del Tribunal Supremo. En 2009 y 2010, inició múltiples procedimientos disciplinarios contra jueces disidentes, reorganizó las salas del Tribunal Supremo para marginar a jueces críticos y manipular la asignación de casos, imponiéndoles mayores cargas laborales. Además, otorgó generosos bonos a jueces

de los mismos[377]. El corporativismo ha permeado el Consejo, al punto de que incluso los vocales designados por el Parlamento y el Gobierno suelen ser jueces, lo que ha debilitado la diversidad institucional originalmente buscada. Esta situación ha contribuido a un descenso en la confianza ciudadana hacia el sistema judicial: casi el 80 % de la población percibe corrupción en los tribunales, y la desconfianza en la Corte Suprema es generalizada.

4.7 Eslovenia: *Republika Slovenija Sodni Svet*

El Consejo Judicial de la República de Eslovenia, en esloveno, *Sodni svet Republike Slovenije,* constituye un órgano de carácter autónomo creado en aras de ejercer el gobierno del poder judicial, preservando su independencia y el prestigio del mismo. A través de enmienda a la Ley de Tribunales, el órgano fue introducido en el año 1990, adquiriendo estatus constitucional en los arts. 130-132 de la Constitución de la República de Eslovenia de 1991. Su desarrollo legal se lleva a cabo a través de la ley del Consejo Judicial (*Zakon o sodnem svetu*[378]), que establece su naturaleza *sui generis,* dado que no se adscribe a ninguna de las tres ramas tradicionales del poder estatal, aunque su función principal está claramente vinculada al gobierno administrativo del poder judicial.

---

afines mientras penalizaba económicamente a sus detractores y reservaba promociones exclusivamente para sus aliados, consolidando así un sistema de lealtad forzada en la judicatura. Bobek M. y Kosař D. "Global Solutions, Local Damages: A Critical Study in Judicial Councils in Central and Eastern Europe". Op. Cit., pp. 1886-1888.

377 Para un estudio pormenorizado sobre el papel de los presidentes de los tribunales supremos de Europa Central, véase Kosař, D. y Spáč, S. "Post-communist Chief Justices in Slovakia: From Transmission Belts to Semi-autonomous Actors?". *Hague Journal on the Rule of Law,* vol. 13, 2021, pp. 107-142.

378 Disponible en inglés: http://www.sodni-svet.si/img/Zakon%20o%20sodnem%20svetu%20ANG%20dopolnjeno.pdf

En cuanto a su composición, el Consejo Judicial está integrado por un total de once miembros, de los cuales seis son jueces provenientes de la carrera judicial, mientras que los cinco restantes son miembros laicos. Para garantizar una renovación adecuada, el presidente del Consejo debe convocar elecciones al menos 90 días antes de que expire el mandato de los miembros en funciones o, en caso de elecciones parciales, dentro de los 30 días posteriores a las circunstancias que las motiven. Los jueces integrantes del Consejo son elegidos por sus propios pares mediante un sistema de voto directo y secreto, distribuyéndose las posiciones de acuerdo con su categoría: dos vocales son elegidos por jueces de tribunales de primera instancia, uno por jueces de la Corte Suprema, uno por jueces de tribunales superiores, y los dos restantes por el conjunto del cuerpo judicial. Por otro lado, los miembros laicos son nominados por la Asamblea Nacional a propuesta del Presidente de la República, en un plazo de veinte días antes de la votación, siendo designados mediante voto secreto. Su posición en el Consejo tiene carácter honorífico y no profesional, lo que implica que su desempeño sea entendido como un servicio público. La elección del presidente y del vicepresidente del Consejo Judicial recae en sus propios integrantes, quienes los eligen mediante voto secreto y por una mayoría de dos tercios. Ambos cargos tienen una duración de tres años, sin posibilidad de reelección. Además, existe una regla de representatividad según la cual, si el presidente es un vocal judicial, el vicepresidente deberá ser un miembro laico, y viceversa. Las funciones del vicepresidente se limitan a sustituir al presidente en caso de ausencia.

El mandato de los miembros del Consejo se extiende por un periodo de seis años, aunque se permite la reelección siempre que no sea inmediata. El mandato de un vocal puede expirar por transcurso del periodo por el cual fue elegido, por renuncia escrita, por sanción disciplinaria en el ejercicio de sus labores profesionales que le llevan a ser considerado no apto para servir al Consejo, por cese en el cargo judicial, por condena penal o por incapacidad permanente. Además, existe la posibilidad de llevar a cabo elecciones parciales cada tres años, permitiendo la renovación de seis miembros del órgano, tres de ellos vocales judiciales y tres vocales laicos, si el mandato de alguno ha expirado anticipadamente. En tales casos, el nuevo miembro no gozará de un mandato completo, sino que se limitará a completar el tiempo restante del periodo correspondiente al vocal al que sustituye.

En relación a la esfera competencial del órgano, esta ha de dividirse conforme diferentes materias. Se ha de dar inicio con una determinación negativa, pues el órgano carece de funciones en materia de formación judicial, aspecto de vital importancia para la actualización de conocimientos de los miembros de la carrera judicial. Respecto a la carrera judicial, sus atribuciones son muy variadas, destacando entre ellas la emisión de dictámenes preliminares en los procedimientos de nombramiento del presidente del Tribunal Supremo, lo que le permite evaluar y expresar su parecer sobre la idoneidad de los candidatos. Igualmente, se encarga de proponer a la Asamblea Nacional los candidatos que considera aptos para desempeñarse como jueces del Tribunal Supremo, velando por la calidad y competencia en el nivel más alto de la judicatura. Ostenta competencia para nombrar y destituir a presidentes y vicepresidentes de tribunales, con la excepción del presidente del Tribunal Supremo, cuyo cargo responde a un proceso específico. También participa activamente en la selección de candidatos para cubrir vacantes judiciales, asegurando que los aspirantes respondan a los altos estándares del sistema de justicia. De igual forma, tiene la facultad de proponer a la Asamblea Nacional candidatos para funciones judiciales específicas y de nombrar jueces tras convocatorias para cubrir dichas vacantes, lo que fortalece la transparencia y objetividad del proceso. En cuanto al cese de cargos, emite dictámenes fundamentados cuando se trata de cesar al presidente del Tribunal Supremo, proporcionando justificación y rigor en tales decisiones. Asimismo, tiene la responsabilidad de notificar a la Asamblea Nacional sobre cualquier sentencia condenatoria definitiva que recaiga sobre un juez, y, en caso de ser necesario, presentar propuestas para su destitución. Igualmente ostenta facultades para la promoción de jueces a categorías superiores cuando los mismos superen los requisitos de antigüedad o méritos legalmente establecidos.

En lo que concierne a la materia disciplinaria, desempeña funciones cruciales que aseguran la integridad y responsabilidad de los jueces. En primer lugar, se encarga de designar a los órganos disciplinarios, asegurando que estos sean competentes y autónomos para supervisar y, de ser necesario, sancionar conductas que infrinjan los deberes de los jueces. Asimismo, el Consejo cuenta con la facultad de iniciar procedimientos disciplinarios contra jueces que, por acciones u omisiones, pudieran afectar la dignidad o el desempeño de sus funciones judiciales. Cuando un juez es objeto de sanciones disciplinarias, el Consejo es el responsable de aplicar dichas sanciones, de acuerdo con la normativa judicial vigente. Además, el Consejo tiene autoridad para decidir sobre la suspensión temporal del presidente del Tribunal Supremo y, del mismo modo, puede atender y resolver las reclamaciones que surjan contra la suspensión temporal de un juez.

Más allá de estas competencias fundamentales, el Consejo contribuye a la organización interna de los tribunales mediante la emisión de dictámenes sobre el número de cargos judiciales necesarios en cada tribunal, ofreciendo recomendaciones fundadas que optimicen la administración de justicia. Participa en la planificación financiera del poder judicial, emite opiniones dirigidas a la Asamblea Nacional y al Ministerio de Justicia sobre legislación relativa a los tribunales y al servicio judicial, y tiene la facultad de solicitar revisiones de constitucionalidad y legalidad cuando las disposiciones normativas interfieran con el estatus constitucional de la judicatura o con sus derechos.

El Consejo Judicial de este país encuentra su inspiración en el modelo italiano, lo que lo alinea ampliamente con los estándares europeos. Su finalidad primordial es garantizar la independencia del poder judicial, lo que se refuerza gracias a su estatus autónomo y *sui generis*, que lo distingue de los demás poderes estatales. Su composición, que combina una mayoría de jueces vocales elegidos por sus pares con miembros laicos[379], representativo de características similares al euro-modelo. En términos competenciales, el Consejo desempeña funciones clave en el nombramiento, promoción, traslado y cese de jueces, así como en la supervisión disciplinaria y la emisión de informes y opiniones sobre legislación y organización interna de los tribunales. Sin embargo, su falta de atribuciones en el ámbito de la formación judicial representa una notable divergencia respecto del modelo europeo, el cual exige, como mínimo, que los consejos judiciales supervisen o participen activamente en los programas formativos para garantizar una actualización uniforme y adecuada de los conocimientos de jueces y magistrados.

4.8 Finlandia: *Tuomioistuinvirasto*

La Administración Nacional Judicial de Finlandia, conocida en finés como *Tuomioistuinvirasto* y en sueco como *Domstolsverket*, constituye una agencia central independiente que opera a nivel nacional y abarca la totalidad de los órganos que integran el Poder Judicial. A pesar de su autonomía funcional, mantiene una dependencia administrativa respecto del Ministerio de Justicia. Este órgano, cuya existencia es relativamente reciente, asumió sus funciones en enero de 2020. Hasta ese momento, las tareas que hoy le corresponden recaían íntegramente en el Ministerio

[379] Si bien es cierto, puede observarse como punto desemejante, y preocupante, que los vocales laicos designados por las Cámaras provengan de una terna de candidatos propuestos por el Presidente de la República. Se intenta evitar que las diferentes formaciones políticas puedan utilizar este modelo parlamentario de designación para proponer candidatos afines, pero el modelo esloveno otorga la competencia al Presidente de la República, quien puede ostentar una amplia discrecionalidad para que se nominen exclusivamente a candidatos que sean afines a sus intereses.

de Justicia. Su creación respondió a un enfoque gubernamental orientado a fortalecer la independencia del Poder Judicial, inspirado en modelos como el danés. A pesar de la ausencia de críticas significativas o evidencias concretas que justificaran su necesidad, el legislador buscó garantizar un entorno operativo favorable para los tribunales, creando una institución capaz de desarrollar, planificar y gestionar actividades en beneficio del sistema judicial. La base normativa que sustenta este órgano se encuentra en la *Tuomioistuinlaki* o Ley de Tribunales.

La dirección de este organismo recae en un Director General, apoyado por un Consejo de Administración que, por su configuración, se asemeja a las vocalías propias de los Consejos Judiciales tradicionales. La agencia cuenta con entre 45 y 60 personas empleadas, pero son ocho los miembros o vocales que componen el Consejo de Administración. En relación a estos últimos, son designados por un periodo de cinco años, cabiendo la posibilidad de reelección, al no estar restringido por el decimonoveno capítulo de la Ley de los Tribunales. Durante el ejercicio de sus funciones, estos ocho vocales carecen de un puesto a tiempo completo, sino que compaginan su labor en el órgano con sus ocupaciones profesionales. De los ocho miembros, seis provienen del ámbito judicial: uno de la Corte Suprema, otro de la Corte Suprema Administrativa, uno de un tribunal de apelación, uno de un tribunal de distrito, otro de un tribunal administrativo y, finalmente, uno de un tribunal especial. Los dos vocales restantes representan, respectivamente, al personal no judicial de los tribunales y a un experto en la gestión de la administración pública. El Consejo elige de entre sus miembros a un presidente y a dos vicepresidentes.

Para operar correctamente, el órgano se divide en tres departamentos: el administrativo, el financiero y el de desarrollo. El primero de ellos es responsable de la gestión de los asuntos de personal en la Administración Nacional de Tribunales, brindando servicio y apoyo en materia de recursos humanos. El segundo de ellos tiene sus facultades enfocadas en materia presupuestaria, realizando la planificación financiera del organismo, la gestión de rendimiento de los tribunales, la gestión contable del poder judicial. Por su parte, el departamento de desarrollo participa en la mejora de las operaciones y el personal del sistema judicial en colaboración con la Junta de Formación Judicial. Igualmente es el responsable de los asuntos internacional en materia judicial, desarrollando de esta forma una labor de relaciones internacionales. Además, el jefe de comunicaciones y el director encargado del apoyo judicial y las relaciones sociales trabajan bajo la dirección del Director General.

En cuanto al ámbito competencial del órgano, es responsable del correcto ejercicio de la función jurisdiccional, garantizando un alto y eficiente estándar de calidad en el ejercicio de sus funciones. Propone al Ministerio de Justicia las asignaciones presupuestarias para el correcto funcionamiento de los tribunales; decide sobre la distribución de los fundos aprobados en los presupuestos; desarrolla los sistemas de información; organiza los programas de formación de jueces, magistrados y otros funcionarios judiciales; gestiona los cuerpos laborales del personal judicial, creando, eliminando y trasladando de puestos públicos a este personal; apoyo a los tribunales en sus actividades de comunicación, supervisa el rendimiento de los órganos jurisdiccionales; ejerce la más alta representación institucional del poder judicial finlandés, tanto a nivel nacional como internacional; promueve y coordina proyectos de desarrollo de los tribunales; y, entre otras de similar índole, propone iniciativas al gobierno sobre medidas y legislaciones relacionadas con la judicatura.

Sin embargo, sus competencias en nombramientos judiciales son limitadas. Aunque puede decidir sobre la creación, eliminación y traslado de puestos, su intervención no abarca la designación de los ocupantes. En este ámbito, el órgano se limita a tareas preparatorias, como recabar solicitudes para puestos judiciales, solicitar información a los candidatos y elaborar un resumen de sus méritos. La decisión final sobre los nombramientos recae en el Consejo de Nombramientos Judiciales, basado en el trabajo preliminar realizado por la Administración Nacional Judicial. En el ámbito disciplinario, el órgano carece de competencias, delegándose estas en los jueces decanos o presidentes de tribunal donde se hayan producido las presuntas infracciones. Además, el Canciller de Justicia y el Defensor del Pueblo tienen autoridad para investigar quejas contra jueces, iniciar procedimientos disciplinarios y emitir advertencias. Por último, y dentro del ámbito de la separación de poderes, esta Administración Nacional ejerce competencias de iniciativa legislativa en materias judiciales, otorgándole un conjunto de facultades para inmiscuirse dentro de las competencias meramente parlamentarias. Sin embargo, su capacidad para emitir recomendaciones y directrices no vinculantes a los tribunales plantea interrogantes sobre su posible influencia en la independencia interna del poder judicial. Aunque estas recomendaciones buscan optimizar el entorno operativo, podrían interpretarse como una injerencia indirecta en la función jurisdiccional.

Efectuando una valoración del Consejo finlandés, se observa el *Tuomioistuinvirasto* como un órgano peculiar, siendo una especie de híbrido entre el sistema de *Court Service* y los modelos de Consejos Judiciales. Desde un prisma de su posible cercanía al euro-modelo, aun cuando cumple algunas de sus directrices, como una composición de mayoría de vocales procedentes de la carrera judicial, su modelo compositivo carece de las recomendaciones de Bruselas. Igualmente, la esfera de facultades que le han sido encomendadas al órgano es ampliamente limitadas, no ejerciendo responsabilidad en materias trascendentales dentro del euro-modelo, tales y como cuestiones disciplinarias o nombramientos discrecionales. Igualmente, las facultades para la concreción de directrices, de carácter no vinculante, a los diferentes miembros de la carrera judicial, no obedecen del sentido de independencia judicial que se desprende desde los órganos e instituciones de la Unión Europea.

4.9 Francia: *Conseil Superieur de la Magistrature*

La figura de un Consejo de la Magistratura en Francia encuentra su primera mención en la ley del 30 de agosto de 1883, normativa orientada a reformar la organización judicial para distanciarla de las tradiciones asociadas al Imperio. En dicha ley se instituyó un órgano integrado en la *Cour de Cassation,* al cual se le delegó la responsabilidad disciplinaria sobre los magistrados, desempeñando así un papel fundamental en la depuración del Poder Judicial. Esta primera configuración sentó las bases para una institución que, con la promulgación de la Constitución de la V República en 1958, se consolidó en el *Conseil Supérieur de la Magistrature* (CSM), reconocido como el órgano de gobierno judicial más antiguo en funcionamiento continuo[380], aunque es pertinente señalar que el modelo italiano, creado en 1946, inició sus actividades en 1959. Desde su creación, el órgano ha buscado afirmar su autonomía frente a los poderes legislativo, ejecutivo y judicial, objetivo que ha sido moldeado por diversas reformas a lo largo de su historia. Este órgano se inserta en el sistema político semipresidencialista francés, caracterizado por amplias facultades del Presidente de la República[381], quien es además miembro del Consejo. Una de las particularidades más destacadas del *Conseil Supérieur* es su carácter constitucional, establecido explícitamente en la Constitución de 4 de octubre de 1958, si bien ya en la Constitución de la IV República de 13 de octubre de 1946 se manifestaba una intención similar. No

380 Casal Oubiña, D. "La política de los jueces: el gobierno del poder judicial en los sistemas políticos. Un estudio del modelo de Consejos". Op. Cit., p. 38.

381 En esta cuestión, manifiesta Gangas, P. "El sistema político de Francia", en M. Alcántara Sáez (ed.), *Sistemas políticos de la Unión Europea.* Valencia: Tirant lo Blanch, 2000, pp. 205-232, esp. p. 205, que la importancia de esta figura es tal que ejerza de potestad por encima de los propios partidos políticos en una especie de árbitro entre los mismos.

obstante, los profundos cambios políticos y sociales derivados de la Crisis de mayo de 1958 y la intervención del general Jacques Massu, que facilitaron el retorno de Charles de Gaulle al liderazgo de la República, culminaron en la creación de la V República[382], con un *Conseil Supérieur* renovado y significativamente más avanzado respecto de su predecesor[383].

La regulación específica del Consejo se encuentra principalmente en el artículo 65 de la Constitución francesa, que detalla su composición y funciones, mientras que el artículo 64 establece su rol en el auxilio al Presidente de la República para garantizar la independencia de la autoridad judicial. Desde su texto original, el órgano ha sido objeto de numerosas reformas[384] destinadas a perfeccionar su estructura y funcionamiento, ya sea como respuesta a críticas, movilizaciones laborales, demandas de modernización o acontecimientos específicos que pusieron de manifiesto la necesidad de actualizar el sistema judicial[385]. Entre las reformas

---

382 El Poder Judicial no ha venido teniendo una alta consideración ciudadana en Francia. El control ejecutivo del mismo y el clientelismo han sido parte de un sistema corporativista que se tradujo en un deficiente modelo de Consejo, suponiendo un fracaso parcial. En tal cuestión acúdase a: ROSADO VILLAVERDE, C. "A vueltas con la independencia y el órgano de gobierno de los jueces: el genuino caso del Consejo Superior de la Magistratura francés". *Estudios de Deusto,* Vol. 72, n. 1, 2024, pp. 127-163, esp. pp. 136-137.

383 ROSADO VILLAVERDE, C. *Constituciones y jurisdicciones especiales. Evolución, tensión y transformación de la unidad e independencia del poder judicial en el constitucionalismo español.* A Coruña, Colex, 2022, pp. 44-50.

384 Para un estudio del proceso de modificación del Consejo durante la V República, acúdase a ROSADO VILLAVERDE, C. "A vueltas con la independencia y el órgano de gobierno de los jueces: el genuino caso del Consejo Superior de la Magistratura francés". Op. Cit., pp. 138-155.

385 Véase el asunto Outreau, caso que demostró las graves deficiencias, materiales y personales, del sistema judicial en el empeño de sus funciones, y la incapacidad del Consejo para ejercer igualmente sus facultades disciplinarias y de organización del poder judicial. Véase

más destacadas se encuentran la ley constitucional de 1993, la ley n.º 2008-274 del 23 de julio de 2008 sobre la modernización de las instituciones de la V República y la ley n.º 2010-830 del 22 de julio de 2010. Estas modificaciones abordaron aspectos clave como la composición, los procedimientos, los nombramientos, las funciones y la autonomía presupuestaria del órgano. Tales avances responden a la visión expresada por Jean Gicquel, antiguo miembro del *Conseil Supérieur de la Magistrature*, quien describió al Consejo como una "creación continua de la República"[386].

En relación a la composición del órgano, está formado por un total de 22 miembros, cuyo mandato tiene una duración de cuatro años, renovable pero no de manera consecutiva. Los vocales no desempeñan sus funciones a tiempo completo, debiendo compaginar su labor en este órgano constitucional con las actividades profesionales que los hicieron elegibles. Los 22 integrantes se dividen en dos secciones: una destinada a los magistrados y otra a los fiscales. La primera, encabezada por el Primer Presidente de la *Cour de Cassation*, estará conformada por cinco magistrados, un fiscal, un consejero de Estado nombrado por el Consejo de Estado, un abogado y seis personalidades de reconocida cualificación, ajenas tanto al Parlamento como a la carrera judicial o administrativa. Estas últimas serán designadas por el Presidente de la República, el Presidente de la Asamblea Nacional y el Presidente del Senado, correspondiéndole a cada uno la elección de dos representantes. Por su parte, la Sala de los Fiscales prosigue con un similar reparto, esto es, está presidida por el Fiscal General de la *Cour de Cassation*, y comprende cinco

---

MARTINEL, A. y NATALI, F. "Le Conseil Supérieur de la Magistrature, protecteur des magistrats ou des justiciables?". *Cairn. Après-Demain*, vol. 2, n. 30, 2014, pp. 33-35.

386 Para más información acúdase a DELALOY, G. "La réforme du Conseil supérieur de la magistrature: vers un Conseil supérieur du Pouvoir judiciaire ?". *La Revue Administrative*, n. 318, 2000, pp. 632-641.

fiscales, un magistrados, así como las ocho personalidades mencionadas en la sala de magistrados. Así, de los 22 miembros del Consejo, seis son fiscales, seis magistrados, ocho personalidades externas y los dos restantes son las máximas autoridades de la judicatura y la fiscalía. Este esquema organizativo refleja cómo los vocales judiciales no alcanzan a representar el 50% del total de los miembros del Consejo, una característica que también se evidencia en las distintas comisiones en las que se subdivide el órgano. En estas comisiones, como la disciplinaria, se observa una tendencia a cifras cercanas a la paridad, aunque generalmente los representantes judiciales permanecen en minoría.

En relación a la esfera competencial del órgano, este se viene componiendo de similares facultades a las analizadas en aquellos modelos que tenían su base en el sistema italiano. Dando inicio a esta cuestión, la principal función del Consejo, más allá de la defensa de la independencia judicial[387] de todos los componentes de la carrera judicial, es la propuesta de nombramientos para los más altos escalafones del Poder Judicial, y más concretamente, para los puestos en la *Cour de Cassation* (primer presidente, presidentes de división, jueces de primera instancia, jueces especiales, jueces auxiliares y oficiales menores), presidentes de la Corte de Apelaciones y del Tribunal Judicial (antiguamente denominado *Tribunaux de Grande Instance*), así como de todos aquellos que la ley determine. Son en total casi 400 los cargos en los cuales el Consejo dispone de iniciativa para el nombramiento, censando las candidaturas, estudiando los expedientes y cerrando las propuestas. Fuera de estos miembros, los restantes nombramientos le corresponden al Ministro

---

[387] ROSADO VILLAVERDE, C. "A vueltas con la independencia y el órgano de gobierno de los jueces: el genuino caso del Consejo Superior de la Magistratura francés". Op. Cit., p. 157, pone de manifiesto que el Consejo no dispone de facultades para garantizar la independencia judicial, sino que esta competencia recae en la figura del Presidente de la República, siendo el Consejo un mero asistente.

de Justicia, debiendo de ser escuchado el Consejo a través de un dictamen. En materia de nombramiento de fiscales, la tarea encomendada al Consejo se limita a la emisión de una opinión, "favorable" o "desfavorable", de carácter no vinculante, sobre los nombramientos que proponga el Ministerio de justicia. Mayores trascendencias radican en relación a su función en materia de nombramiento de fiscales generales, debiendo de estudiar los expedientes propuestos para la emisión de un dictamen acerca de la viabilidad o no de los diferentes candidatos propuestos. Carece, no obstante, de competencias en materia de formación, no realizando los diferentes planes de trabajo para la debida mejora de las capacidades de jueces y magistrados.

En materia disciplinaria[388], el *Conseil Supérieur de la Magistrature* opera como una suerte de jurisdicción[389], habilitado para conocer y resolver cuestiones que den lugar a la apertura de procedimientos y a la imposición de sanciones contra los integrantes de la carrera judicial. Estos asuntos pueden originarse por remisión del Ministerio de Justicia, los primeros presidentes de las cortes de apelación o presidentes de tribunales superiores de apelación, o por los fiscales principales en las cortes de apelación o fiscales de tribunales superiores de apelación, e inclusive por los propios litigantes si estos se vieran afectados por el mal actuar de un magistrado[390]. Para ello, el Consejo puede efectuar, a través de uno o

---

388 Todas las resoluciones en materia disciplinaria pueden consultarse en la propia página web del Conseil: http://www.conseil-superieur-magistrature.fr/missions/discipline

389 Rosado Villaverde, C. "A vueltas con la independencia y el órgano de gobierno de los jueces: el genuino caso del Consejo Superior de la Magistratura francés". Op. Cit., p. 150.

390 A través de la reforma constitucional de fecha de 25 de julio de 2008 se posibilitó, en aras de reforzar la confianza ciudadana en la justicia, la presentación directa de quejas ante el Conseil por parte de los litigantes, cuando entiendan que el magistrado, en el marco de un procedimiento judicial que los concierna, ha cometido una falta

varios de sus miembros, una comisión disciplinaria que investigue los diferentes tribunales, así como las distintas actuaciones cometidas, en aras de analizar el correcto funcionamiento del Poder Judicial. En materia de fiscales, el Consejo carece de potestad disciplinaria para imponer sanciones, cuestión que compete al Ministerio de Justicia, recayendo en este órgano la facultad de emisión de una opinión, no vinculante, relativa al hecho, su posible categorización como infracción y sanción correspondiente.

En materia de ética judicial, el Consejo ejerce un papel fundamental como garante de los principios deontológicos que rigen la actuación de los magistrados. Conforme al artículo 64 de la Constitución francesa, su objetivo primordial es la preservación de la independencia judicial, una tarea que comparte con el Presidente de la República. Para asegurar un ejercicio jurisdiccional libre de injerencias, ya sean externas o internas, el Consejo pone a disposición de los magistrados un servicio de asistencia que les ofrece apoyo en casos de afectación personal. Esta labor se complementa con la supervisión de las obligaciones éticas establecidas en la "Recopilación de las Obligaciones Deontológicas de los Magistrados", un conjunto de principios diseñados para garantizar la integridad y la eficacia de la función judicial. La formación plenaria del Consejo tiene la responsabilidad de resolver los asuntos relacionados con la ética profesional de los magistrados y del sistema de justicia en general.

El Consejo desempeña también otras funciones cuya trascendencia, especialmente desde un punto de vista mediático, es reducido. En materia legislativa, el órgano carece de facultades para siquiera la propuesta de normativa a las cámaras. Empero,

---

disciplinaria en el ejercicio de sus funciones. Para más información acúdase a JAHIER, S. "Quelle responsabilité des magistrats?". *Les Cahiers Portalis*, Vol. 1, n. 6, 2019, pp. 33-42; JOURDANIE, N. "Du contrôle hiérarchique à la gestion dynamique de l'activité judiciaire". *Revue Française d'Administration Publique*, Vol. 4, n. 184, 2022, pp. 955-970.

y a solicitud del Presidente de la República, el Consejo puede reunirse, bajo la Presidencia del Presidente de la *Cour de Cassation*, para efectuar un informe u opinión relativa a diferentes propuestas legislativas y su viabilidad con el ordenamiento jurídico. Igualmente, se otorga una amplia importancia a la actuación institucional desde un carácter internacional. El *Conseil* es la máxima representación del Poder Judicial, debiendo de fomentar relaciones con otros consejos sobre temáticas comunes, como la defensa de la independencia judicial. De ahí su implicación con la RECJ y la Red Francófona de Consejos de la Magistratura Judicial. Construye de esta forma una política europea basada en el diálogo judicial y la cooperación transnacional. Asimismo, colabora con tribunales internacionales como el Tribunal Europeo de Derechos Humanos y el Tribunal de Justicia de la Unión Europea.

La pregunta sobre si el *Conseil Supérieur de la Magistrature* se ajusta o no al "euro-modelo" revela una coexistencia de elementos convergentes y divergentes. De esta forma, el modelo francés muestra una amplia defensa de la independencia judicial, cuestión en consonancia con el euro-modelo, aun con un mero carácter asistencial. El Consejo tiene la competencia de nombrar altos cargos judiciales, pero esta facultad se ejerce de manera compartida con el poder ejecutivo, lo que lo posiciona como un actor "cuasi-clave" en la protección del Poder Judicial. Esta colaboración, sin embargo, lo distancia del modelo europeo, que promueve una gobernanza judicial completamente autónoma[391]. Poco podría el *Conseil* defender la independencia de jueces y magistrados si el no tuviera naturaleza constitucional. Y es por ello que la Constitución francesa establece al Consejo como un órgano independiente,

---

391 Rosado Villaverde, C. "A vueltas con la independencia y el órgano de gobierno de los jueces: el genuino caso del Consejo Superior de la Magistratura francés". Op. Cit., p. 157, citando a, entro otros, Ferrand, F. "El futuro del Tribunal de Casación francés", en J. Nieva Fenoll (dir.) y R. Cavani (dir.), *La casación hoy, cien años después de Calamandrei*. Madrid, Marcial Pons, 2021, pp. 69-89.

un rasgo característico del euro-modelo. Esta independencia estructural, consagrada en la Constitución de 1958, está matizada por la influencia del Presidente de la República, quien ostenta la presidencia del Consejo, aunque sin capacidad de intervención directa, y por el Ministerio de Justicia, que detenta la vicepresidencia y puede participar, sin derecho a voto, en las sesiones de las distintas comisiones, salvo la disciplinaria.

La composición del Consejo refleja una notable afinidad con el modelo europeo propuesto por la Comisión Europea. Su estructura mixta, que incluye magistrados, fiscales y personalidades externas, busca equilibrar las posibles influencias internas y evitar que el órgano se convierta en una corporación cerrada y autogestionada por el Poder Judicial, desprovista de controles externos. Además, la elección de los magistrados por sus pares refuerza el respeto a la voluntad de los miembros de la carrera judicial en la designación de sus representantes. En línea a su composición, se plantean cuestiones significativas que lo diferencian del denominado euro-modelo. Una de las divergencias más notables radica en la proporción de miembros judiciales dentro del órgano. Mientras que el modelo de Bruselas establece que al menos la mitad de los integrantes deben provenir de la carrera judicial, el *Conseil* francés no alcanza tal umbral. En sus dos salas se cuentan seis jueces, junto con el Primer Presidente de la *Cour de Cassation*, lo que resulta en un total de siete miembros de extracción judicial. A estos se suman siete integrantes del ámbito fiscal y ocho figuras externas, configurando un porcentaje de representación judicial que alcanza únicamente el 31,82%, cifra considerablemente inferior a la recomendación del modelo europeo. En el ámbito competencial, también se identifican discrepancias notables con las directrices del euromodelo, que se reflejan en tres aspectos principales. En primer lugar, la ausencia de competencias en materia de formación judicial constituye una significativa diferencia. Mientras que el modelo europeo asigna a los consejos de la magistratura un papel crucial en la capacitación y el perfeccionamiento continuo de los jueces, el *Conseil Supérieur de la Magistrature* carece de dicha función. Esta omisión puede interpretarse como una pérdida de autonomía en lo que respecta al fortalecimiento de las capacidades técnicas y éticas de los magistrados.

En segundo lugar, el poder de nombramiento de fiscales es muy limitado. Aunque se trata de un órgano de gobierno del Poder Judicial que incluye a miembros del ámbito fiscal, su rol en este ámbito se restringe a la emisión de opiniones no vinculantes. El Ministerio de Justicia conserva un predominio claro en la elección y supervisión de los fiscales, lo que reduce la capacidad del *Conseil* para actuar como garante efectivo de la independencia de este colectivo. El tercer elemento diferenciador es la limitada autonomía del órgano, que se ve afectada por la influencia del Presidente de la República. Aunque la Constitución francesa lo consagra como un órgano independiente, la presidencia del *Conseil* por parte del jefe de Estado introduce un elemento de conexión con el Poder Ejecutivo. Esta relación, aunque teóricamente orientada a la promoción de la independencia judicial, puede generar tensiones potenciales al entrelazar las políticas gubernamentales con las decisiones del órgano. Además, la composición del *Conseil*, en la que los jueces no alcanzan el 50% de los miembros, refuerza la posibilidad de una mayor incidencia de la política en su funcionamiento, comprometiendo en cierta medida el equilibrio entre independencia judicial e intervención externa.

De este modo, el *Conseil Supérieur de la Magistrature* se configura como un órgano de gobierno que, aunque comparte varias características con el euro-modelo, también se aparta de él en aspectos esenciales. Su diseño responde a las particularidades del sistema presidencialista francés, lo que lo convierte en una institución adaptada a su contexto jurídico y político específico, más que en una aplicación fiel del modelo de Bruselas. No debe pasarse por alto que, lejos de ser una réplica del paradigma europeo, el *Conseil* es anterior al mismo y ha sido objeto de modificaciones progresivas que, en ciertos aspectos, lo han aproximado a estructuras como la del modelo italiano. Sin embargo, sigue siendo, en esencia, un órgano que refleja las singularidades del sistema judicial y político francés, integrado por elementos que lo alinean con las prácticas de los Consejos Judiciales europeos, pero que conserva una identidad propia acorde con el entorno en el que se inserta.

4.10 Grecia: *ΑΝΩΤΑΤΟ ΔΙΚΑΣΤΙΚΟ ΣΥΜΒΟΥΛΙΟ*

El Consejo Judicial Supremo de Grecia, denominado en griego ΑΝΩΤΑΤΟ ΔΙΚΑΣΤΙΚΟ ΣΥΜΒΟΥΛΙΟ, concebido como un modelo particular de consejo judicial, presenta características específicas tanto en su composición como en el procedimiento de designación de sus miembros. Su antecedente histórico se remonta a 1909, aunque la estructura actual tiene su origen en 1988. El presente órgano encuentra su base legal en la Constitución de Grecia, la cual, en el art. 90.1 determina las funciones del Consejo ("Los ascensos, asignaciones a cargos, traslados, comisiones de servicio y transferencias a otra rama de magistrados se realizarán mediante decreto presidencial, emitido tras la decisión previa del Consejo Judicial Supremo"), y en la Ley 1756/1988 referente al Código de Organización de los Tribunales y Estatuto de los Funcionarios Judiciales. El término "Consejo judicial" puede subdividirse en dos terminologías utilizadas de forma indiscriminada: el Consejo Judicial Administrativo y el Consejo Judicial en materia civil y criminal.

En cuanto a su composición, está presidido por el Presidente de la Corte Suprema. La peculiaridad del mismo radica en que se encuentra formado exclusivamente por vocales que proceden de la carrera judicial y fiscal. La estructura del órgano se divide en dos paneles, uno compuesto por once y otro por quince miembros, todos ellos seleccionados de entre los magistrados y fiscales, que en este modelo se integran en la categoría de jueces. La designación de los vocales no se realiza mediante procesos legislativos ni votaciones internas, sino a través de un sorteo entre los integrantes de la Corte Suprema, lo cual busca garantizar la imparcialidad en la selección. Este sistema se entiende más justo, ya que queda en manos del azar la designación de los vocales que componen el órgano, evitando las posibles injerencias externas. Lamentablemente, el sorteo está enfocado exclusivamente en los miembros de la Corte Suprema, lo que limita una verdadera representación de todo el Poder Judicial. Según lo dispuesto en el artículo 90.1 de la Constitución, el Consejo está integrado por el Presidente de la Corte Suprema y aquellos magistrados del mismo tribunal que hayan servido al menos dos años, seleccionados por sorteo. Los mandatos, que tienen una duración de un año con posibilidad de renovación, están diseñados para que la mayor cantidad posible de funcionarios judiciales del máximo tribunal participe en la gestión del órgano. El Fiscal del Tribunal Supremo de lo Civil y Penal también forma parte del Consejo en asuntos de justicia civil y penal, acompañado de dos fiscales adjuntos seleccionados mediante sorteo, siempre que cumplan el requisito de dos años de servicio en la Fiscalía de dicho tribunal.

En el párrafo 2 del artículo 90 se amplía la composición del órgano mediante una segunda sala, que incluye a miembros administrativos sin derecho a voto, salvo en casos relacionados con ascensos a cargos específicos, como consejeros de Estado, jueces del Tribunal Supremo, fiscales adjuntos del Tribunal Supremo, consejeros del Tribunal de Cuentas, presidentes de tribunales de apelación y fiscales de apelaciones. También participan en la selección de miembros de comisiones generales de tribunales administrativos y del Tribunal de Cuentas. Así, todos los integrantes con derecho a voto pertenecen exclusivamente a la carrera judicial.

En cuanto a sus competencias, el Consejo tiene a su cargo la adopción de decisiones relacionadas con ascensos, asignaciones, traslados y cambios de categoría de los magistrados. El acceso a la judicatura y la fiscalía se regula mediante exámenes gestionados por la Escuela Nacional de Oficiales Judiciales, bajo la supervisión del Consejo. Sin embargo, los nombramientos a los cargos de mayor rango, como Presidente o Vicepresidente del Tribunal Supremo Administrativo, del Tribunal Supremo de lo Civil y Penal, y del Tribunal de Cuentas, se realizan mediante propuesta del Consejo de Ministros, para su posterior aprobación por decreto presidencial. En el ámbito de la formación judicial, el Consejo desempeña un papel indirecto a través de su presidente, quien colabora con la Escuela Nacional de Magistrados en el diseño de programas formativos continuos. Asimismo, el Consejo regula las licencias de formación otorgadas a los jueces y puede emitir informes no vinculantes sobre proyectos de ley que impacten la normativa civil, penal o administrativa. En el ámbito disciplinario, sus competencias están limitadas, ya que estas funciones recaen en consejos disciplinarios integrados exclusivamente por jueces.

En relación al euro-modelo, existen ciertas conexiones con el modelo de Bruselas, como la defensa de la independencia judicial, la autonomía en la confección del sistema de acceso a la carrera judicial, el nombramiento y promoción de jueces, salvo los más altos cargos de la judicatura, los cuales disponen de un procedimiento específico en el que interviene el Consejo de Ministros, así como la participación en la formación de los jueces y magistrados a través de la Escuela Nacional de Magistrados. Empero, el euro-modelo exige un conjunto de condicionantes de los que carece el sistema griego. El primero de ellos obedece a la propia composición del órgano. La exclusividad de miembros provenientes de la carrera judicial colisiona con las interpretaciones de la Comisión Europea en la materia. La ausencia de miembros externos, los cuales se justifican en la búsqueda de un equilibrio que evite el corporativismo, convierte al Consejo en un órgano autogestionado desde la carrera judicial, y más concretamente, desde lo magistrados que conforman la Corte Suprema. Esta falta de diversidad limita la transparencia y el control externo, generando un modelo menos diverso. En segundo lugar, y en cuanto al método de designación de los vocales, la utilización del sorteo es una característica que se aleja igualmente del modelo europeo. En este último, los miembros del Consejo se eligen a través de dos vías, una designación por los propios jueces y una designación parlamentaria para los miembros que no provengan de la carrera judicial.

El sistema griego, aunque favorece la inexistencia de ideología en los candidatos, restringe la idea de candidatos representativos de la carrera judicial y de la variedad ideológica de las distintas categorías judiciales. En tercer lugar, y en materia de competencias, las mismas se observan ampliamente limitadas para poder determinar este Consejo como un verdadero órgano de gobierno de la justicia que genera autonomía en el Poder Judicial. Se observa una amplia influencia en los nombramientos de los más altos escalafones del Poder judicial, en los cuales interviene directamente el poder ejecutivo. Igualmente, la carencia de funciones en materias disciplinarias, aspecto clave en el euro-modelo y delegadas a otros órganos, lleva a un Consejo excesivamente limitado en cuanto a sus tareas. De esta forma, no se termina de alinear con el modelo europeo, cuestión que, más allá de incumplir recomendaciones de la Comisión Europea, no genera un verdadero malfuncionamiento del Consejo, sino un sistema alternativo y adaptado al modelo heleno.

4.11 Hungría: *Országos Bírói Tanács*

El Consejo Judicial Nacional de Hungría, en original *Országos Bírói Tanács*, se instauró formalmente el 15 de marzo de 2012 como el órgano encargado de supervisar la administración central de los tribunales húngaros. Este organismo, compuesto por 15 miembros —14 vocales y un presidente—, se fundamenta en el artículo 25 de la Constitución de Hungría, conocida como la Ley Fundamental de Hungría de 18 de abril de 2011, y encuentra su desarrollo normativo en la legislación sobre organización y administración de tribunales. Su configuración y competencias reflejan las particularidades del sistema judicial húngaro, a la vez que suscitan reflexiones críticas en cuanto a su adecuación a los principios del modelo europeo.

En cuanto a su composición, los 15 miembros provienen exclusivamente de la carrera judicial, nombrados por una duración de 6 años, sin posibilidad de renovación en el cargo. El modelo de designación de los vocales responde a un esquema corporativo, donde los candidatos, miembros de la judicatura, son seleccionados mediante votación secreta y por mayoría simple en una conferencia de jueces delegados. Una vez elegidos, el cargo de presidente es ocupado rotativamente cada seis meses, en función de la antigüedad en el ejercicio judicial de los vocales. Este sistema asegura que todos los vocales, excepto el último, desempeñen el cargo de presidente al menos una vez durante su mandato, mientras que todos, salvo el primero, ejerzan previamente como vicepresidentes. Este modelo de rotación periódica busca promover la neutralidad y el equilibrio en el liderazgo del órgano, aunque compromete la continuidad y estabilidad de las estrategias a largo plazo.

Las competencias del Consejo abarcan una variedad de funciones, situándose como un órgano clave en el gobierno judicial de Hungría. Tiene atribuciones para supervisar la actividad administrativa central del presidente de la Oficina Judicial, pudiendo actuar contra este en caso de incumplimiento de sus obligaciones. En materia presupuestaria, efectúa un control sobre el presupuesto de los tribunales a través de un juicio sobre la propuesta gubernamental del mismo y un informe relativo a su gestión y ejecución. De igual manera, es el órgano supervisor del efectivo traslado de las cuantías presupuestarias a los tribunales. De manera excepcional, el Consejo puede ordenar la gestión de un caso antes de su turno si afecta a un amplio sector de la sociedad o tiene trascendencia por su posible afectación al interés público.

En el ámbito de las políticas de personal, el Consejo tiene un rol consultivo y decisorio limitado. Emite opiniones preliminares sobre candidatos para cargos judiciales y define criterios y baremos aplicables en los procesos de nombramiento. Asimismo, decide sobre la renovación en el cargo de presidentes y vicepresidentes de tribunales regionales de apelación, tribunales administrativos, laborales o locales, en caso de que estos hayan ocupado previamente el puesto en dos ocasiones. También participa en la definición de proyectos de formación judicial, evalúa el sistema de formación de jueces y establece las reglas para cumplir con las obligaciones educativas. A nivel legislativo, puede proponer enmiendas y emitir opiniones sobre normativa judicial. No obstante, carece de competencias en materia disciplinaria, lo que limita su capacidad para intervenir en la supervisión y sanción de posibles conductas indebidas en la judicatura.

La estructura y funcionamiento del Consejo Judicial Nacional de Hungría suscitan un análisis crítico en relación con su alineación respecto al euro-modelo, promovido por Bruselas. La primera cuestión por la que puede generarse una colisión o desviación respecto al euro-modelo es la simple composición. Tal y como ya se ha valorado, el modelo europeo promueve una presencia mayoritaria de jueces en los Consejos, pero recomienda que el órgano se complemente con otros profesionales del mundo del derecho, en aras de garantizar la diversidad. Su composición exclusivamente integrada por jueces lo diferencia de muchos consejos europeos que incluyen miembros externos, no reflejando sintonía con el modelo europeísta. El método de rotación del cargo de presidente es una peculiaridad que no es común en el Euro-modelo, y no es acorde a las cuestiones expuestas desde Bruselas, generando un sistema más neutral, pero a su vez compromete la continuidad del liderazgo al rotar casa semestre. En materia competencial, las divergencias son aún más evidentes. Las atribuciones del Consejo en el ámbito de los nombramientos están limitadas, lo que permite injerencias políticas en los procesos de designación de altos cargos judiciales. Este factor debilita la independencia judicial, uno de los pilares fundamentales del euro-modelo. La ausencia de competencias disciplinarias es otro aspecto crítico, pues en el sistema europeo estas funciones son esenciales para garantizar la rendición de cuentas y sancionar conductas indebidas en la judicatura.

Pese a estas diferencias, el modelo húngaro refleja ciertos esfuerzos por garantizar la independencia judicial y promover un gobierno autónomo del Poder Judicial en el país. Estas características, aunque alejadas de algunas recomendaciones europeas, demuestran un enfoque adaptado al contexto y a las particularidades del sistema judicial húngaro. Sin embargo, la falta de alineación con estándares europeos en aspectos clave plantea interrogantes sobre la capacidad del Consejo para consolidarse como un verdadero órgano de gobierno judicial que combine independencia, transparencia y pluralismo en sus decisiones y actuaciones.

4.12 Irlanda: *The Judicial Council–Comhairle na mBreithiúna*

El Consejo Judicial de Irlanda, en gaélico irlandés *Comhairle na mBreithiúna*, se constituyó en diciembre de 2019 como un órgano independiente de los restantes poderes del Estado. El objetivo de este órgano es la búsqueda de la excelencia del Poder Judicial mediante el establecimiento de altos estándares de conducta, el respeto y la promoción de la independencia judicial, y el fortalecimiento de la confianza pública en la administración de justicia. En el seno del Consejo se encuentra la Junta, una comisión encargada de la supervisión de la gestión cotidiana y la toma de decisiones. Por esta razón, puede considerarse que la Junta actúa como el verdadero órgano de gobierno dentro del órgano rector de la justicia, desempeñando un papel central en el funcionamiento del Consejo. Su fundamento legal se encuentra en la Ley del Consejo Judicial de 2019, que establece su marco organizativo y funcional[392].

En cuanto a la composición del órgano, un total de 196 miembros confeccionan el Consejo, todos ellos de categoría judicial.

---

392 Véase Judicial Council Act 2019. Disponible en: https://www.irishstatutebook.ie/eli/2019/act/33/enacted/en/html?q=judicial+council+act (Fecha de consulta: 20/05/2024)

El elevado número de vocales lleva a que su funcionamiento, tal y como se ha mencionado anteriormente, se lleve a cabo a través de la Junta del Consejo, la cual dispone de un total de once miembros elegidos para participar en la misma. La membresía al Consejo es automática al acceder a la condición de juez y se pierde al cesar en dicho cargo por jubilación o renuncia. Por su parte, los miembros de la Junta tienen un mandato de cuatro años, renovable una sola vez. Este esquema refuerza la vinculación entre la judicatura y el Consejo, consolidando una representación judicial directa, pero también genera una dependencia estructural de la Junta para garantizar el adecuado funcionamiento del órgano. El Presidente del Tribunal Supremo ostenta, a su vez, el cargo de Presidente del Consejo y de la Junta.

Es relación a las principales competencias de las que dispone el órgano, el Consejo carece de funciones en relación a los nombramientos o términos de las carreras judiciales. A diferencia del sistema español, el acceso a la judicatura en Irlanda no se realiza a través de un proceso competitivo abierto, sino mediante un concurso de méritos, siendo requisito demostrar una destacada trayectoria profesional como abogado o procurador. En estas cuestiones, el Consejo carece de cualquier atribución, pues el proceso de selección judicial queda fuera de su ámbito de actuación. En el ámbito disciplinario, sin embargo, el Consejo cuenta con competencias a través del Comité de Conducta Judicial, una comisión estatutaria encargada de supervisar la conducta de jueces y magistrados, así como de tramitar y resolver quejas. Dicho comité tiene la capacidad de imponer sanciones, aunque la destitución de un juez queda reservada al gobierno irlandés, siendo necesario que el comité eleve el caso para la aplicación de una medida de esta gravedad. En el campo de la formación judicial, el Consejo desempeña un papel destacado mediante la Comisión de Estudios Judiciales, que tiene como función principal garantizar la educación continua de los jueces. Este aspecto es de especial relevancia, pues constituye una obligación para los miembros de la judicatura, quienes pueden dedicar hasta la mitad de su jornada laboral a esta actividad formativa. Actualmente, el Consejo ofrece un total de 65 cursos y eventos de formación, en los cuales participa prácticamente la totalidad de los jueces, subrayando la importancia de esta área en el sistema judicial irlandés[393].

No obstante, y a pesar de su diseño funcional, el Consejo Judicial de Irlanda presenta varias características que lo alejan del modelo europeo promovido por la Comisión Europea. La composición del órgano, meramente judicial, es la primera característica que le desvía de la idea de la Comisión Europea. Esta cuestión podría ser menos conflictiva si no se diesen dos variables. La primera de ellas es que el mero acceso a la carrera judicial supone ser miembro del Consejo. La segunda se enfoca en el acceso a la propia carrera judicial, y por ende al Consejo, mediante concurso de méritos. Ambas cuestiones orientan al órgano en posiciones muy lejanas a las ideas del euro-modelo. Igualmente, carecer de competencias en el área de los nombramientos, ascensos y gestión de las carreras judiciales, convierte al Consejo en una figura de limitada influencia en la configuración del poder judicial, objetivo totalmente opuesto al planteado en el modelo europeo. A su vez se observa una amplia injerencia del poder ejecutivo en el órgano, puesto que una de sus funciones trascendentales como es la disciplinaria, viene a ser parcialmente compartida, en materia de destitución de jueces, con el gobierno.

Por último, la estructura del Consejo, que podría considerarse excesivamente compleja, dificulta su capacidad para representar de manera efectiva los valores de independencia, eficacia y transparencia que propugna. Este diseño contrasta con el enfoque más simplificado del euro-modelo, que prioriza la operatividad y la claridad en las funciones. A pesar de ello, el Consejo Judicial de Irlanda cuenta con competencias significativas, como su labor en

---

393 The Judicial Council Annual Report 2023. Disponible en: https://judicialcouncil.ie/assets/uploads/documents/Annual%20Report%202023.pdf (Fecha de consulta: 20/05/2024)

la formación judicial continua y la supervisión disciplinaria, que se alinean con los estándares europeos. Sin embargo, estas áreas de coincidencia no logran compensar las divergencias fundamentales que lo separan del modelo europeo, especialmente en términos de composición, competencias y estructura organizativa.

4.13 Italia: *Consiglio Superiore della Magistratura*

El Consejo Superior de la Magistratura de Italia, denominado *Consiglio Superiore della Magistratura*, es el modelo de Consejo por excelencia, conforme las tesis de la Comisión Europea. Es un órgano de relevancia constitucional para el gobierno autónomo del poder judicial italiano. La primera referencia habida acerca del órgano obedece al cuarto artículo de la ley de 14 de julio de 1907[394] como un mero órgano de carácter consultivo, pero que a su vez se le concedían responsabilidades en el nombramiento de algunos altos cargos judiciales. Su dependencia respecto al poder ejecutivo era casi total, y ello puede observarse de su inclusión dentro de la sede del Ministerio de Justicia. A través de la Ley 689 de 1907, el gobierno de Giolitti redefinía el órgano a través de una nueva estructura. El Consejo siguió manteniéndose como un órgano administrativo bajo el Ministerio hasta la Constitución Republicana, momento en el cual sería transformado a un verdadero órgano de gobierno de la magistratura (arts. 104, 105, 106, 107)[395]. Aun con un origen anterior a los restantes órganos de gobierno de la justicia en Europa, su verdadera constitución

---

394 Recuperado de: http://augusto.digitpa.gov.it/gazzette/index/download/id/1907174_PM

395 El precepto 104.1 de la Constitución italiana ha sido considerado ambiguo (vid. Zanon, N. y Biondi, F. *Il sistema costituzionale della magistratura.* Bolonia, Zanichelli, 2019, p. 22) y particularmente difícil (Verde. G. "Il conferimento degli incarichi direttivi ai magistrati ordinari fra Consiglio superiore della magistratura e Ministro della giustizia". *Lo Stato,* vol. 12, 2019, pp. 103-129, esp. p. 105).

se oficializó el 18 de julio de 1959, como resultado de la Ley n. 195 de 1958. Se confecciona como un órgano sin funciones políticas, en aras de proteger la independencia judicial a través de la administración de los miembros del poder judicial.

El *Consiglio* ha experimentado diversas modificaciones a lo largo del tiempo para adecuarse a las nuevas exigencias jurídico-sociales. Un cambio significativo en su evolución histórica fue la incorporación de las primeras mujeres a las vocalías del Consejo, lo que no ocurrió hasta 1981, cuando las profesoras Ombretta Fumagalli Carulli y Cecilia Assanti, junto con Elena Paciotti en 1986, fueron elegidas por el Parlamento y los magistrados para formar parte del órgano[396]. Empero, y tal como expone De Marco[397], esta inclusión no ha supuesto una verdadera integración de las mujeres en el órgano de gobierno, ya que su representación sigue siendo numéricamente irrelevante, reflejo de una desigualdad persistente en la composición del Consejo.

El propósito fundamental del órgano es garantizar la independencia del poder judicial frente a los otros poderes del Estado. Su consagración en la Constitución Italiana le confiere un carácter protegido, integrándose dentro del principio de separación de poderes[398]. Es un órgano de relevancia constitu-

---

396 Ferrara, F. *Il Consiglio Superiore della Magistratura, Un'analisi sociologica della sua organizzazione*. Roma, Kappa Editore, 2018, p. 16.

397 De Marco, G. "Donne in magistratura cinquanta anni dopo nel ricordo della presidente di un tribunale per i minorenni". *Minorigiustizia*, n. 2, 2014, pp. 203-207.

398 Ha de tenerse en cuenta que, como manifiesta Silvestri, G. "Consiglio superiore della magistratura e sistema costituzionale". *Questione Giustizia*, n. 4, 2017, pp. 19-29, esp. p. 20, la separación entre el Consiglio y el Ministerio de Justicia no ha de ser total. Ane el aumento de la relevancia del principio de buen funcionamiento de la justicia, es trascendental que ambos órganos colaboren de manera intensa, dentro de sus esferas competenciales, en aras de cumplimentar una justicia satisfactoria para el ciudadano.

cional, que ha venido siendo desarrollado por diferentes leyes, lo que ha supuesto controversias acerca de la imposibilidad de ejercicio de una función no reconocida en el texto constitucional, como por ejemplo todas aquellas competencias derivadas de la genérica función de representación del poder judicial en las relaciones con los distintos poderes del Estado.

La composición del *Consiglio* ha sido objeto de modificaciones significativas a lo largo del tiempo[399]. Hasta la reforma Cartabia (Ley Delegada n. 71 del 17 de junio de 2022) estaba formado

---

399 Para un análisis pormenorizado de las más trascendentales modificaciones, acúdase a Ferri, G. "Crisi del Consiglio Superiore della Magistratura e prospettive di cambiamento della composizione e del sistema elettorale". *Rivista Trimestrale di Scienza dell'Amministrazione*, n. 2, 2021, pp. 1-22, esp. pp. 4-15. Para el autor, las corrientes internas del *Consiglio* ostentan un excesivo poder, el cual afecta negativamente al funcionamiento del órgano, siendo correcto la reducción de las mismas. A tal fin, la modificación en la composición del órgano, ya sea disminuyendo el porcentaje de magistrados o a través de la incorporación de técnicos, se puede entender como una vía a seguir, aun escasamente viable a consecuencia de la protección otorgada por la Constitución. Otras propuestas se plantea la posibilidad de modificar el sistema electoral a través de leyes ordinarias, introduciendo métodos como el voto único transferible para atenuar la influencia de las corrientes internas. Sin embargo, el autor se pregunta si estas corrientes representan realmente el núcleo del problema, pues se observa que el clientelismo y las prácticas de favoritismo han echado raíces no solo en el sistema judicial, sino también en diversas esferas de la sociedad. Ante este contexto, resulta crucial mejorar la regulación de los cargos extrajudiciales y de los puestos de dirección, con el fin de construir una estructura judicial más "horizontal", que promueva una mayor equidad y profesionalismo en el ejercicio de sus funciones. En última instancia, el funcionamiento óptimo del C.S.M. no depende exclusivamente de reformas técnicas o ajustes legales. Para lograr una verdadera transformación, es indispensable fomentar una ética profesional sólida y un compromiso genuino con el bien común, principios que deben trascender cualquier marco normativo y convertirse en la base de una magistratura justa y honesta (p. 16).

por un total de veintisiete miembros, que podían dividirse en dieciséis magistrados, ocho miembros laicos y tres miembros de derecho. Desde la citada reforma legal, el *Consiglio* se compone de treinta miembros electos y tres miembros de derecho. Empezando por estos últimos, son aquellos que, por el puesto que ostentan, automáticamente se convierten en parte del Consejo. En este caso, el Presidente de la República, quien preside el órgano, el Presidente de la Corte de Casación y el Procurador General ante la Corte de Casación.

De los treinta miembros electos, conocidos como miembros laicos o togados, los togados representan dos tercios del órgano y pertenecen a tres categorías: magistrados de legitimidad, fiscales de mérito y jueces de mérito. Su elección se realiza entre sus propios pares a través de 4 colegios electorales, que distribuyen de esta forma la elección de los miembros. Existirá un colegio único nacional para la elección de dos miembros que ejercen funciones de legitimidad en la Corte de Casación y la respectiva Procuraduría General; dos colegios territoriales binominales mayoritarios para 5 magistrados que ejercen funciones fiscales, en cada uno de los cuales se eligen a los 2 candidatos más votados, así como al "mejor tercero" en términos de porcentaje de votos; cuatro colegios territoriales binominales mayoritarios para la elección de 8 magistrados con funciones de mérito, eligiendo en cada uno a los dos candidatos más votados; un colegio único nacional, virtual, en el que se eligen 5 magistrados con funciones de mérito. Este sistema pretende ofrecer un Consejo representativo de las diferentes categorías y funciones habidas en la carrera judicial. En relación a los vocales laicos, son elegidos por el Parlamento por mayoría cualificada (tres quintas partes de la cámara) entre abogados y profesores universitarios con al menos quince años de ejercicio profesional. En todos ellos, la duración del mandato es de cuatro años, no cabiendo la posibilidad de reelección inmediatamente

El funcionamiento del *Consiglio* se estructura en torno a un sistema de diez comisiones, diseñadas para la preparación y organización de las decisiones que se adoptan en la Asamblea Plenaria. Cada comisión está integrada por seis consejeros, salvo las comisiones de presupuestos y de verificación de títulos, que cuentan con tres miembros. Estas comisiones pueden subdividirse en subcomisiones para garantizar una instrucción y análisis exhaustivos de los asuntos asignados. Entre las comisiones se encuentran: *Comisión I 'per le incompatibilitá'*[400]; *Comisión II 'per il Regolamento Interno del Consiglio'*[401]; *Comisión III 'per l'accesso*

---

400 La Comisión para las Incompatibilidades tiene como función principal la elaboración de informes y la formulación de propuestas en diversas materias que afectan al cuerpo de magistrados. En primer lugar, se ocupa de recibir y analizar informes, quejas, recursos y reclamaciones relacionadas con la actuación de los magistrados, según lo dispuesto en el artículo 2 del Real Decreto-Ley del 31 de mayo de 1946 n.° 511. Asimismo, le corresponde tramitar las solicitudes de protección de la independencia y del prestigio de los magistrados. Otro de sus cometidos es el examen de los informes finales derivados de las investigaciones administrativas que realiza la Inspección General del Ministerio de Justicia, en conformidad con el artículo 12 de la ley del 12 de agosto de 1962 n.° 1311. Además, la Comisión tiene la responsabilidad de verificar los casos de incompatibilidad de los magistrados, tal como lo establecen los artículos 16, 18 y 19 del reglamento judicial aprobado por el Real Decreto del 30 de enero de 1941 n.° 12. También se ocupa de las situaciones de incompatibilidad que puedan surgir por razones de matrimonio o convivencia estable, aplicando los procedimientos previstos en el artículo 2 del Real Decreto-Ley del 31 de mayo de 1946 n.° 511. Finalmente, la Comisión gestiona las autorizaciones e informaciones relativas a los cargos extrajudiciales que desempeñen los magistrados, así como la asignación de encargos especiales, garantizando que no existan conflictos de intereses en el ejercicio de sus funciones.

401 La Comisión para el Reglamento Interno del Consejo tiene como tarea fundamental emitir dictámenes sobre la interpretación del Reglamento Interno cuando estos son solicitados por el Presidente, el Vicepresidente, el Comité de Presidencia o el propio Consejo. Además, está facultada para presentar propuestas al Consejo destinadas a la modificación del Reglamento Interno, con el objetivo de mantener-

in magistratura e per la mobilità'[402]; *Comisión IV 'per le valutazioni della professionalità*'[403], *Comisión V 'per il conferimento degli incarichi*

---

lo actualizado y adecuado a las necesidades institucionales. En este contexto, la Comisión también elabora informes sobre las propuestas de modificación del Reglamento que puedan ser presentadas por los miembros del Consejo, evaluando su pertinencia y viabilidad. A su vez, formula dictámenes y propuestas relativas a la organización interna del Consejo y al funcionamiento de sus estructuras, contribuyendo así al correcto desarrollo de sus actividades.

402 La Comisión para el Acceso a la Magistratura y la Movilidad se encarga de elaborar informes y proponer medidas relacionadas con la asignación de sedes y funciones a los magistrados, exceptuando la asignación de cargos directivos o semidirectivos. Esta Comisión también tiene la potestad de proponer traslados de magistrados, incluso de oficio, en todas las categorías. Entre sus competencias se encuentra también la resolución de problemáticas vinculadas a las asignaciones y traslados de magistrados a zonas de alta densidad criminal, donde las condiciones de trabajo pueden ser especialmente delicadas. Asimismo, gestiona la autorización y asignación de cargos que implican el traslado de magistrados fuera de sus funciones habituales, además de tramitar las licencias estipuladas en el artículo 23 bis del decreto legislativo del 30 de marzo de 2001 n.º 165 y sus modificaciones posteriores. Adicionalmente, la Comisión interviene en los procesos de reincorporación de magistrados al cuerpo judicial y en la toma de decisiones relacionadas con el concurso para la nominación de magistrados ordinarios. También se encarga del nombramiento de profesores universitarios y abogados al cargo de consejero de casación, garantizando el cumplimiento de los requisitos establecidos. Por último, es responsable de gestionar todos los aspectos relacionados con el concurso para la nominación de magistrados ordinarios en prácticas, asegurando la correcta ejecución del proceso de selección.

403 La Comisión para las Evaluaciones de la Profesionalidad tiene varias responsabilidades clave. En primer lugar, se encarga de la asignación de funciones judiciales a los magistrados ordinarios. También tiene la facultad de decidir sobre la prórroga del período de formación para aquellos magistrados que no alcancen la idoneidad necesaria, así como sobre la cesación del servicio en casos de falta de aptitud para las funciones judiciales. Además, es responsable de la evaluación de

direttivi e semidirettivi'[404]; *Comisión VI 'dell'ordinamento giudiziario e per i problemi posti all'amministrazione della giustizia in materia di corruzione e contrasto alle organizzazioni mafiose e terroristiche*'[405];

---

la profesionalidad de los magistrados, lo cual incluye la actualización y el mantenimiento de sus expedientes personales, con la posibilidad de incorporar o eliminar documentos según sea necesario. Esta comisión también define y actualiza los sistemas de evaluación de la profesionalidad, garantizando la objetividad y la transparencia en el proceso. Se ocupa de gestionar las dispensas del servicio conforme al artículo 3 del Real Decreto Legislativo del 31 de mayo de 1946 n.º 511. Asimismo, abarca las decisiones relacionadas con el estado de los magistrados de todas las categorías, salvo aquellas que competen a otras comisiones. En particular, trata aspectos como las licencias, a excepción de las previstas en el artículo 23 bis del Decreto Legislativo del 30 de marzo de 2001 n.º 165, el reconocimiento de enfermedades relacionadas con el servicio, la concesión de compensaciones económicas, pensiones privilegiadas, ayudas, y la jubilación o dimisión de los magistrados. Además, se encarga del reconocimiento de títulos honoríficos y la reincorporación de magistrados al servicio.

404 La Comisión para el otorgamiento de Cargos Directivos y semidirectivos tiene la función de proponer y gestionar la asignación de cargos directivos y semidirectivos en el ámbito judicial. Su labor incluye la evaluación y confirmación de los magistrados que ya ejercen dichas funciones, garantizando la continuidad y el buen desempeño en los puestos de responsabilidad dentro del sistema judicial.

405 La Comisión del Ordenamiento Judicial y para los Problemas Administrativos Relacionados con la Corrupción y la Lucha contra las Organizaciones Mafiosas y Terroristas, aborda asuntos complejos relacionados con el sistema judicial, comenzando con la presentación de informes al Parlamento sobre el estado de la justicia. Se encarga de formular propuestas de reforma integral del ordenamiento judicial, conforme a la séptima disposición transitoria de la Constitución, así como de emitir propuestas y dictámenes, según lo dispuesto en el artículo 10, segundo párrafo, de la ley del 24 de marzo de 1958 n.º 195. También formula recomendaciones sobre medidas administrativas necesarias para mejorar el funcionamiento del sistema judicial, especialmente en lo que respecta a la lucha contra la corrupción y las organizaciones mafiosas y terroristas. Además, la comisión colabora con diversas insti-

Comisión VII 'per l'organizzazione degli uffici giudiziari[406]*'; Comisión VIII 'per la magistratura onoraria'*[407]*; Comisión IX ' dei rapporti isti-*

---

tuciones, como la Escuela Superior de la Magistratura, y está facultada para emitir informes sobre temas de carácter general que afecten la labor del Consejo o la función judicial. En cuanto a la lucha contra la corrupción y la criminalidad organizada y terrorista, la comisión tiene la responsabilidad de identificar disfunciones en el funcionamiento de los tribunales, incluidas instituciones clave como la Dirección Nacional Antimafia y Antiterrorismo. También supervisa las oficinas judiciales más expuestas, promoviendo mejoras y ajustando el personal necesario para garantizar su operatividad. La comisión recopila y elabora datos cualitativos y cuantitativos, en colaboración con organismos como Eurojust, la Comisión Parlamentaria Antimafia y la Autoridad Nacional Anticorrupción (ANAC), con el objetivo de formular propuestas efectivas. También informa al Consejo sobre cuestiones relacionadas con la criminalidad organizada que requieran intervención o coordinación institucional. Por último, realiza visitas a las oficinas judiciales para recabar información de primera mano, con el fin de mejorar la administración de justicia en las zonas más afectadas por el crimen organizado.

406 La Comisión para la Informática Judicial y la Organización de los Tribunales también desempeña un papel crucial en la modernización y supervisión de los sistemas informáticos del Consejo, abordando los problemas derivados del desarrollo de la informática judicial y su impacto en la organización de los tribunales. Supervisa la correcta organización de las oficinas judiciales y la cobertura de los puestos vacantes, colaborando con otras instituciones para garantizar el buen funcionamiento del sistema judicial en su conjunto.

407 La Comisión para la Magistratura Honoraria tiene bajo su responsabilidad varias áreas clave. Entre ellas, se encarga de dictar resoluciones relacionadas con los jueces de paz, los jueces honorarios de tribunal y los vicefiscales honorarios, así como, en general, con la magistratura honoraria. También gestiona cuestiones relacionadas con los miembros privados de los tribunales de menores, los expertos de los tribunales de vigilancia y, en general, con aquellos que forman parte de órganos judiciales sin pertenecer directamente a la magistratura. Además, esta comisión examina informes, quejas, recursos y reclamaciones que conciernen a los magistrados honorarios. Tiene la facultad de iniciar procedimientos para declarar la destitución de magistrados

tuzionali nazionali e internazionali; attività di formazione; esecuzione penale'[408]; *Comisión 'per il bilancio del Consiglio ed il regolamento di amministrazione e contabilità'*[409].

En el ámbito de la organización interna del sistema judicial italiano, se encuentran el Consejo Directivo de la Corte de Casación y los Consejos Judiciales, órganos que, por sus características y funciones, pueden compararse con las Salas de Gobierno de

---

honorarios de sus funciones y es responsable de imponer sanciones disciplinarias a los jueces de paz cuando sea necesario. También promueve la formación profesional de los magistrados honorarios, impulsando su desarrollo y capacitación continua.

408 La Comisión de Relaciones Institucionales Nacionales e Internacionales; Actividades de Formación; Ejecución Penal, aborda diversas cuestiones, comenzando con la realización de estudios de derecho comparado en materias relacionadas con el ordenamiento judicial, el derecho sustantivo y procesal. Tiene la tarea de gestionar las relaciones con las magistraturas de otros países, sus respectivos órganos de gobierno autónomo y redes correspondientes, asegurando una coordinación adecuada con las actividades formativas de la magistratura extranjera. Además, mantiene estrechos vínculos con la Escuela Superior de la Magistratura en lo que respecta a la formación y actividades de carácter internacional. Asimismo, la comisión emite resoluciones, dictámenes e iniciativas sobre problemáticas relacionadas con la ejecución penal y el ámbito de la magistratura de vigilancia, con excepción de los aspectos organizativos, que son competencia de la séptima comisión. Por último, organiza encuentros, tanto a nivel nacional como internacional, sobre los temas de interés del Consejo, facilitando el intercambio de conocimientos y experiencias entre magistrados de diferentes jurisdicciones.

409 La Comisión de Presupuestos del Consejo y Reglamento de Administración y Contabilidad, se encarga de emitir dictámenes y formular propuestas sobre las materias y casos contemplados en el Reglamento de Administración y Contabilidad. También tiene la facultad de interpretar este reglamento cuando sea necesario y puede proponer modificaciones para mejorarlo, asegurando que la gestión financiera y administrativa del Consejo se realice de manera eficiente y conforme a las normativas vigentes.

los tribunales en España. El Consejo Directivo de la Corte de Casación, introducido mediante el Decreto Legislativo de 27 de enero de 2006, desempeña un papel esencial en la supervisión de la organización interna de la Corte de Casación. Sus competencias incluyen la emisión de opiniones sobre la organización de dicha Corte, la evaluación de la profesionalidad de los magistrados, el análisis de los cargos extrajudiciales desempeñados por magistrados en la Corte y en la Fiscalía General y el auxilio al Consiglio en actividades formativas o de consulta. Este órgano está compuesto por el Primer Presidente de la Corte, el Procurador General, el Presidente del Consejo Nacional Forense, seis magistrados, dos fiscales y tres miembros no togados, estos últimos seleccionados entre dos profesores universitarios de derecho y un abogado con al menos veinte años de experiencia.

Por su parte, los Consejos Judiciales se establecen en cada distrito de la Corte de Apelación y cuentan con una composición mixta que incluye al Presidente de la Corte, el Procurador General, magistrados elegidos por sus pares, profesores universitarios de derecho y abogados con una práctica profesional mínima de diez años. El número de miembros, tanto togados como laicos, varía según el distrito judicial. Las funciones de estos Consejos son auxiliares al *Consiglio* y abarcan la emisión de informes y opiniones sobre la organización de las oficinas judiciales, la evaluación de magistrados, la continuidad o cese en el servicio, las incompatibilidades y las competencias para cargos directivos. Asimismo, supervisan el funcionamiento de los órganos judiciales dentro del distrito y colaboran con las Comisiones para el Análisis de Flujos y Pendencias (*Commissione flussi*), encargadas de monitorizar la carga de trabajo de los despachos judiciales para optimizar la eficiencia y efectividad jurisdiccional.

En materia competencial, el órgano de gobierno de la judicatura italiana está encargado de garantizar la independencia del poder judicial. Para lograr tal objetivo, se le otorgan un conjunto de funciones y decisiones en el marco de la vida profesional de los magistrados. La idea se entronca en retirar estas competencias del Ministerio de justicia, evitando así el riesgo de influencias ante temores por las hipotéticas repercusiones políticas que ello puede suponer. Por tanto, el *Consiglio* dispone de facultades en materia de acceso a la carrera judicial, promoción, funciones extrajudiciales, traslados, nombramientos para cargos directivos, permisos y jubilación. En materia de formación judicial, depende del *Consiglio* la Escuela de la Magistratura, constituida formalmente en el año 2012, encargada de la elaboración de los diferentes cursos para la formación inicial y continua de los magistrados bajo las directrices del Consejo, del Ministerio de Justicia, y escuchando igualmente las propuestas presentadas por el Colegio Nacional de Abogados y el Consejo Nacional de Universidades. En materia disciplinaria, el Consejo, a través de la sección Disciplinaria, se confecciona como único órgano con facultades para el inicio de procedimientos disciplinarios y la adopción de sanciones contra jueces, magistrados y fiscales, pudiendo impugnarse sus decisiones ante las Secciones Unidas de la Corte Suprema de Casación. El consejo dispone de poderes para la emisión de opiniones e informes sobre diferentes anteproyectos de ley que estén siendo examinados en el parlamento italiano, pudiendo inclusive formular propuestas de ley en materia de funcionamiento judicial.

En relación a la comparación del *Consiglio* con el euro-modelo, es evidente que no existe duda alguna sobre ello. La comparación entre el *Consiglio Superiore della Magistratura* de Italia y el Euromodelo de consejos judiciales resalta la relevancia del sistema italiano como referencia para la autonomía judicial en Europa. Es indiscutible que Bruselas ha tomado al CSM como referencia a seguir en la elaboración de sus propuestas para otros países, dado su enfoque en garantizar la independencia del poder judicial y su estructura mixta. Tal y como se ha venido observando, el Consejo italiano ha venido rompiendo las ligaduras que le unían al Poder Ejecutivo, distanciándose del mismo para obtener un modelo autónomo y garante de la independencia del Poder Judicial. La composición mayoritariamente togada, con miembros elegidos por sus pares, y la inclusión de miembros laicos designados por el Parlamento mediante una mayoría cualificada, aseguran el cumplimiento de los estándares promovidos por la Unión Europea. Asimismo, las amplias competencias del Consejo italiano, combinadas con su entramado de comisiones y organismos técnicos como la Escuela de la Magistratura, lo consolidan como un modelo robusto y funcional de autorregulación judicial.

El *Consiglio Superiore della Magistratura* de Italia se erige como un ejemplo paradigmático de lo que el Euro-modelo busca promover en Europa: un órgano autónomo y eficaz garante de la independencia del poder judicial. Sin embargo, la idea de que este modelo es "el modelo" universal es problemática. Es esencial reconocer que el modelo italiano, aunque efectivo, no necesariamente es aplicable a todos los países. Cada estado tiene su propio contexto social, jurídico y político que influye en la implementación de sistemas de gobierno judicial. La efectividad del Consejo en Italia se debe a que se adaptó a las particularidades del país en el contexto de mediados del siglo XX. En países de Europa del Este, muchos de los cuales han heredado sistemas judiciales de las antiguas repúblicas soviéticas, la simple adopción del modelo italiano podría no ser suficiente. Cada país debe considerar sus propias circunstancias y desafíos al adoptar reformas judiciales. Por lo tanto, mientras el CSM puede servir de inspiración, no debe ser visto como un molde rígido a seguir sin considerar las especificidades de cada contexto nacional. La historia y la cultura jurídica de estos países pueden requerir enfoques diferentes para lograr una verdadera independencia judicial.

4.14 Letonia: *Tieslietu padome*

Letonia confeccionó el Consejo de la Judicatura, en letón *Tieslietu padome*, en agosto de 2010, como un órgano con autoridad en cuestiones relativas a la carrera judicial y la formulación de políticas y estrategias para mejorar la organización y funcionamiento del sistema judicial. Este órgano encuentra su fundamento jurídico en la Ley del Poder Judicial, la cual regula su composición, estructura y competencias. Sin embargo, su análisis inicial revela que se trata de un órgano con funciones limitadas, caracterizadas más por un rol asistencial y participativo en colaboración con otros órganos y departamentos ministeriales que por un auténtico poder decisorio en su ámbito.

Desarrollando su ámbito estructural, el Consejo está formado por un total de quince miembros, siete de ellos de carácter electo, y los ocho restantes de carácter permanente *ex officio*. En relación con los primeros, los miembros electos están formados por jueces, elegidos por sus propios pares. No obstante, ha de ser matizada tal cuestión, puesto que no todos ellos son proclamados por la totalidad de los miembros de la carrera judicial. Seis vocales judiciales son elegidos por la Conferencia Judicial, representativa de la totalidad de los jueces que representan el Poder Judicial. Por su parte, el miembro restante es seleccionado por la Sesión Plenaria del Tribunal Supremo. Estos siete miembros disponen de un mandato por duración de cuatro años, pudiendo ser reelegidos en el mismo por un máximo de dos veces consecutivas. Con respecto a los ocho miembros *ex officio*, el cargo que disponen los mismos conlleva su automática inclusión en el Consejo, estando formado por el Presidente del Tribunal Supremo, quien ejerce el cargo de Presidente del órgano, Presidente del Tribunal Constitucional, Ministro de Justicia, Presidente del Comité Judicial del Parlamento (*Saeima*), Fiscal General, Presidente del Consejo Letón de Abogados Jurados, Presidente del Consejo Letón de Notarios Jurados, y Presidente del Consejo Letón de Alguaciles Jurados.

En materia competencial, la esfera de funciones que le es asignada al Consejo es limitada. Respecto a la carrera de jueces y magistrados, el Consejo no efectúa nombramientos, restringiéndose su ámbito de actuación a la aprobación de los reglamentos sobre la evaluación de los jueces. En materia disciplinaria carece de facultades, correspondiendo la misma a la Corte Disciplinaria y al Comité judicial disciplinario, conllevando un órgano de gobierno de la justicia carente de dos de las funciones más trascendentales para la correcta dirección. Sí obedece a su ámbito funcional la elaboración y desarrollo de los diferentes programas de formación inicial y continua, así como la posibilidad de ofrecer opinión acerca de la legislación en ámbito del derecho emanada por las cámaras legislativas.

Analizando desde una óptica comparativa con el euro-modelo, se observa un distanciamiento al mismo. Si bien es cierto que comparte algunas cuestiones clave con relación al modelo de Bruselas, son amplias las diferencias existentes. Aun cuando el Consejo denota cierta autonomía, pues disfruta de ciertas facultades, como la intervención en políticas y estrategias en el plano judicial o la emisión de informes sobre proyectos de leyes, esta se observa diezmada al carecer de competencias clave así como de un presupuesto independiente, lo que conlleva su anexión a la Administración del Tribunal Supremo, dependiendo del presupuesto del mismo para la gestión de sus propias actividades. Todo ello ofrece un consejo restringido y dependiente. Igualmente, la composición mixta del Consejo se alinea con el modelo europeo, cuestión que se perfecciona a través de una mayoría de vocales provenientes de la carrera judicial, y la designación de los jueces por sus propios pares, quienes observan un límite en sus mandatos.

4.15 Lituania: *Teisėjų Taryba*

El Consejo Judicial de Lituania, denominado en lituano *Teisėjų Taryba*, tiene su base legal en el art. 112 de la Constitución de la República de 1992, a través del cual se estableció la base para la creación de una institución especial, formada por jueces. Es desarrollado por ley -Ley de los Tribunales de la República de Lituania-, otorgándole así un conjunto de variadas competencias, ales y como asesorar al Presidente en materias relativas al nombramiento, promoción, traslado o destitución de jueces. Inicialmente fue confeccionado como un órgano más reducido, de únicamente nueve miembros, pero este ha venido sufriendo modificaciones en su estructura y funciones para ser configurado como principal órgano representativo del autogobierno de los tribunales. Su principal encomienda se enfoca en la garantía del principio de separación de poderes desde la óptica judicial, esto es, garantizar la inexistencia de intromisiones externas en la labor diaria de jueces y magistrados.

Tal y como ya se ha puesto de manifiesto, su inicial composición se limitaba a nueve miembros, pero tras enmienda a la Ley de Tribunales en el año 2012, se incrementó a un total de veintitrés. La duración del mandato se limita a cuatro años, cabiendo la posibilidad de reelección en el cargo. La distribución de los vocales se efectúa a través de dos categorías, los electos y los *ex officio*. En relación a los jueces seleccionados, son veinte el número total de ellos, los cuales serán designados en la Reunión General de jueces, conforme las siguientes categorías y destinos: 3 del Tribunal Supremo, 3 del Tribunal de Apelaciones, 3 del Tribunal Supremo Administrativo, 1 de cada tribunal regional, 1 en representación de todos los tribunales administrativos regionales, y 1 en representación de todos los tribunales de distrito en el territorio de actividad de cada tribunal regional. Respecto a los miembros ex *officio*, estos son tres, tales y como el Presidente del Tribunal Supremo, el Presidente del Tribunal de Apelaciones y el Presidente del Tribunal Supremo Administrativo. La presidencia y vicepresidencia son cargos de elección por los propios miembros del Consejo por un periodo de dos años. Se puede concluir que este órgano esta instituido exclusivamente por miembros de la carrera judicial, y con excepción de los miembros *ex officio*, todos ellos cumplen un componente representativo de la carrera judicial al ser elegidos por sus pares.

En cuanto a las competencias que le han sido asignadas al Consejo, esta es materia que ha venido siendo modificada durante los diferentes años que lleva operando el órgano, viéndose un incremento en las mismas. En materia de carrera judicial, el órgano no dispone de competencias para el directo nombramiento, promoción, traslado y destitución de jueces, presidentes y vicepresidentes de tribunales y divisiones, pero sí que efectúa asesoramiento al Presidente de la República, que es quien finalmente efectúa tal actuación. En materia disciplinaria, igualmente el Consejo no dispone de la potestad para la investigación -aunque puede proponer la apertura de un caso disciplinario- y sanción de jueces y magistrados que hayan podido llevar a cabo una infracción, pero sí que participa en la Comisión de ética y Disciplina Judicial nombrando cuatro de los siete miembros, eligiendo a su vez al presidente de la misma. A su vez efectúa nombramiento de todos los miembros que componen el Tribunal de Honor Judicial. Ambos organismos se encargan de la investigación y sanción de las posibles infracciones cometidas por los miembros de la carrera judicial, así como del cumplimiento del Código de Ética de los Jueces de la República de Lituania.

En materia de formación judicial, el Consejo aprueba las reglas para la organización de la formación, los programas de capacitación y los requisitos de cualificación de los formadores a través de la Comisión o Comité de Formación. Ello se complementa con la tarea llevada a cabo por el Ministerio de Justicia, quien armoniza los programas anuales de formación. En materia de emisión de informes y opiniones sobre anteproyectos de ley, la norma le permite ser un actor importante para ofrecer información sobre asuntos legislativos al poder ejecutivo, en aras de mejorar la actividad legislativa en materia judicial. Por último, dispone de un conjunto de facultades variadas, como la evaluación de las actividades de los jueces, la aprobación de las regulaciones administrativas de los tribunales, incluyendo la asignación de casos y la formación de paneles judiciales y la colaboración con instituciones y organizaciones de carácter nacional e internacional, ejerciendo la representación del poder judicial de Lituania tanto a nivel interno como externo.

En relación al posible cumplimiento o no de los estándares europeos, se observan amplios puntos en común. El Consejo se confecciona bajo un halo de autonomía en aras de garantizar la independencia del poder judicial. Para ello no existe mejor factor que la propia composición del órgano, en el cual los miembros de la carrera judicial sean nombrados por sus propios pares. Empero, en materia de composición del órgano se observa una confrontación con los "euro postulados", puesto que el Consejo de Lituania carece de vocales externos al ámbito de la justicia y que ofrezcan así un serio complemento a la labor de los vocales judiciales. A su vez, y en materia de competencias, desde el modelo propuesto por la Comisión se parte de otorgar a los Consejos Judiciales la competencia compartida con el Presidente de la República y la Comisión Disciplinaria en materia de carrera judicial, tales y como nombramientos, promoción, traslado, destitución y acción disciplinaria. Esto genera una cierta separación con los "euro postulados", los cuales se convierten en factores clave para el entendimiento del euro-modelo. Si bien es cierto, se observa positivamente la asignación de otras funciones, especialmente relativos a formación judicial y a emisión de informes sobre legislación. Por tanto, es un órgano que se acerca al sistema europeo, pero que discierne en aspectos clave, a pesar de seguir algunos de sus principios clave.

4.16 Luxemburgo: *Conseil National de la Justice*

El Consejo nacional de Justicia de Luxemburgo (en original *Conseil national de la Justice*) se encuentra regulado por la Constitución, y por la Ley de organización del Consejo nacional de Justicia de 23 de enero de 2023. Se observa que es un órgano de reciente creación. Está compuesto por un total de nueve miembros, nombrados por un periodo de cuatro años, con la posibilidad de renovación del nombramiento únicamente en una ocasión más. Del total de los vocales, seis proceden del ámbito judicial, y tres son miembros externos. En relación con los primeros, serán elegidos, un magistrado de la Corte Suprema de justicia, un magistrado de los tribunales de distrito, un fiscal general, un fiscal, un magistrado de la Corte Administrativa, un magistrado proveniente de tribunales administrativos. Por su parte, los tres miembros externos son nombrados por votación de dos terceras partes de los miembros del parlamento, eligiéndose a un abogado y a dos juristas de conocimiento cualificado y de reconocida experiencia.

En relación a su esfera competencial, su principal función se enfoca en la protección de la garantía de independencia judicial de los diferentes órganos jurisdiccionales. Para ello, ostenta distintas facultades que otorgan autonomía al órgano en relación a los restantes poderes estatales. En materia de nombramientos, el Consejo es el órgano que ostenta exclusividad para el nombramiento de todos los magistrados. Para ello, propone al Gran Duque los candidatos nominados, y este exclusivamente efectúa el nombramiento de los mismos, sin tener un carácter decisorio en su elección. En materia de formación judicial, el Consejo organiza los distintos programas de formación que han de llevar a cabo jueces y magistrados, desde el momento del acceso a la carrera judicial. En esta cuestión, los programas constituidos se llevan a cabo bajo la colaboración de los diferentes departamentos, en aras de ofrecer un correcto "entrenamiento" y "actualización" en las distintas materias que pueden ser de carácter novedosas o de mayor complejidad. En materia legislativa, el Consejo puede efectuar recomendaciones y opiniones al Parlamento y al Ministerio de Justicia acerca de la normativa que afecte a la organización de la justicia, al Consejo, al estatuto del personal judicial, así como al personal auxiliar o cualquier miembro administrativo de la justicia. Por contraparte, carece de potestades disciplinarias por sí mismo, aun cuando nombra a los miembros que conforman el tribunal disciplinario que ha de constituirse ante hipotéticas infracciones cometidas por los jueces y magistrados.

Comparando el Consejo Luxemburgués con el euro-modelo, se observa cómo desde el Gran Ducado se ha estructurado un sistema con amplias similitudes al modelo europeísta. La composición del órgano y el sistema de elección de sus miembros no varía de las indicaciones expuestas desde la Comisión. Existe una mayoría de miembros que provienen de la carrera judicial, y ello se complementa con juristas de reconocida competencia. Al conformar los primeros más de la mitad de los vocales de la cámara, y además ser nombrados por sus pares, se cumple uno de los estándares clave que confeccionan el sistema. En materia competencial, el conjunto de facultades que le son otorgadas al Consejo son amplias, ostentando capacidad decisoria en el nombramiento de los magistrados de las más altas esferas de la carrera judicial, facultad de elaborar los diferentes programas de formación inicial y continua de los miembros de la carrera judicial y emitir recomendaciones al Parlamento y al ministerio de Justicia en materia de legislaciones que pueden afectar a la organización de la justicia o al Estatuto de jueces y magistrados. La única cuestión que le aleja del euro-modelo radica en la carencia de competencias directas para la investigación y sanción de las infracciones cometidas por los jueces, participando, no obstante, en el nombramiento de los miembros de la comisión/tribunal disciplinario encargado de ello. Se observa de esta forma cómo el país luxemburgués ha querido ofrecer el máximo respeto a los patrones establecidos desde Europa, en base al modelo italiano, recogiendo prácticamente en su totalidad el euro-modelo, aun con leves adaptaciones.

4.17 Macedonia del Norte: *Судски Портал на Република Северна Македонија*

El Consejo judicial de la República de Macedonia del Norte (en macedonio, Судски Портал на Република Северна Македонија), es un órgano autónomo que enfoca su interés en la organización del poder judicial y garantía de la independencia judicial de sus miembros. Tiene su base en la constitución de la República de Macedonia, lo que le otorga un status de persona jurídica de carácter constitucional, trascendental para el ejercicio de sus funciones, y se encuentra desarrollado por la Ley del Consejo Judicial, de 22 de diciembre de 1992, sufriendo diferentes reformas, como la acaecida en el año 2006. El órgano tiene la base de su creación en el euro-modelo, tal y como sucede con los Consejos de los países de su entorno, siendo una fiel representación teórica de las ideas europeas en la materia. Por tanto, se prohíbe la injerencia del Consejo en cualquier actividad política.

El órgano se encuentra compuesto por un total de quince miembros., designados por un periodo de seis años Dos de ellos son miembros *ex officio*, que son el Presidente de la Corte Suprema y el Ministro de Justicia, quienes ostentarán el cargo de vocal hasta el cese de sus funciones como Presidente de la Corte Suprema y Ministro. Ocho miembros, de categoría judicial, serán elegidos por sus propios pares, respetando el principio de representación equitativa de las diferentes categorías judiciales. Los cinco miembros restantes, de carácter lego, son nominados por la Asamblea parlamentaria, por mayoría cualificada, debiendo ser dos de ellos propuestos por el Presidente del Gobierno. Este sistema muestra una composición mayoritaria de los miembros pertenecientes a la carrera judicial, la cual puede incrementarse con la contabilización en la misma del Presidente de la Corte Suprema. El presidente y el vicepresidente del Consejo son elegidos entre los propios miembros del Consejo con al menos ocho votos.

El Consejo, en el ámbito de sus competencias, ejerce una autoridad fundamental para la organización y el mantenimiento del orden en el sistema judicial. Entre sus atribuciones esenciales, se destaca la facultad de seleccionar y, cuando lo estime necesario, destituir tanto a los jueces como a los presidentes de los tribunales. Además, tiene la responsabilidad de declarar el fin de la función judicial en los casos procedentes, así como de nombrar y remover a los jueces legos. Estas funciones incluyen, asimismo, la encomiable tarea de supervisar y evaluar rigurosamente el desempeño de los jueces, garantizando su compromiso con los principios de justicia y profesionalismo. Igualmente, el Consejo posee la competencia para deliberar sobre la responsabilidad disciplinaria de sus miembros, así como de los jueces y presidentes de tribunales, abordando las cuestiones de ética y conducta que puedan afectar la integridad del sistema judicial. Una de las competencias más delicadas que le corresponde es la de decidir sobre la revocación de la inmunidad judicial, así como la autorización para la detención de un juez. De igual importancia, el Consejo tiene la facultad de nominar a dos jueces de entre los magistrados en ejercicio para que desempeñen funciones en el Tribunal Constitucional de la República de Macedonia del Norte, contribuyendo a la continuidad de una judicatura de la más alta calidad.

En su rol de garante de la uniformidad y cohesión en la interpretación y aplicación de la ley, el Consejo también dispone de la responsabilidad de examinar el informe anual emitido por el Tribunal Supremo de la República de Macedonia del Norte. Este informe, que aborda los principios fundamentales y las doctrinas jurídicas que guían la práctica judicial, permite al Consejo velar por la coherencia en la aplicación de las leyes. Además, el Consejo tiene la potestad de suspender temporalmente a un juez de sus funciones, al igual que suspender a un miembro del propio Consejo en el ejercicio de sus responsabilidades. Otras competencias clave del Consejo incluyen la determinación del número adecuado de posiciones judiciales en cada tribunal, acorde con las necesidades y el volumen de trabajo de estos, así como la revisión y evaluación de los informes trimestrales y anuales sobre el desempeño de los tribunales, los cuales se publican en su página web con el fin de promover la transparencia y el acceso público a la información. Comprometido con la comunidad, el Consejo también da curso a las quejas de ciudadanos y entidades jurídicas sobre la actuación de jueces, presidentes de tribunales y otras instancias judiciales, y trabaja para salvaguardar la honra y el prestigio de la judicatura, fomentando la confianza pública en el sistema judicial. Cada año, el Consejo presenta un informe detallado sobre sus actividades, y adopta el Reglamento Interno y otras disposiciones generales que regulan su funcionamiento y afianzan su ámbito de competencias. Finalmente, le corresponde establecer un número orientativo de casos que cada juez debe resolver mensualmente, buscando así optimizar la eficiencia y distribución del trabajo judicial, promoviendo una administración de justicia ágil y eficaz.

En cuanto a su composición, el Consejo presenta dos tipos de vocales: los judiciales, elegidos por sus pares, y los legos, elegidos por el Parlamento, lo que asegura una representatividad tanto de la judicatura como de la sociedad. Sin embargo, un aspecto que puede suscitar dudas es la participación de dos miembros *ex officio*, entre los cuales se incluye el Ministro de Justicia, lo que podría permitir una influencia política en el Consejo. No obstante, en términos competenciales, no se observa ninguna desviación del modelo, pues el Consejo ostenta las facultades que, desde la perspectiva del euro-modelo, son consideradas esenciales para un gobierno judicial autónomo y adecuado.

Empero, tal y como ha sucedido en otros Estados del Este de Europa, la adaptación del euro-modelo no ha trascendido tan correctamente como se venía previendo. Exponen Prešova, Damjanovski y Nechev[410] que el Consejo heredó las mismas deficiencias que se observaban en sus homónimos. Su instauración fue precipitada[411], lo que generó un poder judicial carente

410 PREŠOVA, D., DAMJANOVSKI, I. y NECHEV, Z. *The Effectiveness of the 'European Model' of Judicial Independence in the Western Balkans: Judicial Councils as a Solution for a New Cause of Concern for Judicial Reforms.* Op. Cit., Centre for the Law of EU External Relations (CLEER), T.M.C. Asser Instituut, 2017, p. 16.

411 Manifiesta PREŠOVA, D. *Judicial reforms in the Republic of Macedonia: changes without reforms?* Skopje, Institute for Democracy 'Societas Civilis', 2018, pp. 15-18, Recuperado de: http://www.kas.de/mazedonien (Fecha de consulta: 04/06/2024), que la problemática surgida se basa en establecer el euro-modelo como uno de los requisitos para la adhesión a la UE, no prestándose atención a si el país estaba o no preparado para el mismo. En el caso de Macedonia, un autogobierno judicial no era prudente en un sistema de sometimiento y sumisión jerárquica judicial. Esto llevaba un aislamiento del poder judicial, abriendo un espacio a posibles nuevas injerencias, ya sean externas como internas. Respecto a esta última, las élites judiciales efectuaron una importante influencia, suponiendo un poder judicial macedonio independiente de cuestiones externas, pero subordinado en el ámbito interno. La

de suficiente preparación, a consecuencia de los lazos que los mismos venían teniendo con una mentalidad pasada y no democrática, para ejercer el autogobierno. Quienes más experiencia poseían en materia judicial era quienes ostentaban más cercanía a postulados soviéticos, no permitiendo una efectiva garantía de la autonomía del órgano. Esta búsqueda de aislamiento provocó el efecto contrario, sufriendo una importante injerencia del poder ejecutivo y de las élites políticas. Los nombramientos y promociones en la carrera judicial que realiza el Consejo tienen su finalidad en la búsqueda de designaciones cercanas a las ramas políticas, extendiendo su influencia en el poder judicial, el cual responde a "cuotas políticas". La problemática surgida se basa en establecer el euro-modelo como uno de los requisitos para la adhesión a la UE, no prestándose atención a si el país estaba o no preparado para el mismo.

4.18 Malta: *Commission for the Administration of Justice*

En Malta, a través del art. 101 de la Constitución, añadido en fecha de 2 de septiembre de 1994, se creó una institución especial encargada de la Administración de Justicia. Su naturaleza difiere de otros Consejos Judiciales, ya que, en lugar de ser un órgano constitucional, el propio texto lo califica como una comisión de naturaleza constitucional. Está conformado por un total de diez miembros, con un mandato de duración de cuatro años. Del total, cuatro provienen de la carrera judicial, cuatro son miembros *ex officio*, y dos son miembros laicos. En relación a los primeros, los cuatro vocales judiciales son elegidos por los propios jueces, ofreciendo de esta forma un carácter representativo a los miembros

jerarquía en el poder judicial macedonio es un modelo profundamente arraigado, permitiendo que un grupo no numeroso de jueces puedan abusar de su posición. Por último, la influencia del Ministro de Justicia fue notoria, siendo además un miembro del propio Consejo.

que componen el Poder Judicial. En relación a los miembros *ex officio*, son aquellos que por su propio carácter y cargo son siempre parte del órgano, y en este caso son el Presidente de la República, el Presidente del Tribunal Supremo, el Fiscal General y el Presidente de la Cámara de Abogados. Finalmente, los miembros laicos son designados de manera discrecional por el Primer Ministro y el Líder de la Oposición, lo que garantiza una representación de las dos principales agrupaciones parlamentarias del país. La presidencia de la Comisión recae en el Presidente de la República de Malta, mientras que la vicepresidencia corresponde al Presidente del Tribunal Supremo.

En relación al ámbito competencial, la Comisión asesora al Primer Ministro en el proceso de nombramientos discrecionales, lo que evidencia una carencia significativa en cuanto a su facultad de decisión, un aspecto crucial para garantizar el correcto funcionamiento del principio de separación de poderes. En el ámbito de la formación judicial, la Comisión trabaja junto con el Presidente del Tribunal Supremo para crear y dirigir el Comité de Estudios Judiciales, responsable de la formación continua de jueces y magistrados. Este comité organiza seminarios y cursos, impartidos por expertos nacionales e internacionales. Está compuesto por cuatro miembros, dos nombrados por el Presidente del Tribunal Supremo y dos por el Ministro de Justicia. En cuanto a la disciplina judicial, el organismo tiene la facultad de investigar a cualquier juez o magistrado, imponiendo amonestaciones a aquellos cuya conducta o actuación pueda comprometer la integridad del tribunal o la confianza pública en su cargo. A diferencia de otros Consejos Judiciales europeos, la Comisión también extiende su función disciplinaria sobre abogados y procuradores que ejercen en el país, lo cual le otorga un poder sobre profesionales colaborativos pero ajenos a la carrera judicial, una facultad que se justifica por la presencia del Presidente de la Cámara de Abogados como miembro *ex officio* de la Comisión. En el ámbito legislativo, la Comisión no tiene iniciativa, pero sí el derecho y el deber de emitir opiniones y recomendaciones al Ministerio de Justicia en relación con la legislación que pueda afectar la eficiencia de los tribunales, así como proponer soluciones al Gobierno. Finalmente, como Comisión de Gobierno del Poder Judicial, supervisa el funcionamiento de todos los órganos judiciales del país. Este conjunto de competencias hace que la Comisión se asemeje más a un *Court Service* que a un Consejo Judicial en el sentido estricto.

Aunque el órgano tiene un amplio rango de competencias, su terminología y estructura difieren de la de los Consejos Judiciales típicos en el modelo europeo. En relación con el euro-modelo, cabe señalar que el número de vocales judiciales en la Comisión es inferior al cincuenta por ciento del total, lo que contraviene los estándares europeos. Sin embargo, a pesar de esta divergencia, la representación de los jueces en las votaciones es efectiva, ya que el Presidente solo tiene derecho al voto de desempate. Más allá de este aspecto, son otras las características de la Comisión que muestran una fuerte afinidad con el modelo europeo, tales como la elección de los vocales judiciales por sus pares, la existencia de vocales laicos, la formación judicial a través del Comité de Estudios Judiciales, y la potestad disciplinaria sobre jueces y magistrados. La extensión de la facultad disciplinaria a los abogados y procuradores, aunque no es común en todos los sistemas europeos, no contradice el modelo, sino que se presenta como una función adicional. La Comisión también tiene la potestad de hacer recomendaciones y sugerencias al Ministerio de Justicia y al Gobierno en temas legislativos que puedan afectar a la estructura y eficiencia de los tribunales. Sin embargo, su papel en el ámbito del nombramiento de magistrados resulta más crítico y contradictorio, ya que su función se limita únicamente a asesorar al Primer Ministro, sin que ejerza una facultad efectiva de nombramiento. Esta restricción, que limita la capacidad de la Comisión para garantizar una verdadera independencia judicial, destaca como uno de los principales puntos de discrepancia con el euro-modelo, en el cual el poder de nombrar a los miembros de la carrera judicial es un pilar clave para asegurar dicha independencia.

4.19 Países Bajos: *Raad voor de rechspraak*

El Consejo neerlandés de la judicatura, denominado *Raad voor de rechspraak*, con sede en La Haya, fue establecido en el año 2002 como resultado de un proceso de modernización del sistema judicial neerlandés. A través de la creación del presente órgano, se expulsaba al Ministerio de Justicia de las labores de gestión y supervisión del Poder Judicial, e igualmente agrupaba las competencias en materia de resolución de casos individuales en un único organismo. Esta idea se enfocaba en la protección y fortalecimiento de la independencia de la judicatura, tanto a nivel general como particular en la figura de cada juez específico. Partía el Parlamento de eliminar el vínculo existente entre los tribunales y el Ministerio de Justicia, estructurando la gobernanza del Poder judicial en dos escalas, una a nivel interno a través de los consejos de los tribunales, y otra a nivel externo, a través del Consejo de la judicatura, quien asumiría responsabilidades en materias variadas como cuestiones presupuestarias y coordinación del sistema judicial. Este Consejo tiene su base en la Ley de 18 de abril de 1827 sobre la composición del Poder Judicial y la organización del sistema de justicia, modificada a través de normativa sobre organización judicial, sin existir fundamento en la Constitución, de ahí que su naturaleza se exclusivamente de carácter legal.

En cuanto a su composición, el art. 84, cuarto párrafo, de la Ley de organización Judicial, determina que el Consejo puede disponer de entre tres y cinco miembros, con un mandato de duración de seis años, y con posibilidad de ser reelegidos por un periodo máximo de tres años. Siguiendo el citado artículo, este manifiesta que debe de existir un mínimo de dos jueces en el órgano, lo que le otorga un status de mayoría. El cargo de Presidente y Vicepresidente lo ejercen los propios vocales de carácter judicial. Aspecto de trascendental importancia para la consecución de una verdadera autonomía es la inexistencia de presencia de los poderes ejecutivo o legislativo en el Consejo. Esto es, a diferencia de otros Consejos ya analizados, en el presente Consejo no existen miembros *ex officio* que, por su propio cargo dentro de los citados poderes, forman parte del Consejo. En relación a los vocales que no proceden del ámbito judicial, su nombramiento se lleva a cabo por el ejecutivo a través de Real Decreto, por nominación del Ministerio de Justicia[412].

En el ámbito competencial, el órgano ofrece más una percepción de *Court Service* que de Consejo Judicial y, por consiguiente, sus funciones se encuentran ampliamente restringidas en favor de actuaciones de otro tipo de departamentos. En tal cuestión, en materia de carrera judicial, el nombramiento de jueces y magistrados se realiza por Decreto Real, por recomendaciones del Consejo de la judicatura y de los consejos de los tribunales. Esto lleva a que una de las competencias más trascendentales para la autonomía del poder judicial corresponda al poder ejecutivo. Esta misma cuestión competencial de carácter negativo se determina en materia disciplinaria, careciendo el órgano de facultades en tales materias. Desde un punto de vista positivo sí que ostenta facultades el Consejo para otras materias, tales y como la formación judicial o los informes sobre proyectos de ley. Aunque la formación judicial es desarrollada por el Centro Nacional de Formación Judicial, dos terceras partes de su composición son miembros del Consejo de la Judicatura, por lo que se entiende que ostenta una amplia responsabilidad en la organización y supervisión del Centro y, por consiguiente, en los diferentes programas de formación que pueden desarrollar. En materia legislativa, una de las principales facultades que recaen en el presente órgano es el asesoramiento al Gobierno y al Parlamento en materia de proyectos de ley que afecten al Poder Judicial, y especialmente, aquellas que impacten directamente en la organización del Poder Judicial o en la introducción

412 HERNÁNDEZ GONZÁLEZ, G. *La independencia del Consejo General del Poder Judicial en España. Una perspectiva comparada con los países del entorno y propuestas de mejora, Madrid.* Op. Cit., p. 38

o modificación de procedimientos legales. El Consejo puede proporcionar asesoramiento legislativo tanto a solicitud como de oficio. Esta esfera competencial puede completarse con otras cuestiones que le son encomendadas al órgano, tales y como la promoción de la aplicación uniforme de la ley a través de las directrices o la mejora en la calidad de la gestión de los tribunales.

Tras el análisis del órgano, se puede destacar que su alineación con el euro-modelo es muy limitada. Aun cuando el fundamento del mismo es conseguir una amplia independencia del Poder judicial, no es menos cierto que en pocas más cuestiones pueden encontrarse coincidencias. La propia composición del órgano conlleva una dificultad para determinar si cumple el Consejo holandés los estándares europeos. La escasez general de vocales genera una falta de verdadera representación de los distritos estratos de la carrera judicial, pero a su vez de la soberanía popular, no pudiéndose observar como un verdadero punto positivo del órgano.

En relación a las facultades que le han sido conferidas, carece de aquellas dos más importantes que, conforme el modelo de la Comisión, generan un mayor grado de autonomía en el órgano, así como en los integrantes del poder judicial. Esto es, que el Poder ejecutivo efectúe los nombramientos de los jueces y magistrados, aun ante una consulta al Poder Judicial y una recomendación del Consejo, ya ofrece una conexión entre el poder ejecutivo y el judicial, que confronta con la garantía de la independencia de este último. En la misma línea, la carencia de facultades en acciones disciplinarias contra jueces y magistrados hace que la misma recaiga en otros departamentos y organismos que pueden provocar un menoscabo en la independencia del judicial. Ambas facultades se tornan en pilares clave del euro-modelo, ofreciendo un sistema alejado del clásico prototipo de Consejo y, a pesar de su terminología, más cercano a un *Court Service.*

4.20 Portugal: *Conselho Superior da Magistratura*

El *Conselho Superior da Magistratura* es uno de los órganos de gobierno de la Judicatura por excelencia. Tal y como anteriormente se ha comentado, múltiples Estados miembros han adoptado el euro-modelo para la búsqueda de democratizar el poder judicial y conseguir una verdadera escisión con el poder judicial, siendo esta la idea sobre la que se asentó el modelo de Portugal en su promulgación. Tras la caída del *Salazarismo* o *Estado Novo* en 1974 con la Revolución de los Claveles y, por tanto, el inicio del proceso que condujo a Portugal hacia la democracia, se confeccionó un órgano de carácter constitucional, con desarrollo bajo el Decreto-Ley nº 926/76, del 31 de diciembre. Obtiene amparo legal derivado de los arts. 217 y 218 de la Constitución de Portugal[413] que han venido confeccionando al órgano el actual estatus que le distingue.

En materia de estructura, el órgano se compone de diecisiete miembros distribuidos de manera que se garantice una representación plural y funcional. De estos, siete son jueces elegidos por sus pares, dos son designados directamente por el Presidente de la República, siete son nombrados por el Parlamento, y uno es miembro *ex officio*, concretamente el Presidente del Tribunal Supremo, quien además ejerce como Presidente del Consejo. La vicepresidencia se otorga al vocal judicial que ostente la calidad de juez del Tribunal Supremo. En cuanto a la duración del mandato, esta varía según el origen de cada vocal:

---

413 Así como de las distintas normas que han venido configurando su estructura y competencias, tales y como la Ley 21/85, del 30 de julio, actualizada por la Ley 10/94, del 5 de mayo, y la Ley 143/99, del 31 de agosto; Ley 36/2007, del 14 de agosto; Ley 52/2008, del 28 de agosto, actualizada por la Ley 102/2009, del 11 de septiembre, Ley 115/2009, del 12 de octubre, Decreto 295/2009, del 13 de octubre, Ley 3-B/2010, del 28 de abril, Ley 40/2010 y Ley 43/2010, del 3 de septiembre, Ley 46/2011, del 24 de junio.

los designados por el Presidente de la República ejercen por cinco años, los nombrados por el Parlamento por cuatro años, y los vocales judiciales tienen un mandato de tres años.

En cuanto al ámbito competencial, se estructuran en función de los diversos órganos y comisiones que lo integran. A modo general, pueden resumirse en el nombramiento, asignación, traslado y promoción de jueces; organización de actividades de formación y designación del miembro que participa en el Centro de Estudios Judiciales dependiente del Ministerio de Justicia, ostentando no obstante unos servicios de inspección y una sección disciplinaria; ejercicio del procedimiento disciplinario; emisión de informes sobre actos legales relacionados con el poder judicial y el Estatuto de los Jueces; ejercicio de representación institucional a nivel nacional e internacional. El organigrama del *Conselho* determina qué funciones desarrolla cada comisión interna, y se distribuye de la siguiente forma: (a) Órganos colegiales deliberativos y de coordinación, tal y como el Pleno, la Comisión Administrativa y la Comisión Permanente. Este último se subdivide en la sección de general; Sección de Seguimiento y Enlace con los Tribunales y la sección de asuntos disciplinarios; órganos de dirección como la Presidencia, la vicepresidencia y la secretaría; servicios, derivado de los órganos de dirección, como los servicios de inspección, el Gabinete de apoyo a la vicepresidencia y los miembros, el Gabinete de Comunicación, relaciones internacionales, estudios y planificación, la dirección de Servicios administrativos y financieros, la Dirección de Personal y Servicios de Movimiento Judicial, la Dirección de Servicios Administrativos y Financieros, la División de Personal Judicial y de Inspección, la División de Documentación e información legal y la División Administrativa-financiera y económica.

Individualizando las facultades de cada comisión, es de interés desglosar las diferentes funciones de las mismas. En primer lugar y dando comienzo por el Pleno, está compuesto por todos los Miembros del Consejo Superior de la Magistratura, esto es, por el Presidente, por el Vicepresidente (vocal judicial), y por el resto de vocales (2 designados por el Presidente de la República, 7 elegidos por la Asamblea de la República y 6 elegidos por los Magistrados Judiciales). En cuanto a las facultades que dispone, le compete, conforme el art. 151 del *Estatuto dos Magistrados Judiciais*[414]: evaluar y decidir las impugnaciones administrativas de los actos realizados por las secciones del consejo permanente, por el presidente, el vicepresidente o los vocales; aprobar reglamentos sobre las materias de su competencia; enviar a la Asamblea de la República, antes del 31 de mayo de cada año, el informe de actividades correspondiente al año judicial anterior; deliberar sobre las medidas a adoptar para la organización y ejecución del proceso electoral en el órgano, sobre objetivos procesales para el desempeño de la función jurisdiccional por los tribunales, sobre el inicio de procedimientos disciplinarios contra funcionarios judiciales; ordenar inspecciones, investigaciones e indagaciones acerca de posibles hechos cometidos en el desarrollo de los servicios judiciales; determinar la aceleración de determinados procedimientos judiciales de cualquier naturaleza, a petición de las partes, cuando los plazos previstos en la ley se excedan más allá de lo razonable, sin perjuicio de otros procedimientos urgentes; definir los valores de referencia procesal adecuados para cada unidad orgánica de los tribunales, a fin de no hacer excesivo el número de causas a cargo de cada magistrado judicial; fijar el número y composición de las secciones de la Corte Suprema de Justicia y de las Cortes de Apelaciones, a propuesta de los respectivos presidentes; representación nacional e internacional en las áreas de su competencia, coordinando o participando en comisiones, reuniones, conferencias u organizaciones similares, de carácter nacional o supranacional; deliberar sobre la asignación de la calificación de "Mediocre" a una actuación judicial; deliberar y votar la posible destitución de un juez o magistrado.

---

414 Disponible en: https://diariodarepublica.pt/dr/legislacao-consolidada/lei/1985-34488375

Las sesiones del Pleno tendrán lugar una vez al mes, y de forma extraordinaria siempre que sean convocadas por el Presidente[415].

En segundo lugar, la comisión permanente ostenta competencias tácitamente delegadas en las secciones que lo componen, así como todas aquellas que no hayan sido expresamente atribuidas al Pleno. De esta forma, ha de acudirse a cada sección en concreto para determinar la esfera competencial de la misma. La sección de asuntos generales está compuesta por el Presidente y el Vicepresidente del Consejo, y por dos vocales designados por el Pleno, debiendo uno de ellos ser un magistrado judicial elegido por sus pares. Sus competencias son la deliberación sobre cualquier asunto urgente o que requiera su consideración inmediata y sobre cualquier asunto que no sea competencia de las demás secciones. En relación a la sección disciplinaria, está formada por el Presidente y el Vicepresidente del Consejo, tres vocales designados por la Asamblea Parlamentaria de la República, un vocal designado por el Presidente de la República y tres vocales judiciales.

En materia competencial, sus facultades más importantes pueden resumirse en la supervisión de la disciplina de los magistrados judiciales, en la apertura de procedimientos disciplinarios o de investigación, la deliberación en materia de conversión de una investigación en procedimiento disciplinario, elaborar el plan anual de inspecciones, deliberar sobre los incidentes de impedimentos y sospechas de los inspectores e instructores, ordenar la suspensión preventiva en el ámbito disciplinario, emitir decisiones en las que se aplique una sanción inferior a la jubilación o destitución y conocer las impugnaciones administrativas de las decisiones de los presidentes de los tribunales, relacionadas con sanciones disciplinarias aplicadas a oficiales de justicia. En tercer y último lugar, la comisión administrativa se encuentra formada por el Presidente, el Vicepresidente y el

---

415 Para el acceso a las deliberaciones del Pleno, acúdase: https://csm.org.pt/deliberacoes-do-plenario/

secretario del Consejo, por un mandato de un año. Entre sus facultades más trascendentales se encuentran la emisión de informe sobre los planes anuales de actividades y los respectivos informes de ejecución, sobre el proyecto de presupuesto anual y sus modificaciones, la supervisión de la recaudación de ingresos, la autorización de los gastos que no le competen al presidente, la fiscalización de la organización de la contabilidad y supervisar su ejecución, la aprobación de las cuentas de gestión y promover su envío al Tribunal de Cuentas, la autorización de la constitución de fondos de manejo para el pago de pequeños gastos y la emisión de opinión sobre cualquier asunto relacionado con la gestión financiera y patrimonial que le sea sometido.

Al tomar como referencia el *Consiglio Superiore della Magistratura*, el modelo de Portugal cumple casi en la totalidad con los estándares del euro-modelo, aun cuando, a través del ya citado asunto *Associaçao Sindical dos Juizes Portugueses.* Ha obligado al TJUE a efectuar una interpretación de amplio interés en materia del art. 19 TUE[416]. Empero, es cierto que existen algunas características distintivas que lo diferencian. La representación del órgano es claro ejemplo de ello. La inexistencia de una mayoría de jueces en el órgano (ocho miembros de diecisiete) ya se contrapone con los principios del modelo europeo. La representación política es amplia, pues nueve de sus miembros provienen del Parlamento y del Presidente de la República. Esta cuestión conduce a un desvío de una de las cuestiones donde más estricto es el euro-modelo. En el mismo sentido, la existencia de distintas duraciones en el mandato conforme los vocales sean designados por el Presidente, el Parlamento o los propios jueces, aun sin ser un problema significativo, genera cierta situación de

---

416 Rodríguez-Izquierdo Serrano, M. "Los derechos fundamentales en el procedimiento por incumplimiento y la adecuación constitucional de las actuaciones de los Estados miembros". *Revista de Derecho comunitario europeo,* n. 61, 2018, pp. 933-971, esp. p. 964.

desigualdad en razón del origen del vocal, cuestión que confronta con la uniformidad de los mandatos que existe en territorio europeo. En materia competencial, igualmente confronta con el euro-modelo la dependencia del Ministerio de Justicia del Centro de Estudios Judiciales, lo que puede sugerir una formación parcialmente controlada o supervisada por el ejecutivo, en lugar de una gestión totalmente autónoma, tal y como fomenta el modelo europeo. En las restantes cuestiones se observa un pleno alineamiento entre ambos sistemas, especialmente en relación a las competencias en materia de nombramiento de jueces y magistrados, en cuestiones disciplinarias, en la evaluación del desempeño de los jueces, en la emisión de opiniones e informes acerca de las propuestas legislativas en materia judicial, así como en la propia gobernanza del poder judicial, tanto a nivel nacional como internacional. Desde un prisma purista, es cierto que el órgano debería amoldarse al euro-modelo, si este fuere su objetivo, en las cuestiones indicadas, pero no se observa un erróneo funcionamiento por la carencia de cumplimiento de todos los estándares, siendo una correcta adaptación del modelo italiano.

4.21 Polonia: *Krajowa Rada Sądownictwa*

El Consejo Judicial de Polonia (en original, *Krajowa Rada Sądownictwa*, y en adelante KRS) constituye un órgano cuya evolución ha estado marcada por una complejidad significativa, producto de las tensiones derivadas de la dinámica política del país y la conducta iliberal[417] de su gobierno, que ha conducido a una jurisprudencia proactiva del TJUE en materia de independencia judicial. Estas tensiones han conducido a una constante transformación del Consejo, alejándolo progresivamente de los

---

417 Magaldi Mendaña, N. "La garantía de independencia del juez europeo: una revolución encubierta del TJUE". *Revista de Derecho Público, Estudios de Deusto*, vol. 70, n. 1, 2022, pp. 81-109, esp. p. 85.

postulados europeos y de los principios fundamentales que sustentan el Estado de Derecho y la independencia judicial. Fundado en 1989 como una institución constitucional novedosa, el KRS se concibió con el propósito de salvaguardar la independencia de los tribunales mediante una composición plural, integrada por jueces y juristas[418]. Su existencia encuentra justificación en la necesidad de garantizar una separación efectiva entre los poderes ejecutivo, legislativo y judicial, mientras se fomenta una relación institucional adecuada entre ellos. Este órgano ha sido objeto de modificaciones sustanciales. Su configuración inicial, establecida a través de una enmienda a la Constitución de 1992, experimentó un desarrollo notable con la promulgación de la Constitución de 1997, que perfeccionó su estructura y competencias. Sin embargo, la reforma más controvertida tuvo lugar en abril de 2018, cuando una nueva regulación prácticamente refundó el Consejo. Esta reforma ha sido objeto de amplias críticas al considerarse contraria a la Constitución de Polonia, llegando a provocar la suspensión y posterior exclusión del KRS de la Red Europea de Consejos de la Judicatura (RECJ). Comprender las diversas modificaciones sufridas por este órgano resulta esencial para analizar su composición actual y el alcance de sus competencias.

Su nacimiento se produjo a través de la Enmienda Constitucional del año 1989, en aras de elaborar una institución que asegurase el respeto a la independencia del poder judicial. La

---

418 Acerca de la independencia de la judicatura de Polonia, manifiesta KÜN, Z. "Judicial Independence in central-eastern Europe: the experience of the 1990s and 2000s". Op. Cit., pp. 41-42, que el sistema polaco efectuó una transición pot-soviética muy dispar a los Estados de su entorno. Para garantizar una judicatura ajena a la ideología autoritaria, la Corte Suprema y la Corte Suprema Administrativa fueron "repoblados" con académicos, la cual no estaba comprometida con el régimen comunista, pero a su vez sin experiencia judicial previa. El interés de la idea se enfocaba en conseguir tribunales más receptivos a los nuevos conceptos jurídicos y, especialmente, al nuevo constitucionalismo.

ley de 20 de diciembre de ese mismo año delineó su desarrollo inicial. No obstante, desde su origen, el Consejo enfrentó críticas por su potencial vulnerabilidad frente a un corporativismo judicial que podría comprometer la eficacia de sus funciones[419]. La Constitución de 1997 retomó y profundizó la regulación del KRS en los artículos 186-191, complementándose con nueva normativa que, sustituyendo a la anterior, configura al órgano conforme las nuevas disposiciones constitucionales. Entre las reformas más significativas de esta etapa se encontraban la atribución al KRS de competencias para proponer nombramientos judiciales al Presidente de la República, la concesión de independencia presupuestaria al poder judicial y la reestructuración del mandato de sus miembros. Sin embargo, la intervención política comenzó a manifestarse de manera preocupante en 2007, cuando el KRS solicitó al Tribunal Constitucional la revisión de una disposición que otorgaba al Presidente de Polonia la facultad de regular el funcionamiento y los procedimientos del Consejo mediante decreto. El KRS argumentó que esta medida excedía las atribuciones constitucionales al legislar de facto sobre materias reservadas a la ley. En noviembre de 2009, el Tribunal Constitucional declaró inconstitucional dicha disposición en lo relativo a los procedimientos del Consejo. Posteriormente, en 2010, el Senado presentó al *Sejm* (Parlamento) un proyecto de ley para reorganizar el funcionamiento del KRS, adaptando su normativa a las disposiciones constitucionales. Esta fue aprobada el 12 de mayo de 2011, revisando las competencias del KRS y trasladando al ámbito legislativo muchas de las normativas que antes se encontraban en su reglamento interno, manteniéndose en este solo las disposiciones de menor relevancia.

---

419 Para un estudio de los orígenes del órgano, acúdase a Szczucki K. "Komentarz do art. 186 Konstytucji", en M. Safjan (dir.), L. Bosek (dir.), *Konstytucja RP. Tom II. Komentarz do art. 87–243*. Varsovia, Wydawnictwo C.H. Beck, 2016.

La situación se agravó en 2017, cuando el *Sejm*, bajo el argumento de una nueva doctrina constitucional, aprobó una ley que extinguía los mandatos de todos los vocales del KRS y dividía al órgano en dos asambleas, ejerciendo un control significativo sobre su funcionamiento. Esta reforma, que también afectó a la organización de los tribunales y de la Corte Suprema (*Sąd Najwyższy*), fue objeto de críticas tanto a nivel nacional como internacional por su impacto en la separación de poderes. Ante el veto del Presidente, este mismo propuso una nueva modificación normativa que afectaba al sistema de elección de los miembros, ley que, conforme expresó la Comisión de Venecia, debilitaba la independencia del poder judicial[420]. Esta nueva normativa se asentaba en la posibilidad de que al menos 2000 ciudadanos, o 25 jueces, pudiesen proponer candidatos a vocales, siendo elegidos por el *Sejm* en mayoría cualificada de tres quintos, o mayoría simple en segunda ronda[421]. La controversia se escenificó

---

420 En tal cuestión, la Comisión de Venecia expuso que el nuevo modelo de designación de los vocales judiciales era contrario a la morfología de un Estado de Derecho. De esta forma, se ha de primar un sistema en el que los vocales judiciales deban de ser elegidos por los propios jueces, no limitar a los mismos a una mera propuesta del candidato a través de un apoyo mínimo de los mismos. Igualmente, la posibilidad de elección de los vocales a través de una mayoría simple en la Cámara supone un amplio peligro de intromisión en el poder judicial. Entiende la Comisión que el modelo propugnado puede llevar a una alineación política homogénea dentro del KRS, poniendo en riesgo el ejercicio autónomo de sus funciones. Para un acceso al documento, véase CDL-AD(2017)031-e Poland–Opinion on the Draft Act amending the Act on the National Council of the Judiciary; on the Draft Act amending the Act on the Supreme Court, proposed by the President of Poland, and on the Act on the Organisation of Ordinary Courts, adopted by the Commission at its 113th Plenary Session (Venice, 8-9 December 2017), Recuperado de: https://www.venice.coe.int/webforms/documents/?pdf=CDL-AD(2017)031-e (Fecha de consulta: 02/05/2024).

421 Esta cuestión fue impugnada por el partido Ley y Justicia, así como por el propio KRS ante el Tribunal Constitucional. La sentencia de 25 de

ante la inexistencia de transparencia en el proceso, así como a la presentación de candidaturas, muchas de ellas cercanas o vinculadas a los poderes políticos. De manera paralela, la crisis de la Corte Suprema involucró al órgano, puesto que una de sus funciones es la nominación de los magistrados para su composición. En base al concepto de la soberanía nacional[422] o identidad nacional[423], las instituciones del Estado se sumergían en una profunda crisis democrática[424], viéndose afectada la independencia judicial a través de una paralización del Tribunal Constitucional, de la Corte Suprema y del KRS[425].

---

marzo de 2019 -ampliamente criticada por diferentes agentes políticos, sociales y judiciales a consecuencia de la participación de magistrados elegidos por el *Sejm*, la imposibilidad que se dio al Defensor del Pueblo para participar a tiempo y del carácter político del Tribunal- dictaminó que la normativa era constitucional, no contraviniendo el texto la posibilidad de elección por mayoría simple. Recuperado de: https://isap.sejm.gov.pl/isap.nsf/download.xsp/WDU20190000609/O/D20190609.pdf (Fecha de consulta: 02/05/2024).

422 KOCHENOV, D. y BÁRD, P. "The Last Soldier Standing? Courts Versus Politicians and the Rule of Law Crisis in the New Member States of the EU", en E. Hirsch Ballin (ed.), G. van der Schyff (ed.) y M. Stremler (ed.), *European Yearbook of Constitutional Law 2019. Judicial Power: Safeguards and Limits in a Democratic Society*. Cham, Suiza, Springer, 2020, pp. 243-287, esp. p. 243.

423 FAGGIANI, V. "La 'rule of law backsliding' como categoría interpretativa del declive del constitucionalismo en la UE", *Revista Española de Derecho Europeo*, n. 71, 2019, pp. 57–100, pp. 78-79.

424 Para un análisis pormenorizado de la crisis democrática de Polonia, véase: SADURSKI, W. "How democracy dies (in Poland): a case study of anti-constitutional populist backsliding". *Sydney Law School – Legal Studies Research Paper*, vol. 18, n. 1, 2018, pp. 1–70; del mismo autor *Poland's Constitutional Breakdown*. New York, Oxford University Press, 2019.

425 KRZYWOŃ, A. "La defensa y el desarrollo del principio de independencia judicial en la Unión Europea", *Revista Española de Derecho Constitucional*, n. 119, 2020, pp. 85-11, pp. 89-90.

Ante la creación de una Cámara Disciplinaria en la Corte Suprema, el asunto se elevó al TJUE, emitiendo sentencia en los casos acumulados C-585/18, C-624/18 y C-625/18 A.K que afectaban al KRS a la Cámara Disciplinaria de la Corte Suprema de Polonia[426]. Este último órgano ha de evaluar la independencia de la Cámara Disciplinaria para certificar su viabilidad para la resolución de los asuntos. Igualmente planteó que en materia de recomendación de los nombramientos judiciales, el KRS únicamente puede ostentar tal competencia si su estructura obedece al cumplimiento del principio de independencia de los restantes poderes estatales. En tal materia se pronunció igualmente la Corte Suprema de Polonia, en fecha de 5 de diciembre de 2019, en el caso III PO 7/18[427], y reafirmando su decisión en audiencia de 23 de enero de 2020, afirmó que la Cámara Disciplinaria no es un Tribunal, al carecer en su origen de las características de independencia e imparcialidad que el propio KRS no dispone, dándose por finalizada la actuación de la presente Cámara, aun no anulando las decisiones ya tomadas en materia disciplinaria contra jueces y magistrados.

El debate sobre la elección de los vocales del KRS también alcanzó al Tribunal Europeo de Derechos Humanos, que emitió pronunciamientos reiterados sobre las irregularidades del proceso de selección, tanto en el KRS como en las Cámaras Disciplinarias y de Control Extraordinario y Asuntos Públicos. En sus resoluciones, el TEDH constató que la Cámara Disciplinaria no cumplía con los requisitos para ser considerada un tribunal independiente, dado que sus miembros eran designados mediante un proceso controlado políticamente por el

---

426 STJUE, de 19 de noviembre de 2019, asunto A.K./Krajowa Rada Sadownictwa y CP y DO/Sad Najwyzszy (asuntos acumulados (C-585/18, C-624/18 y C-625/18).

427 Recuperada de: http://www.sn.pl/aktualnosci/SitePages/Komunikaty_o_sprawach.aspx?ItemSID=331-b6b3e804-2752-4c7d-bcb4-7586782a1315&ListName=Komunikaty_o_sprawach

Parlamento, lo que comprometía la autonomía judicial[428]. Esta misma idea se aplicó para la Cámara de Control Extraordinario y Asuntos Públicos en el asunto Dolińska-Ficek y Ozimek contra Polonia[429], de la Cámara Civil en el asunto Advance Pharma[430] al entender igualmente que no existe un cumplimiento del art. 6.1 CEDH en la composición de los órganos, puesto que los mismos provienen de actos parciales por el KRS, el Presidente de Polonia y el Parlamento, comprometiéndose la legitimidad de las cámaras. El mismo precepto se vulneró conforme el Tribunal ante la interrupción arbitraria por el Parlamento del mandato de diferentes jueces, tales y como Grzęda[431] o Żurek[432].

En el asunto Juszczyszyn[433], el Tribunal halló vulneraciones a los derechos fundamentales del juez concernido, incluidos el derecho a un juicio justo, a la privacidad y a la vida familiar (artículos 6, 8 y 18 del CEDH). Estas violaciones derivaron de las medidas disciplinarias adoptadas por la Cámara Disciplinaria tras los intentos del juez de verificar la legalidad de ciertos nombramientos judiciales, en cumplimiento de la sentencia del TJUE del 19 de noviembre de 2019 que cuestionaba la legitimidad tanto del KRS como de la Cámara Disciplinaria. De forma similar, en el caso Tuleya, el TEDH reafirmó la falta de independencia de estas entidades, constatando una grave erosión de la separación de poderes. En el asunto Wałęsa[434], igualmente sirvió para volver a constatar la vulneración de los derechos de un magistrado, y en este caso, re-

---

428 STEDH, de 22 de julio de 2021, asunto Reczkowicz v. Polonia.

429 STEDH, de 8 de noviembre de 2021, asunto Dolińska-FICEK y Ozimek v. Polonia.

430 STEDH, de 3 de febrero de 2022, asunto Advance Pharma SP. Z O.O v. Polonia.

431 STEDH, de 15 de marzo de 2022, asunto Grzęda v. Polonia.

432 STEDH, de 16 de junio de 2022, asunto Żurek v. Polonia.

433 STEDH, de 6 de octubre de 2022, asunto Juszczyszyn v. Polonia.

434 STEDH, de 23 de noviembre de 2023, asunto Wałęsa v. Polonia.

marca que se había visto afectada la reputación y el derecho a un juicio imparcial, a consecuencia de que su caso fue decidido por la Cámara de Control Extraordinario y Asuntos Públicos, cuyos jueces fueron designados por el KRS politizado, y al principio de seguridad jurídica, al haber anulado un fallo firme mediante una queja extraordinaria presentada por el ministro Ziobro.

Se observa un Consejo de la Judicatura ampliamente afectado en cuanto a su autonomía, sumergido en una profunda crisis del estado de derecho del país. Ello dificulta el desarrollo teórico de las diferentes facultades que dispone el órgano, puesto que, y aun ante un actual cambio, especialmente afectado por la retirada de fondos el Plan Nacional de Recuperación y de los fondos de cohesión de la UE durante un periodo de tres años[435], todavía el órgano se encuentra, a fecha de la escritura de las presentes líneas, en un momento de reestructuración. Es por ello que, entendemos de interés remitirnos al marco legal de 2018, el cual es aquel sobre el que se asienta el actual Consejo, mas allá de algunas cuestiones sobre las que debe de eliminar para proceder a su viabilidad dentro del modelo europeo. Las competencias del KRS relacionadas con la presentación ante otros órganos se centran en la defensa de la independencia judicial y la imparcialidad de los jueces. El KRS tiene la facultad de dirigirse al Tribunal Constitucional para solicitar la revisión de la conformidad de las normas legales con la Constitución de Polonia, siempre que estas afecten la autonomía de los tribunales o la independencia de los jueces. Además, emite opiniones sobre proyectos normativos relacionados con el sistema judicial y el personal judicial, y tiene la responsabilidad de pronunciarse sobre temas judiciales cuando estos son planteados por el Presidente de la República, otros órganos del poder público o el propio sistema judicial.

---

435 Véase la STJUE, de 16 de febrero de 2022, asunto C-157/21, ECLI:EU:C:2022:98, dando respuesta a la impugnación efectuada por Hungría y Polonía para la recuperación de los fondos del citado Plan

En cuanto al nombramiento y la formación profesional de jueces y asesores judiciales, el KRS evalúa las candidaturas para estos puestos y recomienda al Presidente de la República a los candidatos adecuados para su nombramiento en diversas instancias judiciales, incluyendo el Tribunal Supremo y tribunales ordinarios, administrativos y militares[436]. Asimismo, el KRS tiene la facultad de oponerse cuando estima que un asesor judicial no reúne las condiciones para desempeñar funciones jurisdiccionales en tribunales ordinarios y emite dictámenes sobre la destitución de presidentes y vicepresidentes de tribunales. En el ámbito de la formación judicial, el Consejo participa activamente en la planificación de programas educativos, emitiendo opiniones sobre los contenidos formativos, concursos y exámenes, y colaborando en la designación de un miembro del Consejo de la Escuela Nacional de la Judicatura y la Fiscalía. Además, el KRS interviene en el proceso de nombramiento y destitución del director de dicha institución. En el ámbito de la ética profesional y la disciplina judicial, el KRS adopta y supervisa el cumplimiento de un código de ética para jueces y asesores judiciales. Elige a los fiscales disciplinarios encargados de casos en tribunales ordinarios y militares, y tiene la capacidad de inspeccionar los tribunales y evaluar el trabajo de jueces en casos específicos. Además, el Consejo se pronuncia sobre el estado del personal judicial y de los asesores judiciales.

Hasta el año 2007, el KRS tenía la prerrogativa de establecer criterios para la evaluación de candidatos a jueces, pero esta competencia fue eliminada por una sentencia del Tribunal Constitucional. A pesar de ello, el Consejo sigue desempeñando un papel esencial en la evaluación y recomendación de candidatos

---

[436] En tal cuestión, expresa CASTILLO ORTIZ, P. "The politics of implementation of the judicial council model in Europe". Op. Cit., p. 515 se pregunta la razón de por qué Polonia "optó por una institución de gobernanza judicial sin poderes sustantivos sobre las carreras de los jueces", encontrando la respuesta en el retroceso del Estado de derecho.

para cargos judiciales, como lo demuestra su actividad en 2016, cuando evaluó más de 1,400 candidaturas y recomendó al Presidente de la República el nombramiento de 415 personas para desempeñar funciones judiciales. En cuanto a sus actividades, el KRS debe presentar un informe anual detallado sobre sus labores al Parlamento, al Senado y al Presidente de la República antes del 31 de mayo de cada año. Este informe incluye los problemas y necesidades actuales del sistema judicial y es una fuente clave para entender las actividades del Consejo en un año determinado. Además, el Consejo publica una revista trimestral, *Krajowa Rada Sądownictwa*, que figura en la lista de publicaciones puntuadas por el Ministerio de Ciencia y Educación Superior. En 2014, el KRS instituyó una medalla al mérito en la administración de justicia, aunque esta fue eliminada en 2018.

En cuanto a la composición del órgano, el KRS se estructura para garantizar una representación equilibrada de los poderes del Estado: legislativo, ejecutivo y judicial. Según lo dispuesto por el artículo 187, párrafo 1 de la Constitución polaca, el Consejo está integrado por 25 miembros. Entre ellos figuran el Primer Presidente del Tribunal Supremo, el Presidente del Tribunal Administrativo Supremo, el Ministro de Justicia y una persona designada por el Presidente de la República. Además, el Consejo incluye a quince jueces seleccionados de diversas categorías, como el Tribunal Supremo, tribunales ordinarios, administrativos y militares, asegurando así una representación equilibrada entre diferentes niveles y tipos de tribunales. Por último, también forman parte del KRS cuatro diputados elegidos por el *Sejm* y dos senadores elegidos por el Senado.

Es relevante destacar que la Constitución no establece un mandato específico para el Consejo en su conjunto. Sin embargo, el mandato de los miembros elegidos, que suman un total de 21, es de cuatro años, según lo dispuesto en el artículo 187, párrafo 3. Los otros cuatro miembros ocupan su cargo debido a sus posiciones, como el Ministro de Justicia y los presidentes de los tribunales, o no tienen un mandato definido, como el representante designado por el Presidente. La primera reunión del Consejo se llevó a cabo el 23 de febrero de 1990.

En cuanto al método de selección de los miembros jueces, la legislación ha experimentado cambios significativos a lo largo del tiempo. En la versión inicial de la ley sobre el KRS, aprobada en 2011, los miembros eran elegidos de forma específica: dos provenían del Tribunal Supremo, dos de tribunales administrativos, dos de tribunales de apelación, ocho de tribunales de distrito y uno de tribunales militares. En contraste, las leyes de 1989 y 2001 establecían proporciones distintas, incluyendo un juez del tribunal administrativo y nueve jueces de tribunales de distrito seleccionados a nivel provincial. Desde 2018, el procedimiento de elección ha adoptado un enfoque más democrático, permitiendo que los candidatos a miembros del KRS entre los jueces sean propuestos al *Sejm* por grupos de al menos 2,000 ciudadanos polacos mayores de edad o por grupos de 25 jueces en ejercicio, lo que refuerza la legitimidad del proceso de selección.

El KRS se estructura en una serie de órganos clave que desempeñan un papel fundamental en el funcionamiento y la supervisión del sistema judicial. Entre estos órganos destacan el Presidente del Consejo y la Mesa Directiva, quienes, junto con el resto de los miembros, son responsables de dirigir las actividades y garantizar el cumplimiento de los objetivos del KRS. Dentro de esta estructura organizativa, el KRS tiene la potestad de constituir comisiones específicas que abordan áreas vitales para la administración de justicia. Entre las comisiones permanentes se encuentra la comisión de responsabilidad disciplinaria, encargada de evaluar y supervisar la conducta de los jueces y asesores judiciales, asegurando que se mantenga un alto estándar ético y profesional en el ejercicio de sus funciones. Esta comisión es esencial para la integridad del sistema judicial, ya que su labor contribuye a fomentar la confianza pública en la justicia. Otra de las comisiones permanentes es la comisión de presupuesto, que se ocupa de la planificación y supervisión de los recursos financieros del KRS. Su trabajo es crucial para asegurar que los fondos se utilicen de manera eficiente y que se asignen adecuadamente a las diversas necesidades del sistema judicial.

Otra comisión de gran relevancia es la de visitas e inspecciones, cuya función principal consiste en realizar evaluaciones en diversas instituciones judiciales, verificando que se cumplan los estándares establecidos y que la justicia se administre de manera efectiva y adecuada. Esta labor abarca tanto la revisión de los procedimientos judiciales como el análisis de las condiciones laborales de jueces y personal administrativo. Por su parte, la comisión de ética profesional tiene como misión la promoción y supervisión de principios éticos y de integridad en el ejercicio de las funciones judiciales, fortaleciendo con ello los valores fundamentales que sustentan la confianza en el sistema de justicia.

Además de estas comisiones permanentes, el KRS tiene la capacidad de crear comisiones ad hoc. Estas comisiones temporales se establecen para abordar temas específicos o emergentes que requieran atención inmediata y especializada. La flexibilidad para formar estas comisiones permite al Consejo adaptarse a los desafíos y necesidades cambiantes del sistema judicial, garantizando una respuesta efectiva y oportuna ante situaciones que puedan surgir.

Sin embargo, cuando se analiza si el KRS cumple con los estándares del euro-modelo, es evidente que las reformas introducidas desde 2018 han generado una divergencia sustancial respecto de los valores europeos. Diversos organismos internacionales, incluida la Comisión de Venecia, han manifestado su preocupación por este alejamiento. Aspectos como la creación de cámaras disciplinarias, la designación de los vocales y las competencias limitadas del KRS lo sitúan en una posición difícilmente compatible con el modelo europeo. Tal incompatibilidad ha llevado a la exclusión del KRS de la Red Europea de Consejos Judiciales, al no cumplir los estándares mínimos establecidos para garantizar la independencia judicial. Un elemento central de esta problemática es el control político que domina el proceso de selección de los vocales judiciales, el cual se encuentra en manos del *Sejm*. Este mecanismo resulta contrario a la concepción europea de que dichos vocales deben ser elegidos por sus pares, garantizando así la autonomía del órgano. La composición del KRS, que incluye representantes del poder legislativo y ejecutivo, como el Ministro de Justicia, el Presidente de la República y miembros del *Sejm* y del Senado, compromete gravemente la neutralidad del Consejo. Esta politización ha generado una interferencia directa en sus actuaciones, erosionando la independencia del poder judicial y debilitando los principios esenciales de la separación de poderes.

Su esfera competencial entra en total tensión con el euro-modelo. Aun cuando este órgano es el garante de la independencia judicial, pudiendo acudir a la justicia ordinaria y constitucional para su efectivo cumplimiento, e inclusive emitir opiniones acerca de normativa que afecte al sistema judicial, la propia composición del KRS propicia que la misma sea totalmente limitada. La parcialidad del órgano debilita su legitimidad como defensor de la independencia judicial, convirtiendo en inútil su esfera competencial. Esto se observa en materia de nombramiento de jueces, tarea en la cual su única función es la participación en el proceso de evaluación y recomendación de los mismos. Empero, su falta de autonomía conlleva que este proceso carezca de la imparcialidad necesaria. En cuanto a materia disciplinaria, el KRS se convierte en un órgano sin competencia directa para la sanción de los jueces. Empero, el mismo ha venido creando diferentes Cámaras, adscritas a órganos como la Corte Suprema de Polonia, que ostentan la facultad de sancionar a aquellos miembros de la carrera judicial que infrinjan la normativa vigente. El problema de tal facultad es su espuria utilización en favor de intereses políticos. Tal y como se ha observado, no han sido pocos los asuntos que el TEDH ha venido conociendo por sanciones injustas a magistrados. Y es que el KRS ha permitido la investigación y sanción de jueces por el contenido de sus decisiones judiciales, por la elevación de cuestiones prejudiciales al TJUE o por el cuestionamiento de las reformas judiciales y su posible conflicto con la Constitución.

El Consejo de la Judicatura de Polonia no únicamente se posiciona en una posición totalmente antagonista al euro-modelo. La politización del Consejo y su falta de autonomía han provocado un deterioro sustancial en los principios democráticos y en la separación de poderes en Polonia. Aun ante la insistencia de la Comisión Europea de adaptación de todos los Consejos Judiciales a los estándares del euro-modelo, con evidentemente diferentes características propias, no es este el problema que se encuentra el KRS. Desde Europa se pretende un modelo similar al de Italia basado en la autonomía y la independencia, libre de interferencias de los otros poderes del Estado. Para ello establece unos estándares fijos y cierta flexibilidad, sobre los cuales los distintos Estados han venido adaptándose conforme los contextos nacionales. Ello se traduce en un modelo de Consejo, aun con deficiencias, garante de un conjunto de valores.

La desviación del KRS va más allá del euro-modelo, puesto que los *Court Service*, alejados de estos estándares en cuanto a su composición y funcionamiento, sí que pretenden otorgar un conjunto de garantías a la autonomía del poder judicial. Empero, el modelo de Polonia se ha basado en una destrucción de los valores democráticos que ha provocado un deterioro de los principios esenciales de separación de poderes. En lugar de actuar como garante de la independencia de los jueces, el Consejo se ha visto convertido en un mecanismo subordinado a las decisiones y deseos de la mayoría política de turno, siendo totalmente susceptible al control del poder ejecutivo[437] y totalmente despojado de poder[438]. Se crea así un modelo distinto, una especie de pseudo *Court Service*, que no genera agrado ni satisfacción. Esto no solo afecta la independencia de la justicia, sino que también contribuye

---

437 Bugarič, B. y Ginsburg, T. "The assault on postcommunist courts". *Journal of Democracy*, vol. 27, n. 3, 2016, pp. 69–82, esp. p. 74.

438 Expresa Castillo Ortiz, P. "The politics of implementation of the judicial council model in Europe". Op. Cit., p. 515.

a una crisis de confianza pública, tanto dentro del país como en el contexto internacional. Esta problemática no se soluciona con una reformulación de la idea del KRS conforme el estilo del euro-modelo, sino que tiene que ir más allá. La reestructuración debe de ser profunda, empezando por el poder ejecutivo y legislativo, en aras de conseguir una verdadera separación de poderes. Esto es, Polonia ha de volver sobre el camino de Montesquieu para, una vez asumido, alinear un nuevo Consejo alejado de la influencia política y garante de la independencia del judicial.

4.22 Rumania: *Consiliul Superior al Magistraturii*

El Consejo Superior de la Magistratura de Rumania (en rumano, *Consiliul Superior al Magistraturii*) tiene su origen en la Ley del 24 de marzo de 1909, en aras de mejorar la organización judicial del país. Aunque este órgano no es idéntico al que existe actualmente, puede considerarse como su antecedente histórico. En sus inicios, el Consejo asumía, junto con el Ministerio de Justicia, una serie de atribuciones fundamentales orientadas a garantizar la independencia judicial[439]. Entre estas funciones se incluían la confirmación, nombramiento y ascenso de magistrados, la emisión de opiniones en asuntos requeridos por el ministro y la competencia para juzgar infracciones cometidas por magistrados inamovibles, imponiendo sanciones cuando correspondiera. Este modelo inicial ya esbozaba un ámbito competencial que, en esencia, se encuentra presente en muchos de los consejos judiciales modernos. La composición original del Consejo comprendía ocho miembros: tres vocales judiciales elegidos por la Corte de Casación, dos designados por la Corte de Apelación de Bucarest, el inspector de

---

439 Para un estudio histórico acerca de la independencia judicial en Rumanía, véase COMAN, R. y DALLARA C. "Judicial Independence in Romania", en A. Seibert-Fohr (Ed.), *Judicial Independence in Transition.* Berlín, Springer, 2012, pp. 835-881.

las cortes de apelación, un inspector de los tribunales designado por el ministro y un delegado del Ministerio de Justicia, que podía ser el propio ministro. Una característica notable de este sistema era que las cortes elegían a sus representantes mediante votación secreta y mayoría absoluta, lo que aseguraba cierta autonomía en la representación judicial. Este modelo evolucionó a través de reformas legales en 1924 y 1925, pero fue suprimido en 1952, cayendo en el olvido durante décadas. La promulgación de la Constitución de 1991, en su Capítulo VI, artículos 132-133, permitió apostar al legislador constituyente por un modelo extendido en diferentes países europeos, tanto aquellos con una ya considerable tradición democrática, así como aquellos en transición, teniendo un amplio cumplimiento de los requisitos del euro-modelo. Las disposiciones constitucionales fueron detalladas en diferente normativa de organización judicial, concluyendo en la ley 317/2004 del Consejo Superior de la Magistratura. De esta forma, el órgano encontraba una base constitucional, y una regulación legal.

El órgano está compuesto por un total de diecinueve miembros, distribuidos en catorce magistrados (incluyendo fiscales en esta categoría), dos miembros laicos elegidos por el Senado y tres miembros *ex officio*: el ministro de justicia, el presidente de la Corte Suprema de Casación y Justicia y el fiscal general del Ministerio Público. Es de trascendencia hacer hincapié en la designación de los vocales judiciales. Los catorce miembros son elegidos por las asambleas generales de los magistrados y posteriormente validados por el Senado. Se distribuyen en dos secciones, una para jueces, formada por nueve miembros, y otra para fiscales, con un total de cinco miembros. El Presidente, al igual que el Vicepresidente, es elegido por el pleno con un quorum mínimo de quince miembros, por un mandato de un año. Los vocales ejercen un mandato de seis años sin posibilidad de renovación, lo que refuerza la independencia y la renovación periódica del órgano. Esta configuración, con una clara preponderancia de jueces elegidos por sus pares, asegura una fuerte correspondencia con los postulados del euro-modelo.

La esfera competencial del Consejo Superior de la magistratura abarca funciones esenciales para la organización de la justicia y la protección de la independencia judicial, siguiendo un modelo que encuentra paralelo en sistemas como el italiano. Su principal enfoque es la organización de la justicia y la protección de jueces y fiscales ante cualquier injerencia externa en el ejercicio de su actividad jurisdiccional. Las distintas secciones en las cuales se subdivide el órgano igualmente se enfocan en la protección de la reputación profesional de los miembros de la carrera judicial. Para ambas funciones, se posibilita que cualquier juez o fiscal pueda efectuar escrito dirigido al Consejo manifestando la injerencia externa y la afectación que le ha causado, debiendo este órgano adoptar las medidas pertinentes. Sin embargo, esta función se ve limitada en ocasiones debido a la falta de mecanismos sancionadores eficaces, lo que pone en entredicho su capacidad para cumplir plenamente este objetivo.

En materia de organización y funcionamiento de los tribunales, la sección de jueces del Consejo asume la función de aprobar la creación y disolución de secciones en los tribunales, así como de decidir sobre la apertura de sedes secundarias y el ajuste de puestos de trabajo en las distintas instancias judiciales. Con la consulta de los presidentes de las cortes de apelación, determina el número de vicepresidentes en tribunales de apelación, tribunales especializados y juzgados de distrito, además de adoptar el Reglamento de orden interno para los tribunales. De manera análoga, la sección de fiscales asume competencias similares para organizar y regular el funcionamiento de las fiscalías, incluyendo la aprobación de propuestas de los principales fiscales del país respecto a la creación o disolución de secciones en sus respectivas instituciones.

En materia de carrera de magistrados, el órgano dispone de diferentes facultades, como el nombramiento y destitución del inspector jefe, participación en la admisión, evaluación, formación y exámenes de jueces y fiscales. De esta forma, y a propuesta del Consejo Científico del Instituto Nacional de la Magistratura, aprobación de la fecha y lugar para la organización del examen de ingreso y del temario a estudiar por los candidatos, designando la comisión pertinente para ello. De esta forma, el Consejo es quien va a organizar todas las gestiones sobre los diferentes modos de ingreso a la carrera judicial. En materia de nombramiento de los más altos cargos de la judicatura y fiscalía, esto es, el papel de presidencia en la Corte Suprema de Casación, ha de hacerse una diferencia en cuanto a su papel entre ambas categorías. Esto es, en relación a los primeros, se encarga del nombramiento de los puestos de liderazgo, así como del traslado y comisión de servicios.

En relación a los segundos, su papel se torna mayormente en consultivo sobre la propuesta del ministro de justicia en estas materias. Por tanto, es necesario dividir las diferentes tareas que ostenta en la materia el Consejo, y para ello ha de acudirse a la asignación competencial que disponen las diferentes secciones. En cuanto a la sección de jueces, pueden resumirse las diferentes competencias en: (1) decidir sobre la delegación y adscripción temporal de jueces; (2) nombramiento y revocación del presidente, vicepresidente y presidentes de secciones de la Corte Suprema de Casación; (3) proposición de nombramiento y cese de jueces, tarea que efectúa posteriormente el Presidente de Rumanía, pero estando sujeto a la propuesta del Consejo; (4) nombramiento y cesantía de jueces en prácticas; (5) ascenso de jueces; (6) nombramiento de jueces y magistrados en cargos directivos; (6) autorización de traslados de jueces; (7) ejercicio de materia disciplinaria contra jueces y magistrados, atendiendo las denuncias ante conductas inapropiadas de estos y posibles infracciones cometidas; (8) convocatoria de asambleas generales de jueces. La presente sección interviene para la configuración del programa de formación profesional para jueces y fiscales, coordinando el Consejo la actividad del Instituto Nacional de la Magistratura y todas las actividades desarrolladas para el cumplimiento de la actuación.

Desempeña un papel esencial en el ámbito de la carrera fiscal en Rumanía, constituyendo un soporte fundamental para el Ministerio de Justicia en el nombramiento, evaluación y formalización de altos cargos dentro del Ministerio Público. Entre sus competencias destaca la asesoría en la designación del Fiscal General ante la Alta Corte de Casación y Justicia y de sus principales colaboradores en instituciones clave como la Dirección Nacional Anticorrupción y la Dirección de Investigación de Delitos de Criminalidad Organizada y Terrorismo. Asimismo, la Sección cuenta con la facultad de proponer directamente al Presidente de la República el nombramiento y cese de fiscales, ejerciendo además una supervisión directa sobre la formación de fiscales en prácticas y evaluando sus competencias de acuerdo con los estándares establecidos por los exámenes del Instituto Nacional de la Magistratura. En su función organizativa, revisa las evaluaciones anuales de los fiscales, autoriza ascensos y gestiona la plantilla del Ministerio Público, lo que incluye la facultad de aprobar transferencias, suspensiones y delegaciones, así como de convocar asambleas generales de fiscales según las exigencias del sistema judicial. La Sección también asume un papel disciplinario, atendiendo denuncias por conductas impropias de fiscales y garantizando así los más altos estándares éticos en el ejercicio de la función pública. Todas estas actuaciones se desarrollan bajo el marco de las normativas legales y reglamentarias vigentes, asegurando el cumplimiento de las disposiciones jurídicas aplicables.

En el ámbito legislativo, el Consejo dispone de diferentes funciones para actuar. En primer lugar, emite dictamen consultivo sobre proyectos de ley que afecten al ámbito de la justicia, ya sea en cuestiones de organización del poder judicial o en relación a una afectación del estatuto de jueces y magistrados. Igualmente, y en reglamentos y órdenes que han de ser aprobados por el ministro de justicia, ejerce un papel consultivo en este proceso. En segundo lugar, el órgano puede elaborar y adoptar legislación referente al poder judicial, pero especialmente en materias que puedan afectar al propio Consejo. Esto es, dispone de competencia reglamentaria para su propia organización. En tercer lugar, dispone de la facultad para informar al Ministerio de Justicia acerca de la necesidad de modificar la legislación en materia judicial o dar inicio a nueva regulación en aquellos supuestos que observe la desactualización de la misma. En cuarto lugar, elabora un informe sobre la situación de la justicia y de su órgano de gobierno, que presenta al Parlamento.

El Consejo, inspirado en el modelo del *Consiglio Superiore della Magistratura* italiano, ha sido considerado por la Comisión Europea como un diseño alineado con los estándares del euro-modelo. No obstante, aunque su composición refleja un predominio de representantes judiciales –nueve miembros más el Presidente de la Corte Suprema de Justicia–, también incluye vocales *ex officio*, como el Ministro de Justicia. Esta participación ministerial, aunque no rompe completamente con el modelo europeo, puede generar riesgos de injerencia política, comprometiendo la independencia estructural del órgano. Este tipo de preocupación no es exclusiva de Rumanía, pues el modelo italiano enfrenta desafíos similares, si bien ambos consiguen mantener una funcionalidad alineada, en términos generales, con los principios fundamentales del euro-modelo. Desde una perspectiva competencial, el Consejo desarrolla funciones que incluyen la organización de la justicia, la gestión de la carrera judicial mediante nombramientos, promociones y traslados, y el ejercicio de potestades disciplinarias. No obstante, el papel del Parlamento en la elección de algunos de sus miembros plantea un riesgo de partidismo que podría afectar la independencia y la legitimidad del órgano, vulnerando su capacidad de actuar como garante del estado de derecho.

El presente Consejo nace dentro del clima de "desovietización" vivido en los países del Este de Europa con la caída de la Unión Soviética. En aras de encontrar un órgano que garantice la separación entre el poder judicial y el ejecutivo, se adaptó el modelo de Italia, sin realmente valorar las posibles necesidades que pudieran surgir dentro del Poder Judicial de Rumanía. No es un modelo erróneo, pero quizás no es el sistema que mayores beneficios pudiera haberle ocasionado. Manifiesta Beers[440],

---

[440] Beers, D. J. "Judicial Self-Governance and the Rule of Law. Evidence from Romania and the Czech Republic". Op. Cit., p. 64.

comparando el modelo de gobierno de la justicia de Rumanía con el de la República Checa, ajena a los modelos basados en los Consejos Judiciales, la existencia de una importante problemática en materia de corrupción y rendición de cuenta. Conforme remarca el autor, la motivación política del Consejo genera una desconexión respecto a las necesidades de sus representados, debilitando los vínculos de confianza sobre las instituciones representativas de los jueces y socavando la capacidad de defensa del estado de derecho. Es así que se observa un Consejo de similares características al euro-modelo, pero que confronta con la injerencia externa en el mismo, debilitando su autonomía.

4.23 Los modelos anglosajones: *Judges' Council* en Inglaterra, Gales, Irlanda del Norte y Escocia.

El presente apartado pretende desarrollar un acercamiento a los modelos anglosajones que, aunque conceptualmente similares a los sistemas de Consejos aplicados en Europa continental, están profundamente enraizados en tradiciones jurídicas propias del *common law*[441]. Esto plantea una dificultad intrínseca para categorizarlos bajo la misma conceptualización de Consejos Judiciales, siendo más acertado identificarlos como *Court Services* debido a sus notables diferencias estructurales y funcionales.

El Consejo de jueces de Inglaterra, y Gales es un órgano representativo del poder judicial, de mero carácter consultivo, creado bajo la Ley de Judicatura de 1873, y posteriormente reorganizado bajo la presidencia del *Lord Chief Justice* en los años 1981, 2002 y 2006, esta última bajo la reforma constitucional del año 2005. Su función principal es asesorar al *Lord Chief Justice* en materia judi-

---

441 Acerca de las diferencias entre los sistemas de *common law* y *civil law*, véase: JIMENO BULNES, M. "El proceso penal en los sistemas de common law y civil law: los modelos acusatorio e inquisitivo en pleno siglo XXI". *Justicia: revista de derecho procesal*, n. 2, 2013, pp. 207-310.

cial para proporcional una perspectiva amplia e informada sobre los asuntos que le sean requeridos. Está compuesto por un total de veintinueve miembros que son el *Lord Chief Justice* y veintiocho jueces, elegidos por una duración de tres años, renovable por un año adicional a discreción del *Lord Chief Justice*, quien ostenta su presidencia. Como órgano representativo y consultivo del poder judicial, ostenta potestades ampliamente limitadas. En materia de carrera judicial, el Consejo no dispone de facultades para la selección, nombramiento, promoción o evaluación de jueces, a excepción de la designación de tres miembros de la Comisión de Nombramientos Judiciales. Al ser un órgano consultivo, su labor se limita al análisis de ideas, inquietudes y perspectivas del poder judicial, formulando recomendaciones al *Lord Chief Justice*. No interviene en la formación, promoción ni evaluación de jueces, ni en procesos disciplinarios, destacándose así por su carácter estrictamente asesor en materia de consultas sobre los proyectos que se estén desarrollando o deban de implantarse, interviniendo en tales casos el Presidente Senior de los Tribunales y el Presidente del Colegio Judicial. En materia disciplinaria, como órgano consultivo, igualmente carece de facultades para iniciar, investigar y adoptar sanciones contra jueces.

El Consejo de Jueces de Irlanda del Norte, fundado en el año 2010, se erige como un organismo en aras de garantizar la independencia judicial y fortalecer la eficiencia en el ejercicio de la función jurisdiccional por los tribunales. Sus actuaciones tienen la finalidad de coordinar las opiniones y acciones de los jueces del país, fomentando el desarrollo de la carrera judicial. Sin un estatus constitucional ni autoridad legal específica, el Consejo opera como un órgano consultivo bajo la dirección del *Lord Chief Justice*, sin injerencia directa en la selección, promoción, capacitación, formación, emisión de opiniones sobre normativa o disciplina de los jueces, tareas reservadas a otras instancias. Con once miembros elegidos por el *Lord Chief Justice* y con un mandato de tres años, el Consejo funciona mediante encuentros tres veces al año y en comités, abarcando una variedad de temas para representar al colectivo judicial. A través de estos espacios, el Consejo ha impulsado mejoras en bienestar, seguros para actividades judiciales, y ha elevado inquietudes clave que afectan la judicatura.

El Consejo Judicial de Escocia, establecido en el año 2007, es una institución consultiva que otorga asesoramiento al *Lord President of the Court of Session* y a la judicatura en su conjunto, careciendo de un fundamento constitucional propio, y asemejándole, a pesar de su nomenclatura, a un *Court Service.* Su labor se desarrolla en la oficina del *Judicial Office for Scotland,* quien se encarga de su logística y funcionamiento administrativo. El órgano está compuesto por diecisiete miembros, siendo todos ellos jueces provenientes de las diferentes categorías judiciales habidas. El mandato de los "vocales" no es homogéneo, sino que depende de la entidad que los ha designado. Al ser un cargo de carácter honorífico y consultivo, se reúnen dos veces al año de forma ordinaria, y se dividen en comités para el ejercicio de las labores de forma continuada. El Lord Presidente ejerce la presidencia del Consejo, delegando la dirección de los comités y subcomités a los miembros que considere. Sus principales funciones se enfocan en la garantía de la independencia judicial y la búsqueda de una eficiente administración de la justicia en Escocia. Desde un punto de vista específico, sus facultades se pueden resumir en velar por los intereses profesionales y éticos de los jueces, fomentar la comunicación entre las diversas ramas de la judicatura y ofrecer orientación sobre cuestiones de ética y otros asuntos esenciales para la justicia. En materia de carrera judicial, sus actuaciones son limitadas, pues de las mismas se encargan el Instituto Judicial de Escocia y el Lord Presidente, debiendo exclusivamente de supervisar el marco ético judicial. Carece de mecanismos investigadores, sancionadores y formativos dentro de la carrera judicial. Por tanto, su rol, al ser un cuerpo asesor, conlleva que su función sea de asesoramiento y representación del poder judicial ante el Parlamento y el poder ejecutivo, expresando las posiciones y preocupaciones de la judicatura sobre la legislación.

Fuera de las fronteras del continente europeo, y desde una idea transoceánica, otros modelos han dado origen con finalidades similares a las ya estudiadas. El modelo canadiense, cuyo origen se sitúa en el año 1971, a través de la *Judges Act,* desarrollado por norma de igual nomenclatura en el año 1985, configurándose con un total de 41 miembros, todos ellos jueces elegidos por sus propios pares. El presidente del órgano es designado por el Poder Ejecutivo, a propuesta del Primer Ministro, ejerciendo a su vez el cargo de Presidente de la Corte Suprema[442]. Como órgano de *Court Service,* sus funciones se encuentran ampliamente restringidas. El órgano carece de funciones administrativas, por tanto, no es un verdadero órgano de gobierno de la justicia canadiense. Sus únicas funciones se enfocan en la toma de acciones disciplinarias contra jueces y magistrados y en la emisión de informes y opiniones que le sean requeridas desde los órganos requirentes.

En conjunto, estos modelos anglosajones difieren profundamente del euro-modelo característico del derecho continental. Basados en contextos históricos y tradiciones jurídicas propias del *common law,* sus finalidades y estructuras responden a realidades específicas que los distancian de las aspiraciones y estándares europeos. Mientras que los Consejos europeos persiguen garantizar la independencia judicial mediante una gobernanza estructurada, los modelos anglosajones, más bien *Court Services,* tienen un alcance más restringido y suelen actuar como órganos de apoyo o asesoramiento. Aunque pueden compartir competencias consultivas o disciplinarias con los Consejos europeos, su desconexión con el euro-modelo es evidente. Esto se debe no solo a las diferencias funcionales y organizativas, sino también a las divergencias inherentes entre los sistemas de *civil law* y *common law.*

---

442 Casal Oubiña, D. "La política de los jueces: el gobierno del poder judicial en los sistemas políticos. Un estudio del modelo de Consejos". Op. Cit., p. 42.

Por ende, su estudio debe abordarse como una realidad autónoma y ajena a los paradigmas establecidos en el continente europeo.

5. A MODO DE EPÍLOGO: RECAPITULACIÓN DE LOS DIFERENTES CONSEJOS JUDICIALES EN EUROPA.

Se procede a continuación a presentar un análisis comparativo de los sistemas judiciales, analizando las diferentes facultades de los órganos, así como el modelo de designación que cada uno ha elegido.

5.1 Evaluación de la esfera competencial de los modelos de Consejos Judiciales

La esfera competencial de los diferentes Consejos Judiciales y *Court Service* se basa en un conjunto de materias que pueden o no ostentar, y dependiendo del grado de intervención en las mismas le enfoca dentro del término Consejo o dentro del término Court Service. Igualmente, y dentro del primero, ofrecen una visión acerca de su relación con el modelo europeísta. Se procede a analizar los cinco factores clave que lo determinan: Nombramiento, Facultad Disciplinaria, Formación, Emisión de Informes y el Grado de Concordancia con el Euro-Modelo.

País	Nombramiento	Facultad Disciplinaria	Formación de jueces	Emisión de Informes	Concordancia en materia competencial con el euro-modelo
Bélgica	Parcial, junto con el Monarca	No	Sí	Sí	Moderada: carece de facultades disciplinarias
Bulgaria	Sí	Sí	Sí	Sí	Total
Canadá	No	Sí	No	Sí	Nula: Modelo de *Court Service*
Croacia	Sí	No	Sí	Sí	Alta

Chipre	Sí	Sí	Sí	Sí	Baja: es parte del Tribunal Supremo[443]
Dinamarca	No. El Rey realiza el nombramiento a propuesta del Ministerio de Justicia	No	Sí	Sí	Baja: Se asemeja a un *Court Service*
Escocia	No	No	No	No	Nula: Modelo de *Court Service*
Eslovaquia	Parcial, propone candidatos	No	Sí	Sí	Alta
Eslovenia	Parcial, emite dictámenes y propone candidatos	Sí	No	Sí	Moderada-Alta
España	Sí	Sí	Sí	Sí	Total
Finlandia	No, participa solo en la preparación inicial	No	Sí	Sí	Baja: Se asemeja a un *Court Service*
Francia	Sí	Sí	No	Sí	Alta: Pese al modelo de elección y composición
Grecia	Sí, con intervención del poder ejecutivo	No	Sí	Sí	Moderada: Carece de funciones disciplinarias y está compuesto exclusivamente por jueces
Hungría	No, participa pero no efectúa nombramientos, solo emite opiniones	No	Sí	Sí	Moderada: Sin funciones en nombramientos ni disciplina para altos cargos, compuesto por jueces
Inglaterra y Gales	No	No	No	No	Nula: Modelo de *Court Service*

443 Aun cuando el órgano concuerda con el euro-modelo en cuanto las facultades que ostenta, el ejercicio de las mismas se efectúa de una manera escasamente autónoma, pues el Consejo de Chipre se integra en la Corte Suprema, viéndose afectadas las mismas.

Irlanda	No	Sí, compartido con el gobierno	Sí	No	Baja: Se asemeja a un *Court Service*
Irlanda del Norte	No	No	No	No	Nula: Modelo de *Court Service*
Italia	Sí	Sí	Sí	Sí	Total: Modelo de referencia
Letonia	No	No	Sí	Sí	Baja
Lituania	No, el Consejo asesora al Presidente, responsable del nombramiento	No, aunque nombra 4 miembros	Sí	Sí	Moderada
Luxemburgo	Parcial, solo propone candidatos	No, aunque nombra miembros	Sí	Sí	Moderada
Macedonia	Sí	Sí	No especifica	Sí	Alta
Malta	No, solo asesora	Sí	Sí	Sí	Moderada-Alta
Países Bajos	No	No	Sí	Sí	Baja: Se asemeja a un *Court Service*
Polonia	Parcial, propone candidatos	No	Parcial	Sí	Baja
Portugal	Sí	Sí	Parcial	Sí	Alta
Rumanía	Sí	Sí	Sí	Sí	Total

Tabla 1. Competencias de los Consejos judicatura

Se observa en la Tabla 1 las diferentes facultades y el grado de participación en las mismas de los distintos Consejos judiciales. De un primer análisis, no existe una uniformidad en los modelos aplicados, sino que es muy variado el sistema de gobierno de la judicatura elegido. Si bien es cierto, la mayor parte de los Estados, con excepción de aquellos que han optado por un modelo de *Court Service,* operan bajo la influencia del *Consiglio superiore della magistratura.* Este último, al haber sido elegido desde las instituciones europeas como el modelo de referencia, sirve a múltiples Estados, especialmente desde la idea de su implementación como requisito para la adhesión a la Unión Europea. Se observa de esta forma que la práctica totalidad de los Estados han optado por otorgar al Consejo un conjunto de facultades, de forma total o compartida con otros poderes, para el correcto gobierno del poder judicial. Si se efectúa un desglose conforme las distintas materias, se observa una interesante reflexión acerca de los modelos de gobierno.

En primer lugar, y conforme la Tabla 2, se clasifica en las distintas categorías el ejercicio o no de la facultad de nombramientos de miembros de la carrera judicial. En relación a los países que mayor facultad ostentan en esta materia, cuestión que se adopta en aras de reducir la influencia del poder ejecutivo y/o legislativo en la carrera judicial, se encuentran: Bulgaria, Croacia, Chipre, España, Francia, Grecia, Italia, Macedonia, Portugal, Rumanía. Estos países parten de no únicamente participar en la selección de las distintas categorías judiciales, sino que se convierten en la autoridad para el nombramiento del cargo judicial. Esto conlleva la adopción de un modelo de autonomía judicial fuerte, procurando evitar injerencias externas.

Por su parte, aquellos países que optan por una facultad parcial, limitan la actividad a únicamente la proposición de candidatos y emisión de opiniones o dictámenes acerca de la idoneidad de la persona candidata, pero la decisión final recae en otras instancias, como el presidente, el gobierno, o incluso el monarca en algunos casos. La voz del Consejo es amplia en la materia, y puede llegar a ser casi decisiva en la elaboración de la terna de candidatos, pero no ejerce la decisión final. La cuestión trascendental aquí es que el órgano no efectúa el nombramiento final, pudiendo llegar a ser un mero órgano asesor en tal materia. En esta categoría, Bélgica, Eslovaquia, Eslovenia, Hungría, Letonia, Lituania, Luxemburgo y Polonia son los países más representativos, aun cuando es difícil su clasificación conjunta al ser muy variada su actividad. Esta estructura les permite un cierto equilibrio entre independencia judicial y control gubernamental, aunque presenta riesgos de intervención externa. Por último, aquellos estados en los que el Consejo no ostenta autoridad alguna en el proceso de nombramiento, pues la misma es asumida por otras instituciones o departamentos ministeriales, transcurre especialmente en aquellos Estados que se sirven de modelos de *Court Service* o prácticamente similares a los mismos. Este modelo gestiona la independencia judicial de una manera diferente a los países anteriormente citados, siempre en detrimento de la autonomía del órgano, tal y como se observa en Canadá, Dinamarca, Escocia, Finlandia, Inglaterra y Gales, Irlanda, Irlanda del Norte y Países Bajos.

Facultad de Nombramiento	Países
Facultad Completa	Bulgaria, Croacia, Chipre, España, Francia, Grecia, Italia, Macedonia, Portugal, Rumanía
Participación Parcial	Bélgica, Eslovaquia, Eslovenia, Hungría, Letonia, Lituania, Luxemburgo, Polonia
Sin Facultad de Nombramiento	Canadá, Dinamarca, Escocia, Finlandia, Inglaterra y Gales, Irlanda, Irlanda del Norte, Países Bajos

Tabla 2. Facultad de nombramientos

En materia de potestad disciplinaria, véase la Tabla 3, se clasifican los diferentes Consejos judiciales conforme su grado de participación en dicha facultad. En primer lugar, aquellos estados en los cuales el Consejo ostenta facultades disciplinarias plenas son igualmente quienes más fielmente han adaptado el euro-modelo. De Esta forma, el órgano se estructura para poder ejercer esta facultad sin control externo, pudiendo delimitarse como tales a Bulgaria, Chipre, España, Francia, Irlanda, Italia, Malta, Portugal o Rumanía. La gestión de estas tareas implica una judicatura más autónoma, evitando el riesgo de intervención política. En segundo lugar, Irlanda opta por un consejo que comparte la materia con el gobierno, lo cual puede llevar a influencias externas en la supervisión y sanción de los jueces.

En tercer lugar, son variados los Estados en los cuales el Consejo carece de competencias disciplinarias. En esta categoría han de agruparse tanto aquellos en los que directamente no existe ningún tratamiento en la investigación y sanción de jueces que hayan cometido infracciones, así como aquellos en los que puedan efectuar ciertas colaboraciones, ya sea en el nombramiento de miembros del órgano que sí ejerce la función o cualquier cuestión que sirva para apoyarle, pero sin una involucración directa. Estos Estados, tales y como Bélgica, Canadá, Croacia, Dinamarca, Escocia, Eslovaquia, Finlandia, Grecia, Hungría, Inglaterra y Gales, Irlanda del Norte, Letonia, Lituania, Luxemburgo, Países Bajos y Polonia, se caracterizan por una menor capacidad de autogestión, siguiendo la mayor parte de ellos el modelo de *Court Service*, ya sea de forma total o parcial.

Facultad Disciplinaria	Países
Sí (Facultades Completas)	*Bulgaria, Chipre, España, Francia, Irlanda, Italia, Malta, Portugal, Rumanía*
Participación Compartida	*Irlanda (compartido con el gobierno)*
No (Sin Facultades Disciplinarias)	*Bélgica, Canadá, Croacia, Dinamarca, Escocia, Eslovaquia, Finlandia, Grecia, Hungría, Inglaterra y Gales, Irlanda del Norte, Letonia, Lituania, Luxemburgo, Países Bajos, Polonia*

Tabla 3. Facultad disciplinaria

En materia de competencias en la formación de jueces y magistrados, véase Tabla 4, se observa una estructura similar a la ya desarrollada en el campo anterior. Los Estados en los cuales el Consejo Judicial tiene autoridad plena para gestionar, supervisar y proporcionar formación a jueces y magistrados tienden a ser quienes mayor cercanía han expresado al euro-modelo. Esta idea subyace dentro del establecimiento de estándares propios y directrices para la capacitación continua y especialización de sus miembros sin intervención externa, fortaleciendo el principio de independencia judicial. De esta forma, Bélgica (ha de observarse que su modelo no es cercano al euro-modelo, pero ofrece a su Consejo funciones en tal materia), Bulgaria, Croacia, Chipre, España, Grecia, Irlanda, Italia, Malta, Portugal y Rumanía son los países que han adoptado el presente enfoque, en aras de mantener la imparcialidad, competencia y profesionalidad del sistema judicial. Este modelo es coherente con un enfoque de independencia judicial, ya que permite al sistema judicial actualizarse sin depender de lineamientos externos, manteniendo un estándar de competencia profesional homogéneo entre sus miembros.

Por su contraparte, son varios los estados, cercanos a modelos de *Court Service* la mayoría, con excepciones como Francia, que han optado por excluir esta facultad de la esfera competencial del órgano. En tales supuestos, la tarea desarrollada por los Consejos de Canadá, Dinamarca, Escocia, Eslovenia, Francia, Hungría, Inglaterra y Gales, Irlanda del Norte, Letonia, Lituania, Luxemburgo y Países Bajos, puede ser de inacción total, recayendo en otra institución el ejercicio de las labores, o enfocarse en la prestación de algún tipo de auxilio, como el nombramiento de miembros de los entes que desarrollen las tareas formativas o una leve supervisión de las tareas. Por último, Polonia y Portugal se integran dentro de un status intermedio, en el cual el Consejo efectúa tareas de manera conjunta, que van más allá de un escaso auxilio o nombramiento de miembros. Este sistema permite cierto nivel de colaboración, aunque puede incluir influencia externa en el diseño y la implementación de la capacitación, lo cual puede afectar la autonomía judicial.

Facultad de Formación	**Países**
Sí (Facultades Completas)	*Bélgica, Bulgaria, Croacia, Chipre, España, Grecia, Irlanda, Italia, Malta, Portugal, Rumanía*
Participación Parcial o Compartida	*Polonia, Portugal*
No (Sin Facultades de Formación)	*Canadá, Dinamarca, Escocia, Eslovenia, Francia, Hungría, Inglaterra y Gales, Irlanda del Norte, Letonia, Lituania, Luxemburgo, Países Bajos*

Tabla 4. Facultad formación

La emisión de informes de anteproyectos se convierte en una facultad trascendental para la correcta depuración de la normativa en el ámbito jurídico. Únicamente los países que carecen de un Consejo Judicial y, por tanto, su modelo se basa en el *Court Service*, carecen de estas competencias. Por su contraparte, todos aquellos que han optado por la implantación del sistema de Consejo de la judicatura, han venido otorgando facultades a los diferentes órganos. Este modelo es característico de un sistema judicial en el que se busca una colaboración directa entre el poder judicial y el legislativo, permitiendo que el Consejo Judicial tenga influencia en la creación de leyes y reglamentos. Si bien es cierto, la misma depende de las relaciones entre el Consejo y el poder ejecutivo y legislativo, pudiendo llevar a que en algunos supuestos sea obligatorio que el Consejo efectúe un informe, mientras que en otros únicamente opere a instancia de parte.

Facultad de Emisión de informes	**Países**
Sí	*Bélgica, Bulgaria, Croacia, Chipre, Dinamarca, Eslovaquia, Eslovenia, España, Finlandia, Francia, Grecia, Hungría, Italia, Letonia, Lituania, Luxemburgo, Macedonia, Malta, Países Bajos, Portugal, Rumanía, Irlanda.*
No	*Canadá, Escocia, Inglaterra y Gales, Irlanda del Norte*

Tabla 5. Facultad de emisión de informes de anteproyectos

Recapitulando ideas, ha de observarse en el presente momento la concordancia de los Consejos, en materia competencial, con el euro-modelo (véase Tabla 6). Siguiendo el trabajo previo, se observa una tendencia a un alto nivel de concordancia en países que hayan desarrollado sus democracias en épocas recientes, tal y como sucede en los países exsoviéticos y, en general, en los países del sur de Europa. De esta forma, tanto Escocia, Inglaterra y Gales, Irlanda del Norte, como cualquier otro modelo de *Court Service*, muestran una concordancia nula, pues el servicio que les desarrolla carece de competencia en los aspectos clave para la gobernanza judicial de forma autónoma.

Por su parte, Dinamarca, Finlandia, Irlanda, Letonia, Países Bajos y Polonia tienen un Consejo judicial de competencias limitadas, tanto en materia relativa al nombramiento de magistrados, potestad disciplinaria como cualquier otro aspecto clave para la determinación de la autonomía del órgano. Estos países tienen una estructura judicial que combina las funciones administrativas y de gestión judicial. Como excepción encontramos a Chipre, el cual podría ser categorizado en un mayor nivel de concordancia, puesto que gran parte de sus funciones compaginan con el euro-modelo, pero su integración dentro de la Corte Suprema chipriota limita ampliamente su capacidad organizativa en la justicia y su carácter de órgano autónomo.

En un tercer nivel, y de concordancia moderada, se encuentran aquellos países que han decidido otorgar competencias restringidas a los Consejos, pero la estructura del órgano le permite un ejercicio de la gobernanza judicial. En tal categoría se pueden clasificar tanto Bélgica, Eslovenia, Grecia, Hungría, Lituania como Luxemburgo. En diferentes cuestiones tiene un índice de actuación casi similar a algunos estados que vienen encuadrados en una categoría alta, los cuales otorgan competencias significativas en el nombramiento, disciplina, formación de jueces y emisión de informes sobre normativa, aunque pueden presentar algunas restricciones menores. Esta configuración es cercana al euro-modelo, permitiendo al Consejo Judicial operar con una considerable independencia del poder ejecutivo o legislativo, tal y como sucede con los Consejos judiciales de Croacia, Eslovaquia, Francia, Macedonia, Malta y Portugal. Este último, perfectamente podría encuadrarse en una categoría superior, puesto que su esfera competencial es prácticamente similar al modelo europeo. Por último, el euro-modelo es una adaptación del sistema italiano, así que aquellos Estados que han partido del mismo pueden observar una concordancia total. En este caso, y más allá de Italia, como es lógico, en esta línea se sitúan Bulgaria, España y Rumanía, países que mayores esferas competenciales han otorgado a sus órganos de gobierno de la judicatura.

Nivel de Concordancia con el Euro-modelo en materia competencial	**Países**
Nula	*Escocia, Inglaterra y Gales, Irlanda del Norte*
Baja	*Chipre, Dinamarca, Finlandia, Irlanda, Letonia, Países Bajos, Polonia*
Moderada	*Bélgica, Eslovenia, Grecia, Hungría, Lituania, Luxemburgo.*
Alta	*Croacia, Eslovaquia, Francia, Macedonia, Malta, Portugal,*
Total	*Italia, Bulgaria, España, Rumanía*

Tabla 6. Nivel de Concordancia con el Euro-modelo en materia competencial

5.2 Evaluación del sistema de designación de los modelos de Consejos Judiciales

El modelo de designación de los vocales en los diferentes Consejos judiciales se muestra dispar en territorio europeo, aunque sin una amplia complicación. En la tabla 7 se presenta un análisis comparativo de los modelos de elección de los vocales. En particular, se observa el nivel de correspondencia de estos sistemas con el llamado "euro-modelo", un estándar que sugiere una composición mixta, con vocales judiciales mayoritariamente elegidos por sus pares y vocales laicos designados por órganos de representación popular como el Parlamento. En la primera columna se distinguen los diferentes modelos de designación: mixto, que implica una participación de vocales judiciales y laicos, o corporativo, en el cual la totalidad de los miembros suelen ser jueces. La segunda columna enfoca su interés en la evaluación de uno de los estándares caracterizadores del euro-modelo, y es la predominancia o no de vocales de carácter judicial. La tercer y última columna resalta aquellos sistemas que, en relación a las dos anteriores, cumplen con los parámetros del modelo europeo.

País	Sistema de elección	¿Hay mayoría de miembros judiciales?	Concordancia con el euro-modelo
Bélgica	Mixto (vocales judiciales elegidos por sus pares y vocales laicos designados por el Parlamento)	Equilibrado: 22 de 44 miembros	Sí
Bulgaria	Mixto (vocales judiciales elegidos por sus pares, vocales laicos designados por el Parlamento y tres miembros *ex officio*)	No, 11 de 25 miembros	Sí
Canadá	Corporativo. Todos los miembros son jueces	Sí, totalidad judicial (todos miembros)	No
Croacia	Mixto (vocales judiciales elegidos por sus pares, vocales laicos designados por el Parlamento y tres miembros *ex officio*)	Sí, 7 de 11 miembros	Sí
Chipre	Corporativo. El Tribunal Supremo elige a sus propios miembros. Participan sin derecho a voto el Fiscal General, el Presidente de la Asociación de Abogados y dos abogados de prestigio	Sí, 7 de 11 miembros	No
Dinamarca	Mixto (vocales judiciales elegidos por sus pares y ratificados por el Parlamento, además de vocales laicos)	No, 5 de 11 miembros	Sí
Escocia	Corporativo. Todos los miembros son jueces	Sí, totalidad judicial (todos miembros)	No
Eslovaquia	Mixto (vocales judiciales elegidos por sus pares y vocales laicos designados por el Parlamento, el Gobierno y el Presidente de la República)	Equilibrado, 50% de miembros judiciales	Sí
Eslovenia	Mixto (vocales judiciales elegidos por sus pares mediante voto directo y secreto; vocales laicos nominados por la Asamblea Nacional a propuesta del Presidente de la República)	Sí, 6 de 11 miembros	Sí

España	Mixto (vocales judiciales y laicos elegidos por las cámaras parlamentarias)	Sí, 12 de 20 miembros	Sí
Finlandia	Mixto (miembros designados del poder judicial y expertos en gestión pública)	Sí, 6 de 8 miembros	No
Francia	Mixto (jueces y fiscales elegidos por sus pares, el Parlamento y el Presidente)	No, 6 de 22 miembros	No
Grecia	Corporativo, por sorteo entre los jueces de la Corte Suprema	Sí, totalidad judicial (todos miembros)	No
Hungría	Corporativo. Todos los miembros son jueces elegidos por una conferencia de jueces delegados	Sí, totalidad judicial (todos miembros)	No
Inglaterra y Gales	Corporativo. Todos los miembros son jueces	Sí, totalidad judicial (todos miembros)	No
Irlanda	Mixto. Todos los jueces son miembros del Consejo automáticamente	Sí, totalidad judicial (todos miembros)	No
Irlanda del Norte	Corporativo. Todos los miembros son jueces	Sí, totalidad judicial (todos miembros)	No
Italia	Mixto (miembros judiciales elegidos por jueces mediante colegios electorales; vocales laicos designados por el Parlamento)	Sí, 20 de 33 miembros	Sí
Letonia	Mixto (7 jueces elegidos por sus pares y 8 miembros *ex officio*)	Sí, 7 de 15 miembros	Sí
Lituania	Corporativo. Todos los miembros son jueces (20 elegidos y 3 *ex officio*)	Sí, totalidad judicial (todos miembros)	No
Luxemburgo	Mixto (6 miembros judiciales elegidos entre pares y 3 externos designados por el Parlamento)	Sí, mayoría judicial. 6 de 9 miembros	Sí
Macedonia	Mixto (8 miembros judiciales elegidos por pares, 5 laicos designados por el Parlamento y 2 *ex officio*)	Sí, 8 de 15 miembros	Sí

Malta	Mixto (jueces elegidos por sus pares, miembros *ex officio* y miembros laicos designados por el Primer Ministro y el Líder de la Oposición)	No, 4 de 10 miembros	No
Países Bajos	Mixto	Sí	No especificado
Polonia	Mixto (jueces y laicos, elegidos por el Parlamento)	Sí, 15 de 25 miembros	Sí
Portugal	Mixto (el Presidente de la República nombra dos miembros, el Parlamento nombra siete vocales y los jueces eligen siete jueces; el Presidente del Tribunal Supremo es miembro *ex officio* y preside el Consejo)	No, 8 de 17 miembros	No
Rumanía	Mixto (vocales judiciales elegidos por asambleas generales de jueces y fiscales, con validación del Senado; miembros *ex officio* incluyen al Ministro de Justicia, el Presidente de la Corte Suprema y el Fiscal General, y dos laicos elegidos por el Senado)	Sí, 14 de 19 miembros	Sí

Tabla 7. Modelos de designación de los vocales de los Consejos judiciales

Entrando a valorar los diferentes sistemas de elección de los Consejos judiciales, véase la Tabla 8, se observa, tal y como ya se ha manifestado, que el modelo mixto es elegido por la mayoría de los Estados, mientras que el sistema corporativo es una opción que, en la práctica totalidad de los casos, deriva de los modelos de *Court Service*. El primero de ellos se caracteriza por combinar la elección de vocales judiciales y laicos. A través de este enfoque se pretende ofrecer un equilibrio entre la representación democrática de la carrera judicial y la representación democrática de la sociedad. Esto es, asegura que los jueces tengan una presencia significativa en el órgano, al tiempo que se integra la voz de representantes de la sociedad civil o política. Los países que representan este modo de designación son Bélgica, Bulgaria, Croacia, Dinamarca, Eslovaquia, Eslovenia, España, Finlandia, Francia, Italia, Letonia, Luxemburgo, Macedonia, Malta, Países Bajos, Polonia, Portugal y Rumanía. Por su parte, el modelo corporativo parte de una totalidad de vocales judiciales, elegidos por mecanismos internos del poder judicial o, tal y como sucede en los modelos de *Court Service* o anglosajones, por una personalidad del poder judicial, como es el *Lord/Lady Chief Justice*. Este modelo promueve la autonomía judicial interna, aunque limita la participación de otros sectores de la sociedad en la administración judicial. Este sistema de elección corresponde a Canadá, Chipre, Escocia, Grecia, Hungría, Inglaterra y Gales, Irlanda, Irlanda del Norte y Lituania.

Modelo	**Países**
Mixto	*Bélgica, Bulgaria, Croacia, Dinamarca, Eslovaquia, Eslovenia, España, Finlandia, Francia, Italia, Letonia, Luxemburgo, Macedonia, Malta, Países Bajos, Polonia, Portugal, Rumanía*
Corporativo	*Canadá, Chipre, Escocia, Grecia, Hungría, Inglaterra y Gales, Irlanda, Irlanda del Norte, Lituania*

Tabla 8. Sistema de elección de los vocales de los Consejos judiciales

Un aspecto caracterizador del euro-modelo es que los vocales judiciales deben de representar, al menos, un cincuenta por ciento del total de los vocales. Esto enfoca su interés en permitir que los mismos puedan ejercer un control del órgano, mostrando así las distintas necesidades que puedan nacer desde el poder judicial. Es evidente que si el Consejo es el órgano de gobierno de la justicia, su composición debe de representar una mayoría de miembros pertenecientes a la carrera judicial. De esta forma, se observa, véase la Tabla 9, que la mayor parte de países cuentan con un modelo en el que los vocales judiciales superan a los vocales laicos, ofreciendo así un respaldo a la independencia judicial, tal y como sucede con Croacia, Chipre, Eslovenia, España, Finlandia, Italia, Letonia, Luxemburgo, Macedonia, Polonia y Rumanía.

Los países con un modelo corporativo únicamente disponen de vocales judiciales, no permitiendo la participación de personas ajenas a la carrera judicial. Tanto Bélgica como Eslovaquia centran su interés en un equilibrio entre los vocales judiciales y laicos, balanceando la independencia del órgano y la representación pública sin inclinarse hacia un predominio de un solo grupo. Por último, algunos Estados, como Bulgaria, Dinamarca, Francia, Malta y Portugal, optan por un modelo en el cual no exista una mayoría de representantes judiciales, en aras de ofrecer un mayor peso en el órgano a los miembros elegidos por el Parlamento y a los miembros *ex officio*. Es llamativo el planteamiento, puesto que algunos de los Estados citados planteaban una asimilación plena del euro-modelo, siendo este carácter trascendental.

Representatividad de vocales judiciales	**Países**
Totalidad de jueces	*Canadá, Grecia, Hungría, Inglaterra y Gales, Irlanda, Irlanda del Norte, Lituania, Escocia*
Con mayoría de jueces	*Canadá, Croacia, Chipre, Escocia, Eslovenia, España, Finlandia, Grecia, Hungría, Inglaterra y Gales, Irlanda, Irlanda del Norte, Italia, Letonia, Lituania, Luxemburgo, Macedonia, Polonia, Rumanía*
Equilibrio	*Bélgica, Eslovaquia*
Sin mayoría de jueces	*Bulgaria, Dinamarca, Francia, Malta, Portugal*

Tabla 9. Representatividad de los vocales judiciales

Por tanto, es el momento de efectuar ya un análisis acerca de la concordancia con el euro-modelo, en relación a la composición de los diferentes órganos, su modelo de designación y presencia de vocales judiciales. Ha de entenderse que la clasificación realizada en la Tabla 10 es controvertida, puesto que tanto España como Polonia cumplen la práctica totalidad de los estándares del euro-modelo, excepto en el modelo de designación de los vocales judiciales, que, a diferencia del resto de Estados–Bélgica, Bulgaria, Croacia, Dinamarca, Eslovaquia, Eslovenia, Italia, Letonia, Luxemburgo, Macedonia, Polonia, Rumanía-, sus vocales son designados por las Cámaras Parlamentarias y no por los propios jueces. Por el contrario, y sin contar los dos países señalados, se encuentran alejados de los postulados europeos Chipre, Escocia, Finlandia, Francia, Grecia, Hungría, Inglaterra y Gales, Irlanda, Irlanda del Norte, Lituania, Malta, Países Bajos y Portugal.

Concordancia en materia de composición de los vocales con el euro-modelo	**Países**
Cumplen con el Euro-Modelo	*Bélgica, Bulgaria, Croacia, Dinamarca, Eslovaquia, Eslovenia, Italia, Letonia, Luxemburgo, Macedonia, Rumanía*
No cumplen con la totalidad del Euro-Modelo	*Chipre, Escocia, España (falta de concordancia en la designación y no así en la composición como tal), Finlandia, Francia, Grecia, Hungría, Inglaterra y Gales, Irlanda, Irlanda del Norte, Lituania, Malta, Países Bajos, Polonia (falta de concordancia en la designación y no así en la composición como tal), Portugal*

Tabla 10. Concordancia con el euro-modelo en materia de composición del órgano

5.3 Recapitulación. El euro-modelo dentro de los diferentes Estados europeos.

Del análisis de los apartados anteriores se observa que, desde un prisma purista, son muy escasos los estados que cumplen con la totalidad de estándares del euro-modelo, tanto a nivel competencial como de composición. Únicamente Italia, Bulgaria y Rumania cumplen con la totalidad de las normas definitorias del modelo de Bruselas. Los restantes países analizados presentan disfunciones respecto al modelo estudiado y propuesto desde Europa, ya sea mostrando amplia sintonía con el mismo, como Portugal, Francia y España o, por el contrario, otros más alejados como los modelos de *Court Service* o Países Bajos.

Concordancia total con el euro-modelo	Países
Cumplen con el Euro-Modelo	*Bulgaria, Italia, Rumanía*
Cumplen casi en la totalidad con el Euro-modelo	*España, Francia, Portugal,*
Cumplen parcialmente con el Euro-modelo	*Bélgica, Chipre, Croacia, Dinamarca, Eslovaquia, Eslovenia, Finlandia, Grecia, Hungría, Letonia, Lituania, Luxemburgo, Malta, Macedonia, Polonia*
No cumplen con el Euro-Modelo	*Escocia, Inglaterra y Gales, Irlanda, Irlanda del Norte, Países Bajos,*

Tabla 11. Concordancia con el euro-modelo en materia de composición del órgano

La reflexión que puede extraerse del apartado es sencilla. Existen múltiples razones que llevan a los estados a la no incorporación de la totalidad de los estándares del euro-modelo dentro del Consejo de la Judicatura de su Estado. Algunos ordenamientos jurídicos se asientan en costumbres y normas contrarias a los estándares del euro-modelo, dificultando la adaptación del mismo dentro de su sistema. Y si a las mismas se les suman cuestiones de carácter político, puede ser contraproducente. Véase el ya citado ejemplo de aquellos países exrepúblicas soviéticas. Otorgar a los jueces gran parte del Consejo supuso resultados contrarios a los pretendidos, llevando a que otros países en similares condiciones modificaren algunas cuestiones. El sistema europeo se basa en la búsqueda de la independencia judicial, y por ello, que los vocales judiciales sean designados por sus pares y, junto con los vocales laicos, ejerzan funciones en materia de nombramientos, promociones, materia disciplinaria o formación, son facultades trascendentales. Pero, en contraposición, para que ello puede desarrollarse correctamente es necesario que los propios jueces sean autónomos. El euro-modelo se ha adoptado como una solución en países de democracias jóvenes, pero, ¿realmente eso jueces estaban preparados? La respuesta es un indubitativo no, y la práctica expuesta lo refuta. Un estado, recién abandonada una época dictatorial, debe de marcar unos objetivos democráticos, prevaleciendo la independencia judicial como eje vertebrador de los mismos. La cuestión controvertida aquí reside en si esos jueces, que se han formado y desarrollado en época contraria a los valores democráticos, pueden ejercer un cargo representativo como es la vocalía del Consejo, y no sumergir al órgano y al Poder Judicial en el corporativismo, en un mar de ideologías y, por tanto, convertirse en un instrumento de oposición a la nueva realidad política estatal.

La ausencia de similitud con el euro-modelo no ha de ser percibida como una carencia negativa de los diferentes Consejos Judiciales, sino más bien como una manifestación natural y legítima de la diversidad dentro del contexto europeo. Cada país tiene su propia historia, sus tradiciones políticas, económicas y culturales, así como una trayectoria única de desarrollo que influye en la forma en que desarrolla las diferentes instituciones. El euro-modelo no deja de ser un conjunto de estándares o normas comunes que no han de entenderse como un molde único al que la totalidad de Estados deban de ajustarse de manera estricta, sino más bien como una guía útil. Ha de olvidarse la idea de establecer un sistema único en todo el territorio europeo, pues no existe un modelo superior o inferior. La eficacia y pertinencia de cualquiera de ellos radica en su capacidad para dar respuestas a necesidades específicas de la sociedad a la que se aplica. La pluralidad no es únicamente un factor inevitable, sino deseable. Refleja diferentes enfoques ante factores distintos, llevando a una interacción más dinámica entre los distintos Consejos. La existencia de diferentes modelos permite aportar perspectivas distintas que, a su vez, contribuyen a la mejora continua. La uniformidad excesiva pretendida desde las instituciones europeas no contribuye a una verdadera armonización, sino a la limitación.

Ya se ha observado cómo un modelo único no permite a los estados adaptarse a sus propios desafíos, conllevando una amplia insatisfacción en el mismo, a consecuencia de la promoción de valores no democráticos, corporativismo o la conversión del órgano en un agente político más dentro del país. Por tanto, el reconocimiento y la aceptación de estas diferencias no deben ser vistas como un obstáculo para la cohesión europea, sino como una oportunidad para valorar y respetar las diversas formas en que los países eligen estructurar sus políticas y prioridades. Y es ahí donde se observa cómo, en base al euro-modelo u otros sistemas, han nacido diferentes variantes que no han de ser tenidas como contrarias a los estándares europeos. Cada Estado, en base a unos principios básicos, ha de configurar su propio modelo de gobierno de la justicia, como una herramienta flexible y adaptativa, superando las actuales exigencias inmutables, siendo de importancia el real cumplimiento de los objetivos perseguidos por el Consejo más que el modelo utilizado.

Capítulo IV
El desbloqueo del CGPJ: propuestas de Lege Ferenda

"Hay que buscar fórmulas para la renovación del CGPJ que no satisfagan ni a uno ni a otro"[444]
Vicente Guilarte Gutiérrez, Presidente interino del CGPJ (20/07/2023-04-09/2024)

1. INTRODUCCIÓN: RECONSTRUCCIÓN DEL ÓRGANO COMO NECESIDAD DEMOCRÁTICA

El presente y último capítulo de la obra pretende ofrecer un acercamiento a diferentes propuestas de modificación del modelo actual de Consejo judicial, sistema que se muestra discordante[445] conforme las directrices expresadas por el TEDH, el TJUE, Consejo de Europa, la Comisión de Venecia y la Red Europea de Consejos judiciales[446]. No se va a proceder a efec-

---

[444] Recuperado de: https://www.abogacia.es/actualidad/noticias/guilarte-hay-que-buscar-formulas-para-la-renovacion-del-cgpj-que-no-satisfagan-ni-a-uno-ni-a-otro/

[445] Para Cuesta Martínez, A. "Renovación del Consejo General del Poder Judicial o democracia fallida". *Temas para el debate,* n. 339, 2023, pp. 18-20, esp. p. 19, los sectores conservadores han venido elaborando "orquestadas giras de desprestigio por Europa contra nuestro modelo", lo que ha supuesto la verdadera discordancia con el sistema nacional.

[446] Mohedano Fuertes, J.M. "¿Ha fracasado el Consejo General del Poder Judicial? ". *Temas para el debate,* n. 337-338, 2023, pp. 42-45, esp. pp. 44-45.

tuar un conjunto de propuestas a nivel europeo, pues no es materia de interés ante la imposibilidad de formular un modelo operante en todos los Estados miembros y externos al ámbito de la UE. Por tanto, las líneas a seguir en el presente capítulo se van a enfocar en analizar y generar diferentes modelos nacionales de designación de los vocales, en aras de conseguir un conjunto de objetivos que, con el actual modelo, se observan difíciles de alcanzar en el tiempo constitucionalmente otorgado. Las propuestas se enfocarán en la búsqueda de un modelo de designación de los vocales que impide, lo máximo que sea posible, la politización del órgano y, por consiguiente, evite una designación de vocales mediante un sistema de "cuotas" de partidos[447], tal y como acaece en el modelo actual.

De esta forma, en las siguientes líneas se van a analizar los "pros" y los "contras" de las propuestas que se van a efectuar, entendiendo la imposibilidad de encontrar un modelo idóneo, pero sí más beneficioso para el sistema español. Ha de concretarse que, en materia competencial, el CGPJ dispone de un ámbito amplio y acorde a los objetivos por los cuales se desarrolla el órgano, no siendo necesario valorar un posible incremento, lo que le supondría una extralimitación en sus funciones, pudiendo llegar a convertirse en algo más que un órgano administrativo de gobierno de la justicia; o una reducción, lo que conduciría a su transformación en un mero órgano auxiliar. En esta materia, únicamente cabe una disminución de sus funciones, tal y como se ha planteado en el capítulo II de la obra, en aras de reducir la función relativa al ejercicio de nombramientos discrecionales

---

447 Manifiesta VIDAL MARTÍN, T. "Una propuesta conciliadora para la designación de los miembros del Consejo General del Poder Judicial: la necesaria despolitización del mismo y la superación de las situaciones de bloqueo". Op. Cit., la importancia de restringir la participación de las asociaciones en las nuevas propuestas, en aras de evitar que estas canalicen la ideología de los jueces expresada en los diferentes modos de designación o propuesta de candidatos en los que puedan ser partícipes.

en la carrera judicial, eliminando el interés de los partidos políticos en el control del órgano. Ello se entiende no únicamente desde el prisma de mantenimiento del actual modelo, sino de cualquiera de los restantes modelos que van a proponerse, aun cuando las Cámaras parlamentarias no influyan en la designación directa de los vocales. Si bien es cierto, en aquellos sistemas en los cuales el reparto de la totalidad o de parte de las vocalías del CGPJ se lleve a cabo por cuotas partidistas, se hace más necesario extraer esta competencia para evitar un interés espurio en el órgano. Si se optare por mantener el actual modelo de designación de los miembros del Consejo, el cual se observa altamente politizado -entiéndase la importancia para las formaciones políticas controlar un órgano que designa a los magistrados, entre otros, que componen el Tribunal Supremo, y a dos magistrados del Tribunal Constitucional-, carecería de toda lógica mantener esta función, la cual se podría entender como el último reducto del control político en la justicia.

En el presente capítulo se va a proceder a efectuar un conjunto de propuestas de *lege ferenda* de modificación del sistema de nombramientos, debatiéndose la viabilidad de: (1) reducción de mayorías parlamentarias; (2) renovaciones parciales en el órgano; (3) el modelo corporativo; (4) modelo de elección de los vocales judiciales mixto; (5) eliminación de vocales laicos y elección de todos los vocales por sus pares; (6) la meritocracia como modelo de elección de los vocales judiciales; (7) renovación por sorteo. Aceptamos que el presente capítulo va a ofrecer un conjunto de sistemas que son contrarios al ya estudiado euro-modelo, pero ello no se convierte en óbice alguno para su falta de fomento. No es la adhesión a los estándares europeos los que justifica el presente estudio, pues desde el prisma español su cumplimiento se llevaría a una mera adaptación de la elección de los vocales judiciales por sus propios pares, sino la búsqueda de un sistema eficiente que permita al CGPJ ejecutar sus funciones de una manera óptima.

2. PROPUESTA DE *LEGE FERENDA* PRIMERA: REDUCCIÓN DE MAYORÍAS

La reducción de las mayorías necesarias para la elección de los vocales no constituye un tema novedoso en el ámbito jurídico y político. La Proposición de Ley Orgánica, por la que se modifica la Ley Orgánica 6/1985, de 1 de julio, del Poder Judicial para la reforma del procedimiento de elección de los Vocales del Consejo del Poder Judicial correspondientes al turno judicial y para el establecimiento del régimen jurídico aplicable al Consejo, Boletín Oficial de las Cortes, 23 de octubre de 2020[448], ya preveía una modificación en este sentido, aunque limitada exclusivamente a aquellos vocales de procedencia judicial. Dicha propuesta, en cumplimiento del mandato constitucional, buscaba facilitar la renovación del Consejo y "ajustar el sistema de elección de los vocales de procedencia judicial a la realidad social", mediante la reforma del artículo 572 LOPJ. Este precepto establecía que, en caso de no alcanzarse la mayoría requerida en una primera votación, se procedería a una segunda, cuarenta y ocho horas después, en la que los vocales del turno judicial serían elegidos por mayoría absoluta. Este nuevo modelo de designación generó amplias controversias, y más allá de la posible afectación en el principio de separación de poderes, su aspecto controvertido residía en la hipotética afectación de la norma constitucional. Ha de manifestarse que el art. 122.3 CE remarca que la elección de los vocales judiciales se efectuará "en los términos que establezca la ley orgánica", lo que descarta una vulneración constitucional directa bajo este modelo.

La propuesta efectuada en el presente apartado va más allá. Superando la limitación del sistema expuesto en el año 2020, se propone la posibilidad de reducción de las mayorías actuales de 3/5, a una mayoría absoluta, para todos los vocales ya sean de

---

448 Disponible en: https://www.congreso.es/public_oficiales/L14/CONG/BOCG/B/BOCG-14-B-120-1.PDF

procedencia judicial o externa/laicos. De esta forma, el apartado 2 del art. 567 LOPJ quedaría tal que así:

> "Cada una de las Cámaras elegirá, por mayoría absoluta de sus miembros, a diez Vocales, cuatro entre juristas de reconocida competencia con más de quince años de ejercicio en su profesión y seis correspondientes al turno judicial, conforme a lo previsto en el Capítulo II del presente Título. En dicha elección, cada una de las Cámaras garantizará el principio de presencia equilibrada de mujeres y hombres de forma que entre las diez personas vocales se incluya como mínimo un cuarenta por ciento de cada uno de los sexos".

Sabiendo que esta modificación supondría una afectación del ya citado art. 122 CE, puesto que la misma se extiende a todos los vocales sin trascender su procedencia, sería necesario efectuar igualmente una modificación del mismo, aun sabiéndose las dificultades que ello genera, para que quede redactado de la siguiente forma:

> "El Consejo General del Poder Judicial estará integrado por el Presidente del Tribunal Supremo, que lo presidirá, y por veinte miembros nombrados por el Rey por un periodo de cinco años. De estos, doce entre Jueces y Magistrados de todas las categorías judiciales, en los términos que establezca la ley orgánica; cuatro a propuesta del Congreso de los Diputados, y cuatro a propuesta del Senado, elegidos en ambos casos por mayoría absoluta de sus miembros, entre abogados y otros juristas, todos ellos de reconocida competencia y con más de quince años de ejercicio en su profesión"[449].

Este modelo podría contemplar, además, una variante de doble reducción en las mayorías parlamentarias, facilitando un consenso inicial. Así, en primera votación, las Cámaras podrían elegir por mayoría absoluta, y en caso de persistir el desacuerdo, la elección podría resolverse en segunda votación mediante mayoría simple. Este sistema de umbrales decrecientes permite

---

449 Podría el legislador, si quiere asentar el modelo de designación parlamentaria, determinar que los doce miembros provenientes de la carrera judicial sean elegidos por las Cámaras parlamentarias por mayoría absoluta, en iguales condiciones que sus homólogos de condición laica.

otorgar mayor facilidad para la renovación del órgano ante la imposibilidad de su realización en una primera vuelta.

La justificación a la reducción del umbral es la búsqueda de una mayor facilidad en la renovación periódica del CGPJ, evitando el desgaste institucional al que, tanto el órgano como el Poder Judicial se ven asociados por los diferentes retrasos prolongados que su renovación ha conllevado. Este sistema disminuiría los riesgos de paralización institucional que han venido ocasionándose en varias ocasiones, generando un modelo más ágil para el nombramiento de los nuevos vocales, puesto que se reduciría la duración de las negociaciones entre los partidos políticos. Garantizar la renovación periódica del órgano, se fortalece su legitimidad constitucional, especialmente a nivel social.

Como contraparte, este modelo generaría más efectos perjudiciales que positivos. El primero de ellos, y más evidente, es la injerencia política habida. Este sistema genera un fortalecimiento de la política en el Consejo, puesto que el nombramiento de los vocales quedaría a merced de las Cámaras Parlamentarias. La fácil renovación en el órgano obedecería a un aspecto muy contraproducente, y es el control del mismo por una sola fuerza política. Al necesitarse exclusivamente una mayoría absoluta, el partido político en el gobierno, sumando a este a los socios de gobierno si les hubiere, podría(n) nombrar a los vocales sin necesidad de consenso con otras fuerzas políticas de ideologías no afines, llevando a un Consejo a merced de la fuerza política dominante. Ello genera un órgano que se podría definir como una extensión del Gobierno de la Nación, cuya ideología se traslada del segundo al primero a través del nombramiento de vocales. Esto a su vez genera una reducción en el consenso. Ante la imposición de mayorías más reducidas, los grupos parlamentarios no tienen la obligación de pactar entre ellos. Si bien es cierto que se eliminaría el denominado "sistema de cuotas", la falta de consenso conllevaría un efecto pernicioso como es la carencia de independencia judicial al comprometerse la diversidad ideológica del órgano. Estos vocales podrían ser vistos como representantes de una única fuerza política, afectando a la legitimidad del órgano, tanto a nivel nacional como internacional.

A ello habría que replantear una nueva cuestión. La disminución de los umbrales necesarios para la elección de los vocales laicos supone una regulación contraria a los postulados constitucionales, claros en su art. 122.3 al determinar que su elección se llevará a cabo "por mayoría de tres quintos". Ello supondría la inconstitucionalidad de la medida o la necesaria modificación del texto constitucional. En este último supuesto, y en aras de facilitar posteriores modificaciones en el modelo de designación, lo más acorde sería que el citado artículo de la carta magna reitere la ya citada expresión ("en los términos que establezca la ley orgánica") utilizada en materia de designación de vocales del turno judicial.

Su proyección a nivel internacional conllevaría amplias críticas, siendo inviable su realización dentro del marco de las exigencias de la UE. La eliminación de la mayoría cualificada de tres quintos podría ser entendido como un retroceso en los estándares democráticos europeos. Desde las diferentes instituciones de la UE y sus organismos, como GRECO, han partido de enfatizar reiteradamente la necesidad de un amplio consenso político en la elección de los vocales que integran los diferentes Consejos Judiciales. El sistema propuesto rompe con el consenso plural que una mayoría cualificada ofrece evitando la percepción de captura y secuestro del sistema judicial. El partido del Gobierno podría hacer y deshacer a través del Consejo –de ahí la importancia derivada de la competencia de nombramientos- generando una importante afectación en la independencia judicial. Esta idea no tendría cabida en el euro-modelo elaborado desde Bruselas, no siendo un sistema aprobado desde las diferentes instituciones europeas.

Se entiende así que la reducción de las mayorías conllevaría una mayor facilidad para la renovación del órgano evitando las situaciones de bloqueo que se han venido viviendo en los mandatos de los Consejos. Esta ventaja, que supone una mayor eficiencia en el órgano, ha de confrontarse con las desventajas surgidas, especialmente al ser modelo opuesto a los estándares europeos. La influencia europea en esta materia, entendiéndose le euro-modelo como un estándar de democracia, obliga a la inaplicación de la propuesta efectuada, aun cuando de la misma se advierten un conjunto de ventajas que solucionarían las situaciones de parálisis del órgano de gobierno, pudiéndose asumir, desde un prisma democrático, los efectos perniciosos que podrían ocasionarse del desarrollo del mismo.

3. PROPUESTA DE *LEGE FERENDA* SEGUNDA: RENOVACIONES PARCIALES

La segunda propuesta efectuada tampoco es una total novedad dentro del panorama nacional. puesto que la posibilidad existe en el art. 570 LOPJ, modificado mediante la Ley Orgánica 4/2013, de 28 de junio, de reforma del Consejo General del Poder Judicial, por la que se modifica la Ley Orgánica 6/1985, de 1 de julio, del Poder Judicial, pero de una manera dispar a la que aquí se va a proceder a valorar. La idea se enfoca en implementar un sistema de renovación parcial de los vocales, en lugar de sustituirlos de manera íntegra al final del mandato. Este sistema permite una renovación asíncrona, a través la cual una parte de los miembros pueda ser sustituida y empezar su mandato aun cuando los restantes miembros sigan en funciones. La idea sobre la que se asienta esta propuesta es dividir la renovación en dos variables: Cámaras o procedencia. En el primer caso, se propone una renovación diferenciada por Cámaras parlamentarias, de modo que si una de ellas logra consensuar el nombramiento de los diez vocales que le corresponden, estos podrían asumir sus funciones de manera inmediata, relevando a los vocales salientes sin necesidad de esperar la renovación total del órgano. En un segundo supuesto, más complejo, la división podría efectuarse según la procedencia de los vocales: los de origen judicial, por un lado, y los laicos o de designación externa, por el otro. Este modelo permitiría la renovación de uno de los grupos en caso de acuerdo, mientras se continúa negociando la designación del otro, promoviendo un esquema más dinámico y menos susceptible al bloqueo.

La cuestión aquí es efectuar una división en grupos de vocales, usualmente dos, a diferencia del actual art. 570, que únicamente enfoca su interés en una división de los vocales por Cámaras. En ambos casos, se establece que el mandato único del CGPJ comenzaría con el nombramiento del primer bloque renovado y tendría una duración fija de cinco años, conforme a la norma constitucional. De este modo, la renovación parcial no alteraría los plazos legales del mandato del Consejo como órgano colegiado. Asimismo, los vocales salientes continuarían en funciones hasta que se designen sus reemplazos, con pleno derecho a participar en las deliberaciones y decisiones del órgano, garantizando así su continuidad operativa.

Es de carácter trascendental partir de la existencia de dos aspectos clave. El primero es relativo a la división de los veinte vocales en dos bloques diferenciados, pudiendo atenderse a dos criterios: (1) por Cámaras parlamentarias, esto es, un bloque correspondería a los vocales designados por el Congreso de los Diputados y el otro a los vocales designados por el Senado. Cada Cámara, conforme a su representación política y siguiendo los procedimientos establecidos, elegiría a los diez vocales que le corresponden; (2) por procedencia de los vocales, distinguiéndose los bloques en función de la naturaleza de los vocales, ya sea judicial o laicos. El segundo de ellos se remarca en la fijación de un mandato único para el CGPJ, que dará comienzo desde el nombramiento del primer bloque que sea renovado. Es decir, la renovación parcial no implica extender o modificar los plazos legales del Consejo como órgano colegiado, asegurando la sincronización del órgano en el tiempo, a pesar de las renovaciones asíncronas de sus miembros[450]. Los vocales salientes deberán permanecer en funciones hasta que se designen sus sustitutos, manteniendo su pleno derecho a participar en las deliberaciones y decisiones del Consejo.

Establecer un modelo de renovaciones parciales puede generar amplios efectos contraproducentes, que no obstante son cuestiones admisibles dentro del funcionamiento del órgano. Es cierto que habilitar las renovaciones parciales en el órgano puede suponer un conjunto de efectos perniciosos en la labor de los vocales, los cuales, tal y como se ha planteado, podrían disponer un mandato efectivo más limitado en el tiempo, generando un efecto de desigualdad. En la misma línea, al establecerse el inicio del mandato del CGPJ dependiente del primer bloque que sea renovado, ello puede generar cierta fragmentación en el órgano, al funcionar con dos tipos de vocales distintos, los entrantes y los salientes en funciones. Ha de tenerse en cuenta que la Constitución no determina con exactitud que las renovaciones se deban de llevar a cabo en unidad de acto, pero sí que parte de una duración del mandato de cinco años, lo que podría suponer una contradicción con el texto constitucional[451]. Igualmente, y aunque este modelo

---

[450] Por ejemplo, si los primeros diez vocales son designados y toman posesión en enero de un determinado año, el mandato completo del CGPJ finalizará cinco años después, en enero del año correspondiente, independientemente de cuándo se designe al segundo bloque. Esta regla garantiza que el Consejo opere con un marco temporal claro y evita la perpetuación de mandatos de forma indefinida.

[451] En tal cuestión, GERPE LANDÍN, M. y CABELLOS ESPIÉRREZ, M.A. “La reforma permanente: el Consejo General del Poder Judicial a la búsqueda de un modelo”. Op. Cit., p. 23, se pregunta si la Constitución no debería haber expresado literalmente la necesidad de renovación en único acto, acabando así con la posibilidad de renovación parcial. Si bien es cierto, para el autor, entiende que permitir renovaciones parciales podría ser contrario al texto constitucional al generar mandatos más limitados que los establecidos en la norma, siendo una solución que “pasa por llevar al límite la interpretación

de renovaciones parciales es un método que únicamente operaría en supuestos graves de falta de renovación total del órgano o bloqueos, ha de tenerse en cuenta la posible utilización del mismo como un instrumento para retrasar la designación del segundo bloque y, por tanto, ejercer presión en relación a los nombramientos al no encontrarse paralizado.

Si bien es cierto, y como tal ya se ha expresado, este modelo aquí propuesto, aplicable conforme el sistema actual, así como cualquier otro en el que existan nombramientos por diferentes órganos o tipología de vocales, únicamente deberá acaecer cuando exista un actuar incorrecto en el lapso temporal relativo al nombramiento de las diferentes vocalías. La reforma permitiría evitar situaciones de parálisis o interinidad total del CGPJ, reduciría la presión política sobre las negociaciones, otorgaría mayor estabilidad al órgano y garantizaría que este pudiera cumplir con sus funciones dentro de los plazos legales establecidos, incluso en contextos de renovación parcial. Ha de manifestarse también que, al convivir vocales "nuevos" con "antiguos", se puede generar un cierto equilibrio entre experiencia y renovación, siempre que los vocales en funciones mantengan plenamente sus derechos y deberes, asegurando un ejercicio efectivo y comprometido de sus responsabilidades.

Se propone modificación del art. 570 LOPJ, apartados 1-6, quedando redactado de la siguiente forma:

> "1. Si el día de la sesión constitutiva del nuevo Consejo General del Poder Judicial alguna de las Cámaras no hubiera procedido aún a la elección de ninguno de los Vocales cuya designación le corresponda, se constituirá el Consejo General del Poder Judicial con los diez Vocales designados por la otra Cámara y con los Vocales del Consejo saliente que hubieran sido designados en su momento por la Cámara que haya incumplido el plazo de designación, pudiendo desde entonces ejercer todas sus atribuciones.

---

de las previsiones constitucionales antes que por obligar al propio Parlamento a cumplir correctamente con sus obligaciones".

> 2. Si ninguna de las dos Cámaras hubiere efectuado en el plazo legalmente previsto la designación de los Vocales que les corresponde, el Consejo saliente continuará en funciones hasta la toma de posesión del nuevo.
> 3. Si el día de la sesión constitutiva del nuevo Consejo General del Poder Judicial ambas Cámaras hubieran procedido a la elección de los Vocales correspondientes al turno judicial, pero no así a la de los Vocales que han de elegirse entre juristas de reconocida competencia con más de quince años de ejercicio en su profesión o, en situación inversa hubieran procedido a la elección de los Vocales que han de elegirse entre juristas de reconocida competencia, pero no así a los Vocales correspondientes al turno judicial, se constituirá el Consejo General del Poder Judicial con la totalidad de los Vocales designados por ambas cámaras y los Vocales del Consejo saliente que hubieren sido designados en su momento, pudiendo desde entonces ejercer todas sus atribuciones.
> 4. El nombramiento de Vocales con posterioridad a la expiración del plazo concedido legalmente para su designación no supondrá, en ningún caso, la ampliación de la duración de su cargo más allá de los cinco años de mandato del Consejo General del Poder Judicial para el que hubieren sido designados, salvo lo previsto en el apartado anterior.
> 5. Una vez que se produzca la designación de los Vocales por la Cámara que haya incumplido el plazo de designación, o por ambas Cámaras si ambas hubieren incumplido el plazo para la designación de los vocales correspondientes al turno judicial o a elegir entre juristas de reconocida competencia, deberá procederse a la sustitución de los Vocales salientes que formasen parte de alguna de las Comisiones legalmente previstas. Los nuevos Vocales deberán ser elegidos por el Pleno teniendo en cuenta el turno por el que hayan sido designados los Vocales salientes, y formarán parte de la Comisión respectiva por el tiempo que resta hasta la renovación de la misma.
> 6. La mera circunstancia de que la designación de Vocales se produzca una vez constituido el nuevo Consejo no servirá de justificación para revisar los acuerdos que se hubieren adoptado hasta ese momento".

La presente propuesta pretende ofrecer una visión más amplia de la limitada renovación parcial habida en el actual art. 570, la cual enfoca su interés exclusivamente a una renovación parcial efectuada por cada Cámara legislativa. Empero, la propuesta habida aquí pasa por posibilitar igualmente la renovación parcial por procedencia de los vocales, permitiendo así una operabilidad aún mayor. Si bien es cierto, esta renovación parcial tendría una mayor cabida si las Cámaras parlamentarias no eligieran a la totalidad de los vocales, compartiendo la facultad con los miembros de la carrera judicial para la elección de sus propios pares.

4. PROPUESTA DE *LEGE FERENDA* TERCERA: EL 'CASI' RETORNO AL MODELO DE 1980

La tercera propuesta se enfoca en la implantación del modelo corporativo, a través del cual son los propios jueces y magistrados quienes eligen a los vocales judiciales del Consejo. Retornar al modelo de 1980 se configura como un desafío importante, en el cual los diferentes actores implicados, tanto políticos como pertenecientes a la carrera judicial, deben de valorar las ventajas y consecuencias de la imposición de este modelo. No obstante, otorgar a los jueces la designación de los vocales judiciales es uno de los imperativos que conforman los estándares del Euromodelo. En el lustro en el cual este sistema estuvo vigente en España, el Consejo no estaba plenamente capacitado para asumir esta tarea. Algo similar ocurrió en las democracias postcomunistas de Europa del Este al adoptar este modelo, pues la transición desde sus regímenes autoritarios no les había dotado de las estructuras necesarias para garantizar su correcto funcionamiento. Un modelo que atribuya un poder tan relevante a los jueces y magistrados exige la existencia de un sistema sólido y eficaz, que garantice una elección adecuada y transparente. Tanto los candidatos como los electores deben actuar bajo principios de absoluta integridad democrática. Esto implica que las influencias ideológicas del pasado no deben permear el proceso, evitando así que el Consejo se convierta en un órgano que, lejos de su función gubernativa en la administración de justicia, actúe como una suerte de oposición al gobierno, tal como ocurrió en el primer CGPJ. En el momento actual, y tras el transcurso de un tiempo desde la caída del régimen dictatorial, la justicia en España ya se encuentra totalmente separada del componente ideológico antiguo, pudiendo los jueces y magistrados disponer esta responsabilidad con plenas garantías.

El modelo propuesto es de concepción relativamente sencilla y podría ofrecer notables ventajas[452]. Por ejemplo, sería posible establecer un mecanismo automático de convocatoria de elecciones con una antelación razonable a la conclusión del mandato

---

452 Como virtudes del modelo, MIGUEL BARRIO, R. "El Consejo General del Poder Judicial en Perspectiva: análisis, desafíos y propuesta de reforma". *Revista de Derecho Político*, n. 120, 2024, pp. 289-317, esp. p. 311-312, señala que este sistema propone un modelo más representativo y legítimo para la elección de los vocales del Consejo General del Poder Judicial (CGPJ), dado que serían escogidos por sus propios pares, lo que asegura una vinculación más auténtica con las diversas realidades del cuerpo judicial. Este enfoque permitiría configurar un órgano que refuerce la separación de poderes, evitando que las designaciones se conviertan en el resultado de negociaciones políticas, como sucede bajo sistemas más influenciados por las fuerzas parlamentarias. La elección directa por parte de jueces y magistrados no solo fortalecería la independencia del poder judicial, sino que también propiciaría un compromiso más genuino con la imparcialidad, la objetividad y la integridad. Además, la diversidad estaría garantizada mediante una distribución equilibrada de vocales provenientes de distintas instancias judiciales, lo que asegura una representación plural y conectada tanto con las sensibilidades de las categorías inferiores como con la experiencia de las superiores. Para contrarrestar el predominio de las asociaciones judiciales, que actualmente concentran la mayoría de las vocalías, se mantendría un sistema que fomente tanto las candidaturas individuales como las colectivas, avaladas por un pequeño porcentaje de jueces en activo. Este diseño reduciría la influencia de los partidos políticos y de las asociaciones, favoreciendo un CGPJ percibido como más transparente, democrático y profesional, lo que contribuiría a mejorar su reputación y a generar mayor confianza tanto entre los ciudadanos como en el ámbito judicial.

del Consejo. Un plazo adecuado podría fijarse en tres meses, siguiendo las directrices de la LOCGPJ de 1980. Empero, en lo que respecta al sistema electoral que debería regir este modelo, se propone optar por el método de Hare, en lugar de reproducir las distorsiones que en su momento generó la norma de 1980. Este método, caracterizado por listas abiertas, circunscripción única y requisitos claros para la presentación de candidaturas, asegura una representación más proporcional y equitativa. Las candidaturas deberían estar avaladas por al menos el 2% de los jueces en activo, y las asociaciones judiciales podrían participar en su promoción. Además, los candidatos tendrían que presentar una memoria justificativa que acredite su idoneidad para el cargo y que exponga las líneas principales de actuación que propondrían en el CGPJ. El modelo debe de basarse en la búsqueda de una representación de los estamentos inferiores en la carrera judicial, favoreciéndose que estos últimos, que constituyen la mayoría de los profesionales, tengan una representación proporcionalmente mayor en el Consejo en comparación con las categorías superiores, como la de Magistrado del Tribunal Supremo, que cuenta con un número mucho más reducido de miembros. Quedarían excluidos del proceso quienes no estén en servicio activo, quienes formen parte de la Junta Electoral o quienes hayan sido vocales en el mandato inmediatamente anterior, evitando así la perpetuación de intereses personales o institucionales.

Como ya se ha señalado, el sistema de reparto de puestos será el método Hare, con listas abiertas, en las que cada elector podrá votar, de forma individual y directa, a los candidatos de su preferencia. Los votos se distribuirán proporcionalmente entre las candidaturas según el cociente de Hare, favoreciendo una representación equitativa. Para asegurar la representación proporcional de las categorías inferiores de la carrera judicial, se establecerán los siguientes cupos mínimos: 4 plazas para jueces, 5 plazas para magistrados, 3 plazas para magistrados del Tribunal Supremo. Este modelo ofrece una representación ponderada conforme el número de miembros de cada categoría judicial, permitiendo una composición variada y mixta, que refleja la estructura real de la carrera judicial, componiéndose el Consejo de vocales que manifiestan tanto la experiencia en la carrera judicial como las nuevas visiones de los jueces entrantes[453].

En cuanto al proceso electoral, el voto será personal, igual, directo y secreto, garantizando también la posibilidad del voto por correo para aquellos jueces o magistrados que, debido a su destino en ubicaciones remotas, no puedan votar en persona. La supervisión de todo el proceso recaerá en la Junta Electoral, que dictará las instrucciones necesarias para asegurar la transparencia y el cumplimiento riguroso de los procedimientos, proclamando los resultados de forma oficial. Estos resultados serían remitidos al Ministro de Justicia para su elevación al Rey, quien formalizaría los nombramientos mediante Real Despacho. En caso de cese anticipado de algún vocal, la vacante sería cubierta por el siguiente candidato no electo de su categoría según el orden de votación. Si no existieran candidatos disponibles, podrían convocarse elecciones parciales o redistribuirse la vacante entre las demás categorías según los votos obtenidos. Este sistema asegura no solo la continuidad del órgano, sino también una composición que refleje la diversidad y la proporcionalidad de la carrera judicial, respetando los principios de independencia y representatividad que deben regir la estructura del CGPJ.

Para ello, deberá de modificarse los apartados 1 y 2 del art. 567 LOPJ, el cual quedará de la siguiente forma:

> "1. Las veinte personas Vocales del Consejo General del Poder Judicial serán designadas del modo establecido en la Constitución y en la presente Ley Orgánica, atendiendo al principio de presencia equilibrada de mujeres y hombres.

---

453 En la misma línea se sitúa SÁNCHEZ BARRIOS, M. I. *La elección de los miembros del Consejo General del Poder Judicial español y sus homólogos europeos*. Valencia, Tirant lo Blanch, 2009, p. 135.

2. Cada una de las Cámaras elegirá, por mayoría de tres quintos de sus miembros, a cuatro Vocales entre juristas de reconocida competencia con más de quince años de ejercicio en su profesión, conforme a lo previsto en el Capítulo II del presente Título. En dicha elección, cada una de las Cámaras garantizará el principio de presencia equilibrada de mujeres y hombres de forma que entre las ocho personas vocales se incluya como mínimo un cuarenta por ciento de cada uno de los sexos [...]".

Por su parte, el art. 572 quedará redactado de la siguiente forma:

Artículo 572. Convocatoria y organización del proceso electoral
"1. Las elecciones para la designación de los doce vocales judiciales del Consejo General del Poder Judicial se convocarán automáticamente con una antelación de tres meses a la expiración del mandato del Consejo saliente.
2. La Junta Electoral, con sede en el Tribunal Supremo, asumirá la organización y supervisión del proceso electoral.
3. La convocatoria se publicará en el Boletín Oficial del Estado y será comunicada a todos los jueces y magistrados en servicio activo a través de los cauces oficiales establecidos por el Consejo".
Artículo 572 bis. Circunscripción electoral y procedimiento de votación
"1. A los efectos de la elección de los vocales judiciales, la circunscripción electoral será única para todo el territorio nacional.
2. El voto será personal, igual, directo y secreto, garantizándose la posibilidad de emitirlo por correo con las debidas garantías de seguridad y confidencialidad".
Artículo 572 ter. Requisitos para la presentación de candidaturas
"1. Podrán presentar su candidatura los jueces y magistrados en servicio activo que cumplan los siguientes requisitos:
a) Contar con el aval de al menos veinticinco jueces o magistrados en servicio activo, o de una asociación judicial válidamente constituida.
b) Presentar una memoria justificativa que incluya:
i. La exposición de los méritos que acrediten su idoneidad para el cargo.
ii. Las líneas generales de actuación que proponen desarrollar como vocales del Consejo.
Quedan excluidos como candidatos: a) Quienes hayan formado parte del Consejo saliente, salvo el Presidente del Tribunal Supremo.
b) Los miembros de la Junta Electoral, salvo que renuncien expresamente antes de la convocatoria".

Artículo 572 quater. Distribución de plazas entre las categorías judiciales
"1. La representación de los vocales judiciales en el Consejo General del Poder Judicial reflejará la composición de la carrera judicial conforme al siguiente reparto:
a)Siete vocales serán elegidos entre jueces.
b)Cuatro vocales serán elegidos entre magistrados.
c)Un vocal será elegido entre magistrados del Tribunal Supremo.
2. Si no se cubrieran las plazas asignadas a una categoría, estas se redistribuirán proporcionalmente entre las restantes categorías, atendiendo al número de votos obtenidos por los candidatos.
3. Este reparto será revisado cada diez años para garantizar su adecuación a la evolución de la estructura de la carrera judicial".
Artículo 572 quinquies. Sistema de elección
"1. La elección de los vocales judiciales se regirá por el método de Hare con listas abiertas.
2. Cada elector podrá seleccionar candidatos de distintas categorías judiciales dentro de una misma papeleta.
3. El escrutinio se realizará aplicando el cociente de Hare, garantizando la representación proporcional de todas las categorías y sensibilidades dentro de la carrera judicial".
Artículo 572 sexies. Proclamación de resultados y nombramiento
"1. Concluido el escrutinio, la Junta Electoral proclamará los resultados definitivos, que serán comunicados al Ministro de Justicia.
2. El Ministro elevará los nombres de los vocales electos al Rey para su nombramiento mediante Real Despacho.
3. Los vocales tomarán posesión de sus cargos tras prestar juramento o promesa en el acto de constitución del Consejo".
Artículo 572 septies. Sustitución de vocales
"1. En caso de cese anticipado de un vocal judicial; la plaza será ocupada por el siguiente candidato no electo de la misma categoría que haya obtenido mayor número de votos.
2. Si no existieran candidatos disponibles en esa categoría, se convocarán elecciones parciales para cubrir la vacante.
3. Los vocales designados en sustitución ejercerán el cargo por el tiempo que reste del mandato del vocal al que sustituyen".

Esta propuesta es una reiterada demanda de los organismos europeos, e inclusive estaría alineada con el espíritu que guio el debate constituyente[454]. Uno de los estándares que caracterizan al euro-modelo reside en la elección directa por los propios jueces de los vocales judiciales, puesto que este modelo reduce la influencia política en el proceso de selección y fortalece la legitimidad de los vocales como representantes de la carrera judicial. Tanto la Comisión de Venecia, la Red Europea de Consejos de Justicia como el Grupo de Estados contra la Corrupción, han instado a los Estados miembros de la UE a garantizar que, como mínimo, la mitad de los miembros de los Consejos Judiciales sean seleccionados por sus pares. Este posicionamiento parte de la premisa de que un sistema de esta naturaleza asegura la independencia judicial, preservando a la justicia de injerencias indebidas por parte de los poderes legislativo y ejecutivo. Desde las instituciones europeas se parte de que un modelo, el cual puede conducir a cierto corporativismo, garantiza el correcto funcionamiento del sistema de pesos y contrapesos entre los diferentes poderes estatales. Ello significa una judicatura más fuerte y autónoma, en la cual su relación con el CGPJ se fundamenta en la meritocracia y la responsabilidad, expulsando los intereses partidistas que a menudo subyacen en las Cámaras legislativas. La elección directa por los propios jueces no solo elimina posibles intromisiones externas, sino que además transforma a los vocales judiciales en genuinos representantes de los intereses y la realidad del colectivo judicial.

La demanda europea del presente modelo no ha de llevar a un equivocado conocimiento sobre el mismo. La idealización europea del sistema, tanto a nivel competencial como en materia de modelos de designación de sus vocales, no es más que una realidad teórica más que práctica, aun ante los postulados

---

454 Díez-Picazo Giménez, L.M. "Artículo 122", en Pérez Tremps, P. (dir.) y Saiz Arnaiz, A. (Dirs.), *Comentario a la constitución española. 40 aniversario 1978-2018: Libro-homenaje a Luis López Guerra, Tomo II (Artículo 97 a Disposición Final).* Valencia, Tirant lo Blanch, 2018, pp. 1719-1730, esp. p. 1725.

del propio TEDH en la materia[455]. La hipotética separación de la política y el órgano, y por tanto, la doble legitimidad del Consejo[456], no deja de ser un objetivo teórico. Ya se ha podido observar cómo, en aquellos países donde se ha implantado el euro-modelo, ya sea de una forma más fidedigna o no, los resultados no han sido los esperados. Este modelo, que llevaría al corporativismo del Consejo, supondría un conjunto de perjuicios. Hay que remarcar que el modelo europeísta de gobierno de la justicia es correcto, pero presupone la inexistencia de un conjunto de factores tales y como la corrupción, la ideología de los jueces y la interacción excesiva de estos en materia política. Todos ellos, ya sea de manera individual o conjunta, generan la ineficacia del euro-modelo, pues conlleva la imposibilidad de cumplimiento de los objetivos que al mismo se le presuponen.

La designación de los jueces por sus propios pares lleva a un excesivo control de la judicatura en el órgano de gobierno. Tal es así que el modelo, implementado durante el primer mandato del CGPJ, fue denominado como "corporativista" por los efectos que suponía. Permite al colectivo judicial elegir a sus propios representantes, lo cual, aun pudiéndose entender como positivo al carecer de interferencias externas, puede ofrecer consecuencias

---

455 Véase, en tal cuestión, STEDH de 6 de noviembre de 2018, asunto Ramos Nunes de Carvalo c. Portugal y Tato Marinho Dos Santos Costa Alves Dos Santos y Figueiredo c. Portugal, a través la cual el Tribunal entiende como sistema básico para el funcionamiento de un Consejo judicial que que "no menos de la mitad de los miembros de tales consejos deberían ser jueces elegidos por sus iguales en todos los niveles de la judicatura y con respeto al pluralismo" (apdo. 48)

456 En tal cuestión señala Serra Cristóbal, R. "La elección de los miembros del Consejo General del Poder Judicial. Una postura de Consejo más integrados e independiente". *Teoría y Realidad Constitucional*, n. 31, 2013, pp. 277-322, esp. p. 312, que este modelo corporativista genera una doble legitimidad: una primera derivada de la soberanía nacional al elegirse ocho vocales por las Cámaras, y una segunda derivada del cuerpo judicial.

negativas si no existe una correcta autonomía en la ideología de jueces y magistrados. Una judicatura que derive de un reciente periodo dictatorial no facilitará el desarrollo de las instituciones democráticas. La política es parte de la judicatura, y la judicatura es parte de la política. Tanto jueces como políticos son figuras de poder en un sistema democrático, aun cuando sus roles son distintos. Esta distinción en sus funciones no garantiza que los jueces actúen de manera totalmente despegada de sus propios intereses y de su ideología, la cual pueden trasladar al Consejo. El órgano, ante una judicatura politizada, traslada las confrontaciones partidistas al ámbito de la judicatura, conviviendo simbióticamente la política y el Poder Judicial en el Consejo. No hay razón para suponer que, jueces y magistrados no puedan, al tener acceso a poder y autoridad, utilizar sus funciones de manera similar a los políticos. No puede pretenderse una separación de ideología y juez; y aunque es deseable que la primera no influya en las labores jurisdiccionales, es inviable que no exista correlación cuando se inicia un proceso de selección de candidatos para el órgano de gobierno.

Este modelo, lejos de garantizar la autonomía que proclama, puede dar lugar a efectos perniciosos que comprometen seriamente los principios fundamentales sobre los que debería edificarse el sistema judicial. Jueces y magistrados, al igual que cualquier actor inserto en el entramado democrático, no están exentos de poseer ideologías, valores y percepciones que, aunque deberían mantenerse al margen de su labor jurisdiccional, inevitablemente influyen en sus decisiones y comportamientos. La elección corporativa de los vocales judiciales agrava esta circunstancia, erosionando la meritocracia que debería constituir el pilar básico de las candidaturas[457]. Los procesos electorales

---

457 La meritocracia es el eje vertebrador de un sistema de nombramientos de vocales. El órgano de gobierno de la justicia tiene que estar formado por vocales basados en la meritocracia siempre y cuando la designación

para la designación de los vocales reflejan, en gran medida, los alineamientos políticos presentes en el seno de las asociaciones judiciales, muchas de las cuales mantienen vínculos evidentes con corrientes ideológicas o intereses específicos. Estas divisiones internas, que tienden a reproducir las tensiones características de la confrontación política, afectan directamente a la composición del órgano, transformándolo en un reflejo de los enfrentamientos partidistas del sistema político. En lugar de actuar como un árbitro imparcial y garante de la independencia judicial, el Consejo corre el riesgo de convertirse en un espacio donde prevalecen intereses sectoriales y dinámicas ajenas a su propósito esencial.

En este escenario, el funcionamiento del órgano se materializa en una estructura fragmentada y polarizada, donde las decisiones se vean condicionadas por los intereses ideológicos de los grupos que conforman el órgano. En un sistema donde los jueces eligen a sus representantes, las candidaturas para el CGPJ no están exentas de las mismas dinámicas políticas que afectan a otros procesos electorales. Las campañas y los avales reflejan intereses ideológicos y gremiales, favoreciendo a los candidatos que logran movilizar mayor apoyo dentro de las asociaciones o grupos dominantes. La meritocracia puede quedar desplazada en favor de intereses corporativos o políticos, alejando el proceso de su finalidad de garantizar la mejor representación judicial.

---

de los mismos se base en nominaciones por las Cámaras o a través de elecciones internas. Ello lleva a que los jueces más capacitados y eficientes ocupen posiciones de mayor responsabilidad. Empero, en un sistema de elección por sus propios pares que pueda llevar al corporativismo más exacerbado, el resultado puede ser diferente. En un modelo basado en la autogestión, los controles externos desaparecen, primando los intereses y ambiciones personales, ya sea en términos de influencia, reconocimiento o poder. La consecuencia que se deriva de ello es la posibilidad de utilizar el Consejo como una herramienta para preservar y afianzar su estatus, especialmente visible en el caso de jueces de mayor rango sobre los inferiores, afectando a la independencia interna.

Igualmente, aun sin existir estas cuestiones, los modelos corporativistas generan un efecto de carencia de apertura. El propio consejo se retroalimenta, distanciándose de visiones diversas, perpetuándose ideas homogéneas y alejándose de los intereses generales de la sociedad en beneficio de los intereses del colectivo. Esta situación lleva a un "elitismo judicial", con un poder judicial gobernándose exclusivamente para sí mismo, sin idea de responsabilidad. Este efecto pernicioso se pretende eliminar en la propuesta a través de otorgar una amplia representación de los candidatos de la categoría de jueces. A través de esta vía se promueve una cierta regeneración de ideas, y sin evitar la endogamia o sentimiento de elitismo que puede aparecer en la justicia, se permite que el órgano de gobierno puede disponer de vocales que representen ideas novedosas.

Ha de apreciarse que este modelo igualmente puede generar una afectación en la independencia interna del poder judicial. El control, en muchas ocasiones endogámico y sin responsabilidad del órgano de gobierno, lleva a un manejo de las diferentes facultades sin control alguno. En el supuesto en que el Consejo esté controlado por un sector de la judicatura y este efectúe presiones hacia otros sectores, el órgano carece de sentido. La independencia judicial se basa en la capacidad de cada juez o magistrado para actuar libremente dentro del poder judicial, sin presiones ni influencias indebidas que provengan del exterior o de sus superiores jerárquicos o de sus pares. Son estas últimas aquellas que pueden generar efectos más persuasivos que lleguen a degenerar el concepto mismo de justicia. La presión corporativa se fortalecería a través de una inexistente rendición de cuentas, puesto que el órgano, al componer los vocales judiciales un 60%, podría ejercer un control total del mismo, limitando la transparencia externa, rompiendo los ejes que sustentan la supervisión del mismo por otros poderes del estado e interponiendo los intereses particulares por encima de los generales.

Los estudios muestran que la autogobernanza judicial puede conducir a un efecto distorsionador del sistema de responsabilidad[458]. Si son los propios jueces quienes ejercen las facultades, sin responder ante nadie por ello, conlleva que los procedimientos disciplinarios se encuentren en una situación de abuso, en el cual no se ejerza correctamente el mismo para no perjudicar a los miembros del gremio. Es más, los mismos pueden ser utilizados ilegítimamente como instrumentos de castigo o represión contra aquellos que se aparten de las normas no oficiales del grupo o quienes representen una amenaza contra el poder establecido. La arbitrariedad y el abuso del poder pueden convertirse en un verdadero hábito en el órgano de gobierno. Configurando esta cuestión con la carencia de rendición de cuentas, se aísla al poder judicial frente a la acción de decisiones injustas justificadas en la necesidad de autonomía del órgano de gobierno de la justicia.

En el presente sistema, carente de responsabilidad, la pregunta a hacerse sería ¿Quién ejerce la vigilancia del vigilante?[459]. El CGPJ se convierte es un órgano disciplinario, el cual, si carece de la autonomía suficiente por un control de la judicatura extremo, limitaría su funcionamiento. A través de un modelo corporativista el poder judicial se vigilaría así mismo, lo que daría lugar a conflictos de interés. Igualmente, al ser elegidos los vocales por sus pares, puede nacer un sentimiento proteccionista, por el cual estos se desincentiven de actuar contra sus electores, especialmente si existieren expectativas corporativas o gremiales. Este sistema agrava las tensiones internas, debilita los mecanismos de rendición de cuentas y acaba con la trasparencia y pluralidad que el órgano de gobierno debe de ostentar.

---

458 Véase KOSAŘ, D. y SPÁČ, S. "Conceptualization(s) of Judicial Independence and Judicial Accountability by the European Network of Councils for the Judiciary: Two Steps Forward, One Step Back". Op. Cit., pp. 41-42.

459 Esta es la idea en la que se basa el trabajo de GAROUPA, N. y GINSBURG, T. "Guarding the Guardians: Judicial Councils and Judicial Independence". Op. Cit., p. 106.

La propuesta converge entre la deseabilidad del modelo propugnado desde Europa y las consecuencias que un sistema corporativista pueden generar en el desarrollo del Consejo. Se observan inconvenientes en el modelo que suponen la dificultad práctica de su integración. Tal y como manifiesta Hernández González[460], otorgar a la judicatura la potestad para la elección de los vocales judiciales del Consejo supondría un Consejo muy independiente, pero carente de responsabilidad. Esta sobre-judicialización del Consejo no supondría la expulsión inmediata de la política en el seno del órgano, sino que la misma seguiría existiendo, aun cuando la influencia sería más del Poder Judicial hacia los restantes poderes del Estado. No ha de obviarse que un juez o magistrado es una persona con ideología e intereses[461], y únicamente en el ejercicio de la función jurisdiccional el juez ha de actuar ajeno a la misma. Por tanto, el espectro político innato a su propio ser puede encontrar desarrollo en la elección de sus representantes dentro del CGPJ, o en el ejercicio de una vocalía.

Tal y como manifiesta Guilarte Gutiérrez[462], otorgar a los jueces el poder de nombrar a sus propios representantes supondría el mismo problema de intromisión política que en el actual modelo. Este modelo corporativo llevaría a que las asociaciones judiciales

---

460 Hernández González, G. *La independencia del Consejo General del Poder Judicial en España. Una perspectiva comparada con los países del entorno y propuestas de mejora.* Op. Cit., p. 8.

461 La presunción de que los magistrados poseen una imparcialidad y objetividad innatas pasa por alto el hecho de que también son seres humanos con intereses, emociones y ambiciones. En consecuencia, es razonable asumir que, en ausencia de controles apropiados, podrían actuar en favor de sus propios intereses, de modo similar a lo que ocurre en el ámbito político. Los intereses particulares de los magistrados podrían manifestarse en resoluciones que beneficien su propia reputación, seguridad o aspiraciones profesionales.

462 Guilarte Gutiérrez, V. "El Consejo General del Poder Judicial: funciones y disfunciones". Op. Cit.

incrementen su influencia en la carrera judicial. Si en el modelo actual se puede observar cómo las mismas han ostentado, y siguen haciéndolo, un poder excesivo, más podría incrementarse en el modelo propuesto. Ha de recordarse que estas asociaciones profesionales no únicamente ejercen la defensa de los derechos de jueces y magistrados, sino que han venido integrándose como extensiones de los grupos parlamentarios en el seno de la judicatura. Llevaría a que, a consecuencia de su importante influencia en la judicatura, existiría un mayor número de candidatos asociados, ejerciendo las asociaciones un control indirecto del CGPJ[463]. Por tanto, el modelo de elección por sus propios pares conllevaría eliminar el modelo de "cuotas de partidos" que rige en la actualidad por un sistema de "cuotas de asociaciones" con idénticas finalidades, y por tanto, consecuencias negativas.

5. PROPUESTA DE *LEGE FERENDA* CUARTA: VOCALES EXCLUSIVAMENTE JUDICIALES

La propuesta de modificar la Constitución española para instaurar un modelo corporativo en el que los vocales del Consejo General del Poder Judicial sean exclusivamente de origen judicial y elegidos por sus propios pares[464] presenta profundas implicacio-

---

[463] Siguiendo a VIDAL MARTÍN, T. "Una propuesta conciliadora para la designación de los miembros del Consejo General del Poder Judicial: la necesaria despolitización del mismo y la superación de las situaciones de bloqueo". *Teoría y Realidad Constitucional*, n. 51, 2023, pp. 347-384, esp. p. 373-374, conseguir una representación proporcionada de jueces asociados y no asociados es tarea casi imposible de conseguir, siendo la candidatura individual la única opción viable, al poder personalizar el voto.

[464] Quedando el art. 122.3 CE tal que así: "El Consejo General del Poder Judicial estará integrado por el Presidente del Tribunal Supremo, que lo presidirá, y por veinte miembros más, todos ellos Jueces y Magistrados de todas las categorías judiciales. Estos serán elegidos mediante sufragio

nes jurídicas y estructurales. Este planteamiento, que se aleja del paradigma europeo clásico de los Consejos Judiciales, se aproxima más a un esquema de *Court Service*, reconfigurando radicalmente el actual modelo de designación de vocales y la estructura misma del órgano de gobierno del poder judicial. Aunque la propuesta persigue, en apariencia, reforzar la independencia judicial mediante la eliminación de influencias externas, resulta evidente que no se ajusta a las disposiciones actuales de la Constitución, la Ley Orgánica del Poder Judicial ni a los estándares promovidos por las instituciones europeas. La esencia del modelo reside en la creación de un Consejo exclusivamente integrado por jueces, cuya elección se realizaría de forma interna. Esto, en última instancia, no solo llevaría a la concentración del poder dentro del ámbito judicial, sino que consolidaría al Consejo como una expresión máxima del corporativismo. Si el modelo vigente ya genera preocupaciones por su grado de politización y la complejidad de garantizar la independencia plena de los jueces, esta nueva estructura agrava las dificultades al concentrar el poder exclusivamente en manos del colectivo judicial, sin mecanismos externos de control ni rendición de cuentas.

Desde una perspectiva funcional, el modelo propuesto aspira a incrementar la legitimidad del Consejo, al estar compuesto únicamente por miembros de la judicatura que, se presume, mejor representarían los intereses del colectivo. Este enfoque busca homogeneizar las actuaciones del órgano y alejarlo de las influencias políticas. Sin embargo, un análisis más detenido revela que esta uniformidad podría derivar en un estancamiento conceptual y en una preocupante falta de diversidad en las perspectivas representadas. A pesar de que el sistema mixto actual

---

directo por los Jueces y Magistrados en los términos que establezca la Ley Orgánica, asegurando una representación plural y equilibrada de las distintas sensibilidades de la carrera judicial. Los miembros del Consejo ejercerán su mandato por un período de cinco años".

ha sido objeto de críticas por su politización, es indudable que introduce cierta pluralidad en la composición del Consejo, lo que contrarresta, al menos parcialmente, los riesgos de endogamia.

Desde la óptica europea, organismos como la Comisión de Venecia han abogado reiteradamente por modelos de composición mixta que combinen la representación judicial con la presencia de miembros designados por otras instituciones, de forma que se garantice tanto la independencia judicial como la integración de intereses y perspectivas más amplias. Aunque la propuesta comparte con el euro-modelo algunos objetivos, como el fortalecimiento de la independencia judicial o la reducción de la influencia política, presenta serias discrepancias en lo relativo a su composición y funcionamiento. La exigencia de una reforma constitucional para implementar este modelo constituye, además, un obstáculo significativo, ya que no solo implicaría un amplio consenso parlamentario, sino también una revisión profunda de las competencias atribuidas al Consejo por la Carta Magna y la LOPJ. Es la presente cuestión la que, desde un prisma pragmático, ofrece mayores dudas. Pero, la mayor de las críticas que puede recibir el presente modelo se configura dentro del espectro del corporativismo. Estos efectos ya se pudieron percatar en el modelo mixto de 1980. El autogobierno pleno puede derivar en un sistema cerrado y elitista, en el cual se prioricen los intereses particulares sobre los generales. Esta estructura tiende a ser endogámica, puesto que los propios jueces designan a sus representantes, generándose un efecto de retroalimentación de conductas entre los miembros del propio grupo. Un sistema sin aperturas externas lleva a un estancamiento, y por tanto, a una falta de "oxigenación".

En esta línea hay que tener en cuenta dos consecuencias más derivadas del corporativismo, tales y como son la responsabilidad y la ideología inherente a los jueces y su politización. En relación a la primera de ellas, es evidente que, si los jueces controlan la totalidad del órgano de gobierno, estos disponen de la facultad disciplinaria, pudiendo utilizarla con finalidades espurias. Por líneas generales, el corporativismo lleva a la inexistencia de mecanismos de rendición de cuentas, pero también a una arbitrariedad en la aplicación de las mismas. Un pequeño grupo de miembros de la judicatura pueden controlar la totalidad del órgano de gobierno, abusando de su poder de dominancia a través de la facultad disciplinaria y aplicando sanciones y persecuciones internas a aquellos miembros disidentes. Para evitar el uso arbitrario, o la inexistencia de sanciones ante infracciones cometidas, es necesario establecer que los vocales puedan ser responsables de sus actos, por acción o inacción, ante órganos externos, como las cámaras parlamentarias, o ante la propia judicatura, permitiéndose la apertura de un instrumento de moción de censura por parte de los electores.

Resulta fundamental reconocer que los jueces, como cualquier otro ciudadano en una sociedad democrática, poseen ideologías y simpatías políticas, lo cual no debe ser considerado intrínsecamente negativo. Al contrario, es una manifestación natural de su condición como miembros de una comunidad plural. No obstante, el reto esencial radica en asegurar que estas inclinaciones no interfieran en el desempeño de sus funciones jurisdiccionales, de modo que la justicia permanezca neutral y ajena a cualquier tipo de influencia ideológica Un ámbito donde estas inclinaciones tienden a hacerse más visibles es en los procesos electorales para la elección de los vocales del Consejo. En estos comicios, los candidatos y vocales tienden a hacer explícitas sus posiciones ideológicas, lo que inevitablemente influye en cómo se percibe la imparcialidad del órgano. Esta exposición de la ideología puede ser interpretada como una forma de trazar líneas divisorias dentro del Consejo, afectando su credibilidad como instancia neutral. Aunque la propuesta de reformar el sistema de elección pretende reducir la politización externa, desvinculando el proceso de las decisiones parlamentarias, esto podría dar lugar a una politización interna. En este contexto, las asociaciones judiciales adquieren un papel predominante, pues representan corrientes ideológicas dentro de la judicatura y mantienen vínculos con partidos políticos. Estas asociaciones se convierten en actores clave en la promoción de candidaturas, reemplazando las "cuotas de partidos" tradicionales por nuevas "cuotas de asociaciones". Este cambio, aunque distinto en forma, puede generar efectos similares al perpetuar la influencia ideológica en el órgano de gobierno judicial.

La politización interna del CGPJ puede generar diversos efectos negativos. Por un lado, las decisiones del Consejo podrían empezar a reflejar alineamientos políticos internos, moldeados por las asociaciones judiciales y sus afiliaciones ideológicas. Esto no solo comprometería la neutralidad del órgano, sino que también podría erosionar la confianza de la ciudadanía en la imparcialidad del sistema judicial. Además, las asociaciones profesionales podrían consolidar su poder al influir en la composición del Consejo, favoreciendo a candidatos afines y reproduciendo las dinámicas de confrontación y polarización ya conocidas en el ámbito político. De este modo, el CGPJ correría el riesgo de convertirse en un reflejo de las tensiones legislativas, dificultando la toma de decisiones consensuadas y perjudicando su funcionamiento como árbitro imparcial. Pero esta politización interna puede llevar a una afectación en la independencia interna del poder judicial. Si un pequeño grupo de jueces o magistrados, o inclusive las asociaciones judiciales, consolidasen un poder desproporcionado, los jueces individuales podrían sentirse presionados para alinearse con las dinámicas internas del CGPJ, limitando su autonomía y viéndose desplazados por intereses gremiales o políticos.

La entrega del control total del Consejo a los jueces mediante las 20 vocalías y un sistema de elección directa por sus pares es un planteamiento que, a priori, busca reforzar la autonomía y legitimidad del poder judicial, promoviendo su despolitización. No obstante, este modelo podría generar resultados opuestos, incrementando el corporativismo dentro del CGPJ debido a una aparente autonomía que, en la práctica, podría derivar en un cierre interno y una mayor vulnerabilidad a intereses particulares. Así, esta propuesta puede considerarse viable, pero su éxito dependerá en gran medida de los actores involucrados en el poder judicial. Para que el autogobierno judicial sea verdaderamente transparente, autónomo y responsable, es indispensable que los miembros de la judicatura actúen con preparación y madurez democrática, priorizando el interés general sobre las dinámicas ideológicas. Solo a través de un compromiso efectivo con los valores de imparcialidad, responsabilidad y pluralidad podrá este modelo cumplir su objetivo de fortalecer el poder judicial sin sacrificar su independencia ni su credibilidad ante la ciudadanía.

6. PROPUESTA DE *LEGE FERENDA* QUINTA: ELECCIÓN DE LOS VOCALES JUDICIALES POR LAS CÁMARAS Y POR SUS PROPIOS PARES

Derivado de los modelos precedentes, se plantea un sistema mixto de designación en el cual los vocales de origen judicial sean elegidos por sus pares, pero también por el parlamento. Esto es, la idea sobre la cual se enfoca el presente sistema es la creación de un sistema híbrido, enfocado en equilibrar la independencia judicial y el control democrático. De este modo, se pueden limitar parte de las críticas expuestas en el apartado precedente. En concreto, se plantea mantener la designación parlamentaria de los ocho vocales juristas de reconocido prestigio, y repartir la designación de los doce vocales de procedencia judicial. Esto es, seis vocales judiciales serán elegidos directamente por los jueces mediante voto, ajo condiciones similares a las ya analizadas, y los otros seis serían designados por las Cortes Generales. En este último caso, tres vocales corresponderían al Congreso y tres al Senado, quienes los elegirían de entre los candidatos presentados según el actual sistema, requiriéndose una mayoría cualificada de tres quintos en cada cámara. Este esquema tiene como fundamento la creación de una doble legitimidad en la composición de las vocalías judiciales: una legitimidad interna, derivada del sufragio directo dentro del Poder Judicial, y una legitimidad externa, otorgada por la elección parlamentaria y su conexión con la representación democrática general. Se busca, con ello, un Consejo menos susceptible a las influencias políticas y más orientado hacia una gestión democrática y autónoma de la judicatura.

Este modelo enfoca su real interés en la forma de designación de los vocales judiciales, y realmente representa la práctica totalidad de las virtudes e impedimentos nacientes de los modelos citados, incorporando elementos de ambos para mitigar sus efectos más perniciosos. El primer elemento a valorar es la disminución de la percepción de control político sobre el órgano. Las Cámaras Parlamentarias carecen de la facultad de designación de los veinte vocales, compartiendo la tarea con los miembros de la carrera judicial. Ello supone así el establecimiento de un status quo, en el cual la independencia judicial se mantiene en equilibrio gracias al respeto de la legitimidad del poder judicial, del poder legislativo y del control democrático. La pluralidad se incrementa, pues los mecanismos de elección se diversifican, fomentándose una representación variada, con perfiles de vocales judiciales elegidos por dos vías distintas, representando el consenso judicial y el consenso parlamentario. A todo ello, el carácter más fundamental es la limitación de los efectos negativos que se sustraen de los dos modelos de designación que sirven para la elaboración del presente. Esto es, como ya se ha indicado, la influencia política se reduce, pero también la influencia de los propios jueces. Otorgar a los miembros del poder judicial la designación de la totalidad de los vocales conlleva la limitación del modelo corporativista.

Que la designación de los vocales judiciales, quien son mayoría dentro del CGPJ, sea una facultad compartida lleva a que exista un sistema de pesos y contrapesos dentro del propio órgano. Las Cortes Generales, a través de la nominación de los vocales, transforman su actuación en un mecanismo de supervisión externa que atenúa el peso exclusivo de los jueces en el proceso de selección, y por tanto, restringe el poder de asociaciones judiciales y evita la auto-referencialidad del poder judicial. Empero a todo lo anteriormente indicado, el riesgo de que estas asociaciones mantengan un peso desproporcionado en el proceso no desaparece completamente, dado que podrían influir tanto en la selección de los vocales elegidos por votación directa como en los designados por el parlamento. Ello lleva a la necesidad de crear mecanismos que puedan mitigar ese riesgo y permitan una representatividad de todos los sectores de la judicatura. De esta forma, se propone como solución restringir los candidatos que pueden proponer las asociaciones judiciales a únicamente uno de los dos sistemas de elección. Esto es, para ser vocal judicial del Consejo, las candidaturas se distribuyen de la siguiente forma: para los seis vocales que son designados por sus pares, exclusivamente se podrán presentar aquellos que sean avalados por un 2% de los electores, no permitiéndose a las candidaturas avalar o participar en el presente procedimiento. Para los seis vocales restantes, al procedimiento anterior se le uniría la posibilidad de que los candidatos sean avalados por las asociaciones judiciales. De esta forma se consigue restringir la influencia de estas organizaciones y eliminar los perfiles más cercanos a intereses corporativistas.

Ello ha de conjugarse con otras perspectivas negativas que pueden aparecer dentro del modelo. Es evidente que el sistema mixto dentro de un sistema mixto dificulta un efectivo nombramiento de los vocales. Tres modelos de designación de vocales pueden llevar a que se incrementen los retrasos, y en supuestos de bloqueos parlamentarios, que el órgano de gobierno de la justicia pueda observar la renovación únicamente de seis vocales, cuestión que carecería de total lógica. Y es que la persistencia de la influencia política, así como la excesiva "autorreferencialidad" del poder judicial, es una cuestión que perduraría dentro de las actuaciones de designación, ante la imposibilidad de eliminar los intereses espurios que pueden nacer dentro del sistema. Y aunque la propuesta presente se enfoque dentro de la idea de compromiso entre la independencia judicial y la representatividad democrática, no elimina del todo los posibles efectos nocivos que los modelos parlamentarios, corporativos y mixtos generan, no por sus propias características, sino por la posible intromisión que pueden efectuarse desde los órganos de designación de los vocales.

De elegirse la presente propuesta, la normativa no variará en exceso en relación a la planteada en el apartado anterior, a la cual nos remitimos, habiendo únicamente escasas modificaciones, quedando las mismas tal que así:

Art. 567 LOPJ.

> "2. Cada una de las Cámaras elegirá, por mayoría de tres quintos de sus miembros, a cuatro Vocales entre juristas de reconocida competencia con más de quince años de ejercicio en su profesión, conforme a lo previsto en el Capítulo II del presente Título, y a tres vocales pertenecientes al ámbito judicial, conforme a lo previsto en el art. 572 del presente título. En dicha elección, cada una de las Cámaras garantizará el principio de presencia equilibrada de mujeres y hombres de forma que entre las catorce personas vocales se incluya como mínimo un cuarenta por ciento de cada uno de los sexos [...]".

Artículo 572. Convocatoria y organización del proceso electoral

> "1. La elección de los vocales de procedencia judicial se llevará a cabo por una doble modalidad. Seis vocales serán designados por las Cámaras por mayoría de tres quintos de sus miembros. Para ser candidato se necesitará el aval de un 2% de los electores o de una asociación judicial. Las elecciones para la designación de los seis restantes vocales judiciales del Consejo General del Poder Judicial se convocarán automáticamente con una antelación de tres meses a la expiración del mandato del Consejo saliente".

7. PROPUESTA DE *LEGE FERENDA* SEXTA: LA MERITOCRACIA

El modelo meritocrático se presenta como la opción más lógica y adecuada para optimizar el funcionamiento del Consejo, aunque también enfrenta el desafío de una valoración intrínsecamente subjetiva de los méritos, lo que dificulta su implementación. El presente sistema lleva a que, para la elección de los diferentes vocales, se tengan en cuenta un conjunto de criterios tasados, tales y como la trayectoria profesional, la experiencia y los méritos objetivos de la persona candidata, buscando garantizar que tanto los vocales judiciales como los laicos sean seleccionados entre los perfiles más cualificados, y alejándose así de dinámicas políticas o corporativistas que puedan comprometer la imparcialidad del órgano. Se sustenta el modelo en la elaboración de un sistema de evaluación transparente, riguroso y gestionado por un órgano independiente, lo que supondría sustraer a las Cámaras parlamentarias la facultad de designación de los vocales, una medida que podría ser considerada contraria a los estándares del "euro-modelo". No obstante, este enfoque responde a la necesidad de asegurar una mayor independencia en la composición del Consejo y una selección basada exclusivamente en criterios meritocráticos.

El modelo se desarrollaría de la siguiente forma. En primer lugar, hay que establecer un conjunto de criterios meritocráticos que permitan valorar a los diferentes candidatos, tales y como: (1) el número de años en el ejercicio de la judicatura o en el ámbito jurídico (para vocales laicos se mantendrían los 15 años de experiencia que recoge el actual art. 567.2 LOPJ); (2) trayectoria destacada en el campo en el cual opere, ya sea a través del análisis de decisiones judiciales relevantes, publicaciones jurídicas, participación en proyectos académicos o, entre otros, defensa de asuntos; (3) historial de actuaciones que demuestren la no comisión de hechos que puedan ser contrarios a la ética o moralidad; informes de desempeño basados en indicadores cualitativos (como puede ser relativo a la motivación de las resoluciones judiciales, la creación de líneas jurisprudenciales, la publicación de investigaciones novedosas, entre otras muchas) y cuantitativos (por ejemplo la eficiencia en la resolución de casos).

Estos criterios tienen que ser valorados por un órgano evaluador independiente, encargado de realizar la selección a partir de candidaturas voluntarias presentadas por los propios interesados, sin la intervención de organismos externos, incluidas las asociaciones judiciales. Al estar subsumidos en un modelo mixto, es necesario que el órgano evaluador se componga de profesionales muy diversos que puedan comprender y analizar los diferentes méritos alegados por los litigantes en el curriculum que aporten, adaptado a los criterios mencionados. De esta forma, el órgano se compondría de representantes de instituciones académicas, ya sean facultades de derecho o centros de investigación jurídica, miembros de la abogacía, miembros de la carrera fiscal y representantes de las asociaciones judiciales. Tal y como se observa, se propone un papel activo, pero limitado, a las organizaciones judiciales de cara a evitar posibles actuaciones encaminadas al corporativismo del sector.

La fase de selección de los candidatos constituye el núcleo central de este modelo y, a su vez, la etapa que podría generar mayores controversias en la práctica. Tanto los jueces como los juristas de reconocida competencia interesados en formar parte del CGPJ deberían cumplir con requisitos específicos. Para los vocales laicos, es necesario que estos hayan ejercido funciones durante un periodo de 15 años como mínimo, mientras que los vocales judiciales, y en aras de promover la representación de todas las escalas judiciales, el límite temporal se debe de situar en un mínimo de 5 años, periodo que le permite al profesional haber ya desempeñado suficientes actividades jurisdiccional para conocer el desarrollo de la judicatura. Ambas modalidades de candidaturas deberán presentar un dossier que documente su trayectoria profesional y sus aportaciones al ámbito jurídico, desde el ámbito del que provengan, determinando cuestiones como la experiencia jurisdiccional o jurídica relevante, resoluciones destacadas o asuntos emblemáticos en los que haya participado, publicaciones académicas, premios y cualquier otro mérito que los candidatos puedan alegar. En aras de facilitar la transparencia del órgano, las candidaturas aspirantes serán registradas, junto con los perfiles que han expuesto justificativos de su posición, en la página web del CGPJ, de forma pública para su acceso por cualquier ciudadano.

El órgano independiente, formado por expertos en el ámbito jurídico, académico y profesional, asegurando una representación plural e igualitaria entre mujeres y hombres, se asegurará de puntuar a los aspirantes conforme los criterios previamente definidos, publicándose listado de las puntuaciones obtenidas por cada candidato, que no tiene que restringirse a ser coincidente con los veinte vocales. Tras la superación de este primer filtro, se procederá a una segunda evaluación de los candidatos, convocados para entrevistas abiertas, que servirán como etapa final para evaluar sus capacidades, ideas y principios éticos, exponiendo los aspirantes sus propuestas sobre el papel del CGPJ, su visión sobre la independencia judicial y los retos del sistema judicial español. Aunque esta etapa sería menos transparente, en aras de proteger la intimidad de los aspirantes, se llevaría a cabo con un riguroso análisis de la coherencia, claridad y tecnicidad en las respuestas. Tras las entrevistas, el jurado combinaría las puntuaciones obtenidas en las distintas etapas para determinar los candidatos más idóneos. Aquellos con los mejores resultados serían designados como vocales del CGPJ, respetándose las cuotas establecidas según su procedencia, y los resultados serían formalmente comunicados al Presidente del Gobierno, al Ministerio de Justicia y a las Cámaras parlamentarias mediante un informe detallado.

El modelo genera amplios desafíos, como una modificación sustancial del art. 122 CE, eliminando en su tercer apartado la elección parlamentaria de los juristas, debiendo de quedar redactado manifestando que, tanto los "doce Jueces y Magistrados de todas las categorías judiciales, como los ocho juristas de reconocida competencia, serán designados en los términos que establezca la ley orgánica y bajo un modelo meritocrático". Y en este supuesto debe de procederse a modificar el art. 567 y el Capítulo II, del Título II, de del Libro VIII de la LOPJ, relativo al procedimiento de designación de los vocales, conforme los estándares previamente indicados, quedando tal que así:

Artículo 567. Designación de los vocales del Consejo General del Poder Judicial

> "1. Las veinte personas Vocales del Consejo General del Poder Judicial serán designadas atendiendo a principios de mérito, capacidad, y paridad de género, mediante un procedimiento que

garantice la transparencia, la independencia del poder judicial, y la despolitización del proceso.
2. Los vocales se seleccionarán conforme a los siguientes criterios:
a) Doce vocales judiciales serán designados por una comisión independiente mediante un proceso de evaluación técnica y entrevistas públicas, conforme a los criterios de mérito y capacidad definidos.
c) Ocho vocales juristas de reconocido prestigio serán seleccionados mediante un procedimiento de evaluación pública, basado en méritos profesionales, experiencia y trayectoria, y designados formalmente por el Parlamento en audiencia pública.
3. En el procedimiento de selección de los vocales, deberá garantizarse la presencia equilibrada de mujeres y hombres, de modo que cada sexo cuente con al menos el cuarenta por ciento de representación.
4. Previamente a su designación, los candidatos deberán someterse a una evaluación de méritos que incluirá:
a) La presentación de un dossier público que acredite su trayectoria profesional, resoluciones relevantes y contribuciones al ámbito jurídico.
b) Una entrevista pública para exponer su visión sobre el Consejo General del Poder Judicial y responder a preguntas relacionadas con principios éticos, independencia y retos del sistema judicial".

Artículo 572. Proceso de designación por méritos de los vocales del turno judicial

"1. Los vocales correspondientes al turno judicial se seleccionarán mediante un proceso competitivo que evalúe la trayectoria, méritos y experiencia de los candidatos.
2. Podrán presentar su candidatura todos los jueces y magistrados en servicio activo que no se encuentren en situación de incompatibilidad según lo establecido en esta Ley.
3. El procedimiento de selección constará de las siguientes fases:
a) Presentación de candidaturas: los aspirantes deberán aportar un dossier que incluya su trayectoria profesional, resoluciones emblemáticas y una memoria justificativa con propuestas para el Consejo.
b) Evaluación técnica: un organismo independiente analizará las candidaturas en función de criterios previamente definidos, incluyendo méritos profesionales, ética, y compromiso con la independencia judicial.
c) Entrevistas públicas: los candidatos mejor puntuados serán convocados a audiencias públicas en las que expondrán sus propuestas y responderán a preguntas del jurado y de la ciudadanía".

Artículo 573. Organización del proceso de evaluación

"1. La evaluación será realizada por un organismo independiente compuesto por:
a) Tres jueces de reconocida trayectoria, designados mediante sorteo público entre los magistrados del Tribunal Supremo y tribunales superiores.
b) Dos académicos de prestigio designados por el Consejo de Universidades.
c) Dos fiscales de reconocida trayectoria, designados por sorteo público entre los fiscales del Tribunal Supremo.
d) Dos abogados, designados por sorteo público entre los diferentes componentes del Consejo General de la Abogacía.
2. El jurado deberá establecer un sistema de puntuación objetivo basado en:
a) Experiencia profesional en la carrera judicial.
b) Resoluciones de relevancia pública o jurídica.
c) Publicaciones académicas, investigaciones o contribuciones al desarrollo normativo.
d) Compromiso demostrado con la independencia judicial".

Artículo 574. Presentación de candidaturas

"1. Los jueces o magistrados interesados en postularse deberán formalizar su candidatura mediante un escrito dirigido al jurado, acompañado de:
a) Un dossier que documente su trayectoria profesional y méritos destacados.
b) Una memoria de propuestas sobre las líneas estratégicas que debería desarrollar el Consejo General del Poder Judicial.
2. No será necesaria la presentación de avales ni el respaldo de asociaciones judiciales, para garantizar la igualdad de acceso y evitar condicionamientos corporativos".

Artículo 576. Entrevistas públicas y selección final

"1. Los candidatos mejor puntuados en la fase de evaluación técnica serán convocados a entrevistas públicas.
2. Durante las entrevistas, los aspirantes:
a) Expondrán su visión sobre los principios de independencia judicial y su interpretación del papel del Consejo General del Poder Judicial.
b) Responderán a preguntas técnicas y éticas formuladas por el jurado.

> c) Podrán recibir preguntas de la ciudadanía, previamente moderadas y organizadas.
> 3. Finalizadas las entrevistas, el jurado seleccionará a los candidatos que hayan obtenido las mejores puntuaciones acumuladas.
> 4. Los nombres de los seleccionados serán remitidos al Consejo General del Poder Judicial para su designación formal como vocales del turno judicial".

Artículo 578. Procedimiento para la selección de vocales juristas de reconocido prestigio

> "1. Los juristas de reconocido prestigio serán seleccionados mediante un procedimiento abierto que garantice la publicidad, transparencia y evaluación meritocrática.
> 2. Podrán postularse profesionales del derecho con más de quince años de experiencia, acreditando méritos destacados y un historial de independencia profesional.
> 3. Los juristas seleccionados deberán someterse a una audiencia pública ante una comisión parlamentaria, que evaluará su idoneidad en función de criterios previamente establecidos.
> 4. La selección final corresponderá a las Cortes Generales, que designarán formalmente a los ocho vocales juristas mediante votación pública y nominal".

La pregunta a llevarse a cabo es sencilla. ¿es realmente viable el presente modelo? Se podría manifestar que el sistema propuesto es uno de los modelos ideales, en el cual se asegura que los vocales del Consejo sean profesionales de alta cualificación, reduciéndose la politización de los mismos. El modelo de selección es el conveniente para cumplir con todas las facultades que le son asignadas al CGPJ, pero, a su vez, su correcta funcionalidad no deja de ser onírica. El procedimiento de evaluación puede llevarse a cabo por un organismo carente de suficiente independencia que, aun ante criterios objetivos, efectúe una interpretación de los méritos sesgada por razones políticas, ideológicas o corporativistas. Todo ello dificulta ampliamente el cumplimiento de un modelo basado en el mérito que, para soslayar tales problemáticas, debiera de crear divisiones de especialización dentro del órgano evaluador que filtre las candidaturas por procedencia. Esto es, una comisión de académicos valoraría las propuestas de miembros de la universidad; una comisión de abogados y otros juristas valoraría a sus pares; y así sucesivamente. Ello supondría el diseño de un sistema de amplia complejidad, financiado bajo recursos significativos y de infraestructura robusta. Se observa así que, aun cuando teóricamente el modelo propuesto se muestra de interés y acorde a los objetivos del Consejo, su realidad práctica se dificulta.

Dando así respuesta a la pregunta, se podría señalar que el modelo es y no es viable. A corto plazo, es evidente que el sistema propuesto puede generar amplias disfunciones, pero, a medio-largo plazo la utopía puede transformarse en realidad. El principal problema para la verdadera implantación del modelo de nombramiento propuesto acaece en las primeras etapas. Como ya se ha indicado, la inicial buocratización y creación de la necesaria infraestructura puede suponer un rechazo al modelo, el cual puede igualmente heredar cuestiones perniciosas, especialmente relativas a intereses e ideologías de la actual dinámica de partidos que subyace a todo actuar dentro el Consejo. Empero, el transcurso del tiempo puede suponer la separación respecto a todas estas cuestiones, generando un CGPJ ajeno a las dinámicas partidistas y enfocado en el cumplimiento de los fines que constitucional y legalmente le han sido asignados a través de unas vocalías compuestas por profesionales expertos en diferentes materias dentro de la rama jurídica del conocimiento y extraño a las actuales deficiencias del sistema. El modelo aquí propuesto carecería de similitud con los estándares europeos, pudiendo, en el supuesto de un correcto funcionamiento, servir de ejemplo para su adaptación más allá de las fronteras nacionales.

8. PROPUESTA DE *LEGE FERENDA* SÉPTIMA: RENOVACIÓN POR SORTEO

La renovación por sorteo, inspirado en la experiencia griega y defendido por diversos sectores como una alternativa innovadora[465], se presenta como una solución eficaz para superar las disfuncionalidades que los sistemas tradicionales de designación han evidenciado. La elección de los diferentes vocales del Consejo a través de un sorteo ofrece mayores ventajas que desventajas, puesto que elimina todas las candidaturas que se lleven a cabo por meros intereses personales. Tal y como decía Platón "el gobernante ideal es aquel que no siente deseo de gobernar", y a través del sorteo se evitan estos deseos espurios de gobernar para la obtención de intereses particulares o gremiales.

Entre las críticas más persistentes a los modelos tradicionales destaca la excesiva influencia de los grupos parlamentarios en la designación de los vocales del Consejo, lo que compromete su percepción de independencia. Es evidente que, bajo estos esquemas, los nombramientos suelen ser empleados como herramientas para ejercer un control sobre las facultades del órgano, en especial en lo que respecta al nombramiento discrecional de magistrados del Tribunal Supremo. El sorteo elimina de raíz este problema, pues la aleatoriedad del proceso asegura que no exista intervención parlamentaria en la selección de los vocales, evitando cualquier

---

465 Véase "Guilarte propone elegir por sorteo a los nuevos vocales del Poder Judicial para forzar su renovación", *El País*, 28/05/2024. Recuperado: https://elpais.com/espana/2024-05-28/guilarte-propone-elegir-por-sorteo-a-los-nuevos-vocales-del-poder-judicial-para-forzar-su-renovacion.html (Fecha de consulta: 05/12/2024); "Errejón propone una reforma alternativa al CGPJ para elegir a parte de sus miembros mediante sorteo y un MIR judicial", *Europa Press*, 20/10/2020. Recuperado de: https://www.europapress.es/nacional/noticia-errejon-propone-reforma-alternativa-cgpj-elegir-parte-miembros-sorteo-mir-judicial-20201020130931.html (Fecha de consulta: 05/12/2024).

forma de manipulación partidista o negociación política que pudiera distorsionar la autonomía del órgano. Mediante el presente modelo, todos los jueces y magistrados pueden salir elegidos, lo que permite un acceso equitativo a los cargos de vocalías en el órgano, independientemente de su afiliación o no a asociaciones judiciales o su posición jerárquica dentro de la carrera judicial. De esta forma se superan algunas de las consecuencias negativas derivadas de los diferentes modelos que se han venido analizando en los apartados precedentes, fomentándose así un CGPJ más plural, diverso y equilibrado en relación a las diferentes sensibilidades habidas en el poder judicial.

La principal virtud del sorteo reside en la autonomía que concede a los vocales designados. Al ser seleccionados mediante un mecanismo completamente aleatorio y libre de influencias políticas o de grupos de presión, los vocales quedan exentos de compromisos previos o deudas de gratitud hacia quienes los eligieron. Como bien apunta Guilarte Gutiérrez[466], este modelo asegura que los vocales "no le deban nada a nadie", ya que su nominación no proviene de voluntad alguna, sino de un procedimiento regido por la imparcialidad de la aleatoriedad. Al eliminar la conexión entre el CGPJ y las cámaras parlamentarias, se elimina la fuente primaria de conflictos habidas, así como el "cordón umbilical" de los grupos parlamentarios con los vocales designados. Estos últimos ya no se encuentran en una situación de dependencia con quienes allí les han "colocado", permitiéndose un actuar autónomo y desvinculado de posibles favores.

En clave parlamentaria, esta desconexión igualmente ofrece significativos beneficios. Si nos situamos en el contexto político español, en el cual existe una evidente confrontación y radica-

---

466 Guilarte Gutiérrez, V. "El Consejo General del Poder Judicial: funciones y disfunciones". Ponencia de Inauguración del Curso académico 2024-2025 del Máster Universitario en acceso a la abogacía y la procura. 9 de septiembre de 2024, Universidad de Burgos.

lización de las ideologías, tanto ciudadanas como políticas, el consenso es complicado de conseguir. Los pactos de Estado, la visión estatal es sustituida por la ideológica y partidista, dificultando los acuerdos. El bloqueo en la renovación ha sido un tema usual dentro de los últimos mandatos, especialmente grave el mandato que se extendió desde el año 2013 hasta el año 2024, a consecuencia de un bloqueo de casi seis años[467]. La eliminación de este vínculo no solo facilita la continuidad del órgano, sino que reduce significativamente las tensiones entre los partidos y evita que el CGPJ se convierta en un campo de batalla ideológica o en una moneda de cambio dentro de las negociaciones políticas. Esta separación entre designación y parlamento evita las dinámicas de "apadrinamiento" que caracterizan a los sistemas de elección por los grupos parlamentarios. Bajo este enfoque, las candidaturas desaparecen y, por tanto, los vocales no dependen del apoyo de partidos o asociaciones judiciales, lo que previene la aparición de redes clientelares o la percepción de parcialidad en la selección de vocales. Esta cuestión otorga libertad a los vocales para actuar dentro del Consejo, fortaleciendo el órgano y la confianza pública sobre el mismo.

El modelo resuelve uno de los problemas más acuciantes del sistema actual: la paralización de las renovaciones del CGPJ En el marco vigente, donde la designación de los vocales depende en gran medida del consenso entre las principales fuerzas políticas, los bloqueos han sido frecuentes, extendiendo indebidamente

---

467 En esta línea, Vicente Guilarte manifiesta que el sorteo es una posibilidad óptima para dar respuesta ante posibles situaciones coyunturales, como son los bloqueos de larga duración, permitiendo la designación de los 12 vocales judiciales y la reestructuración del Consejo. "Guilarte no descarta proponer un sorteo para renovar el CGPJ: Los elegidos no podrán decir que les nombró un partido", *Diario del Derecho-Iustel*, 23/05/2024. Recuperado de: https://www.iustel.com/diario_del_derecho/noticia.asp?ref_iustel=1244351 (Fecha de consulta: 05/12/2024).

los mandatos de los vocales y afectando gravemente al adecuado funcionamiento del órgano. Frente a ello, el sorteo prescinde del componente relativo a la negociación entre partidos, establece un sistema que garantiza una renovación periódica y oportuna, evitando los efectos negativos de la interinidad prolongada en el tiempo[468]. Aunque inspirado en el sistema griego, este modelo no debe entenderse exclusivamente como una innovación. Más que su novedad, destaca por su eficiencia y agilidad, características que lo posicionan como una solución práctica frente a la lentitud y los prolongados estancamientos que suelen producirse en los modelos parlamentarios. En contraste con los interminables procesos de negociación legislativa, que a menudo se extienden durante meses o incluso años, el sorteo opera de manera automática y en un único acto, asegurando una transición expedita y previsible.

La cuestión central que plantea la implementación de este modelo radica en determinar si el CGPJ debería estar compuesto exclusivamente por vocales judiciales o si, por el contrario, debería mantenerse un modelo mixto en el que las Cámaras legislativas conserven la facultad de designar a los vocales de carácter laico. Si el objetivo principal es maximizar la independencia judicial y reducir al mínimo la influencia de actores externos, la exclusión de vocales laicos parecería más adecuada, ya que simplifica el proceso de selección y excluye de raíz los intereses partidistas propios de los grupos parlamentarios. Este enfoque permitiría despolitizar el órgano y minimizar riesgos asociados al control externo, como los intentos de instrumentalización política del Consejo. Sin embargo,

468 Véase, a modo de ejemplificar, la ya citada controversia surgida derivada de las Leyes Orgánicas 4/2021, de 29 de marzo, por la que se modifica la Ley Orgánica 6/1985, de 1 de julio, del Poder Judicial, para el establecimiento del régimen jurídico aplicable al Consejo General del Poder Judicial en funciones, y 8/2022, de 27 de julio, de modificación de los artículos 570 bis y 599 de la Ley Orgánica 6/1985, de 1 de julio, del Poder Judicial.

un modelo exclusivamente judicial podría suscitar preocupaciones relacionadas con el corporativismo, en el que el CGPJ pudiera convertirse en un espacio autoreferencial, dedicado a proteger los intereses internos de la carrera judicial o consolidar dinámicas de poder internas. Pese a estos riesgos, la ausencia de candidaturas podría mitigar tales tendencias al eliminar los mecanismos que usualmente favorecen el corporativismo. Por otro lado, la inclusión de vocales laicos a través de un sistema mixto aportaría diversidad y legitimidad democrática al órgano, promoviendo un equilibrio entre las perspectivas técnicas de los jueces y una representación social más amplia. No obstante, podría generarse la percepción de que los vocales laicos carecen del grado de especialización técnica necesario para contribuir eficazmente a las funciones del Consejo, lo que podría ser utilizado como argumento para cuestionar su idoneidad. Aun así, esta crítica no es insalvable, ya que la composición mixta puede diseñarse cuidadosamente para mitigar sus posibles efectos adversos.

Si bien es cierto, la implementación del presente modelo supone la extracción de una trascendente competencia a las cámaras legislativas. Si el objetivo pretendido es la búsqueda de autonomía del órgano y que la aleatoriedad en el modelo de designación puede ser una opción viable, es recomendable que el sistema se lleve a cabo a través de una vía transitoria, en el cual, de forma inicial, la elección de los vocales sea una facultad compartida por las Cámaras legislativas, quienes designarán a los vocales laicos, y la aleatoriedad servirá para la elección de los vocales judiciales. Esta idea permite que los vocales judiciales, elegidos por un sistema basado en el azar, ostenten la mayoría del CGPJ, limitando de esta manera los perniciosos efectos que puedan derivarse de la elección por las cámaras de los ocho restantes vocales. Un sistema más complejo, que debería completarse con la posibilidad de renovación parcial de los vocales en supuesto de retraso en las cámaras legislativas, renovándose exclusivamente a aquellos de carácter judicial y manteniéndose en funciones a los vocales laicos salientes.

El modelo propuesto tiene un factor clave, y es la designación por sorteo de los 12 vocales judiciales, distribuidos entre las principales categorías profesionales, sin candidaturas[469]. Exactamente, se designarán dos vocales de entre los magistrados del Tribunal Supremo, cinco vocales pertenecientes a la categoría de magistrados, y cinco vocales pertenecientes a la categoría de jueces. Cada vocal contará con un suplente, seleccionado igualmente mediante sorteo dentro de su misma categoría, en aras de cubrir posibles vacantes durante el mandato. Se estructura de esta forma un conjunto de vocalías diversas y representativas proporcionalmente de las diferentes categorías judiciales, bajo un conjunto de requisitos para su elección, tales y como ser miembro de la carrera judicial en servicio activo, no haber sido sancionado por faltas disciplinarias graves o muy graves en

---

469 Entendemos que la candidatura no puede coexistir con un modelo de sorteo, a consecuencia de la búsqueda de desinterés en el cargo. Un candidato demuestra querer ser vocal, y en muchas ocasiones su actuación viene influenciada o "apadrinada" por grupos de poder ideológicos, como partidos políticos o asociaciones, siendo contrario a los valores pretendidos con la presente propuesta. Por el contrario, la *Fundación Hay Derecho* elabora una propuesta basada en el modelo del sorteo, en aras de buscar un procedimiento que rompa con las cuotas partidistas. Su propuesta establece la formación de bolsas de candidatos según las normas vigentes de la LOPJ: 20 juristas propuestos por el Congreso y otros 20 por el Senado, junto con 30 jueces o magistrados del turno judicial propuestos por cada cámara. Para el turno judicial, mantienen el procedimiento actual de presentación de candidaturas, abierto por el Presidente del CGPJ. La elección final se realiza mediante un sorteo público entre los candidatos incluidos en las bolsas definitivas, garantizando la neutralidad del proceso. Los grupos parlamentarios se comprometen a ratificar los resultados, culminando con la designación oficial por el Congreso y el Senado. Vid. "El sorteo: la propuesta de Hay Derecho para renovar el CGPJ sin intercambio de favores políticos", *Hay Derecho*. Recuperado de https://www.hayderecho.com/portfolio-item/el-sorteo-la-propuesta-de-hay-derecho-para-renovar-el-cgpj-sin-intercambio-de-favores-politicos/ (Fecha de consulta: 04/12/2024).

los cinco años previos y no haber ocupado cargos políticos o administrativos de alta dirección.

El proceso de selección comenzaría con la publicación de una convocatoria oficial por parte del Presidente del CGPJ, quien notificaría a todos los miembros de la carrera judicial la fecha prevista para el sorteo. Este se llevaría a cabo en un acto público, organizado por el CGPJ y supervisado por una Comisión de Garantías, integrada, entre otros, por el presidente del CGPJ y el presidente del Tribunal de Cuentas. En el acto se realizarían tres sorteos electrónicos diferenciados, uno por cada categoría judicial, comenzando con la designación de los dos vocales del Tribunal Supremo y concluyendo con el sorteo correspondiente a los jueces. Una vez completado el proceso, los resultados serían publicados oficialmente, especificando los nombres de los vocales titulares y suplentes, así como sus respectivas categorías profesionales. Además, los resultados serían remitidos al Congreso y al Senado para su conocimiento, completándose el nombramiento formal de los seleccionados mediante Real Decreto.

Es importante señalar que este modelo no requiere una reforma del artículo 122.3 de la Constitución Española, ya que dicha disposición se limita a establecer que el CGPJ estará compuesto por 20 miembros y remite a la ley orgánica correspondiente para determinar los detalles del procedimiento de designación. Por tanto, la propuesta se centra exclusivamente en la modificación de los artículos 572 a 578 de la Ley Orgánica del Poder Judicial (LOPJ), introduciendo los cambios necesarios para implementar el sistema de sorteo en la elección de los vocales judiciales. Este enfoque no solo garantiza la viabilidad jurídica del modelo, sino que también permite su aplicación sin alterar el marco constitucional vigente, asegurando así una transición ordenada hacia un sistema más autónomo, eficiente y transparente. Por ello, se propone la modificación de los arts. 572-578 LOPJ en los siguientes términos:

Artículo 572. Régimen de designación de los Vocales judiciales

"La designación de los Vocales del Consejo General del Poder Judicial correspondientes al turno judicial se realizará mediante sorteo público y transparente, conforme a los principios de mérito, antigüedad y representación equilibrada de las diferentes categorías profesionales, y de acuerdo con lo dispuesto en la presente Ley Orgánica".

Artículo 573. Requisitos para la selección de Vocales del turno judicial

"1. Todos los Jueces y Magistrados en servicio activo en la carrera judicial serán elegibles para ser designados Vocales por el turno judicial, salvo aquellos que se encuentren en alguna de las situaciones de incompatibilidad establecidas en esta Ley.
2. Quedarán excluidos del proceso: a) Quienes hayan sido sancionados por faltas disciplinarias graves o muy graves en los cinco años previos al inicio del procedimiento; b) Quienes hayan ocupado cargos políticos, administrativos de alta dirección o hayan sido miembros de partidos políticos en los tres años anteriores".

Artículo 574. Procedimiento de selección mediante sorteo

"1. El Consejo General del Poder Judicial elaborará tres listas separadas con los nombres de los Jueces y Magistrados en servicio activo, ordenados según su categoría profesional: dos Magistrados del Tribunal Supremo, cinco Magistrados y cinco jueces.
2. El sorteo se celebrará en un acto público convocado por el Presidente del Tribunal Supremo y del Consejo General del Poder Judicial, bajo la supervisión de una Comisión de Garantías, a desarrollar por reglamento interno del Consejo
3. El procedimiento de sorteo será el siguiente:
i. Se asignará un número único a cada miembro incluido en las listas definitivas.
ii. Se realizarán sorteos separados para cada categoría profesional:
1. Dos vocales titulares y dos suplentes de entre los Magistrados del TS.
2. Cinco vocales titulares y cinco suplentes de entre los Magistrados (no TS).
3. Cinco vocales titulares y cinco suplentes de entre los Jueces.
iii. El sorteo se realizará a través de mecanismos informáticos designados para ello.
Los resultados del sorteo, incluyendo los nombres de los vocales titulares y suplentes, serán publicados oficialmente en el portal del CGPJ.
En caso de que un vocal titular no pueda asumir el cargo, será automáticamente reemplazado por su supleznte designado".

Artículo 575. Nombramiento oficial de los vocales judiciales

"1. Los vocales designados mediante sorteo serán nombrados formalmente por Real Decreto, publicado en el Boletín Oficial del Estado, conforme a los resultados del sorteo.
2. Antes de asumir sus funciones, los vocales deberán prestar juramento o promesa de cumplir con sus responsabilidades conforme a la Constitución y la Ley".

Artículo 576. Garantías de transparencia y supervisión

"1. Todo el proceso de sorteo será auditado por una entidad independiente para garantizar su transparencia e integridad.
2. La Comisión de Garantías supervisará el desarrollo del procedimiento y resolverá cualquier incidencia técnica o jurídica que pueda surgir durante el sorteo".

Artículo 577. Composición equilibrada del Consejo General del Poder Judicial

"1. En la selección de los Vocales del turno judicial mediante sorteo, se garantizará la representación proporcional de las diferentes categorías profesionales.
2. Si en alguna de las categorías no existieran suficientes miembros elegibles debido a las exclusiones previstas en esta Ley, las vacantes se cubrirán mediante sorteo dentro de las categorías restantes, respetando el orden de prelación indicado en este artículo".

El modelo de designación de los vocales judiciales mediante sorteo entre todos los jueces y magistrados evidencia ventajas notables frente a los sistemas tradicionales. Su esencia, basada en la aleatoriedad, garantiza la autonomía de quienes resultan seleccionados, quienes no deben su posición a ningún agente externo, sino exclusivamente al azar. Esta independencia estructural confiere a los vocales una libertad plena para ejercer sus funciones, sin estar subordinados a intereses ajenos ni a favores previos, lo que constituye una auténtica salvaguarda para las facultades que legalmente les competen. En concordancia con este principio, la ausencia de candidaturas elimina las divisiones internas que los procesos electorales pueden generar, reduciendo las tensiones que podrían surgir en el seno de la carrera judicial y asegurando su neutralidad frente a influencias partidistas o asociativas.

Asimismo, el hecho de que no existan candidaturas significa que los vocales no aspiren activamente al cargo, lo que mitiga significativamente el riesgo de que su desempeño esté condicionado por intereses personales, ambiciones de poder o presiones externas. Esta particularidad del modelo refuerza la integridad del órgano y su capacidad para actuar exclusivamente en atención al interés general. Además, el sorteo garantiza una representación equitativa y aleatoria de los diferentes segmentos de la judicatura, incluyendo a miembros del Tribunal Supremo, magistrados y jueces, logrando así un equilibrio que refleja fielmente la pluralidad y diversidad propias de la carrera judicial. Este enfoque elimina cualquier dependencia de influencias políticas o electorales en la composición del Consejo, asegurando que su integración sea verdaderamente representativa y objetiva.

Por consiguiente, se sostiene la mayor idoneidad del modelo de sorteo como el sistema más adecuado para la designación de los vocales del Consejo General del Poder Judicial, postulándose como el mecanismo que debería regir este proceso. De cara al futuro, cabría valorar una evolución del sistema que no solo elimine la intervención parlamentaria en la designación de los vocales judiciales, sino que también extienda el sorteo a la elección de los juristas de reconocido prestigio. Para ello, se propone un modelo en el que las candidaturas de estos últimos sean presentadas por instituciones académicas y profesionales ajenas a las cámaras legislativas, como facultades de derecho, colegios de la abogacía o colegios de procuradores. No obstante, para garantizar el pleno funcionamiento autónomo del órgano en este esquema ampliado, resultaría indispensable una reforma del artículo 122.3 de la Constitución Española, lo que permitiría consolidar un sistema completamente desvinculado de las dinámicas partidistas y capaz de fortalecer la independencia y legitimidad del Consejo.

Bibliografía

ABBOTT, F. *A History and Description of Roman Political Institutions.* Boston, Ginn & company Publishers, 1901, p. 25. Recuperado de: https://archive.org/details/historydescripti00abbouoft/page/n3/mode/2up (Fecha de consulta: 05/06/2022).Agesta, L. (1981). "Poder ejecutivo y división de poderes". *Revista Española de Derecho Constitucional,* n. 3, pp. 9-42

AGUIAR DE LUQUE, L. "El gobierno del Poder Judicial en la España actual, funciones y disfunciones". *Nuevas Políticas Públicas: Anuario multidisciplinar para la modernización de las Administraciones Públicas,* n. 5, 2009, pp. 53-76.

AGUIAR DE LUQUE, L. "Artículo 122", en Rodríguez-Piñero y Bravo-Ferrer, M. (dir.), Casas Baamonde, M.E. (dir.), *Comentarios a la Constitución española, Tomo II.* Madrid, Wolters Kluwer-BOE, Madrid, 2018, pp. 712-735, esp. pp. 720-722.

AGUILÓ REGLA, J. "Positivismo y postpositivismo: dos paradigmas jurídicos en pocas palabras". *DOXA. Cuadernos de Filosofía del Derecho,* n. 30, 2007, pp. 665-675.

ALBERS, P. y VOERMANS, W. *Councils for the Judiciary in EU Countries.* Bruselas, Council of Europe, European Commission for the Efficiency of Justice (CEPEJ), 2003.

ALZAGA VILLAAMIL, O. "La Constitución de Cádiz y el Poder judicial", en J. A. Escudero (dir.), *Cortes y Constitución de Cádiz. Doscientos años.* Madrid, Espasa Libros, 2011, pp. 137-163.

AMIANO, M. *Historia.* Madrid, Akal, 2022.

ANDRÉS IBÁÑEZ, P. "Racionalizar (y moralizar) la política de nombramientos". *Jueces para la Democracia,* n. 52, 2005, pp. 12-15.

APARICIO PÉREZ, M.A. "El control del nombramiento de los consejeros del Poder Judicial". *Jueces para la Democracia,* n. 12, 1991, pp. 3-6.

ARAGÓN REYES, M. *Uso y abuso del Decreto-Ley. Una propuesta de reinterpretación constitucional.* Madrid, Iustel, 2016.

ARANA GARCÍA, E. "Uso y abuso del Decreto-Ley". *Revista de Administración Pública,* n. 191, 2013, pp. 337-365.

ÁVILA ÁVILA, S. "La in-dependencia del Ministerio Fiscal", en J. Martín Ostos (ed.), *La independencia del Ministerio Fiscal.* Sevilla, Astigi, 2018, pp. 65-70.

BAHEHOT, W. *The English Constitution,* Londres, Crossman, 1963.

BARBERIS, M. *Breve storia della filosofía del diritto.* Bolonia, il Mulino, 2004.

BEERS, D. J. "Judicial Self-Governance and the Rule of Law. Evidence from Romania and the Czech Republic". *Problems of Post-Communism*, vol. 59, no 5, 2012, pp. 50-67.

BLANQUER CRIADO, D.V. "La potestad reglamentaria del CGPJ y la regulación del mercado de reutilización de resoluciones judiciales". *Teoría y Derecho: Revista de pensamiento jurídico*, n. 11, 2012, pp. 250-273.

BOBEK M. y KOSAŘ D. "Global Solutions, Local Damages: A Critical Study in Judicial Councils in Central and Eastern Europe". *German Law Journal*, vol. 15, n. 7, 2014, pp. 1257-1292.

BREWER-CARÍAS, A. R. "Los aportes de la revolución francesa al constitucionalismo moderno y su repercusión en Hispanoamérica a comienzos del siglo XIX". *Ars Boni et Aeequi*, n. 2, 2011, pp. 111-142.

BROUGHTON, T.R.S. *The Magistrates of the Roman Republic*. Cleveland, Ohio, Press of caso Wetern Reserve University, 1951.

BUGARIČ, B. y T. GINSBURG. "The assault on postcommunist courts". *Journal of Democracy*, vol. 27, n. 3, 2016, pp. 69–82.

BURGOS LADRÓN DE GUEVARA, J. "El Ministerio Fiscal en el moderno proceso penal: dependencia e independencia". *Revista vasca de derecho procesal y arbitraje*, vol. 9, n. 3, 1997, pp. 473-480.

BUSTOS GISBERT, R. "La independencia judicial en Europa". En Maribel González Pascual (dir.) y Joan Solanes Mullor (coord.), *Independencia Judicial y Estado Constitucional el Estatuto de los Jueces*. Valencia, Tirant lo Blanch, 2016, pp. 39-59.

BUSTOS GISBERT, R., DELGADO DEL RINCÓN, L.E., FIGUERUELO BURRIEZA, A., LÓPEZ AGUILAR, J.F., LÓPEZ GUERRA, L. M., MURILLO DE LA CUEVA, P.L., ROSADO IGLESIAS, G. y SERRA CRISTÓBAL, R. "Encuesta sobre el Poder Judicial". *Teoría y Realidad Constitucional*, n. 50, 2022, pp. 15-114.

CABELLOS ESPIÉRREZ, M.A. "La reforma inacabada: el Consejo General del Poder Judicial ante su enésima reformulación". *Revista española de derecho constitucional*, n. 118, 2020, pp. 13-44.

CABELLOS ESPIÉRREZ, M.A. *El Poder Judicial. Configuración constitucional, desarrollo y retos*. Madrid, Marcial Pons, 2023.

CALVO SÁNCHEZ, M. C. "La recusación de Jueces y Magistrados". *Revista Universitaria de Derecho Procesal*, n. 1, 1988, pp. 73-94.

CARMONA CONTRERAS, A. "Democracia, Estado de Derecho e independencia judicial en España: Un análisis en perspectiva europea". Estudios de Deusto. Revista de Derecho Público, vol. 70, n. 1, 2022, pp. 141-157.

CARRINGTON, P.D. y CRAMTON, R. "Original Sin and Judicial Independence: Providing Accountability for Justices". *Willian and Mary Law Review*, vol. 50, n. 4, 2009, pp. 1105-1152.

CASAL OUBIÑA, D. "La política de los jueces: el gobierno del poder judicial en los sistemas políticos. Un estudio del modelo de Consejos". *Gobierno y Gestión pública*, vol. 10, n. 2, 2024, pp. 32-49.

CASTILLO FELIPE, R. "El Consejo General del Poder Judicial y sus miserias: partitocracia e independencia judicial en España", en A. R. do Nascimento (coord.) y M. Ferrari Luz (coord.), *Pesquisa científica em direito e democracia: o papel dos Direitos Humanos como arma de construção ou de destruição.* Sao Paulo, LiberArs, 2024, pp. 33-52.

CASTILLO ORTIZ, P.J. "Councils of the Judiciary and Judges' Perceptions of Respect to Their Independence in Europe". *Hague Journal on the Rule of Law*, vol. 9, n. 5, 2017, pp. 315–336.

CASTILLO ORTIZ, P. "The politics of implementation of the judicial council model in Europe". *European Political Science Review*, vol. 11, n. 4, 2019, pp. 503-520.

CAVERO LATAILLADE, Í. "La estructura organizativa del poder judicial: artículo 122", en O. Alzaga Villaamil (coord.), *Comentarios a la Constitución española de 1978.* Madrid, Cortes Generales-EDERSA, 1996, pp. 441-519.

CHRIST, M.R. *The Litigious Athenian.* Baltimore, Johns Hopkins University Press, 1998.

COHEN, D. *Law, Violence, and Community in Classical Athens.* Cambridge, Cambridge University Press, 1995.

COMAN, R. y DALLARA, C. "Judicial Independence in Romania", en A. Seibert-Fohr (Ed.), *Judicial Independence in Transition.* Berlín, Springer, 2012, pp. 835-881.

CORNELL, T. *The beginnings of Rome: Italy and Rome from the Bronze Age to the Punic Wars (c. 1000–264 BC).* New York, Routledge, 1995.

CUESTA MARTÍNEZ, A. "La degradación institucional del Consejo General del Poder Judicial". *Temas para el debate*, n. 337-338, 2023, pp. 24-27.

CUESTA MARTÍNEZ, A. "Renovación del Consejo General del Poder Judicial o democracia fallida". *Temas para el debate*, n. 339, 2023, pp. 18-20.

DANZIGER, D. y GILLINGHAM, J. *1215: the year of the Magna Carta.* Londres, Hodder and Stoughton, 2003.

DE ARGÜELLES, A. *Discurso preliminar a la Constitución de 1812.* Madrid, Centro de Estudios Políticos y Constitucionales, 2011.

DE BENITO FRAILE, E.J. "La independencia del Poder Judicial durante la dictadura de Primo de Rivera (1923-1926). Realidad o ficción". *Anuario de historia del derecho español*, n. 85, 2015, pp. 343-375.

DE MARCO, G. "Donne in magistratura cinquanta anni dopo nel ricordo della presidente di un tribunale per i minorenni". *Minorigiustizia*, n. 2, 2014, pp. 203-207.

DE OTTO, I. *Derecho Constitucional. Sistema de fuentes.* Barcelona, Ariel, 1987.

DELALOY, G. "La réforme du Conseil supérieur de la magistrature: vers un Conseil supérieur du Pouvoir judiciaire?". *La Revue Administrative*, n. 318, 2000, pp. 632-641.

DÍEZ-PICAZO GIMÉNEZ, L.M. "Notas de Derecho comparado sobre la independencia judicial". *Revista Española de Derecho Constitucional*, n. 34, 1992, pp. 19-39.

DÍEZ-PICAZO GIMÉNEZ, L.M. "Artículo 122", en Pérez Tremps, P. (dir.) y Saiz Arnaiz, A. (Dirs.), *Comentario a la constitución española. 40 aniversario 1978-2018: Libro-homenaje a Luis López Guerra, Tomo II (Artículo 97 a Disposición Final).* Valencia, Tirant lo Blanch, 2018, pp. 1719-1730.

DURÁNTEZ PRADOS, F.A. "No fue guerra de la Independencia. Propuesta de modificación de la denominación oficial de la guerra hispano-francesa desarrollada entre 1808 y 1814". *Iberoamericana*, vol. 8, n. 29, 2008, pp. 178-183.

DUGUIT, L. *La separación de poderes y la Asamblea Nacional de 1789 (traducción de Pablo Pérez Tremps).* Madrid, Centro de Estudios Constitucionales, 1996.

DUGUIT, L. *La separación de poderes y la Asamblea Nacional de 1789.* Santiago, Chile, Ediciones Olejnik, 2023.

ERNST, C. "Independencia judicial y democracia", en J. J. Orozco Henríquez (comp.), R. Vázquez (comp.), J.F. Malem Seña (comp.), *La función judicial. Ética y Democracia.* Barcelona, Gedisa, 2003, pp. 235-244.

ESCALADA LÓPEZ, M.L. "Independencia de los jueces e independencia del Judicial en la Unión Europea". *Revista De Estudios Europeos*, n. 85, 2025, pp. 253–277.

FAGGIANI, V. "La 'rule of law backsliding' como categoría interpretativa del declive del constitucionalismo en la UE", *Revista Española de Derecho Europeo*, n. 71, 2019, pp. 57–100.

FERNÁNDEZ DÍAZ, A. "Sobre la División de Poderes_ una reconsideración en el contexto actual". *Revista Española de Control Externo*, vol. 21, n. 63, 2019, pp. 27-58.

Fernández Díaz, A. *Escritos sobre principios del Derecho, división de poderes, libertad y Estado de Derecho.* Madrid, Delta Publicaciones, 2021.

Fernández Sarasola, I. "La primera constitución española: el Estatuto de Bayona". *Revista de derecho: División de Ciencias Jurídicas de la Universidad del Norte,* n. 26, 2006, pp. 89-109.

Fernández Sarasola, I. *La Constitución de Bayona (1808).* Madrid, Iustel, 2007.

Ferrajoli, L. "Democracia constitucional y derechos fundamentales: la rigidez de la constitución y sus garantías", en L. Ferrajoli (aut.), J. J. Moreso (aut.), M. Atienza (aut.), *La teoría del derecho en el paradigma constitucional.* Madrid, Fundación Coloquio Jurídico Europeo, 2008, pp. 71-116.

Ferrajoli, L. "Por una refundación garantista e la separación de poderes". *Anuario de la Facultad de Derecho de la Universidad Autónoma de Madrid,* n. 20, 2016, pp. 21-36.

Ferrand, F. "El futuro del Tribunal de Casación francés", en J. Nieva Fenoll (dir.) y R. Cavani (dir.), *La casación hoy, cien años después de Calamandrei.* Madrid, Marcial Pons, 2021, pp. 69-89.

Ferrara, F. *Il Consiglio Superiore della Magistratura, Un'analisi sociologica della sua organizzazione.* Roma, Kappa Editore, 2018.

Ferri, G. "Crisi del Consiglio Superiore della Magistratura e prospettive di cambiamento della composizione e del sistema elettorale". *Rivista Trimestrale di Scienza dell'Amministrazione,* n. 2, 2021, pp. 1-22.

Figgis, J.N. El derecho divino de los reyes y tres ensayos tradicionales (traducción de Edmundo O'Gorman). Ciudad de México, Fondo de cultura Económica, 1942.

Flórez Muñoz, D. "Aproximación a los orígenes de la revolución judicial: Justicia, Mercado y Poder Judicial al interior del Estado Moderno". *Ambiente Jurídico,* n. 12, 2009, pp. 126-144.

Fuentes, C. "Montesquieu: Teoría de la distribución social del poder". *Revista de Ciencia Política,* vol. 31, n. 1, 2011, pp. 47-61.

Gambra Ciudad, R. *La polémica Filmer-Locke sobre la obediencia política.* Madrid, Instituto de Estudios Políticos, 1966.

Gangas, P. "El sistema político de Francia", en M. Alcántara Sáez (ed.), *Sistemas políticos de la Unión Europea.* Valencia, Tirant lo Blanch, 2000, pp. 205-232.

García Moreno Elizondo, R. "El poder ejecutivo en la Constitución de Cádiz". *Anuario Jurídico,* n. 18, 1990, pp. 97-114.

García Morillo, J. "Los derechos políticos: el derecho de reunión, el derecho de asociación", en L. López Guerra (aut.), *Derecho constitucional.*

Vol. 1, El ordenamiento constitucional: derechos y deberes de los ciudadanos. Valencia, Tirant lo Blanch, 2016, pp. 275-297.

GARCÍA ROCA, J. "Del principio de la división de poderes". *Revista de Estudios Políticos,* n. 108, 2000, pp. 41-75

GAROUPA, N. y GINSBURG, T. "Guarding the Guardians: Judicial Councils and Judicial Independence". *Texas A&M University School of LawTexas A&M University School of Law,* vol. 57, 2009, pp. 103-134.

GARZÓN VALDÉS, E. "El papel del poder judicial en la transición a la democracia", en J. J. Orozco Henríquez (comp.), R. Vázquez (comp.), J.F. Malem Seña (comp.), *La función judicial. Ética y Democracia.* Barcelona, Gedisa, 2003, pp. 129-145.

GERPE LANDÍN, M. y CABELLOS ESPIÉRREZ, M.A. "La reforma permanente: el Consejo General del Poder Judicial a la búsqueda de un modelo". *Revista española de Derecho Constitucional,* n. 103, 2015, pp. 13-44.

GÓMEZ COLOMER, J.L. *El juez robot. La independencia judicial en peligro.* Valencia, Tirant lo Blanch, 2023.

GONZÁLEZ, P. *Independencia del juez y control de su actividad.* Valencia, Tirant lo Blanch, 1993.

GONZÁLEZ VEGA, I. "Las consecuencias para el sistema judicial del bloqueo en la renovación del Consejo General del Poder Judicial". *Temas para el debate,* n. 337-338, 2023, pp. 32-34.

GROSS, O. y NÍ AOLÁIN, F. *Law in Times of Crisis: Emergency Powers in Theory and Practice.* New York, Cambridge University Press, 2006.

GUARNIERI, C. *L'independenza della magistratura.* Padova, CEDAM, 1981.

GUARNIERI, C. "Judicial Independence in Europe: Threat or Resource for Democracy?". *Representation,* Vol. 49, n. 3, 2013, pp. 347-359.

GUASTINI, R. *Lezioni di teoria del diritto e dello Stato.* Turín, G. Giappichelli editore, 2006.

GUERRERO, D.R. "El tratado sobre el gobierno civil de John Locke. Una refutación del absolutismo de Robert Filmer". *Universitas Philisophica,* n. 15-16, 1990, pp. 9-60.

HAMILTON, A. "The Federalist: The Judiciary Department". *McLEAN'S Edition,* n. 78, 1788. Recuperado de: https://avalon.law.yale.edu/18th century/fed78.asp (Fecha de consulta: 11/01/2023).

HAMILTON, A. "The Federalist: Continuación del poder judicial y distribución de la autoridad judicial". *McLEAN's Edition,* n. 81, 1788.

Recuperado de: https://avalon.law.yale.edu/18th_century/fed81.asp (Fecha de consulta: 12/01/2023).

Hazas Viamonte, F. "El acceso a la judicatura ¿en tela de juicio?". *El Notario del siglo XXI*, n. 116, 2024, Recuperado de: https://www.elnotario.es/opinion/opinion/9894-el-acceso-a-la-judicatura-en-tela-de-juicio (Fecha de consulta:13/01/2025).

Herman, G. *Morality and Behaviour in Democratic Athens*. Cambridge, Cambridge University Press, 2006.

Hernández García, J. "Informe nacional. España", en L. Aguiar de Luque (dir.), *El gobierno del poder judicial: una perspectiva comparada*. Madrid, Centro de Estudios Políticos y Constitucionales, 2012, pp. 173-300.

Hernández González, G. *La independencia del Consejo General del Poder Judicial en España. Una perspectiva comparada con los países del entorno y propuestas de mejora*. Madrid, Fundación alternativas, 2021.

Hilb, C. "Maquiavelo, la república y la ´virtù´", en Várnagy, T. (Comp.), *Fortuna y virtud en la República Democrática. Ensayos sobre Maquiavelo*. Buenos Aires, Consejo Latinoamericano de Ciencias Sociales, 2000, pp. 127- 147.

Homes, S. "Lineages of the Rule of Law", en J.M. Maravall (ed.) y A. Przeworski (ed.), *Democracy and the Rule of Law*. New York, Cambridge University Press, 2003, pp. 19-61.

Hoppit, J. *A Land of Liberty? England: 1689-1727*. New York, Oxford University Press, 2002.

Høyer, H. C. y Mønness, E. "Trust in public institutions – spillover and bandwidth". *Journal of Trust Research*, Vol. 6, n. 2, 2016, pp. 151–166.

Hunter, V.J. *Policing Athens: Social Control in the Attic Lawsuits, 420-320 B.C.* Princeton, Princeton University Press, 1994.

Igartua Salaverría, J. "Motivación de nombramientos discrecionales: posterioridades de la STS 3171/2006, caso Gómez Bermúdez". *Jueces para la democracia*, n. 58, 2007, pp. 23-32.

Igartua Salaverria, J. "La motivación en los nombramientos para magistrados por el 5.º turno". *Revista Vasca de Administración Pública*, n. 113, 2019, pp. 85-108.

Íñiguez Hernández, D. *El fracaso del autogobierno judicial*. Madrid, Civitas, 2008.

Iñiguez Hernández, D. "La contrarreforma del Consejo General del Poder Judicial". *Teoría y Realidad Constitucional*, n. 34, 2014, pp. 333-348.

Jahier, S. "Quelle responsabilité des magistrats?". *Les Cahiers Portalis*, vol. 1, n. 6, 2019, pp. 33-42.

Jaime Martínez, J. *El Consejo General del Poder Judicial: renovación y reforma.* Trabajo Fin de Grado. Burgos, Universidad de Burgos, 2022.

Jimeno Bulnes, M. "El proceso penal en los sistemas de common law y civil law: los modelos acusatorio e inquisitivo en pleno siglo XXI". *Justicia: revista de derecho procesal,* n. 2, 2013, pp. 207-310.

Jourdanie, N. "Du contrôle hiérarchique à la gestion dynamique de l'activité judiciaire". *Revue Française d'Administration Publique,* vol. 4, n. 184, 2022, pp. 955-970.

Kühn, Z "The Democratization and Modernization of Post-communist Judiciaries", en A. Febbrajo (Ed.) y W. Sadurski (Ed.), *Central and Eastern Europe after transition,* Londres, Routledge, 2010, pp. 177-200.

Kühn, Z. "Judicial Independence in central-eastern Europe: The experience f the 1990s and 2000s", *The Lawyer Quarterly,* n. 1, 2011, pp. 31-42.

Kmiec, K.D. "The Origin and Current Meanings of 'Judicial Activism'". *California Law Review,* vol. 92, 2004, pp. 1441-1478.

Kochenov, D. y Bárd, P. "The Last Soldier Standing? Courts Versus Politicians and the Rule of Law Crisis in the New Member States of the EU", en E. Hirsch Ballin (ed.), G. van der Schyff (ed.) y M. Stremler (ed.), *European Yearbook of Constitutional Law 2019. Judicial Power: Safeguards and Limits in a Democratic Society.* Suiza, Springer, 2020, pp. 243-287, esp. p. 243.

Kovaliov, S. I. *Historia de Roma.* Madrid, Akal, 1989.

Kosař, D. *Perils of Judicial Self-Government in Transitional Societies.* Cambridge, Cambridge University Press, 2016.

Kosař, D. y Spáč, S. "Conceptualization(s) of Judicial Independence and Judicial Accountability by the European Network of Councils for the Judiciary: Two Steps Forward, One Step Back". *International Journal for Court Administration,* vol. 9, n. 3, 2018, pp. 37-46.

Kosař, D. y Spáč, S. "Post-communist Chief Justices in Slovakia: From Transmission Belts to Semi-autonomous Actors?". *Hague Journal on the Rule of Law,* vol. 13, 2021, pp. 107-142.

Krzywoń, A. "La defensa y el desarrollo del principio de independencia judicial en la Unión Europea", *Revista Española de Derecho Constitucional,* n. 119, 2020, pp. 85-11, pp. 89-90

Lanni, A. *Law and Justice in the Courts of Classical Athens,* Cambridge, Cambridge University Press, 2006.

Lanni, A. "Las normas sociales en las cortes de la antigua Atenas". *Revista jurídica de Buenos Aires,* n. 94, 2017, pp. 61-102.

Laporta San Miguel, F. J. *El imperio de la ley. Una visión actual.* Madrid, Trotta, 2007.

Laslett, p. *John Locke. Two Treatises of Government.* Cambridge, Cambridge University Press, 1964.

Linton, M. *The Politics of Virtue in Enlightenment France.* New York, Palgrave, 2001.

Locke, J. *Segundo tratado sobre el gobierno civil.* Madrid, Aguilar, 1990.

Marcuello Benedicto, J.I. "Las Cortes Generales y Extraordinarias: organización y poderes para un gobierno de Asamblea". *Ayer (Asociación de Historia Contemporánea),* n. 1, 1991, pp. 67-104.

Marcuello Benedicto, J.I. "División de poderes y proceso legislativo en el sistema constitucional de 1812". *Revista de Estudios Políticos,* n. 93, 1996, pp. 219-231.

Madison, J. "The Federalist: La estructura particular del nuevo Gobierno y la distribución del poder entre sus distintos componentes". *New York Packet,* n. 47, 1788. Recuperado de: https://avalon.law.yale.edu/18th_century/fed47.asp (Fecha de consulta: 10/01/2023).

Madison, J. "The Federalist: Estos departamentos no deben estar tan separados como para carecer de control constitucional mutuo", *New York Packet,* n. 48, 1788. Recuperado de: https://avalon.law.yale.edu/18th_century/fed48.asp (Fecha de consulta: 10/01/2023).

Madison, J. "The Federalist: La estructura del gobierno debe proporcionar los controles y equilibrios adecuados entre los distintos departamentos", *New York Packet,* n. 51, 1788. Recuperado de: https://avalon.law.yale.edu/18th_century/fed48.asp (Fecha de consulta: 10/01/2023).

Magaldi Mendaña, N. "La garantía de independencia del juez europeo: una revolución encubierta del TJUE". *Revista de Derecho Público, Estudios de Deusto,* vol. 70, n. 1, 2022, pp. 81-109.

Martín Guardado, S. "Polarización política y crisis en la renovación del Consejo General del Poder Judicial". *Revista de Derecho Político,* n. 117, 2023, pp. 131-152.

Martín Pastor, J. "La reforma del Estatuto orgánico del Ministerio Fiscal ¿un Ministerio Fiscal más autónomo o más problemático?". *Revista General de Derecho Procesal,* n. 14, 2008, pp. 1-50.

Martinel, A. y Natali, F. "Le Conseil Supérieur de la Magistrature, protecteur des magistrats ou des justiciables?". *Cairn. Après-Demain,* vol. 2, n. 30, 2014, pp. 33-35.

MATEOS GORDILLO, M. "El Ministerio Fiscal, órgano de relevancia constitucional: su autonomía y su papel en el proceso penal". *Revista Jurídica de la Universidad Autónoma de Madrid*, n. 34, 2016, pp. 185-210.

MELVIN, F. "The Judicial Bulwark of the Constitution". *American Political Science Review*, vol. 8, n. 2, 1914, pp. 167-203.

MIGUEL BARRIO, R. "El Consejo General del Poder Judicial en Perspectiva: análisis, desafíos y propuesta de reforma". *Revista de Derecho Político*, n. 120, 2024, pp. 289-317.

MOHEDANO FUERTES, J.M. "¿Ha fracasado el Consejo General del Poder Judicial?". *Temas para el debate*, n. 337-338, 2023, pp. 42-45.

MONTERDE FERRER, F. "La independencia del Poder Judicial, ayer y hoy". *Diario La Ley*, n. 9816, 2021. Recuperado de https://diariolaley.laleynext.es/dll/2021/03/23/la-independencia-del-poder-judicial-ayer-y-hoy (Fecha de Consulta: 05/06/2024).

MONTERO AROCA, J. "La unidad jurisdiccional. Su consideración como garantía de la independencia judicial". *Justicia: revista de derecho procesal*, n. 1, 1984, pp. 63-94.

MONTERO AROCA, J. *Independencia y responsabilidad del juez*. Madrid, Civitas, 1990.

MONTESQUIEU, C. *Del Espíritu de Las Leyes*. Madrid, Alianza, 2003.

MORENO ALONSO, M. *José Bonaparte. Un rey republicano en España*. Madrid, La Esfera de los Libros, 2008.

MORENO PASTOR, L. *Los orígenes del Tribunal Supremo 1812-1838*. Madrid, Ministerio de Justicia, 1989.

MORELLI, A. "La libertad de asociación política de los Jueces en Europa frente a los principios de independencia e imparcialidad". *Universitas. Revista de Filosofía, Derecho y Política*, n. 19, 2014, pp. 3-30.

MURILLO DE LA CUEVA, P.L. "El gobierno del Poder Judicial: los modelos y el caso español". *Revista de las Cortes Generales*. n. 35, 1995, pp. 167-239.

MURILLO DE LA CUEVA, P. L. "Modelos de Gobierno del Poder Judicial", en J. Asensi Sabater (coord), *Ciudadanos e instituciones en el constitucionalismo actual*. Valencia, Tirant lo Blanch – Publicaciones de la Universidad de Alicante, 1996, pp. 1025-1068.

MURILLO DE LA CUEVA, P.L. "La posición constitucional del Consejo General del Poder Judicial y sus relaciones con los órganos constitucionales", en M. Gerpe Landín (dir.) y M.A. Cabellos Espiérrez (dir.), *El gobierno del Poder Judicial: evolución y perspectivas de reforma*. Madrid, Marcial Pons, 2013, pp. 47-79.

MURILLO DE LA CUEVA, P.L. *La independencia y el gobierno de los jueces. Un debate constitucional.* Madrid, Reus, 2018.

NAVAS SÁNCHEZ, M. M. *Poder Judicial y sistema de fuentes. La potestad normativa del Consejo General del Poder Judicial.* Madrid, Civitas, 2002.

NAVAS SÁNCHEZ, M. M. "Poder Judicial y sistema de fuentes. Cuarenta años de ejercicio de la potestad reglamentaria del Consejo General del Poder Judicial". *Teoría y realidad constitucional,* n. 50, 2022, pp. 399-426.

NIETO GARCÍA, A. *El malestar de los jueces y el modelo judicial.* Madrid, Trotta, 2010.

NIEVA FENOLL, J. *El origen de la justicia.* Valencia, Tirant lo Blanch, 2023.

PECES-BARBA MARTÍNEZ, G. *La Constitución española de 1978: un estudio de derecho y política.* Valencia, Fernando Torres Editor, 1981.

PEDRAZ PENALVA, E. "Reflexiones sobre el poder judicial y el PLOPJ". *La Ley: Revista jurídica española de doctrina, jurisprudencia y bibliografía,* n. 2, 1985, pp. 1119-1144.

PÉREZ ALONSO, J. "La independencia del Poder Judicial en la Historia Constitucional española". *Historia constitucional: Revista Electrónica de Historia Constitucional,* n. 19, 2018, pp. 47-87.

PIANA, D. *Judicial Accountabilities in New Europe From Rule of Law to Quality of Justice.* Londres, Routledge, 2010.

PORRAS NADALES, A.J. "El Consejo General del Poder Judicial. Según la STC 108/1986, de 29 de julio, sobre la Ley Orgánica del Poder Judicial". *Revista Española de Derecho Constitucional,* n. 19, 1987, pp. 225-244.

PORRAS RAMÍREZ, J.M. "Fundamento, naturaleza, extensión y límites de la potestad reglamentaria del Consejo General del Poder Judicial". *Revista de Estudios Políticos,* n.º 87, 1995, pp. 239-258.

POSNER, E. y VERMEULE, A. "Accomodating Emergencies", en Tushney, M. (ed.), *The Constitution in Wartime. Beyond Alarmism and Complacency.* Durham, Duke University Press, 2005, pp. 55-94.

PRAKASH, S. B. y YOO, J. C. "The Origins of Judicial Review". *The University of Chicago Law Review,* vol. 70, n. 3, 2003, pp. 887-982.

PREŠOVA, D., DAMJANOVSKI, I. y NECHEV, Z. *The Effectiveness of the 'European Model' of Judicial Independence in the Western Balkans: Judicial Councils as a Solution for a New Cause of Concern for Judicial Reforms,* La Haya, Centre for the Law of EU External Relations (CLEER), T.M.C. Asser Instituut, 2017, pp. 1-25.

PREŠOVA, D. *Judicial reforms in the Republic of Macedonia: changes without reforms?* Skopje, Institute for Democracy "Societas Civilis", 2018, pp. 15-18, Recuperado de: http://www.kas.de/mazedonien (Fecha de consulta: 04/06/2024).

PRIETO-CASTRO Y FERRÁNDIZ, L. "El autogobierno de la Magistratura". *Revista de Derecho Procesal Iberoamericana*, n. 2, 1970, pp. 251-282.

RADASANU, A. "Montesquieu on Ancient Greek Foreign Relations: Toward National Self-Interest and International Peace". *Political Research Quarterly*, vol. 66, n. 1, 2013, pp. 3-17.

RAKOVE, J.N. "The Origins of Judicial Review: A Plea for New Contexts". *Stanford Law Review*, vol. 49, n. 5, 1997, pp. 1031-1064.

RAWSON, E. *The Spartan Tradition in European Thought.* Oxford, Oxford University Press, 1969.

REALE, G. y ANTISERDI, D. *Historia del pensamiento filosófico y científico.* Barcelona, Herder, 1999.

REQUERO IBÁÑEZ, J.L. *El Gobierno Judicial y el Consejo General del Poder Judicial, Fundación para el análisis y los estudios sociales.* Madrid, Papeles de la Fundación, 1996.

RIVERO, J. *Droit Administratif.* Paris, Dalloz, 1973.

ROBERTS, J. *Athens on Trial: The Antidemocratic Tradition in Western Thought.* Princeton, Princeton University Press, 1994.

RODRÍGUEZ DRANGUET, A. *Responsabilidad e independencia del Poder Judicial.* Madrid, Editorial Justicia, S. A., 1930

RODRÍGUEZ-IZQUIERDO SERRANO, M. "Los derechos fundamentales en el procedimiento por incumplimiento y la adecuación constitucional de las actuaciones de los Estados miembros". *Revista de Derecho comunitario europeo*, n. 61, 2018, pp. 933-971.

RON-LATAS, R.P. y LOUSADA AROCHENA, F. "El Consejo General del Poder Judicial". *Anuario da Facultade de Dereito da Universidade da Coruña*, n. 20, 2016, pp. 206-225.

ROSADO IGLESIAS, G. "La constitucionalización del Gobierno Judicial: cuarenta años de Consejo General del Poder Judicial, régimen actual y cuestiones pendientes". *Revista de derecho político*, n. 101, 2018, pp. 353-391.

ROSADO IGLESIAS, G. "La autonomía judicial en España". *Revista de la Facultad de Derecho de México*, n. 282, 2022, pp. 271–292.

ROSADO VILLAVERDE, C. *Constituciones y jurisdicciones especiales. Evolución, tensión y transformación de la unidad e independencia del poder judicial en el constitucionalismo español.* A Coruña, Colex, 2022.

ROSADO VILLAVERDE, C. "A vueltas con la independencia y el órgano de gobierno de los jueces: el genuino caso del Consejo Superior de la Magistratura francés". *Estudios de Deusto*, vol. 72, n. 1, 2024, pp. 127-163.

Rújula, P. *Religión, Rey y Patria. Los orígenes contrarrevolucionarios de la España contemporánea, 1793-1840.* Madrid, Marcial Pons, 2023.

Russell, B. *Historia de la filosofía occidental.* Madrid, Espasa Calpe, 1978.

Sabine, G. *Historia de la teoría política.* Ciudad de México, Fondo de cultura económica de España, 1963.

Sadurski, W. "How democracy dies (in Poland): a case study of anti-constitutional populist backsliding". *Sydney Law School – Legal Studies Research Paper,* Vol. 18, n. 1, 2018, pp. 1–70.

Sadurski, W. *Poland's Constitutional Breakdown.* New York, Oxford University Press, 2019.

Salvador García, M. *Separación de poderes, democracia y estado de derecho.* Valencia, Tirant lo Blanch, 2024.

Sánchez Agesta, L. *Historia del constitucionalismo español.* Madrid, Editorial Nacional, 1984.

Sánchez Barrios, M.I. "Antecedentes del CGPJ en el Derecho español". *Revista del Poder Judicial,* n. 46, 1997, pp. 49-82.

Sánchez Barrios, M. I. *La elección de los miembros del Consejo General del Poder Judicial español y sus homólogos europeos.* Valencia, Tirant lo Blanch, 2009.

Sánchez-Bordona, M. "La protección de la independencia judicial en el derecho de la Unión Europea". *Revista de Derecho Comunitario Europeo,* n. 65, 2020, pp. 11-31.

Santaolalla López, F. "Consideraciones constitucionales sobre el llamado autogobierno judicial". *Teoría y Realidad Constitucional,* n. 8-9, 2002, pp. 235-250.

Scullard, H.H. *A History of the Roman World, 753 to 146 BC.* New York, Routledge, 2003.

Serra Cristóbal, R. "El derecho de asociación de los jueces: asociacionismo profesional y asociación del juez a asociaciones no profesionales". *Revista Española de Derecho Constitucional,* n. 83, 2008, pp. 115-145.

Serra Cristóbal, R. "La elección de los miembros del Consejo General del Poder Judicial. Una postura de Consejo más integrados e independiente". *Teoría y Realidad Constitucional,* n. 31, 2013, pp. 277-322.

Siles Vallejos, A. "La dictadura en la República romana clásica como referente paradigmático del régimen de excepción constitucional". *Derecho PUCP: Revista de la Facultad de Derecho,* n. 73, 2014, pp. 411-424

Silvestri, G. "Consiglio superiore della magistratura e sistema costituzionale". *Questione Giustizia,* n. 4, 2017, pp. 19-29.

Simon, D. *La independencia del juez.* Barcelona, Ariel, 1985.

Soboul, A. *La Francia de Napoleón [La France napoléonienne].* Barcelona, Crítica, 1983.

Solozabal Echavarria, J.J. "Sobre el principio de la separación de poderes". *Revista de Estudios Políticos,* n. 24, 1981, pp. 215-234.

Speck, W. A. "The Orangist Conspiracy against James II". *The Historical Journal,* vol. 30, n. 2, 1987, pp. 453-462.

Szczucki, K. "Komentarz do art. 186 Konstytucji", en M. Safjan (dir.), L. Bosek (dir.), *Konstytucja RP. Tom II. Komentarz do art. 87–243.* Varsovia, Wydawnictwo C.H. Beck, 2016.

Tapia Gutiérrez, J. "Separación de poderes, *checks and balances* y las nuevas formas de separación de poderes en el Estado Constitucional de Derecho". *Revista Jurídica Derecho,* vol. 11, n. 17, 2022, pp. 37-52.

Tenorio Sánchez, P.J. "Título V de la Constitución de Cádiz: Poder Judicial, origen del Tribunal Supremo y unidad de Códigos". *Revista de Derecho Político,* n. 83, 2012, pp. 309-333.

Terol Becerra, M.J. *El Consejo General del Poder Judicial, Madrid.* Madrid, Centro de Estudios Políticos y Constitucionales, 1990.

Terol Becerra, M.J. *Reivindicación autonómica sobre el gobierno desconcentrado del Poder Judicial.* Valencia, Tirant lo Blanch, 2012.

Torres Arieta, R. *Independencia judicial y la justicia inclusiva.* Cizur Menor, Aranzadi, 2023.

Unger, R. *What Should Legal Analysis Become?* Londres, Verso, 1996.

Van de Valle, S. "Trust in the Justice System: A Comparative View Across Europe". *Prison Service Journal,* n, 183, 2009, pp. 22-26.

Varela Suanzes-Carpegna, J. "Rey, Corona y Monarquía en los orígenes del constitucionalismo español: 1808-1814". *Revista de Estudios Políticos,* n. 55, 1987, pp. 123-195.

Vermeule, A. (2003). "The Judiciary is a They, not an It: Two Fallacies of Interpretive Thery", *Public Law and Legal Theory working Paper,* n. 49. Recuperado de: https://chicagounbound.uchicago.edu/public_law_and_legal_theory/318 (Fecha de consulta: 30/10/2024).

Verde. G. "Il conferimento degli incarichi direttivi ai magistrati ordinari fra Consiglio superiore della magistratura e Ministro della giustizia". *Lo Stato,* Vol. 12, 2019, pp. 103-129.

Vicente Sarasua, O. "La (in)dependencia externa del Ministerio Fiscal y su impacto en los derechos humanos", en M. Anderez Belategi (coord.),

I Gordon Benito (coord.), J. M. Landa Gorostiza (dir.) y E. Garro Carrera (dir.), *La libertad de expresión en tiempos convulsos.* Valencia, Tirant lo Blanch, 2023, pp. 483-506.

Vidal Fernández, B. “Independencia judicial y proceso penal europeo: el derecho a un juez independiente y su incidencia en el espacio de libertad, seguridad y justicia”. *Revista de Estudios Europeos,* n. 85, 2025, pp. 221-252

Vidal Martín, T. “Una propuesta conciliadora para la designación de los miembros del Consejo General del Poder Judicial: la necesaria despolitización del mismo y la superación de las situaciones de bloqueo”. *Teoría y Realidad Constitucional,* n. 51, 2023, pp. 347-384.

Von der Leyen, U. *Una Unión que se esfuerza por lograr más resultados: mi agenda para Europa: orientaciones políticas para la próxima Comisión Europea 2019-2024,* Bruselas, Oficina de Publicaciones de la Comisión Europea, 2019. Recuperado de: https://op.europa.eu/es/publication-detail/-/publication/43a17056-ebf1-11e9-9c4e-01aa75ed71a1 (Fecha de consulta: 11/12/2024).

Walbank, F.W. *A Historical Commentary on Polybius, Vol. I, Commentary on Books I–VI.* Oxford, The Clarendon Press, 1957.

Zanon, N. y Biondi, F. *Il sistema costituzionale della magistratura.* Bolonia, Zanichelli, 2019.